Herbert Martin Fussan
Jahresabschluß der GmbH nach neuem Recht

Herbert Martin Fussan

Jahresabschluß der GmbH nach neuem Recht

Bilanz
Gewinn- und Verlustrechnung
Anhang
Lagebericht
Konzernabschluß
Konzernanhang
Konzernlagebericht
Prüfung durch Abschlußprüfer
und Aufsichtsrat
Feststellung des Jahresabschlusses
Offenlegung / Publizität
Handelsregister
Straf- und Bußgeldvorschriften
Zwangsgelder

verlag moderne industrie

CIP-Kurztitelaufnahme der Deutschen Bibliothek

Fussan, Herbert Martin:
Jahresabschluß der GmbH nach neuem Recht
/ Herbert Martin Fussan. – Landsberg am
Lech : Verlag Moderne Industrie, 1986.

© 1986 Alle Rechte bei verlag moderne industrie AG & Co.
Buchverlag, Landsberg am Lech
Satz: Fotosatz Pfeifer, Germering
Schutzumschlag: Hendrik van Gemert
Druck: Mittelbayerische Zeitung, Regensburg
Thomas-Buchbinderei, Augsburg
Printed in Germany 330 550/68 63 01
ISBN 3-478-33550-7

Inhaltsverzeichnis

Vorwort

Die Anpassung des deutschen Rechts an die Vierte, Siebente und Achte Richtlinie des Rates der Europäischen Gemeinschaften zur Koordinierung des Gesellschaftsrechts wurde zu einem Bilanzrichtlinien-Gesetz zusammengefaßt. Der überwiegende Teil dieser Vorschriften ist in ein neues Drittes Buch des Handelsgesetzbuches eingestellt.

Die Rechnungslegung für Gesellschaften mit beschränkter Haftung umfaßt nach dem neuen Recht detaillierte Vorschriften über die

Aufstellung des Jahresabschlusses und des Lageberichts, des Konzernabschlusses und des Konzernlageberichts,

Prüfung des Jahresabschlusses und des Konzernabschlusses durch Abschlußprüfer und Aufsichtsrat,

Offenlegung/Publizität des Jahresabschlusses, des Lageberichts sowie des Konzernabschlusses und Konzernlageberichts,

Straf- und Bußgeldvorschriften. Zwangsgeld.

Die einzelnen Gesellschaften sind aufgrund ihrer Größenmerkmale zur entsprechenden Aufstellung des Jahresabschlusses (Bilanz, Gewinn- und Verlustrechnung und Anhang) sowie des Konzernabschlusses mit der Maßgabe verpflichtet, ein den tatsächlichen Verhältnissen entsprechendes Bild der Vermögens-, Finanz- und Ertragslage der Gesellschaft zu vermitteln.

Das eigens auf die Gesellschaften mit beschränkter Haftung abgestellte Arbeitshandbuch soll als Nachschlagewerk für die Praxis gleichermaßen

– betrieblichen Führungskräften,
– Angehörigen wirtschafts- und steuerberatender Berufe,
– Praktikern und Mitarbeitern in den Gesellschaften wie auch
– Studierenden der Wirtschaftswissenschaften und Absolventen der Fachhochschulen
  dienen.

Aus meiner langjährigen Tätigkeit als Leiter des Rechnungswesens von Kapitalgesellschaften habe ich die für die Aufstellung des Jahresabschlusses notwendigen Schwerpunkte der neuen Rechnungslegung in den Vordergrund gestellt.

Entsprechend meinen vorausgegangenen Büchern über den »Jahresabschluß nach AktG« (1973) und »Jahresabschluß der GmbH« (1975) legte ich auch bei diesem neuen Arbeitshandbuch auf eine umfassende und allgemein verständliche Darstellung Wert. Der Möglichkeit eines schnellen Auffindens der neuen Regelungen wird durch eine gesonderte Inhaltsübersicht vor jedem Kapitel Rechnung getragen. Die jeweiligen Übergangsvorschriften sind den entsprechenden Abschnitten zugeordnet.

Außerdem erleichtert ein ausführliches Stichwortregister mit ca. 3 000 Verweisen das Auffinden der einzelnen Details, die ein vorheriges Kennen spezifischer Zusammenhänge nicht voraussetzen.

Dem Aufbau dieses Arbeitshandbuchs liegt in seiner Grundkonzeption bei den Gliederungsvorschriften für die Bilanz und die Gewinn- und Verlustrechnung die ausführliche Gliederung für die großen Kapitalgesellschaften zugrunde, um die mit der neuen Rechnungslegung eingetretenen Änderungen im einzelnen darzustellen. Auf die größenabhängigen Ausweiserleichterungen für die mittelgroßen und kleinen Gesellschaften wird jeweils entsprechend hingewiesen.

im Juni 1986   Herbert Martin Fussan

Abkürzungsverzeichnis

aaO	am angegebenen Ort
Abs.	Absatz
Abschn.	Abschnitt
ADS	Adler/Düring/Schmaltz: Rechnungslegung und Prüfung der Aktiengesellschaft, Handkommentar, 4. Auflg. 1968/72
AfA	Absetzung für Abnutzung
AfaA	Absetzung für außergewöhnliche technische und wirtschaftliche Abnutzung
AIG	Auslandsinvestitionsgesetz
AktG	Aktiengesetz (1965)
AktG-Kom.	Geßler/Hefermehl/Eckhardt/Kropff, Aktiengesetz, Kommentar 1973/84
Anm.	Anmerkung
AO	Abgabeordnung
ao	außerordentlich
AR	Aufsichtsrat
Art.	Artikel
Auflg.	Auflage
BAnz	Bundesanzeiger
BB	Der Betriebs-Berater (Zeitschrift)
BdF	Bundesminister der Finanzen
BegrRegE	Begründung zum Regierungsentwurf
BerlinFG	Berlinförderungsgesetz
BetrAVG	Gesetz zur Verbesserung der betriebl. Altersversorgung
BetrVG	Betriebsverfassungsgesetz
BFH	Bundesfinanzhof
BFHE	Sammlung von Entscheidungen des BFH
BGB	Bürgerliches Gesetzbuch
BGBl	Bundesgesetzblatt
BGH	Bundesgerichtshof
BMF	Bundesministerium der Finanzen
BStBl	Bundessteuerblatt
BT-Drucks.	Bundestagsdrucksache
bzw.	beziehungsweise
DB	Der Betrieb (Zeitschrift)
dgl.	dergleichen
dh.	das heißt
DIHT	Deutscher Industrie- und Handelstag
DM	Deutsche Mark
DVO	Durchführungsverordnung
EG	Einführungsgesetz oder Europäische Gemeinschaften

EntwLStG	Entwicklungsländer-Steuergesetz
Erl.	Erlaß, auch Erläuterung
EStG-Kom.	Schmidt: Kommentar zum EStG (1982)
EStG	Einkommensteuergesetz
EStDV	ESt-Durchführungsverordnung
EStR	ESt-Richtlinien
GB	Geschäftsbericht
GenG	Genossenschaftsgesetz
GewESt.	Gewerbeertragsteuer
GewKSt.	Gewerbekapitalsteuer
GewStG	Gewerbesteuergesetz
GewStR	Gewerbesteuer-Richtlinien
GG	Grundgesetz für die Bundesrepublik Deutschland
ggf.	gegebenenfalls
GmbH	Gesellschaft mit beschränkter Haftung
GmbHG	Gesetz betreffend die Gesellschaften mit beschränkter Haftung (GmbH-Gesetz)
GoB	Grundsätze ordnungsmäßiger Buchführung
GrStG	Grundsteuergesetz
GuV	Gewinn- und Verlustrechnung
HB	Handelsbilanz
HdJ	Handbuch des Jahresabschlusses (v. Wysocki/Schulze-Osterloh, Hrsg.)
HFA	Hauptfachausschuß des Instituts der Wirtschaftsprüfer in Deutschland
HGB	Handelsgesetzbuch
hM	herrschende Meinung
HR	Handelsregister
HV	Hauptversammlung
idF	in der Fassung
idR	in der Regel
IdW	Institut der Wirtschaftsprüfer
iS	im Sinne
iVm	in Verbindung mit
KapErhG	Gesetz über die Kapitalerhöhung aus Gesellschaftsmitteln (Kapitalerhöhungsgesetz)
KG	Kommanditgesellschaft
KGaA	Kommanditgesellschaft auf Aktien
KSt	Körperschaftssteuer
KStG	Körperschaftssteuergesetz
KWG	Gesetz über das Kreditwesen

LSt	Lohnsteuer	Tz.	Textziffer
LStDV	Lohnsteuer-Durchführungs-verordnung	u.a.	unter anderem
LStR	Lohnsteuer-Richtlinien	u.ä.	und ähnliches
mwN	mit weiteren Nachweisen	v.	von, vom
MWSt	Mehrwertsteuer	VG	Vermögensgegenstand
		vgl.	vergleiche
NB	Neue Betriebswirtschaft (Zeit-schrift)	vH	vom Hundert
		VO	Verordnung
Nr.	Nummer	VSt	Vermögensteuer
		IV.RL	Vierte Richtlinie des Rates der Europäischen Gemeinschaften
PublG	Gesetz über die Rechnungs-legung von bestimmten Unternehmen und Konzernen (Publizitätsgesetz)		
		WEG	Wohnungseigentumsgesetz
		WG	Wirtschaftsgüter
		WP-Handb.	Wirtschaftsprüfer-Handbuch
RAP	Rechnungsabgrenzungsposten		
RdNr.	Randnummer	zB	zum Beispiel
RegE	Regierungsentwurf	ZonRFG	Gesetz zur Förderung des Zonenrandgebiets (Zonenrand-förderungsgesetz)
Rn	Randnote		
RVO	Reichsversicherungsordnung		
		z.T.	zum Teil
S.	Seite		
StBauFG	Städtebauförderungsgesetz		

A. Jahresabschluß für die GmbH

A. Jahresabschluß für die GmbH

I. Rechnungslegung

Vorbemerkungen
(§§ 238–289,
§§ 316–335 HGB)

Die neuen Rechnungslegungsvorschriften für die Gesellschaften mit beschränkter Haftung einschließlich der Konzernrechnungslegung (§§ 290–315 HGB) sind
– im Dritten Buch des Handelsgesetzbuchs festgelegt und durch rechtsformspezifische Regelungen ergänzt.
Mit der wesentlichen Umsetzung der Vierten Richtlinie erfolgte die Unterteilung der Vorschriften in zwei Abschnitte:

– *grundlegende Vorschriften*
 (§§ 238–263 HGB)

Der auch für alle Personengesellschaften unterhalb der Größen des PublG geltende Erste Abschnitt des Dritten Buchs mit der Bezeichnung
– »Vorschriften für alle Kaufleute« enthält für die Gesellschaften mit beschränkter Haftung die grundlegenden Vorschriften über
– Führung der Handelsbücher, Inventar,
– Jahresabschluß,
– Aufbewahrung und Vorlage von Aufzeichnungen.
Die bisherigen §§ 38–47b HGB wurden dabei mit geringfügigen Änderungen in das Dritte Buch des Handelsgesetzbuchs eingefügt.

– *ergänzende Vorschriften*

Der Zweite Abschnitt des Dritten Buchs mit der Bezeichnung
– »Ergänzende Vorschriften für Kapitalgesellschaften« ist in die Unterabschnitte
– Jahresabschluß und Lagebericht
– Konzernabschluß und Konzernlagebericht
– Prüfung
– Offenlegung, Veröffentlichung und Vervielfältigung. Prüfung durch das Registergericht
– Rechtsverordnung für Formblätter und andere Vorschriften
– Straf- und Bußgeldvorschriften. Zwangsgelder aufgegliedert.

– Bilanzrichtlinien-Gesetz

Das als Artikel-Gesetz ausgestattete Bilanzrichtlinien-Gesetz brachte zwangsläufig neben Änderungen im GmbH-Gesetz und insbesondere im Handelsgesetzbuch noch

– – Vorschriften-Änderungen

– Änderungen weiterer Vorschriften wie im
 – Aktiengesetz,

15

– Gesetz betreffend die Erwerbs- und Wirtschaftsge-
nossenschaften,
– Gesetz über die Rechnungslegung von bestimmten
Unternehmen (Publizitätsgesetz),
– Gesetz über das Kreditwesen,
– Umwandlungsgesetz,
– Versicherungsaufsichtsgesetz,
– Abgabenordnung, Einkommensteuergesetz,
– Wirtschaftsprüfungsordnung

mit sich.

Die Anpassung des deutschen Rechts beschränkt sich für
Kapitalgesellschaften auf die Mindestanforderungen der
Vierten und Siebenten Richtlinie. Dies bedeutet die
grundsätzliche Weitergabe der durch die Richtlinien ein-
geräumten Wahlrechte und Erleichterungen an die
Unternehmen.

– Neuerungen für die GmbH

Zu den wesentlichen Neuerungen für die GmbH zählen
u. a.
– Aufstellung und Offenlegung des Jahresabschlusses
nach einheitlichen Grundsätzen,
– Prüfung des Jahresabschlusses für große und mittel-
große Gesellschaften durch Abschlußprüfer,
– Neufassung der Größenmerkmale für GmbH gegenüber dem Publizitätsgesetz, das künftig für GmbH
nicht mehr anwendbar ist,
– Rückstellungspflicht für laufende Pensionen und Anwartschaften für Neuzusagen ab 1. Januar 1987,
– Rücklagenbildung durch Gesellschafterbeschluß,
– Vermerkpflicht für Haftungsverhältnisse,
– Wahlrecht über die Angabe des Anteilbesitzes im Anhang oder in einer besonderen Liste,
– Aufnahme der Pflicht zur Aufstellung von Konzernabschluß und Konzernlagebericht in das Handelsgesetzbuch.

– – Vermeidung einer
Mehrfachregelung

Zur Vermeidung einer Mehrfachregelung sind
– im Handelsgesetzbuch auch die Grundsätze der Rechnungslegung geschlossen dargestellt,
die nur durch einzelne Spezialgesetze eine Ergänzung erfahren.
Dies gilt ebenso für die Konzernrechnungslegung.

**Erstmalige Anwendung
der neuen Vorschriften**

Die vom Inkrafttreten der Artikel 1 bis 10 des Bilanzrichtlinien-Gesetzes vom 19. Dezember 1985 (BGBl.I
S.2355) an geltende Fassung der

– Jahresabschluß, Lagebericht   – Vorschriften über den Jahresabschluß und den Lagebericht sowie über

– Offenlegung   – die Pflicht zur Offenlegung dieser und der dazu gehö-
(Art. 23 Abs. 1 Satz 1,   renden Unterlagen
ist erstmals
   – auf das nach dem 31. Dezember 1986 beginnende Geschäftsjahr
anzuwenden.

– Satz 2 EGHGB)   Die Anwendung der neuen Vorschriften auf ein früheres Geschäftjahr – jedoch nur insgesamt ist zulässig.

– abweichendes Geschäftsjahr   Bei Abweichung des Geschäftsjahrs vom Kalenderjahr ist eine entsprechende längere Übergangszeit gegeben.

– Änderung der Gliederung   Ändern sich bei der erstmaligen Anwendung der neuen
oder Bewertung   Vorschriften
(Art. 24 Abs. 5 EGHGB)   – die bisherige Form der Darstellung oder
   – die bisher angewandten Bewertungsmethoden,
so sind die Vorschriften über

($ 252 Abs.1 Nr.6   – allgemeine Bewertungsgrundsätze:
     – Beibehaltung der auf den vorhergehenden Jahresabschluß angewandten Bewertungsmethoden,

§ 265 Abs.1   – allgemeine Grundsätze für die Gliederung:
     – Beibehaltung der Form der Darstellung,

§ 284 Abs.2 Nr.3 HGB)   – Angabe und Begründung der Abweichungen von Bilanzierungs- und Bewertungsmethoden einschließlich gesonderter Darstellung, deren Einfluß auf die Vermögens-, Finanz- und Ertragslage,
bei der erstmaligen Aufstellung eines Jahresabschlusses nach den geänderten Vorschriften nicht anzuwenden.

– Beibehaltungswahlrecht   Soweit ein niedrigerer Wertansatz aufgrund der Vorschriften über

(Art. 24 Abs. 3 Satz 1 EGHGB)   – Vermögensgegenstände des Anlagevermögens, und
   – Vermögensgegenstände des Umlaufvermögens nach Artikel 24 Abs. 1 und 2 EGHGB nicht beibehalten werden darf oder nicht beibehalten wird, so kann bei der
   – Aufstellung des Jahresabschlusses für das nach dem 31. Dezember 1986 beginnende Geschäftsjahr oder bei der Anwendung auf ein früheres Geschäftsjahr
   – nach Artikel 23 in dem früheren Jahresabschluß
     – der Unterschiedsbetrag zwischen dem im letzten vorausgehenden Jahresabschluß angesetzten Wert und dem nach neuem Recht anzusetzenden Wert in Gewinnrücklagen eingestellt oder

– für die Nachholung von Rückstellungen verwendet werden;
– dieser Betrag ist nicht Bestandteil des Ergebnisses.

(Art. 24 Abs. 3 Satz 2 EGHGB) Die Vorschrift des Artikels 24 Abs. 3 Satz 1 EGHGB ist entsprechend auf Beträge anzuwenden, die sich ergeben,
– wenn Rückstellungen oder Sonderposten mit Rücklageanteil wegen Unvereinbarkeit mit § 247 Abs. 3, §§ 249, 253 Abs. 1 Satz 2, § 273 HGB aufgelöst werden.

– Pflicht zur Prüfung
des Jahresabschlusses
(Art. 23 Abs. 3 Satz 1 EGHGB)

Die Vorschriften über die Pflicht zur Prüfung des Jahresabschlusses und des Lageberichts sind
– auf Unternehmen, die bei Inkrafttreten des Bilanzrichtlinien-Gesetzes ihren Jahresabschluß nicht aufgrund bundesgesetzlicher Vorschriften prüfen lassen müssen,
– erstmals für das nach dem 31. Dezember 1986 beginnende Geschäftsjahr
anzuwenden.

– Zeitpunkt der Anwendung
(Art. 23 Abs. 5 EGHGB)

Sind die neuen Vorschriften nach Artikel 23 Abs. 1 und 3 auf ein früheres Geschäftsjahr nicht anzuwenden und werden sie nicht freiwillig angewendet,
– so ist für das Geschäftsjahr die am 31. Dezember 1985 geltende Fassung der geänderten oder aufgehobenen Vorschriften anzuwenden.
Der vorstehende Satz ist
– auf Gesellschaften mit beschränkter Haftung hinsichtlich der Anwendung des Gesetzes über die Rechnungslegung von bestimmten Unternehmen und Konzernen entsprechend anzuwenden.

1. Aufgaben des Jahresabschlusses

Der Jahresabschluß dient in Verbindung mit dem Lagebericht sowohl
– der Rechenschaftslegung der Gesellschaft als auch
– dem Gläubigerschutz.
Außerdem bildet der Jahresabschluß die Grundlage für
– die Ergebnisverwendung sowie
– die Besteuerung.

(§ 246 Abs. 1 HGB)

Maßgebend dafür ist die Vollständigkeit: Der Jahresabschluß hat
– sämtliche Vermögensgegenstände, Schulden, Rechnungsabgrenzungsposten,
– Aufwendungen und Erträge
zu enthalten, soweit gesetzlich nichts anderes bestimmt ist.

10 Rechenschaftslegung	Unter Beachtung der Grundsätze ordnungsmäßiger Buchführung hat der Jahresabschluß	**A. Jahres-abschluß**

10 Rechenschaftslegung

(§ 246 Abs. 2 Satz 1,

Unter Beachtung der Grundsätze ordnungsmäßiger Buchführung hat der Jahresabschluß
– ein den tatsächlichen Verhältnissen entsprechendes Bild der Vermögens-, Finanz- und Ertragslage der Gesellschaft
zu vermitteln.

– Satz 2 HGB)

Führen besondere Umstände dazu, daß der Jahresabschluß ein den tatsächlichen Verhältnissen entsprechendes Bild im Sinne des Satzes 1 nicht vermittelt, so sind
– im Anhang zusätzliche Angaben
erforderlich.
Die bisherige Formulierung des § 149 Abs. 1 Satz 2 AktG entfällt.

– Lagebericht

(§ 289 Abs. 1 HGB)

Die Generalklausel des § 264 Abs. 2 Satz 1 HGB gilt im Lagebericht zumindest ebenso für
– die Darstellung des Geschäftsverlaufs und die Lage der Gesellschaft.

11 Gläubigerschutz

(§ 30 Abs. 1 GmbHG)

Die Rechenschaftslegung der Geschäftsführer einer GmbH mit dem Jahresabschluß und dem Lagebericht gegenüber den Gesellschaftern stellt idR die Voraussetzung und Grundlage für die Entlastung der Geschäftsführer dar.
In diesem Zusammenhang ist die Bilanz als Nachweis zur Kapitalerhaltung anzusehen, der durch zwingende Vorschriften des GmbHG gesichert wird. Danach darf
– das zur Erhaltung des Stammkapitals erforderliche Vermögen der Gesellschaft nicht an die Gesellschafter ausgezahlt
werden.

(§ 43 Abs. 1 GmbHG)

Darüber hinaus haben die Geschäftsführer
– in den Angelegenheiten der Gesellschaft die Sorgfalt eines ordentlichen Geschäftsmannes
anzuwenden.

– Kredit aus Gesellschaftsmitteln

(§ 43a Satz 1 GmbHG)

Weiterhin darf den Geschäftsführern, Prokuristen oder zum gesamten Geschäftsbetrieb ermächtigten Handlungsbevollmächtigten
– Kredit nicht aus dem zur Erhaltung des Stammkapitals erforderlichen Vermögen der Gesellschaft gewährt werden.

12 Ergebnisverwendung

Schließlich dient der Jahresabschluß als Grundlage für die Gewinnverteilung:

A. Jahres-abschluß

(§ 29 Abs. 1 GmbHG)

– die Gesellschafter haben Anspruch auf den Jahresüberschuß zuzüglich eines Gewinnvortrags und abzüglich eines Verlustvortrags,

soweit der sich ergebende Betrag

– nicht nach Gesetz oder Gesellschaftsvertrag,
– durch Beschluß nach § 29 Abs. 2 GmbHG oder
– als zusätzlicher Aufwand aufgrund des Beschlusses über die Verwendung des Ergebnisses

von der Verteilung unter die Gesellschafter ausgeschlossen ist.

– Anspruch auf Bilanzgewinn
(§ 29 Abs. 1 Satz 2 GmbHG)

Wird die Bilanz unter Berücksichtigung der teilweisen Ergebnisverwendung aufgestellt oder werden Rücklagen aufgelöst, so haben die Gesellschafter abweichend von Satz 1 Anspruch auf den Bilanzgewinn.

– Verwendungsbeschluß
(§ 29 Abs. 2 GmbHG)

Im Beschluß über die Verwendung des Ergebnisses können die Gesellschafter, wenn der Gesellschaftsvertrag nichts anderes bestimmt,

– Beträge in Gewinnrücklagen einstellen oder
– als Gewinn vortragen.

– Verteilung
(§ 29 Abs. 3 GmbHG)

Die Verteilung erfolgt nach Verhältnis der Geschäftsanteile. Im Gesellschaftsvertrag kann ein anderer Maßstab der Verteilung festgesetzt werden.

Der bisherige Absatz 2 wird nach dem neuen Recht Absatz 3.

Der neu eingefügte § 29 Abs. 4 GmbHG entspricht dem neuen § 58 Abs. 2a AktG und betrifft die Einstellung in andere Gewinnrücklagen:

– Einstellung in andere Gewinnrücklagen
(§ 29 Abs. 4 GmbHG)

Unbeschadet der Absätze 1 und 2 und abweichender Gewinnverteilungsabreden nach Absatz 3 Satz 1 können

– die Geschäftsführer mit Zustimmung des Aufsichtsrats oder der Gesellschafter
– den Eigenkapitalanteil von Wertaufholungen bei Vermögensgegenständen des Anlage- und Umlaufvermögens und von
– bei der steuerrechtlichen Gewinnermittlung gebildeten Passivposten, die nicht im Sonderposten mit Rücklageanteil ausgewiesen werden dürfen,
– in andere Gewinnrücklagen einstellen.

Der Betrag dieser Rücklagen ist

– entweder in der Bilanz gesondert auszuweisen oder im Anhang anzugeben.

– Anpassung der Gesellschaftsverträge

Die erforderliche Übergangsregelung für die Anpassung der Gesellschaftsverträge wird in Artikel 12 des Gesetzes

20

zur Änderung des Gesetzes betreffend die Gesellschaften mit beschränkter Haftung und anderer handelsrechtlicher Vorschriften vom 4. Juli 1980 (BGBl. I S. 836 mit dem § 7 einefügt, dessen Text in der Anlage abgedruckt ist.

13 Besteuerungsgrundlage (§ 5 Abs. 1 EStG, § 8 KStG, § 60 Abs. 3 EStDV)	Die Angleichung von Ansätzen und Beträgen der Handelsbilanz an die entsprechenden steuerlichen Vorschriften läßt – die Aufstellung einer gesonderten Steuerbilanz nicht notwendig werden.
(§§ 79, 82 EStDV, § 6 Abs. 2 EStG)	Die Inanspruchnahme von besonderen Steuervergünstigungen setzt ohnedies eine derartige Anpassung voraus und macht die Umkehrung des Maßgeblichkeitsgrundsatzes erforderlich.

2. Aufstellung des Jahresabschlusses

20 Aufstellung durch die Geschäftsführer	Die Geschäftsführer haben – in den ersten drei Monaten des Geschäftsjahrs für das vergangene Geschäftsjahr – den Jahresabschluß: – Bilanz, Gewinn- und Verlustrechnung, Anhang sowie den Lagebericht aufzustellen.
– kleine GmbH (§ 264 Abs. 1 Satz 3 HGB)	Kleine Gesellschaften mbH im Sinne des § 267 Abs. 1 HGB dürfen – den Jahresabschluß und den Lagebericht auch innerhalb der ersten sechs Monate des Geschäftsjahrs aufstellen, wenn dies einem ordnungsgemäßen Geschäftsgang entspricht.
– Sprache, Währungseinheit (§ 244 HGB)	Der Jahresabschluß ist – in deutsher Sprache und in Deutsche Mark aufzustellen.
(§ 240 Abs. 2 Satz 2 HGB)	Das Geschäftsjahr darf – die Dauer von zwölf Monaten nicht überschreiten.
21 Fristverlängerung durch Gesellschaftsvertrag	Eine Änderung gegenüber dem bisherigen Recht tritt insoweit ein, – als der Gesellschaftsvertrag nicht mehr eine längere Frist für die Aufstellung vorsehen kann. Die bisherige Vorschrift des § 41 Abs. 3 GmbHG ist aufgehoben.

22 Unterzeichnung
(§ 245 Satz 1 HGB)

Der Jahresabschluß ist
– unter Angabe von Ort und Tag durch die Geschäftsführer
zu unterzeichnen.
Die bisherige Vorschrift des § 41 HGB wurde für den
Jahresabschluß übernommen.

II. Größenmerkmale für GmbH

Vorbemerkungen

(§ 325 Abs. 1 HGB)

Zu den Unternehmen, die ihren Jahresabschluß offenzulegen haben, gehören
– alle Gesellschaften mbH, gleich welcher Größenord-
nung,
ohne Rücksicht auf ihre Prüfung und Publizität.
Die dabei verwendeten Größenmerkmale entsprechen
der Vierten EG-Richtlinie und ergeben sich aus der Umrechnung in Deutsche Mark.

– Umrechnungskurs

(Art. 12 Abs. 2 der IV. RL)

Der Umrechnungskurs der Europäischen Rechnungsein-
heit in Deutsche Mark betrug am 25. Juli 1978, dem Tag
der Annahme der Vierten EG-Richtlinie
– 2,59249 Deutsche Mark.
Hierbei wurde von der Möglichkeit der Abweichung bis
zu 10 vH nach oben Gebrauch gemacht. (vgl. Begr. RegE
S. 75).
Durch die Richtlinie des Rates der Europäischen Gemeinschaften vom 27. November 1984 (84/569/EWG,
ABl. Nr. L 314 S. 28) werden in der Folge die erhöhten
Beträge zugrunde gelegt.

– Voraussetzungen
(§ 267 Abs. 1,
 – Abs. 2,
 – Abs. 3 HGB)

Die Rechtsfolgen der Größenmerkmale für die
– kleine GmbH,
– mittelgroße GmbH,
– große GmbH
treten nur ein,
– wenn sie an den Abschlußstichtagen von zwei aufeinanderfolgenden Geschäftsjahren jeweils über- oder
unterschritten
werden.

**1. Merkmale für
kleine GmbH**

Als kleine Gesellschaften mit beschränkter Haftung, die
von der Pflicht zur Prüfung des Jahresabschlusses befreit
sind, gelten solche,
– auf die an den Abschlußstichtagen von zwei aufeinanderfolgenden Geschäftsjahren
mindestens zwei der drei nachstehenden Merkmale zutreffen:

Bilanzsumme
(§ 267 Abs.1 Nr.2 iVm
§ 277 Abs.1 HGB)

– die Bilanzsumme überschreitet nach Abzug eines auf
der Aktivseite ausgewiesenen Fehlbetrags nicht
  – drei Millionen neunhunderttausend Deutsche Mark;

Umsatzerlöse
(§ 267 Abs.1 Nr.2 iVm
§ 277 Abs.1 HGB)

– die Umsatzerlöse der Gesellschaft in den zwölf Monaten vor dem Abschlußstichtag überschreiten nicht
  – acht Millionen Deutsche Mark;

**durchschnittliche Zahl
der Arbeitnehmer**
§ 267 Abs.1 Nr.3 iVm
Abs.5 HGB)

– die Gesellschaft hat im Jahresdurchschnitt
  – nicht mehr als fünfzig Arbeitnehmer beschäftigt.

2. Merkmale für mittelgroße GmbH

Als mittelgroße Gesellschaften mit beschränkter Haftung gelten solche,
– auf die an den Abschlußstichtagen von zwei aufeinanderfolgenden Geschäftsjahren
mindestens zwei der drei nachstehenden Merkmale zutreffen:

Bilanzsumme
(§ 267 Abs.2 Nr.1 iVm
§ 268 Abs.3 HGB)

– die Bilanzsumme überschreitet nach Abzug eines auf
der Aktivseite ausgewiesenen Fehlbetrags nicht
  – fünfzehn Millionen fünfhunderttausend Deutsche
  Mark (3,5 Mio bis 15,5 Mio DM);

Umsatzerlöse
(§ 267 Abs.2 Nr.2 iVm
§ 277 Abs.1 HGB)

– die Umsatzerlöse der Gesellschaft in den zwölf Monaten vor dem Abschlußstichtag überschreiten nicht
  – zweiunddreißig Millionen Deutsche Mark (8 Mio bis
  32 Mio DM);

**durchschnittliche Zahl
der Arbeitnehmer**
(§ 267 Abs.1 Nr.3 iVm
Abs.5 HGB)

– die Gesellschaft hat im Jahresdurchschnitt
  – nicht mehr als zweihundertfünfzig Arbeitnehmer
  (50 bis 250 Arbeitnehmer)
  beschäftigt.

3. Merkmale für große GmbH

Als große Gesellschaften mit beschränkter Haftung gelten solche,
– auf die an den Abschlußstichtagen von zwei aufeinanderfolgenden Geschäftsjahren
mindestens zwei der drei nachstehenden Merkmale zutreffen:

Bilanzsumme
(§ 267 Abs.3 iVm
§ 268 Abs.3 HGB)

– die Bilanzsumme überschreitet nach Abzug eines auf
der Aktivseite ausgewiesenen Fehlbetrags
  – fünfzehn Millionen fünfhunderttausend Deutsche
  Mark;

Umsatzerlöse
(§ 267 Abs. 3 iVm
§ 277 Abs. 1 HGB)

– die Umsatzerlöse der Gesellschaft in den zwölf Monaten vor dem Abschlußstichtag überschreiten
– zweiunddreißig Millionen Deutsche Mark;

durchschnittliche Zahl
der Arbeitnehmer
(§ 267 Abs. 1 Nr. 3 iVm
Abs. 5 HGB)

– die Gesellschaft hat im Jahresdurchschnitt
– mehr als zweihundertfünfzig Arbeitnehmer
beschäftigt.

– Eintritt der Rechtsfolgen
(§ 267 Abs. 4 Satz 1 HGB)

Die Rechtsfolgen der Merkmale für
– kleine, mittelgroße und große Gesellschaften mit beschränkter Haftung treten nur
– bei Über- oder Unterschreitung derselben an den Abschlußstichtagen von zwei aufeinanderfolgenden Geschäftsjahren ein.

4. Gemeinsame Merkmale

40 Errechnung der durch-
schnittl. Zahl der
Arbeitnehmer

Als durchschnittliche Zahl der Arbeitnehmer gilt für alle
drei Größenklassen
– der vierte Teil der Summe aus den Zahlen der jeweils
am 31. März, 30. Juni, 30. September und 31. Dezember beschäftigten Arbeitnehmer einschließlich der im
Ausland beschäftigten Arbeitnehmer, jedoch ohne die
zu ihrer Berufsausbildung Beschäftigten.

41 Verschmelzung, Um-
wandlung oder
Neugründung
(§ 267 Abs. 4, Satz 2 HGB)

Im Falle der Verschmelzung, Umwandlung oder Neugründung treten die Rechtsfolgen der Merkmale schon
ein,
– wenn die Voraussetzungen des § 267 Abs. 1, 2 oder 3
HGB am ersten Abschlußstichtag nach der Verschmelzung, Umwandlung oder Neugründung vorliegen.

42 Informations- und Auskunftsrechte der Arbeit-
nehmervertretungen
(§ 267 Abs. 6 HGB)

Nach anderen Gesetzen geregelte Informations- und
Auskunftsrechte der Arbeitnehmervertretungen bleiben
unberührt.

III. Aufbau, Inhalt des Jahresabschlusses

1. Aufbau des Jahres-
abschlusses

Die Bilanz zeigt den Vermögens- und Kapitalaufbau
nach Art, Form und Fristigkeit der Vermögenswerte und
Schuldteile. Sie hat den Mindestanforderungen der Gliederungsvorschriften der §§ 265, 266 HGB zu entsprechen.
Die Gewinn- und Verlustrechnung zeigt die Aufwandsstruktur.

Die Vorschriften der §§ 275–278 HGB enthalten die Anforderungen an die Gewinn- und Verlustrechnung.

10 Gliederungsvorschriften

Die sowohl für die Bilanz als auch für die Gewinn- und Verlustrechnung entwickelten allgemeinen Mindestgliederungsvorschriften haben grundsätzlich zwingenden Charakter.

– abweichende Gliederung

Eine abweichende Gliederung des Jahresabschlusses setzt voraus, daß die Eigenart der Gesellschaft eine solche Änderung aus Gründen der Klarheit erforderlich macht oder die dem Gliederungsschema zugrunde liegenden materiellen Gegebenheiten nicht vorhanden sind.

– Vermögensaufbau

Die Aktivseite der Bilanz ist in das
– Anlagevermögen:
  mit den dauernd dem Geschäftsbetrieb dienenden Gütern,
– Umlaufvermögen:
  mit den dem Umsatz dienenden Gütern
gegliedert.

– Kapitalaufbau

Die Passivseite der Bilanz ist in das
– Eigenkapital:
  – Stammkapital, Rücklagen,
– Fremdkapital:
  – Verbindlichkeiten
gegliedert.

11 Vermögenslage

Der Einblick in die Vermögenslage ist gewissen Einschränkungen unterworfen, die sich aus
– der auf einen bestimmten Stichtag (Momentaufnahme) abgestellten Bilanz,
– dem Anschaffungswertprinzip, das keine Berücksichtigung der über den Anschaffungskosten liegenden Zeitwerte zuläßt,
– dem durch die Bewertungsvorschriften eingeräumten, wenn auch eingeschränkten Bewertungsspielraum
ergeben.

12 Finanzlage

Der Einblick in die Finanzlage der Gesellschaft wird durch die Angabe der Restlaufzeit bei jedem gesondert ausgewiesenen Posten

(§ 268 Abs. 4, Satz 1,

– der Forderungen mit einer Restlaufzeit von mehr als einem Jahr,

– Abs. 5, Satz 1 HGB)

– der Verbindlichkeiten mit einer Restlaufzeit bis zu einem Jahr
vertieft.

Darüber hinaus ist zu den in der Bilanz ausgewiesenen Verbindlichkeiten

A. Jahres-abschluß	(§ 285 Nr. 1a HGB)	– der Gesamtbetrag der Verbindlichkeiten mit einer Restlaufzeit von mehr als fünf Jahren im Anhang anzugeben.
	13 Ertragslage	Die aus der Gewinn- und Verlustrechnung resultierende Ertragslage ist durch – die Bewertungsvorschriften und die Abschreibungmethoden eingeschränkt, deren Angaben jedoch im Anhang ergänzend zu erläutern sind.
	14 Haftungsverhältnisse (§ 251 Satz 1,	Ein den tatsächlichen Verhältnisse entsprechendes Bild über die Lage der Gesellschaft bezieht auch die Bekanntgabe der Haftungsverhältnisse mit ein, die – sofern sie nicht auf der Passivseite auszuweisen sind
	§ 268 Abs. 7 HGB)	– unter der Bilanz oder im Anhang jeweils gesondert vermerkt werden müssen.
	2. Bestandteile des Jahresabschlusses (§ 264 Abs. 1, Satz 1 HGB)	Der Jahresabschluß einer GmbH besteht aus der – Bilanz, – Gewinn- und Verlustrechnung und dem – Anhang, die eine Einheit bilden.
	(Art. 2 Abs. 1 der IV. RL)	Diese neue Regelung, die inhaltlich teilweise von der bisherigen in § 148 AktG abweicht, ergibt sich aus der Vierten Richtlinie. Danach sind die Erläuterungen des Jahresabschlusses als Anhang neben der Bilanz und der Gewinn- und Verlustrechnung gleichwertiger Bestandteil des Jahresabschlusses.
	20 Ausweiswahlrecht	Mit der Gleichstellung des Anhangs ist – die Wahlmöglichkeit der Übernahme von Angaben in den Anhang gegeben, die sonst in der Bilanz oder in der Gewinn- und Verlustrechnung zu machen wären.
	– Jahresergebnis	Dagegen bleiben nicht in der Bilanz und in der Gewinn- und Verlustrechnung berücksichtigte Beträge, die nur im Anhang erwähnt werden, ohne Einfluß auf das Jahresergebnis. (vgl. BegrRegE 10/317 S. 75).
	21 Geschäftsbericht (§ 264 Abs. 1 HGB)	Bisher waren nur unter das Publizitätsgesetz fallende Gesellschaften mbH zur Erstellung eines Geschäftsberichts (§ 5 PublG) verpflichtet. Der Geschäftsbericht nach § 160 AktG geht aufgrund der Vierten Richtlinie

26

– teilweise in den Anhang als Teil des Jahresabschlusses
und
– teilweise in den Lagebericht
ein.
Den Gesellschaften ist die Veröffentlichung eines Geschäftsberichts freigestellt. Nur entfällt nach dem jetzt
geltenden Recht für den Geschäftsbericht eine gesetzliche Regelung.

22 Kapitalflußrechnung

Dem verschiedentlich vorgetragenen Wunsch nach Aufnahme einer Finanzbewegungsrechnung in den Jahresabschluß wurde nicht Rechnung getragen.
Den Gesellschaften bleibt es vielmehr überlassen, freiwillig die Kapitalflußrechnung in den Jahresabschluß
aufzunehmen und diese im Anhang darzustellen.

**3. Inhalt des Jahres-
abschlusses**
(§ 264 Abs. 1

– Abs. 2 HGB)

Neben den Bestandteilen des Jahresabschlusses
– Bilanz, Gewinn- und Verlustrechnung, Anhang
gehören als weitere Grundelemente zum Inhalt des Jahresabschlusses für Gesellschaften mbH
– der Grundsatz der Klarheit und Übersichtlichkeit sowie
– die »true and fair view-Forderung«
mit ggf. zusätzlichen Angaben im Anhang.

30 Grundsatz der Klarheit
und Übersichtlichkeit
(§ 243 Abs. 2 HGB)

(§ 266,

§ 275,

§ 265 HGB)

Der Jahresabschluß ist klar und übersichtlich aufzustellen.
Dieser Aufstellungsgrundsatz bestimmt das äußere Bild
des Jahresabschlusses durch die Vorschriften über
– die Gliederung der Bilanz
sowie über
– die Gliederung der Gewinn- und Verlustrechnung,
der durch die auch für Gesellschaften mbH verbindli-
chen
– allgemeinen Grundsätze über die Gliederung ergänzt
und erweitert wird.

31 true and fair view

– *Generalklausel*
(§ 264 Abs. 2, Satz 1 HGB)

Die uneingeschränkt geltende »true and fair view-Forderung«:
– Der Jahresabschluß hat unter Beachtung der Grundsätze ordnungsmäßiger Buchführung ein den tatsächlichen Verhältnissen entsprechendes Bild der Vermö-
gens-, Finanz- und Ertragslage des Unternehmens zu
vermitteln,
ist in dieser Umschreibung neu.

Die Priorität bezieht sich dabei auf die tatsächlichen Verhältnisse und schließt die Finanzlage der Gesellschaft mit ein.

Wenn auch diese neue Regelung über die bisherige Formulierung des § 149 Abs. 1 Satz 2 AktG hinausgeht, so dürften sich in der Praxis gegenüber der bisherigen Handhabung im Anwendungsbereich der Generalklausel grundsätzlich keine Änderungen ergeben.

– zusätzliche Angaben

Von Gesellschaften mbH sind
– zusätzliche Angaben im Anhang
nur dann erforderlich, wenn besondere Umstände dazu führen, daß der Jahresabschluß trotz Anwendung der Grundsätze ordnungsmäßiger Buchführung

(§ 264 Abs. 2, Satz 2 HGB)

– ein klares Bild über die Vermögens-, Finanz- und Ertragslage der Gesellschaft
nicht vermittelt.

32 Anpassung für die
GmbH

Für die Vorschriften über
– den Inhalt des Jahresabschlusses und des Lageberichts
ist nach dem neuen Recht von

(§ 266 Abs. 2 und 3 HGB)

– dem Bilanzschema, das für große Gesellschaften mbH Anwendung findet,
auszugehen.

– Sachanlagen

Nach Artikel 9 der Vierten Richtlinie (Aktiva C.II.1.) sind
– die Posten »Aktivseite A.II:
  – »Grundstücke, grundstücksgleiche Rechte und Bauten einschließlich der Bauten auf fremden Grundstücken«
in einem Posten zusammenzufassen und nicht wie bisher in § 151 Abs. 1 Aktivseite II. A. 1 bis 4 AktG gesondert auszuweisen.
Einem aufgegliederten Ausweis dürfte jedoch auch künftig nichts entgegenstehen.

33 Verrechnungsverbot
(§ 246 Abs. 2 HGB)

Es dürfen
– Posten der Aktivseite nicht mit Posten der Passivseite der Bilanz und
– Aufwendungen nicht mit Erträgen sowie
– Grundstücksrechte nicht mit Grundstückslasten
verrechnet werden.

– Aufrechnung

Eine Aufrechnungspflicht besteht jedoch bei
– Kontokorrentverhältnissen und ähnlichen Vertragsge-
staltungen, in denen von vornherein nur der Saldo aus
einer Abrechnung geschuldet wird.
(vgl. Kropff in AktG-Kom. § 152 Anm. 82).

**4. Grundsätze ordnungs-
mäßiger Buchführung**

Eine gesetzliche Definition der GoB mit einer umfassen-
den allgemeingültigen Regelung fehlt. Für die aus Zwek-
ken der Rechnungslegung abzuleitenden deduktiven Ermittlung kommen u.a. als Entscheidungshilfen
– Gesetz, Rechtsprechung des BGH,
– die Fachgutachten und Stellungnahmen des Instituts
der Wirtschaftsprüfer, des DIHT,
– die gesicherten Erkenntnisse der Betriebswirtschafts-
lehre,
– die Fachliteratur sowie die Bilanzierungspraxis
in Betracht.
(vgl. WP-Handb. 1981 S. 645; Kropff in AktG-Kom.
§ 149 Anm. 10f).

40 Anwendung der GoB

Die GoB sind jeweils dann anzuwenden,
– wenn die entsprechenden gesetzlichen Vorschriften
keine oder keine abschließende Regelung treffen oder
– bei Bestehen eines Ermessensspielraumes.
Im Dritten Buch des Handelsgesetzbuchs über Jahresabschluß und Lagebericht wird in einer Reihe von gesetzlichen Vorschriften auf die GoB unmittelbar verwiesen
wie

(§ 257 Abs. 3,
§ 264 Abs. 2,
§ 322 Abs. 1,
§ 256 HGB)

– Aufbewahrung von Unterlagen,
– Aufstellung des Jahresabschlusses,
– Bestätigungsvermerk,
– Unterstellung von Verbrauchsfolgen.
Zu den nach den GoB zu regelnden Bilanzierungsfragen
zählen u.a.
– die Bilanzierung von Leasing-, Miet-, Pacht- und
Treuhandverhältnissen, schwebenden Geschäften,
– der Zeitpunkt der Gewinnrealisierung.

41 Ermessensspielraum

Eine solche Beurteilungsmöglichkeit ist bei der Festsetzung der

(§ 253 Abs. 3,

– Abschreibung auf Vermögensgegenstände des Umlaufvermögens hinsichtlich
– des Börsenkurses oder des Marktpreises, des beizulegenden niedrigeren Wertes, von Wertschwankungen sowie

§ 253 Abs. 4,

– Abschreibungen im Rahmen vernünftiger kaufmännischer Beurteilung,

29

§ 255 Abs. 2 Satz 3,

– Einbeziehung von angemessenen Teilen der Material- sowie der Fertigungsgemeinkosten in die Herstellungskosten;

§ 247 Abs. 2 HGB)

– Zuordnung von Vermögensgegenständen zum Anlagevermögen oder zum Umlaufvermögen wegen ihrer Zweckbestimmung

gegeben.

42 GoB im Steuerrecht
(BFH-Urt. I/208/63
v. 31.5.67 – BStBl. III S. 607

Nach Auffassung des BFH sind die handelsrechtlichen Grundsätze ordnungsmäßiger Buchführung und Bilanzierung die Regeln, nach denen ein Unternehmen zu verfahren hat, um zu einer dem gesetzlichen Zweck entsprechenden Bilanz zu gelangen.

– *Verbindung Steuerrecht/ Handelsrecht*

Die Verbindung vom Steuerrecht zum Handelsrecht in bezug auf die GoB läßt sich in den beiden nachstehenden steuerrechtlichen Vorschriften zusammenfassen und darlegen:

(Abschn. 29 Abs. 2 Ziff. 1
Satz 1 EStR)
(§ 140 AO)

– Eine Buchführung ist ordnungsmäßig, wenn sie den Grundsätzen des Handelsrechts entspricht.

– Wer nach anderen Gesetzen als den Steuergesetzen Bücher und Aufzeichnungen zu führen hat, die für die Besteuerung von Bedeutung sind, hat die Verpflichtungen, die ihm nach den anderen Gesetzen obliegen, auch für die Besteuerung zu erfüllen.

Unter dem Begriff »andere Gesetze« sind insbesondere die Vorschriften des

– Aktiengesetzes, GmbH-Gesetzes, Publizitätsgesetzes und des Handelsgesetzbuchs

zu verstehen.

IV. Grundlagen für den Jahresabschluß

Vorbemerkung
(§ 240 HGB)

Die Ordnungsmäßigkeit der Buchführung und Bilanzierung setzt als Grundlagen für die Aufstellung des Jahresabschlusses

– die vollständige Erfassung aller Vermögensgegenstände und Schulden

– mit der Durchführung einer Inventur als körperliche Bestandsaufnahme auf den Bilanzstichtag und

– mit dem Inventar als der Erstellung eines Bestandsverzeichnisses

voraus.

1. Buchführungspflicht für GmbH

Die Buchführungspflicht für Gesellschaften mbH wird einmal durch die Vorschrift des § 238 Abs. 1 HGB bestimmt:

10 nach dem Handelsrecht

– Jeder Kaufmann ist verpflichtet, Bücher zu führen und in diesen seine Handelsgeschäfte und die Lage seines Vermögens nach den GoB ersichtlich zu machen.

Ergänzend hierzu haben bei den Gesellschaften mbH

(§ 41 Abs. 1 GmbHG)
– die Geschäftsführer für die ordnungsmäßige Buchführung der Gesellschaft und für das Führen der erforderlichen Handelsbücher

zu sorgen. Diese Pflicht ist vielmehr als eine Überwachungspflicht zu verstehen.

– Anforderungen an die Buchführung
(§ 238 Abs. 1, Satz 2 und 3 HGB)

In Anlehnung an § 145 Abs. 1 AO muß die Buchführung so beschaffen sein, daß sie

– einem sachverständigen Dritten innerhalb angemessener Zeit einen Überblick über die Vermögens-, Finanz- und Ertragslage der Gesellschaft vermitteln

kann. Die Geschäftsvorfälle müssen sich in ihrer Entstehung und Abwicklung verfolgen lassen.

Die Gesellschaft ist verpflichtet,

(§ 238 Abs. 2 HGB)
– eine mit der Urschrift übereinstimmende Wiedergabe der abgesandten Handelsbriefe (Kopie, Abdruck, Abschrift oder sonstige Wiedergabe des Wortlauts auf einem Schrift-, Bild- oder anderen Datenträger) zurückzubehalten.

– Führung der Handelsbücher
(§ 239 Abs. 1

Die Führung der Handelbücher und der sonst erforderlichen Aufzeichnungen hat in einer lebenden Sprache zu erfolgen. Bei Verwendung von Abkürzungen, Ziffern, Buchstaben oder Symbolen muß deren Bedeutung eindeutig im Einzelfall festliegen.

– Abs. 2,
Die Eintragungen in Büchern und die sonst erforderlichen Aufzeichnungen müssen

– vollständig, zeitgerecht und geordnet vorgenommen werden.

– Abs. 3, Satz 1
Die Veränderung einer Eintragung oder einer Aufzeichnung darf nicht in einer Weise geschehen, daß der ursprüngliche Inhalt nicht mehr feststellbar ist.

– Abs. 4 HGB)
Bei der Führung der Handelsbücher und der sonst erforderlichen Aufzeichnungen in der geordneten Ablage von Belegen und auf Datenträgern, deren Formen der Buchführung und Verfahren den Grundsätzen ordnungsmäßiger Buchführung zu entsprechen haben, muß insbesondere

– die Verfügbarkeit der Daten während der Dauer der Aufbewahrungsfrist und

– die jederzeit innerhalb angemessener Frist mögliche Lesbarkeit

sichergestellt sein.

A. Jahresabschluß

11 nach dem Steuerrecht

Die allgemeinen Anforderungen an die Buchführung und an Aufzeichnungen sind in § 145 AO festgelegt:
- Das Erfordernis der Beschaffenheit der Buchführung stimmt hinsichtlich der Vermittlung an sachverständige Dritte mit dem zuvor zitierten zweiten Satz des § 238 Abs. 1 HGB überein.
- Aufzeichnungen sind so vorzunehmen, daß der Zweck, den sie für die Besteuerung erfüllen sollen, erreicht wird.

(§§ 140–148 AO)

Außer in der Abgabenordnung v. 16. März 1976 (BGBl. I S. 613ff) sind Aufzeichnungspflichten und Buchführungsvorschriften des Steuerrechts u.a. im

(§§ 5, 41 EStG)
(§§ 11b, 73d EStDV)

- Einkommensteuergesetz, in der
- Einkommensteuer-Durchführungsverordnung sowie in den

(Abschn. 13, 13a Abs. 2, 29, 30 Abs. 3 – 5, 36 Abs. 3 EStR)

- Einkommensteuer-Richtlinien enthalten.

12 Aufbewahrungspflicht, -fristen

Die Aufbewahrungspflicht ist Bestandteil der Buchführungs- und Aufzeichnungspflicht (vgl. § 147 AO).

– *Aufbewahrungsfristen*
– – 10 Jahre
(§ 257 Abs. 1 Nr. 1 iVm Abs. 4 HGB, § 147 Abs. 1 und 2 AO)

Der geordneten Aufbewahrung mit einer Frist von 10 Jahren unterliegen
  Handelsbücher, Inventare, Eröffnungsbilanzen,
– Jahresabschlüsse, Lageberichte,
– Konzernabschlüsse, Konzernlageberichte sowie
– die zu ihrem Verständnis erforderlichen Arbeitsanweisungen und sonstigen Organisationsunterlagen.

– – 6 Jahre
(§ 257 Abs. 4, – Abs. 1 Nr. 2–4 HGB, § 147 Abs. 3 AO)

Einer Aufbewahrungsfrist von 6 Jahren unterliegen
– die empfangenen Handelsbriefe,
– Wiedergaben der abgesandten Handelsbriefe,
– Buchungsbelege, in den nach § 238 Abs. 1 HGB zu führenden Büchern,
– sonstige Unterlagen, soweit sie für die Besteuerung von Bedeutung sind.

– Umschreibung Handelsbriefe
(§ 257 Abs. 2 HGB)

Handelsbriefe sind nur Schriftstücke, die ein Handelsgeschäft betreffen.

– *Aufbewahrung der Unterlagen*

(§ 257 Abs. 3 HGB, § 147 Abs. 2 AO)

Mit Ausnahme der Eröffnungsbilanzen, Jahresabschlüsse und der Konzernabschlüsse können die übrigen in § 257 Abs. 1 HGB aufgeführten Unterlagen auch
– als Wiedergabe auf einem Bild- oder auf anderen Datenträgern aufbewahrt werden,

wenn dies den GoB entspricht unter Sicherstellung der in
§ 257 Abs. 3 Nr. 1 und Nr. 2 HGB festgelegten Voraussetzungen hinsichtlich der Wiedergabe oder Lesbarkeit
der Daten.

– Bildträger iS der AO

Bildträger iS des § 147 Abs. 2 AO sind z.B.
– Fotokopien, Mikrokopien;
als andere Datenträger kommen u.a. Lochkarten, Loch-
streifen, Magnetbänder, Magnetplatten in Betracht.

– Fristbeginn
(§ 257 Abs.5 HGB,
§ 147 Abs.4, Satz 1 AO)

Die Aufbewahrungsfrist beginnt mit dem Schluß des Kalenderjahrs, in dem
– die letzte Eintragung in das Handelsbuch gemacht,
– das Inventar aufgestellt,
– die Bilanz oder der Jahresabschluß festgestellt,
– der Konzernabschluß aufgestellt,
– der Handelsbrief empfangen oder abgesandt worden
  oder
– der Buchungsbeleg entstanden ist, ferner
– die Aufzeichnungen vorgenommen oder die sonstigen
  Unterlagen entstanden sind.

(§ 147 Abs. 3 Satz 2 AO)

Die Aufbewahrungsfrist nach dem Steuerrecht läuft
jedoch nicht ab,
– soweit und solange die Unterlagen für Steuern von Bedeutung sind, für welche die Festsetzungsfrist noch
  nicht abgelaufen ist.

13 weitere übernommene
   Vorschriften
(§ 258,

§ 259,

§ 260,

§ 261 HGB)

Hinsichtlich der Aufbewahrung und Vorlage von Unterlagen wurden an weiteren Vorschriften übernommen:
– Vorlage im Rechtsstreit
  (bisher § 45 HGB),
– Vorlegung von Auszügen im Rechtsstreit
  (bisher § 46 HGB),
– Vorlegung bei Vermögensauseinandersetzungen(bisher § 47 HGB),
– Vorlage auf Datenträger
  (bisher § 47a HGB).

**2. Ordnungsmäßigkeit
   der Buchführung**
(§ 146 Abs.1, Satz 1,

– Satz 2 AO)

20 weitere Kriterien

Die Buchungen und die nach der Abgabeordnung sonst
erforderlichen Aufzeichnungen sind
– vollständig, richtig, zeitgerecht und geordnet
vorzunehmen.
Der Begriff »geordnet« ist an die Stelle des bisherigen Er-
fordernisses »der Zeitfolge nach« getreten.
Für Kasseneinnahmen und Kassenausgaben besteht die
tägliche Aufzeichnungspflicht.
Die Kriterien über die Ordnungsmäßigkeit der Buchfüh-

(Abschn. 29 Abs. 2 Nr. 2,
Satz 3 EStR)

(§ 146

– Abs. 3,

– Abs. 4,

– Abs. 5 AO).

rung sind in Abschn. 29 EStR festgelegt. Bei der zeitnahen Erfassung der Geschäftsvorfälle muß jeweils
– ein zeitlicher Zusammenhang zwischen den Vorgängen und ihrer buchmäßigen Erfassung
bestehen.
Die Ordnungsvorschriften der Abgabenordnung enthalten weitere Anforderungen an die Buchführung und die Aufzeichnungen. Davon sind insbesondere
– die Vornahme der Buchungen und die sonst erforderlichen Aufzeichnungen in einer lebenden Sprache;
– die Lesbarkeit des ursprünglichen Inhalts bei Veränderung einer Buchung oder einer Aufzeichnung;
– Voraussetzung für die sogen. Offene-Posten-Buchhaltung sowie für die Führung der Bücher und sonst erforderlichen Aufzeichnungen auf Datenträgern: diese Formen der Buchführung einschließlich des dabei verwandten Verfahrens müssen den GoB entsprechen;
hervorzuheben.
Die Buchführung muß
– hinsichtlich ihrer formellen und sachlichen Richtigkeit prüfbar
sein. Dies gilt sowohl für die Prüfung einzelner Geschäftsvorfälle als auch für die Prüfbarkeit des gesamten Abrechnungsverfahrens.

21 Belege
(BFH-Urt. v. 15.2.60–IV 61/59)

Die Belege gehören zum Begriff der ordnungsmäßigen Buchführung. Als einer der wichtigsten Grundsätze der Buchführung gilt
– keine Buchung ohne Beleg.
Der Beleg ist als Bestandteil der Buchführungsunterlagen das Beweismittel bei einer Prüfung und ermöglicht somit die Kontrolle der Buchführung. Durch eine systematische Numerierung der Belege und der Buchungen wird der gegenseitige Verweis sichergestellt.

– wesentliche Beleg-
bestandteile

Zu den wesentlichen Bestandteilen eines Belegs gehören
– Art des Geschäftsvorfalls mit Erläuterung (ggf. Begründung),
– zu buchender Betrag mit den entsprechenden Errechnungsgrundlagen (Mengen, Wert),
– Ausstellen des Belegs: bei Fremdbelegen Firma oder Name des Belegs, bei Eigenbelegen Angabe des Verantwortlichen für die Belegerstellung.

– Belegaufbewahrung
(§ 257 Abs. 3 HGB,
§ 147 AO)

Belege dürfen auch in Form von Mikrokopien aufbewahrt werden, wenn das Verfahren bei der Herstellung der Wiedergabe den GoB entspricht und eine Übereinstimmung der Wiedergabe mit der Urschrift gesichert ist.

22 Mängel
– *formelle Mängel*

Bei formellen Mängeln der Buchführung ist deren Ordnungsmäßigkeit nicht zu beanstanden, wenn

(Abschn. 29 Abs. 2 Ziff. 5 EStR)

– die Mängel die Überprüfbarkeit sowie das sachliche Ergebnis der Buchführung nicht beeinträchtigen und
– keinen erheblichen Verstoß gegen die formellen Buchführungserfordernisse
bedeuten.

– *materielle Mängel*
(Abschn. 29 Abs. 2 Ziff. 6 (Satz 1 und 2 EStR)

Die Ordnungsmäßigkeit der Buchführung wird bei unwesentlichen materiellen Mängeln nicht dadurch berührt, daß unbedeutende Vorgänge nicht oder falsch dargestellt sind.
Die Fehler sind dann zu berichtigen oder das Buchführungsergebnis ist durch eine Zuschätzung richtigzustellen.

(Abschn. 29 Abs. 2 Ziff. 6 Satz 4 EStR)

Enthält dagegen die Buchführung schwerwiegende materielle (sachliche) Mängel, so ist die Buchführung auch dann nicht ordnungsmäßig, wenn das Finanzamt die Fehler beseitigt und das berichtigte Buchführungsergebnis der Veranlagung zugrunde legt.

– Berichtigung von Falschbuchungen
(Abschn. 29 Abs. 2 Ziff. 6 Satz 6 EStR)

Eine durch den Steuerpflichtigen oder durch eine mit der Buchführung betraute Person vorgenommene Berichtigung von Falschbuchungen ist
– vor Einreichung der Bilanz beim Finanzamt unschädlich, wenn im übrigen die Buchführung den für die Ordnungsmäßigkeit einer Buchführung aufgestellten Grundsätzen entspricht.

3. Inventar

Das Inventar ist das detaillierte Bestandsverzeichnis der inventurmäßig getroffenen Feststellungen.
Jede Gesellschaft mbH hat nach § 240 Abs. 2 HGB für den Schluß eines jeden Geschäftsjahrs
– ein Inventar, in dem die Vermögensteile und Schulden art-, mengen- und wertmäßig einzeln aufgezeichnet sind,
aufzustellen.
Die Dauer des Geschäftsjahrs darf

(§ 240 Abs. 2 Satz 2 HGB)

– zwölf Monate
nicht überschreiten.

30 Aufstellungspflicht
– *nach dem Handelsrecht*

Die Pflicht zur Aufstellung des Inventars ergibt sich
– aus der Vorschrift des § 240 Abs. 2 und § 241 HGB
– während für die Bewertung als gesetzliche Grundlage § 240 Abs. 1 HGB gilt.

35

A. Jahres-abschluß	*– nach dem Steuerrecht*	Zur Erstellung eines Bestandsverzeichnisses besteht für jeden Bilanzstichtag die Verpflichtung hinsichtlich – des beweglichen Anlagevermögens nach Abschn. 31 Abs. 1 EStR – des Vorratsvermögens nach Abschn. 30 Abs. 1 Satz 2 EStR.
	31 Anforderungen an das Inventar	Das Inventar bedarf einer klaren und übersichtlichen Aufstellung der ermittelten Werte. Das nach den GoB zu erstellende Inventar muß – den Nachweis über die vollständige Aufnahme der bilanzierenden Bestände ermöglichen.
	– Änderungen (§ 239 Abs. 3 HGB)	Dabei darf eine Eintragung nicht in einer Weise verändert werden, daß der ursprüngliche Inhalt nicht mehr feststellbar ist.
	– Belege, Datenträger	Inventare können auch – in der geordneten Ablage von Belegen bestehen oder auf Datenträger unter Berücksichtigung der GoB geführt werden.
	32 bestandsmäßige Erfassung – *gewogener Durchschnittswert* (§ 240 Abs. 4 HGB)	Das Inventar wird je nach Art der Bilanzposten von unterschiedlichen Regelungen bestimmt: Bei jeweils gruppenmäßiger Zusammenfassung von – gleichartigen Vermögensgegenständen des Vorratsvermögens sowie – anderen gleichartigen oder annähernd gleichwertigen beweglichen Vermögensgegenständen kann der Ansatz – mit dem gewogenen Durchschnittswert erfolgen.
	– *Festwertverfahren* (§ 240 Abs. 3 Satz 1 HGB)	Die Bildung eines Festwerts für – Vermögensgegenstände des Sachanlagevermögens sowie für – Roh-, Hilfs- und Betriebsstoffe
	– – Voraussetzungen	setzt voraus, daß – sie regelmäßig ersetzt werden und – der Gesamtwert der zusammengefaßten Gegenstände oder Stoffe für die Gesellschaft von nachrangiger Bedeutung ist und – ihr Bestand in seiner Größe, seinem Wert und seiner Zusammensetzung nur geringen Veränderungen unterliegt.
	– – körperliche Bestandsaufnahme (§ 240 Abs. 3 Satz 2 HGB)	Eine solche Bestandsaufnahme ist nach dem Handelsrecht – in der Regel alle drei Jahre und nach dem Steuerrecht – mindestens an jedem dem Hauptfeststellungszeitpunkt für die Feststellung des Einheitswerts des Betriebsver-

36

mögens vorangehenden Bilanzstichtag, spätestens aber
an jedem fünften Bilanzstichtag
notwendig.

33 bewegliches Anlage- vermögen	Die Ermittlung des Bestands an beweglichem Anlagever- mögen ist am Bilanzstichtag durch Fortschreibung zuläs- sig. Die Wertfortschreibung setzt das Führen eines Bestands- verzeichnisses, in das laufend jeder Zugang und Abgang einzutragen ist, voraus.
– Mindestangaben des Verzeichnisses (Abschn. 31 Abs. 4 und 6 Satz 1 EStR)	Als geforderte steuerliche Mindestangaben gelten: – genaue Bezeichnung des Gegenstands, – Tag der Anschaffung oder Herstellung des Gegen- stands, – Höhe der Anschaffungs- oder Herstellungskosten, – jeweiliger Buchwert am Bilanzstichtag, – Tag des Abgangs.
(Abschn. 31 Abs. 6 Satz 2 EStR)	Wird das Bestandsverzeichnis in der Form einer Anlage- kartei geführt, so ist der Bilanzansatz aus der Summe der einzelnen Bilanzwerte der Anlagekartei nachzuweisen.
– Festwert (Abschn. 31 Abs. 3, Satz 2 EStR)	Für Gegenstände des beweglichen Anlagevermögens mit einem zulässigerweise gebildeten Festwert ist die Auf- nahme in das Bestandsverzeichnis nicht erforderlich.
– geringwertige Anlagegüter iS § 6 Abs. 2 EStG	Im Jahr der Anschaffung oder Herstellung handels- und steuerrechtlich voll abgeschriebene geringwertige Anla- gegüter sind von der Aufnahme in das Bestandsverzeich- nis befreit,
(Abschn. 31 Abs. 3 Satz 1 EStR)	– wenn ihre Anschaffungs- oder Herstellungskosten, vermindert um einen darin enthaltenen Vorsteuerbe- trag nicht mehr als 100 DM betragen haben oder – auf einem besonderen Konto verbucht oder – bei ihrer Anschaffung oder Herstellung in einem be- sonderen Verhältnis erfaßt worden sind.
34 Vorratsvermögen	Zur Aufnahme des Vorratsvermögens gehören – Roh-, Hilfs- und Betriebsstoffe, – unfertige Erzeugnisse, – fertige Erzeugnisse und Waren, – die auf Vermögensgegenstände des Vorratsvermögens geleisteten Anzahlungen, – dazu zählen auch wertlose Güter. Für die Vorräte ist der mengenmäßige Nachweis auf- grund eines den GoB entsprechenden Aufnahmeverfah- rens notwendig.

– steuerrechtliche Vorschriften	Für die Bestandsaufnahme des Vorratsvermögens nach dem Steuerrecht gelten die Vorschriften des Abschn. 30 EStR.
35 Forderungen und Verbindlichkeiten	Hinsichtlich der Forderungen und Verbindlichkeiten besteht das Inventar aus einer Zusammenstellung sämtlicher Salden aus dem Debitoren- und Kreditorenkontokorrent – getrennt nach ihrer Fristigkeit.
(§ 387 BGB)	Eine zulässige Aufrechnung besteht bei gleichartigen Ansprüchen und Verbindlichkeiten zwischen gleichen Firmen.
36 flüssige Mittel	Aufgrund einer körperlichen Aufnahme ist das Inventar für – Bargeld, Besitzwechsel, Schecks und Wertpapiere in Eigenverwahrung zu erstellen.
– Guthaben, Verbindlichkeiten bei Banken etc.	Durch Tagesauszüge der entsprechenden Institute – in Ausnahmefällen durch Saldenbestätigungen – werden – Bundesbank- und Postgiroguthaben sowie Guthaben und Verbindlichkeiten bei Kreditinstituten belegt.
– Schuldwechsel	Das Inventar der Schuldwechsel ergibt sich aus dem Wechselkopierbuch.

4. Inventur

Grundlage des Inventars bildet wiederum die Inventur.

40 Inventurvereinfachungs-verfahren (§ 241 Abs. 1,	Das Verfahren muß den GoB entsprechen. Bei der Aufstellung des Inventars darf – der Bestand der Vermögensgegenstände nach Art, Menge und Wert auch mit Hilfe anerkannter mathematisch-statistischer Methoden aufgrund von Stichproben ermittelt werden.
– Abs. 2 HGB)	Bei der Aufstellung des Inventars für den Schluß eines Geschäftsjahrs bedarf es einer körperlichen Bestandsaufnahme der Vermögensgegenstände für diesen Zeitpunkt nicht, – soweit durch Anwendung eines den Grundsätzen ordnungsmäßiger Buchführung entsprechenden anderen Verfahrens ohne Einschränkungen – der Bestand der Vermögensgegenstände nach Art, Menge und Wert auch ohne körperliche Aufnahme für diesen Zeitpunkt festzustellen ist. Die Vorschrift des § 241 HGB läßt als Inventurvereinfachungsverfahren – die Stichtagsinventur mit ihren zusätzlichen Formen der Ausweitung sowie der Vor- oder Nachverlegung,

– die permanente Inventur und
– die Stichprobeninventur
zu.

(§ 241 Abs. 1 Satz 3 HGB)   Der Aussagewert des auf diese Weise aufgestellten Inventars muß dem aufgrund einer körperlichen Bestandsaufnahme aufgestellten Inventars gleichkommen.

41 Stichtagsinventur   Die körperliche Aufnahme am Bilanzstichtag ist insbesondere
– beim Sachanlagevermögen und beim Vorratsvermögen sowie bei den flüssigen Mitteln
anwendbar.

– Inventurlisten   Die aufzunehmenden Gegenstände sind einzeln zu bewerten. Ihre Mengen und Werte sind in die Inventurlisten einzutragen.
Die einzelnen Inventurlisten sind von den Personen, welche die Bestände aufgenommen haben, zu unterschreiben.

42 ausgeweitete Stichtagsinventur   Die Vornahme der Inventur ist nicht unbedingt am Bilanzstichtag erforderlich. Ihre Ausweitung dürfte dann notwendig sein, wenn die Aufnahme wegen ihres Umfangs nicht an einem Tag durchzuführen ist. Die Aufnahme ist jedoch zeitnah

(Abschn. 30 Abs. 1 Satz 3 EStR)   – in der Regel innerhalb von zehn Tagen vor oder nach dem Bilanzstichtag
durchzuführen.

– Bestandsveränderungen   Zwischen dem Tag der Aufnahme und dem Bilanzstichtag eingetretene Bestandsveränderungen sind anhand von Belegen oder Aufzeichnungen ordnungsgemäß nachzuweisen.

43 vor- oder nachverlegte Stichtagsinventur
(§ 241 Abs. 3 Nr. 1 HGB)
(Abschn. 30 Abs. 3 Satz 1 EStR)   Bei dieser Form der jährlichen Inventur wird
– der Bestand auf einen Tag innerhalb der letzten drei Monate vor oder der ersten beiden Monate nach dem Schluß des Geschäftsjahrs
unter wertmäßiger Fortschreibung oder Rückrechnung auf den Bilanzstichtag verzeichnet und bewertet.
Grundsätzlich gelten hinsichtlich der Bestandsaufnahme für das Handels- als auch für das Steuerrecht die gleichen Anforderungen.

(§ 241 Abs. 3 Nr. 2 HGB)   Grundlage des besonderen Inventars kann sowohl eine körperliche Bestandsaufnahme als auch eine permanente Inventur sein.

– Voraussetzung für die Fortschreibung oder Rückrechnung
(Abschn. 30 Abs. 3 Satz 8 EStR)   Als Voraussetzung gilt
– die vollständige mengenmäßige Erfassung der Zu- und Abgänge.
Das Verfahren muß den GoB entsprechen.

<table>
<tr>
<td valign="top">A. Jahres-
abschluß</td>
<td valign="top">– – Wertfortschreibung</td>
<td valign="top">Wert der Bestände am Inventurstichtag
+   Wert der Zugänge zwischen Inventur- und Bilanz-
    stichtag
./. Wert der Abgänge (Verbrauch) zwischen Inventur-
    und Bilanzstichtag
<hr>
=   Wert der Bestände am Bilanzstichtag.</td>
</tr>
</table>

<table>
<tr>
<td valign="top">– – Wertrückrechnung</td>
<td valign="top">Wert der Bestände am Inventurstichtag
+   Wert der Abgänge (Verbrauch) zwischen Inventur-
    und Bilanzstichtag
./. Wert der Zugänge zwischen Inventur- und Bilanz-
    stichtag
<hr>
=   Wert der Bestände am Bilanzstichtag.</td>
</tr>
</table>

<table>
<tr>
<td valign="top">– – Formel nach
    Abschn. 30 Aabs. 3
    Satz 9 EStR</td>
<td valign="top">Weicht die Zusammensetzung des Warenbestands am
Bilanzstichtag von der des Warenbestands am Inventur-
stichtag nicht wesentlich ab, so kann
– die Fortschreibung des Warenbestands auch nach fol-
  gender Formel vorgenommen werden:
Wert des Warenbestands am Inventurstichtag
+   Wareneingang
./. Wareneinsatz (Umsatz abzüglich des durchschnittli-
    chen Rohgewinns)
<hr>
=   Wert des Warenbestands am Bilanzstichtag.</td>
</tr>
</table>

<table>
<tr>
<td valign="top">– Beschränkung der
  Verfahrensanwendung
  (Abschn. 30 Abs. 4 EStR)</td>
<td valign="top">Die vor- oder nachverlegte Stichtagsinventur gilt nicht
– für Bestände, bei denen durch Schwund, Verdunsten,
  Verderb, leichte Zerbrechlichkeit oder ähnliche Vor-
  gänge ins Gewicht fallende unkontrollierbare Abgänge
  eintreten können,
– für besonders wertvolle Wirtschaftsgüter, abgestellt
  auf die Verhältnisse des jeweiligen Betriebs.</td>
</tr>
</table>

<table>
<tr>
<td valign="top">44 permanente Inventur</td>
<td valign="top">Bei der permanenten Inventur wird die körperliche Auf-
nahme entsprechend den betrieblichen Bedürfnissen auf
das Geschäftsjahr verteilt.</td>
</tr>
<tr>
<td valign="top">– Feststellung des Bestands</td>
<td valign="top">Die Feststellung des Bestands erfolgt zum Bilanzstichtag
aus der buchmäßigen Bestandsfortschreibung.</td>
</tr>
<tr>
<td valign="top">– Voraussetzungen
  (Abschn. 30 Abs. 2 EStR)</td>
<td valign="top">Durch Anwendung eines den GoB entsprechenden ande-
ren Verfahrens muß
– die Feststellung des Bestands der Wirtschaftsgüter
  nach Art, Menge und Wert auch ohne die körperliche
  Bestandsaufnahme für den Bilanzstichtag gesichert
  sein,
– in jedem Geschäftsjahr ist</td>
</tr>
</table>

	– mindestens einmal eine körperliche Bestandsaufnahme der ausgewiesenen Buchbestände erforderlich.
– Anwendungsbereich	Die permanente Inventur ist nicht nur auf das Vorratsvermögen beschränkt. Ihre Anwendung ist auch für – das Anlagevermögen sowie für – Forderungen und Verbindlichkeiten, – Guthaben bei Kreditinstituten, – Wertpapiere und Bargeldbestände zulässig. (vgl. ADS § 149 Tz. 161).
– – nicht anwendbar	Dagegen findet die permanente Inventur keine Anwendung auf – Bestände, die nach Menge und Art erheblichen in der Lagerbuchhaltung nicht erfaßbaren Veränderungen und leichter Zerbrechlichkeit unterliegen, – besonders wertvolle Wirtschaftsgüter sowie auf – unfertige Erzeugnisse, da diese mengenmäßig nicht mit Zu- und Abgängen in der Lagerkartei erfaßt werden. (vgl. Kropff in AktG-Kom. § 149 Anm. 35b).
– steuerrechtliche Voraussetzungen (Abschn. 30 Abs. 2 EStR)	Für die permanente Inventur ergeben sich steuerrechtlich die folgenden Erfordernisse: – Eintragung aller Bestände sowie Zu- und Abgänge einzeln nach Tag, Art und Menge in die Lagerbücher und Lagerkarteien mit belegmäßigem Nachweis;
– – körperliche Bestandsaufnahme	– Überprüfung des buchmäßig ausgewiesenen Vorratsvermögens durch mindestens eine körperliche Bestandsaufnahme im Wirtschaftsjahr. Die Prüfung braucht nicht gleichzeitig für alle Bestände vorgenommen werden. Andererseits ist die Beschränkung auf Stichproben oder Verprobung eines repräsentativen Querschnitts unzulässig.
– – Berichtigung der Bücher und Karteien	– Nach dem Ergebnis der Prüfung sind die Lagerbücher und Lagerkarteien zu berichtigen.
– – Vermerk des Bestandsaufnahmetags	– Der Tag der körperlichen Bestandsaufnahme ist in den Lagerbüchern oder Lagerkarteien zu vermerken.
– – Unterzeichnung der Aufnahme	– Über Durchführung und Ergebnis der körperlichen Bestandsaufnahme sind Aufzeichnungen anzufertigen, die unter Angabe des Zeitpunkts der Aufnahme von den aufzunehmenden Personen zu unterzeichnen sind.

A. Jahres-abschluß	– – Aufbewahrungspflicht (§ 147 Abs. 1 AO)	– Diese Aufzeichnungen sind – zehn Jahre aufzubewahren.
	45 Stichprobeninventur (§ 241 Abs.1 HGB)	Die Bestandsermittlung aufgrund von Stichproben ist – unter Anwendung eines den GoB entsprechenden mathematisch-statistischen Verfahrens zulässig.
	– Voraussetzungen	Die Inventur mit Hilfe von Stichproben ist dann gegeben, – wenn eine vollständige körperliche Bestandsaufnahme nicht möglich ist und – der durch die Stichprobeninventur ermittelte Gesamtwert der Bestände einer körperlichen Aufnahme in keiner Weise nachsteht.
	– Hochrechnung des ermittelten Werts	Der aufgrund der Stichproben ermittelte Durchschnittswert wird auf den Gesamtbestand (Grundgesamtheit) durch die Multiplikation dieses Werts mit der Anzahl der erfaßten Wirtschaftsgüter hochgerechnet. Eine Toleranz von 2% in der Gesamtabweichung liegt dabei in vertretbaren Grenzen.
	– Steuerrecht (§ 141 Abs.1 AO)	Gegen eine Stichproben-Inventur bestehen keine steuerrechtlichen Bedenken, da § 141 Abs. 1 Satz 2 AO ausdrücklich die Anwendung der §§ 238,240 bis 242 Abs.1, §§ 243 bis 245 HGB vorsieht.

V. Allgemeine Gliederungsgrundsätze

	1. Ausweisstetigkeit (§ 265 Abs. 1 Satz 1 HGB)	Grundsätzlich ist – die Gliederung der aufeinanderfolgenden Bilanzen sowie der Gewinn- und Verlustrechnungen beizubehalten, soweit nicht in Ausnahmefällen – wegen besonderer Umstände Abweichungen erforderlich sind.
	10 Abweichungen (§ 265 Abs. 1 Satz 2 HGB)	Die nur in Ausnahmefällen zulässigen Abweichungen von der Ausweisstetigkeit sind – im Anhang anzugeben und zu begründen.
	11 Vergleichbarkeit (§ 265 Abs.2 Satz 1 HGB)	Zu jedem Posten in der Bilanz sowie in der Gewinn- und Verlustrechnung ist

	– der entsprechende Betrag des vorhergehenden Geschäftsjahrs anzugeben.
– Anhang (§ 265 Abs. 2 Satz 2 und 3 HGB)	Pflicht zur Angabe und Erläuterung besteht – bei fehlender Vergleichbarkeit im Anhang; – bei der Anpassung von Vorjahreszahlen im Anhang.
– *Übergangsvorschrift* (Art. 24 Abs. 5 Satz 3 EGHGB)	Bei der erstmaligen Anwendung der neuen Bilanzierungsvorschriften brauchen die Vorjahreszahlen nicht angegeben werden.
12 Mitzugehörigkeitsvermerk (§ 265 Abs. 3 HGB)	Fällt ein Vermögensgegenstand oder eine Schuld unter mehrere Posten: – Vermerk der Mitzugehörigkeit bei dem Posten, unter dem er ausgewiesen wird, oder
– Anhang	– Angabe im Anhang, wenn dies zur Aufstellung eines klaren und übersichtlichen Jahresabschlusses erforderlich ist.
– eigene Anteile, Anteile an verbundenen Unternehmen (§ 265 Abs. 3 Satz 2 HGB)	Diese beiden Anteilarten dürfen nur unter den für sie vorgesehenen Posten im Umlaufvermögen ausgewiesen werden. Ein Mitzugehörigkeitsvermerk ist nicht zulässig.
13 bei mehreren Geschäftszweigen (§ 265 Abs. 4 HGB)	Hat eine Gesellschaft mehrere Geschäftszweige und bedingt dies die Gliederung des Jahresabschlusses nach verschiedenen Gliederungsvorschriften, so ist der Jahresabschluß – nach der für einen Geschäftszweig vorgeschriebenen Gliederung aufzustellen und – nach der für die anderen Geschäftszweige vorgeschriebenen Gliederung zu ergänzen.
– Anhang	Die Ergänzung ist im Anhang anzugeben und zu begründen.
14 weitere Untergliederung (§ 265 Abs. 5 HGB)	Die Zulässigkeit einer weiteren Untergliederung ist – unter Beachtung der gesetzlich vorgeschriebenen Gliederung gegeben. Eine Untergliederung kann auch dann erforderlich werden, – wenn dies der Verbesserung der Aussage dient.

43

15 neue Posten
(§ 265 Abs. 5 Satz 2 HGB)

Die Hinzufügung neuer Posten ist zulässig,
– wenn ihr Inhalt nicht von einem vorgeschriebenen Posten gedeckt
wird.
Posten, die sich nicht ohne weiteres in das Gliederungsschema einordnen lassen, sind gesondert auszuweisen
wie
– Bergbaubetriebe (Gerechtsame, Grubenbaue, Schachtbaue, Steinbrüche), Brauereien, Energieversorgungsunternehmen, Luftverkehrsunternehmen (Flugzeuge), Reedereien (Schiffe).
(vgl. ADS § 152 Tz. 7).

16 Leerposten
(§ 265 Abs. 8 HGB)

Der Ausweis von Leerposten ist nicht erforderlich.
War dagegen ein entsprechender Posten im vorhergehenden Geschäftsjahr in der Bilanz oder in der Gewinn- und Verlustrechnung vorhanden, so hat der Ausweis eines solchen Postens zu erfolgen.

2. mit arabischen
Zahlen versehene
Posten
(§ 265 Abs. 6 HGB)

Gliederung und Bezeichnung der mit arabischen Zahlen versehenen Posten der Bilanz sowie der Gewinn- und Verlustrechnung sind zu ändern,
– wenn die Besonderheiten der Gesellschaft eine solche Änderung zur Aufstellung eines klaren und übersichtlichen Jahresabschlusses
dies erfordern.

20 Zusammenfassen der
Posten
(§ 265 Abs. 7 Nr. 1 HGB)

Ein Zusammenfassen der mit arabischen Zahlen versehenen Posten der Bilanz und der Gewinn- und Verlustrechnung ist – soweit nicht besondere Formblätter vorgeschrieben sind – zulässig,
– wenn sie einen Betrag enthalten, der für die Vermittlung eines den tatsächlichen Verhältnissen entsprechenden Bildes iS des § 264 Abs. 2 HGB nicht erheblich ist
oder

– Nr. 2 erster Halbsatz

– dadurch die Klarheit der Darstellung vergrößert wird.

21 Anhang

Die wegen Klarheit der Darstellung zusammengefaßten Posten sind
– gesondert im Anhang auszuweisen.

3. Formblätter
– für bestimmte
Wirtschaftszweige

Für bestimmte Wirtschaftszweige wie:
– Kreditinstitute,
– Versicherungsunternehmen,
– Verkehrsunternehmen,
– Wohnungsunternehmen

sind besondere Formblätter vorgesehen, die vom gesetzlichen Gliederungsschema abweichen.

(§ 330 Satz 1 erster
Halbsatz HGB)

Der Bundesminister der Justiz wird ermächtigt, im Einvernehmen mit dem Bundesminister der Finanzen und dem Bundesminister für Wirtschaft durch Rechtsverordnung, die nicht der Zustimmung des Bundesrates bedarf, für Kapitalgesellschaften Formblätter vorzuschreiben.

– abweichende Gliederung
(§ 330 Satz 1 zweiter Halbsatz

§ 267 Abs. 3 HGB)

Erfordert der Geschäftszweig eine von den §§ 266, 275 HGB abweichende Gliederung oder für den Konzernabschluß abweichende Regelungen, so sollen diese
– den Anforderungen gleichwertig sein, die sich für große Gesellschaften mit beschränkter Haftung sowie aus den für den Geschäftszweig geltenden Vorschriften ergeben.

(§ 330 Satz 3 HGB)

Über das geltende Recht hinausgehende Anforderungen dürften nur gestellt werden, soweit diese auf Rechtsakten des Rates der Europäischen Gemeinschaften beruhen.

4. Kurzbezeichnungen

Anstelle der gesetzlichen Bezeichnungen dürften Kurzbezeichnungen auch weiterhin zulässig sein, wenn
– die Postenbezeichnung im Gesetzestext kommentierende Zusätze enthält,
– die Postenbezeichnung bilanz- und buchungstechnische Selbstverständlichkeiten enthält,
– die Kurzbezeichnung lediglich eine sprachliche Verkürzung oder Verdeutlichung bedeutet.
Die Kurzbezeichnungen müssen gleichwertige Bezeichnungen für die einzelnen Posten darstellen.
(vgl. ADS § 151 Tz. 14ff).

B. Bilanz für die GmbH

B. Bilanz für die GmbH

I. Bilanzierung nach neuem Recht

1. Grundsätze der Bilanzierung

Vorbemerkungen

Die Grundsätze ordnungsmäßiger Bilanzierung sind verbindliche Normen, die im Gegensatz zu den GoB nicht ausdrücklich in den Gesetzen erwähnt sind. Sie werden idR als ein Teil der GoB bezeichnet und unter dem Begriff
– Grundsätze ordnungsmäßiger Buchführung und Bilanzierung
zusammengefaßt und schließen die sich auf Aufstellung des Jahresabschlusses beziehenden Grundsätze mit ein.

Die Grundsätze im einzelnen:

10 Bilanzklarheit
(§§ 266, 275 HGB)

Dieser Grundsatz bestimmt das äußere Bild der Bilanz und zwar durch die zwingend vorgeschriebenen Gliederungsvorschriften.
Darüber hinaus hat die Aufstellung des Jahresabschlusses klar und übersichtlich zu erfolgen. Die Bilanz ist dabei mit eingeschlossen.

11 Bilanzierungspflicht

Über die Bilanzierungspflicht als solche entscheidet die wirtschaftliche Zugehörigkeit, nicht der rechtliche Eigentumsbegriff.

– Publizitätsgesetz

(§ 3 Abs. 1 Nr. 1 PublG)

Der Anwendungsbereich des Ersten Abschnitts des Publizitätsgesetzes ist künftig nicht mehr auf
– Gesellschaften mit beschränkter Haftung
anzuwenden.

Eigentumsvorbehalt

(§ 455 BGB)

Die Bilanzierung der unter Eigentumsvorbehalt gelieferten Wirtschaftsgüter hat beim Erwerber zu erfolgen.
Der Lieferant bilanziert die Gegenforderung.

Leasing-Verträge
– Zurechnung

Ist zu erwarten, daß der Leasing-Gegenstand
– nach Ablauf der Grundmietzeit beim Leasing-Nehmer verbleibt, oder
– ist der Leasing-Gegenstand auf die speziellen Verhältnisse des Leasing-Nehmers zugeschnitten,
so ist der Gegenstand dem Leasing-Nehmer zuzurechnen.

– kurzfristige Leasing-Verhältnisse

Kurzfristige Leasing-Verhältnisse gelten wie Miet- und Pachtverträge und sind beim Leasing-Nehmer nicht zu bilanzieren.

49

B. Bilanz

– Anhang	Angaben im Anhang können jedoch dann erforderlich werden, wenn die finanziellen Verpflichtungen aus Leasing-Verträgen
(§ 284 Abs. 2 Nr. 1 HGB)	– aus der Bilanz nicht ersichtlich und diese Angaben für die Beurteilung der Finanzlage von Bedeutung sind.
– Ratenkaufverträge	Bei einem teilzahlungsähnlichen Geschäft erfolgt – die Aktivierung des Leasing-Gegenstands durch den Leasing-Nehmer und die Passivierung der Leasing-Verbindlichkeit. (vgl. ADS § 149 Tz. 50; Kropff in AktG-Kom. § 149 Anm. 57)
Miet- und Pachtverträge (§§ 535ff, 581ff BGB)	Grundsätzlich sind Miet- und Pachtverträge nicht bilanzierungsfähig. Anspruch und Verpflichtung aus dem Vertrag gleichen sich hier aus.
schwebende Geschäfte	Schwebende, beiderseits noch nicht erfüllte Geschäfte sind nicht bilanzierungspflichtig, soweit sich Anspruch und Verpflichtung ausgleichen.
– Rückstellung	Ist jedoch ein Verlust zu erwarten, so ist eine bilanzielle Erfassung durch einen entsprechenden
(§ 249 Abs. 1 Satz 1 HGB)	– Ausweis einer Rückstellung für drohende Verluste aus schwebenden Geschäften notwendig.
Tauschgeschäfte – Zeitwert	Bei Tauschgeschäften gehen die Ansichten über die Gewinnverwirklichung auseinander. Es erscheint jedoch der Ansatz des vorsichtig geschätzten Zeitwerts vom eingetauschten Gegenstand vertretbar. Steuerlich wird der Tausch grundsätzlich dem Kauf gleichgestellt.
Treuhandschaften	Auch hier entscheidet die wirtschaftliche Zugehörigkeit und nicht das rechtliche Eigentum – die Bilanzierung des Treuguts hat beim Treugeber zu erfolgen. Im Auftrag des Treugebers übernommene Verpflichtungen sind dann beim Treunehmer auszuweisen, wenn dieser die Verpflichtungen Dritten gegenüber im eigenen Namen eingegangen ist. Zu aktivieren ist der ihm aus dem Treuhandvertrag zustehende Anspruch gegen den Treugeber auf Freistellung von der Verbindlichkeit oder auf Erstattung seiner Auslagen. (vgl. ADS § 149 Tz. 57 ff; Kropff in AktG-Kom. § 149 Anm. 56)
12 Bilanzvollständigkeit (§ 246 Abs. 1 HGB)	Der Grundsatz der Vollständigkeit ergibt sich aus dem Vollständigkeitsgebot: – in der Bilanz sind die bilanzierungsfähigen Vermö-

gensgegenstände und Schulden sowie die Rechnungsabgrenzungsposten vollständig
aufzunehmen.
Dieses Gebot gilt entsprechend auch für
– die vollständige Erfassung der Aufwendungen und Erträge.

– Ansatz eines Merkpostens

Aufgrund des Vollständigkeitsprinzips ist für jeden aktivierungspflichtigen Vermögensgegenstand und Schuldposten
– mindestens ein Erinnerungswert von DM 1,– als
Merkposten
anzusetzen.

– Abweichung
(§ 246 Abs. 1 zweiter Halbsatz
HGB)

Ein Abweichen von dem Vollständigkeitsgebot ist
– bei Inanspruchnahme von gesetzlichen Bilanzierungs-
oder Ausweiswahlrechten
zulässig.
Angaben dieser Art im Anhang wirken sich nicht auf die
Höhe des Jahresergebnisses aus.

13 Bilanzwahrheit

Unter dem Grundsatz der Bilanzwahrheit ist
– das Prinzip der materiellen Ordnungsmäßigkeit der
Bilanz mit der Forderung auf ihre Vollständigkeit sowie

(§ 264 ABs. 2 Satz 1 HGB)

– die Vermittlung eines den tatsächlichen Verhältnissen
entsprechenden Bildes der Vermögens-, Finanz- und
Ertragslage der Gesellschaft
zu verstehen.
In der Literatur gehen die Meinungen über den Grundsatz der Bilanzwahrheit auseinander. Sie erkennen aber
in der Mehrzahl den Grundsatz als solchen für die Bilanzierung an, der in seiner Grundkonzeption
– die vollständige und im Rahmen der Bewertungsvorschriften sachgerechte Aufstellung der Bilanz
bedeutet.

14 Maßgeblichkeits-
grundsatz
(§ 5 Abs. 1 EStG)

Der Grundsatz der Maßgeblichkeit der Handelsbilanz
für die Steuerbilanz bleibt auch künftig bestehen.
Dieser Grundsatz besagt, daß bei der steuerlichen Gewinnermittlung
– der Ansatz des Betriebsvermögens so zu erfolgen hat,
wie das Betriebsvermögen nach den handelsrechtlichen
GoB auszuweisen
ist.

– Steuerbilanz

Die Aufstellung einer gesonderten Steuerbilanz ist nicht
erforderlich, wenn die Handelsbilanz den entsprechenden steuerlichen Vorschriften genügt.

B. Bilanz

– Umkehrung des
Grundsatzes

Eine Umkehrung erfährt dieser Grundsatz
– bei steuerlichen Vergünstigungsvorschriften, die nur
  dann Berücksichtigung finden, wenn sie auch handels-
  rechtlich beachtet
worden sind.

– – Ausnahme
(Abschn. 228 Abs. 5 EStR)

Eine Ausnahme bildet
– die Preissteigerungsrücklage nach § 74 EStDV,
die eine Passivierung in der Handelsbilanz nicht voraussetzt.

– Einschränkungen

Der Maßgeblichkeitsgrundsatz unterliegt Einschränkungen. So sind die in § 5 Abs. 3 EStG aufgeführten Vorschriften über Rechnungsabgrenzungsposten einzuhalten.
Außerdem schließt dieser Grundsatz idR die handelsrechtlichen Bilanzierungswahlrechte aus.
Dieser Ausschluß erstreckt sich jedoch nicht auf solche
Bilanzierungswahlrechte, die wie die bisherige Pensions-
rückstellung nach § 6a EStG auch steuerlich zugelassen
sind.

**2. Bilanzierungs-
vorschriften**
Vorbemerkungen
(§ 247 Abs. 1 HGB)

In der Bilanz sind
– das Anlage- und das Umlaufvermögen,
– das Eigenkapital,
– die Schulden sowie
– die Rechnungsabgrenzungsposten
gesondert auszuweisen und hinreichend aufzugliedern.

Die hinreichende Aufgliederung bedingt der in § 243
Abs. 2 HGB festgelegte Grundsatz der Klarheit und
Übersichtlichkeit, der gerade auch für den Ausweis im
Sachanlagevermögen wie bei »Grundstücke, grund-
stücksgleiche Rechte und Bauten einschließlich der Bau-
ten auf fremden Grundstücken« ausschlaggebend ist.

– Passivposten für Steuern
(§ 247 Abs. 3 HGB)

Für Zwecke der Steuern vom Einkommen und vom Ertrag zulässige Passivposten dürfen in der Bilanz gebildet
werden. Sie sind
– als Sonderposten mit Rücklageanteil auszuweisen und
  nach Maßgabe des Steuerrechts aufzulösen.
Einer Rückstellung bedarf es insoweit nicht.
Für Kapitalgesellschaften werden diese Regelungen in §§
273, 279 Abs. 2 HGB eingeschränkt. (vgl. BT-Drucks.
10/4268 Seite 98).

20 Bilanzierungshilfen

(§ 269 Satz 1,

Als Bilanzierungshilfen dürfen
– Aufwendungen für
  – die Ingangsetzung des Geschäftsbetriebs und
  – die Erweiterung des Geschäftsbetriebs
aktiviert werden, soweit sie nicht bilanzierungsfähig
sind.

Ferner gelten als Bilanzierungshilfen

§ 274 Abs. 2,
– die aktivische Steuerabgrenzung mit einem entsprechenden Gewinnausschüttungsverbot,

§ 255 Abs. 4 HGB)
– der als Geschäfts- oder Firmenwert anzusetzende Unterschiedsbetrag.

21 Bilanzierungsverbote
Die den Ansatz eines bestimmten Bilanzpostens auf der Aktiv- oder Passivseite ausschließenden Bilanzierungsverbote sind in § 248 HGB bestimmt:

Gründungs- und Kapitalbeschaffungskosten
(§ 248 Abs. 1 HGB)
Aufwendungen für
– die Gründung der Gesellschaft
– die Beschaffung des Eigenkapitals
dürfen nicht in die Bilanz als Aktivposten aufgenommen werden. Hierunter fallen insbesondere
– Aufwendungen für Gutachten,
– Gerichts- und Notariatskosten,
– Kapitalverkehrsteuer,
– Maklergebühren,
– Provisionen und sonstige Vergütungen.

nicht entgeltlich erworbene immaterielle Vermögensgegenstände
(§ 248 Abs.2 HGB)
Ferner darf ein Aktivposten nicht angesetzt werden
– wenn immaterielle Vermögensgegenstände des Anlagevermögens nicht entgeltlich erworben
wurden.
Beide Verbotsvorschriften entsprechen dem bisher geltenden Recht.

sonstige Bilanzierungsverbote
(§ 255 Abs. 2 Satz 6,
§ 249 Abs. 3 HGB)
Als weitere Bilanzierungsverbote dürften ebenso
– das Einbeziehungsverbot von Vertriebskosten in die Herstellungskosten wie auch
– das Passivierungsverbot für »andere Rückstellungen« außer den in § 249 Abs. 1 und 2 bezeichneten Zwecken anzusehen sein.

22 Bilanzierungswahlrechte

(§ 249 Abs. 2,

§ 250 Abs. 1 Nr. 1 und 2,

§ 250 Abs. 3,

§ 249 Abs. 1 Nr. 1 Satz 3 HGB)
Künftig gelten als neue oder fortbestehende Aktivierungs- oder Passivierungswahlrechte:
– Aufwandsrückstellungen,
– als Aufwand
– berücksichtigte Zölle und Verbrauchsteuern,
– berücksichtigte Umsatzsteuer
unter bestimmten Voraussetzungen (Rechnungsabgrenzungsposten)
– Disagio aus der Aufnahme von Anleihen oder Verbindlichkeiten (Unterschiedsbetrag),
– Rückstellungen für unterlassene Reparaturen,
– wenn die Nachholung der Instandhaltung oder Abraumbeseitigung später als drei Monate, jedoch innerhalb des Geschäftsjahrs erfolgt.

B. Bilanz

(§ 246 Abs. 1 HGB)

Der Grundsatz der Vollständigkeit wird durch ein gesetzlich eingeräumtes Wahlrecht nicht berührt.

23 Bilanzierungszeitpunkt

Bereits bei der Aufstellung der Bilanz sind
- Abschreibungen, Rückstellungen und Wertaufholungen (Zuschreibungen)

vorzunehmen, unabhängig davon, ob ein Jahresüberschuß oder ein Jahresfehlbetrag erzielt worden ist.

(§ 270 Abs. 1 Satz 1,

Ebenso sind
- Einstellungen in die Kapitalrücklage und deren Auflösung

bereits bei der Aufstellung der Bilanz vorzunehmen.

– Satz 2 HGB)

Dieser Zeitpunkt ist auf
- Einstellungen in den Sonderposten mit Rücklageanteil und dessen Auflösung

anzuwenden.

– Zuständigkeit

Zuständig für die Bildung und Auflösung bestimmter Posten sind bei Gesellschaften mit beschränkter Haftung die Geschäftsführer.

– Zeitpunkt für Veränderungen von Gewinnrücklagen
(§ 270 Abs. 2 HGB)

Wird die Bilanz unter Berücksichtigung der vollständigen oder teilweisen Verwendung des Jahresergebnisse aufgestellt, so sind
- Entnahmen aus Gewinnrücklagen sowie
- Einstellungen in Gewinnrücklagen, die nach Gesetz, Gesellschaftsvertrag oder Satzung vorzunehmen oder aufgrund solcher Vorschriften beschlossen worden sind,

bereits bei der Aufstellung der Bilanz zu berücksichtigen.

– Bilanzierung beweglicher Sachen

Über den Zeitpunkt der Bilanzierung entscheidet grundsätzlich der Ein- und Ausgang. Besitzt der Käufer das Verfügungsrecht über die Sache oder ist die Ware bei ihm eingegangen, so hat er zu bilanzieren.

– unterwegs befindliche Ware

Bei bereits erfolgtem Gefahrenübergang kann beim Käufer unter entsprechender Passivierung der Zahlungsverpflichtung die Aktivierung erfolgen.
(vgl. Kropff in AktG-Kom. § 149 Anm. 41).

24 Bilanzänderung

Der Änderungsbeschluß der Bilanz hat grundsätzlich
- von denselben Organen, die den ursprünglichen Abschluß festgestellt haben,

zu erfolgen.
Eine Änderung der Bilanz ist in gewissem Umfang im Rahmen der Vorschriften des Handels- und des Steuerrechts zulässig,

– wenn diese aus wirtschaftlichen, insbesondere steuerlichen Gründen angebracht erscheint,
– nicht willkürlich ist und
– nicht den Grundsätzen von Treu und Glauben widerspricht.
(vgl. Kropff in AktG-Kom. § 172 Anm. 27 ff).

(§ 4 Abs. 2 Satz 1 EStG)

(Abschn. 15 Abs. 1 EStR)

Die Bilanz kann auch nach ihrer Einreichung beim Finanzamt durch die Gesellschaft geändert werden,
– soweit sie den Grundsätzen ordnungsmäßiger Buchführung unter Befolgung der Vorschriften des Steuer- oder des Handelsrechts nicht entspricht.

II. Bewertungsvorschriften

1. Allgemeine Bewertungsgrundsätze

Die Vorschriften über die allgemeinen Bewertungsgrundsätze hinsichtlich der Bewertung der im Jahresabschluß ausgewiesenen Vermögensgegenstände und Schulden fanden bis auf
– den Grundsatz der Bewertungsstetigkeit
bereits im bisherigen Recht weitgehend Berücksichtigung.

Die Grundsätze im einzelnen:

10 Grundsatz der Bilanzkontinuität
(§ 252 Abs. 1 Nr. 1 HGB)

Als formelle Bilanzkontinuität wird
– die Übereinstimmung der Wertansätze in der Eröffnungsbilanz des Geschäftsjahrs mit den Wertansätzen in der Schlußbilanz des vorhergehenden Geschäftsjahrs mit den Wertansätzen in der Schlußbilanz des vorhergehenden Geschäftsjahrs
bezeichnet (Gleichmäßigkeit der Bewertungsgrundsätze).

11 Grundsatz der Fortführung der Unternehmenstätigkeit
(§ 252 Abs. 1 Nr. 2 HGB)

Auf dem Grundsatz der Fortführung der Unternehmenstätigkeit basiert
– die Bewertung der im Laufe der Geschäftstätigkeit verbrauchten oder realisierten Vermögensgegenstände, die den Ansatz der Anschaffungs- oder Herstellungskosten bedingt,
sofern dem nicht tatsächliche oder rechtliche Gegebenheiten entgegenstehen.
Ist die Unterstellung der Fortführung des Unternehmens (going-concern-conzept) begründet,
– entfällt auch die Berechtigung von Liquidationswerten im Jahresabschluß;

es sei denn, es liegen besondere Umstände vor, die eine Fortsetzung des Unternehmens ernsthaft gefährden lassen.

12 Grundsatz der Einzel-
bewertung
(§ 252 Abs. 1 Nr. 3 HGB)

Die im Jahresabschluß ausgewiesenen Vermögensgegenstände und Schulden sind einzeln zu bewerten. Es gilt das Stichtagsprinzip.
Der Grundsatz der Einzelbewertung, der bei der
– Aufstellung der Bilanz jeden einzelnen Vermögens- und Schuldposten wertmäßig zu berücksichtigen hat,
ist auch für

(§ 240 Abs. 1 HGB)
(§ 6 Abs. 1 EStG)

– das Inventar und
– die Steuerbilanz
maßgebend.

– Unterbrechung des
Grundsatzes

Eine Unterbrechung erfährt der Grundsatz der Einzelbewertung durch
– die Aufnahme gleichartiger Gegenstände als Gruppenbewertung und
– die Festbewertung

(§ 256 HGB)

nach dem Bewertungsvereinfachungsverfahren.
Ist eine Einzelbewertung nicht durchführbar oder führt eine solche zu einem unzumutbaren Arbeitsaufwand, so kann an die Stelle der Einzelbewertung
– das Bewertungsvereinfachungsverfahren
treten.

– – nach dem Steuerrecht
(Abschn. 31 und 36 EStR)

Auch im Steuerrecht ist unter bestimmten Voraussetzungen
– der Ansatz zur Gruppenbewertung oder zum Festwert bei Wirtschaftsgütern, die dem Betrieb dienen,
zulässig.

13 Grundsatz der Vorsicht
(§ 252 Abs. 1 Nr. 4 HGB)

Der Grundsatz der Vorsicht schließt sowohl
– das Imparitätsprinzip
(Gebot des Ausweises unrealisierter Verluste) als auch
– das Realisationsprinzip
(Verbot des Ausweises unrealisierter Gewinne) sowie
– das Niederstwertprinzip
ein.
Der Bewertung ist demzufolge ein hohes Maß an Vorsicht bei der
– Abwägung und Berücksichtigung aller vorhersehbaren Risiken und Verluste, die bis zum Abschlußstichtag entstanden sind,
beizumessen.

Imparitätsprinzip (§ 252 Abs. 1 Nr. 4 erster Halbsatz HGB)	Das Imparitätsprinzip schreibt – den Ausweis noch nicht realisierter, aber bereits erkennbarer Verluste zwingend vor. So sind voraussehbare Risiken und Verluste, die in dem Geschäftsjahr oder in einem früheren Geschäftsjahr entstanden sind, zu berücksichtigen, selbst wenn diese Umstände – erst zwischen dem Abschlußstichtag und dem Tag der Aufstellung des Jahresabschlusses bekanntgeworden sind.
Niederstwertprinzip	Das Niederstwertprinzip bestimmt, daß – von zwei möglichen Wertansätzen für einzelne Wirtschaftsgüter jeweils der niedrigere Wert anzusetzen ist (strenges Niederstwertprinzip) oder angesetzt werden kann (gemildertes Niederstwertprinzip).
Realisationsprinzip (§ 252 Abs. 1 Nr. 4 letzter Halbsatz HGB)	Der Grundsatz der Vorsicht gebietet, daß – nur die am Abschlußstichtag realisierten Gewinne auszuweisen sind. In seiner engeren Auslegung bezieht sich das Realisationsprinzip auf – den Gewinnausweis, der erst nach Abschluß eines Verkaufs oder eines ähnlichen Vorgangs erfolgen kann.

– Realisierungszeitpunkte	Als Realisierungszeitpunkte gelten idR
	– der Zeitpunkt
	  – der Lieferung oder Leistung,
	  – des Zahlungseingangs,
	  – des Vertragsabschlusses oder
	  – der Rechnungserteilung als den in der Praxis wegen seiner einfachen Handhabung gebräuchlichsten.

– langfristige Projekte	Bei langfristigen Projekten ist eine Gewinnrealisierung nur für abzurechnende Teilabschnitte vertretbar, sofern aus den späteren Abschnitten keine Verluste zu befürchten sind. (vgl. ADS § 149 Tz.70; Kropff in AktG-Kom. § 149 Anm. 87f).
Stichtagsprinzip (§ 252 Abs.1 Nr.1 Nr.3 HGB)	Für die Bemessung der Wertansätze der Vermögensgegenstände und der Schulden gilt, daß diese – mit dem Wert anzusetzen sind, der ihnen im Zeitpunkt der Aufstellung des Inventars oder der Bilanz beizulegen ist. So sind auch – nach dem Abschlußstichtag vor der Aufstellung des Jahresabschlusses bekanntgewordene Ereignisse in der

Bilanz mit zu berücksichtigen, sofern ihre Verursachung vor dem Bilanzstichtag erfolgte.

14 Grundsatz der Perioden-
abgrenzung
(§ 252 Abs. 1 Nr. 5 HGB)

Aufwendungen und Erträge für das Geschäftsjahr, auf das sich der Jahresabschluß bezieht, sind
– unabhängig von den Zeitpunkten der entsprechenden Zahlungen im Jahresabschluß
zu berücksichtigen.
Die über das Aktiengesetz hinausgehende Vorschrift zwingt nunmehr zu Aufwandsrückstellungen.

15 Grundsatz der
Bewertungsstetigkeit
(§ 252 Abs. 1 Nr. 6 HGB)

Dieser im deutschen Recht neue Grundsatz bestimmt als Sollvorschrift, daß
– die auf den vorhergehenden Jahresabschluß angewandten Bewertungsmethoden beibehalten werden sollen.
Damit soll die Vergleichbarkeit des Erfolgsausweises zu einem größtmöglichen Ausmaß gesichert werden.
Nach dem bisherigen Recht bestand keine Pflicht zur Bewertungsstetigkeit.

– *Grundsatz der
Methodenfreiheit*

Zunächst kann jedoch jede Bewertungs- oder Abschreibungsmethode, die den GoB entspricht zur Ermittlung der in Betracht kommenden Wertansätze gewählt werden, die dann grundsätzlich beizubehalten ist.

– Befreiung vom
Stetigkeitsgrundsatz
(Art. 24 Abs. 5 Satz 1 EGHGB)

Ändern sich bei
– der erstmaligen Aufstellung eines Jahresabschlusses nach neuem Recht die bisher angewendeten Bewertungsmethoden, so sind
– die Vorschriften des § 252 Abs. 1 Nr. 6, § 265 Abs. 1, § 284 Abs. 2 Nr. 3 HGB
nicht anzuwenden.

– – Verzicht auf Angabe
(Art. 24 Abs. 5 Satz 3 EGHGB)

Außerdem ist die Angabe der Vorjahreszahlen bei der erstmaligen Anwendung der neuen Vorschrift nicht erforderlich.
Auf unterschiedliche Ausübung steuerrechtlicher Bewertungswahlrechte von Jahr zu Jahr wie Sonderabschreibungen hat der Stetigkeitsgrundsatz keinen Einfluß.
(vgl. BT-Drucks. 10/4268 zu § 252 Abs. 1 Satz 1 Nr. 6 HGB S. 100).

16 Abweichungen

Soweit in den allgemeinen Grundsätzen des § 252 HGB nicht aufgrund gesetzlicher Vorschriften abzuweichen ist oder abgewichen werden darf, sind,

(§ 252 Abs. 2 HGB)   – Abweichungen nur in Ausnahmefällen zulässig.

Die angewendete abweichende Bewertungsmethode muß zulässig sein und den Grundsätzen ordnungsmäßiger Buchführung entsprechen.

– Anhang   Abweichungen dieser Art sind im Anhang anzugeben und zu begründen:

(§ 284 Abs. 2 Nr. 3 HGB)   – Darstellung ihres Einflusses auf die Vermögens-, Finanz- und Ertragslage,
– Erläuterung der angewendeten abweichenden Bewertungsmethode.

2. Wertansätze

20 Vermögensgegenstände
(§ 253 Abs. 1 Satz 1 HGB)

Hinsichtlich der Bewertung des Anlagevermögens wie auch des Umlaufvermögens
– bilden der Anschaffungswert oder der Herstellungswert die Wertobergrenze, die für Gesellschaften mit beschränkter Haftung zugleich die Wertuntergrenze darstellt.

Die Vorschrift des § 253 Abs. 4 HGB ist auf die Gesellschaften mit beschränkter Haftung nicht anzuwenden.

– Steuerrecht
(§ 6 Abs. 1 Nr. 1 und 2
EStG)

Die Anwendung des Anschaffungswertprinzip gilt auch grundsätzlich für das Steuerrecht:
– die als obere Wertgrenze geltenden Anschaffungs- oder Herstellungskosten dürfen selbst bei gestiegenen Wiederbeschaffungskosten nicht überschritten werden.

21 Schulden
(§ 253 Abs. 1 Satz 2 HGB)

Für die Bewertung der Schulden gelten als Wertansätze:
– Verbindlichkeiten sind zu ihrem Rückzahlungsbetrag,
– Rentenverpflichtungen, für die eine Gegenleistung nicht mehr zu erwarten ist, zu ihrem Barwert und
– Rückstellungen sind nur in der Höhe des Betrags, der nach vernünftiger kaufmännischer Beurteilung notwendig ist,
anzusetzen.

– Gebot der Willkürfreiheit

Die daraus abzuleitende
– »vernünftige kaufmännische Beurteilung«
hat den Erfordernissen der Gesetze und der Grundsätze ordnungsmäßiger Buchführung zu entsprechen und ein willkürfreies Bild der Realität zu sein.
(vgl. Leffson, GoB S. 110).

22 Anlagevermögen/
Umlaufvermögen

Die Darstellung der einzelnen Wertansätze erfolgt jeweils im Rahmen der Erläuterungen des Anlagevermögens und des Umlaufvermögens.
(vgl. S. 93 und S. 115).

23 Teilwert

Neben den Anschaffungskosten und den Herstellungskosten ist
– der Teilwert
der dritte steuerrechtliche Bewertungsmaßstab.

– Begriff des Teilwerts
(§ 6 Abs. 1 Satz 3 EStG)

Teilwert ist der Betrag, den ein Erwerber des ganzen Betriebs im Rahmen des Gesamtkaufpreises für das einzelne Wirtschaftsgut ansetzen würde; dabei ist davon auszugehen, daß der Erwerber den Betrieb fortführt.

III. Bewertungsmaßstäbe

1. Anschaffungskosten
(§ 255 Abs. 1 HGB)

Der wirtschaftlich zu bestimmende Begriff der Anschaffungskosten umfaßt
– die tatsächlich für den Erwerb eines Vermögensgegenstands zu leistenden Aufwendungen einschließlich aller bis zu seiner Betriebsbereitschaft erforderlichen
– Anschaffungsnebenkosten sowie der nachträglichen Anschaffungskosten unter Abzug der Anschaffungspreisminderungen.
Demzufolge setzen sich die Anschaffungskosten aus
Anschaffungspreis
./. Anschaffungspreisminderungen
+ Anschaffungsnebenkosten
zusammen.

10 Anschaffungspreis

Als Anschaffungspreis gilt der bei Barzahlung vereinbarte Erwerbspreis.

– Mehrwertsteuer

Grundsätzlich gehört die gesondert in Rechnung zu stellende Umsatzsteuer (Vorsteuer) nicht zu den Anschaffungskosten.
(vgl. Kropff in AktG-Kom. § 153 Anm. 7).

– Aufteilung der Anschaffungskosten

Die Aufteilung des Gesamt-Anschaffungspreises hat in angemessenem Verhältnis auf die einzelnen Vermögensgegenstände zu erfolgen.

11 Anschaffungspreisminderungen

Vom Anschaffungspreis sind
– Rabatte, zurückgewährte Entgelte und Preisnachlässe aller Art wie Skonti, Boni etc.
abzusetzen. Nur die tatsächlichen Aufwendungen sind zu aktivieren.

12 Finanzierungskosten
– Eigenkapitalzinsen

Die Aktivierung von Bauzinsen ist durch die Änderung des § 57 Abs. 3 AktG seit dem 1.7.1979 nicht mehr zulässig.

– Fremdkapitalzinsen

Nicht aktivierbar sind Zinsen für Fremdkapital.

13 Kauf auf Rentenbasis	Die Anschaffungskosten entsprechen grundsätzlich – dem Barwert der Rente, der nach versicherungsmathe- matischen Grundsätzen aufgrund der vertraglichen Bedingungen (Zinssatz, Lebenserwartung) zu ermit- teln ist. (vgl. ADS § 153 Tz. 49a).
14 nachträgliche Kosten- änderungen – nachträgliche Auf- wendungen	Aufwendungen wie Reparaturen, Umbauten, Verbesse- rungen etc. sind den Anschaffungskosten zuzurechnen, – wenn sie in einem zeitlichen Zusammenhang stehen und bei Bemessung des Kaufpreises berücksichtigt worden sind. Aufwendungen, die erst längere Zeit nach dem Erwerb des Vermögensgegenstandes anfallen wie – Straßenanlieger- und Erschließungsbeiträge nach den §§ 127–135 des Bundesbaugesetzes sowie – vergleichbare im Zusammenhang mit dem Erwerb ste- hende Aufwendungen können entsprechend bisheriger Bilanzierungspraxis zu den Anschaffungskosten gehören.
– nachträgliche Kosten- minderungen	Diese stellen Abgang oder Wertkorrektur (Abschreibun- gen) dar.
15 Subventionen, Zu- schüsse	Die von Dritten für die Beschaffung bestimmter Wirt- schaftsgüter gezahlten Subventionen und Zuschüsse sind grundsätzlich von den Anschaffungskosten abzusetzen. Die Aktivierung beschränkt sich auf die eigenen Aufwen- dungen der Gesellschaft. Dagegen dürfen Zuschüsse, für die eine Gegenleistung zu erbringen ist, die Anschaffungskosten nicht mindern: Bildung eines Passivpostens der bestehenden Leistungs- verpflichtung mit ggf. zeitanteiliger Auflösung.
16 überhöhte Anschaffungs- kosten	Einer solchen Aktivierung steht grundsätzlich nichts ent- gegen. Es ist jedoch eine außerplanmäßige Abschreibung – in der Steuerbilanz eine Abschreibung auf den Teilwert – in Betracht zu ziehen.
17 unentgeltlicher Erwerb von Vermögens- gegenständen	Bei unentgeltlichem Erwerb von Vermögensgegenstän- den ist – eine Aktivierung höchstens zum Zeitwert zulässig. Handelsrechtlich besteht lediglich ein Aktivierungs- recht.
(§ 248 Abs. 2 HGB)	Für immaterielle Vermögensgegenstände des Anlagever-

mögens, die nicht entgeltlich erworben wurden, darf ein Aktivposten nicht angesetzt werden.

– steuerlich
(§ 7 Abs. 2 EStDV)

Für den Erwerber gilt der Betrag als Anschaffungskosten, den er für das einzelne Wirtschaftsgut im Zeitpunkt des Erwerbs hätte aufwenden müssen.

18 Zwangsversteigerung

Die Aktivierung des Grundstücks oder der Sache (zur Sicherung übereignete Maschinen) darf nicht mit einem über den Verkehrswert hinausgehenden Betrag erfolgen.
Im Rahmen der Zwangsversteigerung angefallene Kosten sind als Anschaffungsnebenkosten den ursprünglichen Anschaffungskosten hinzuzurechnen.

2. Anschaffungsneben-kosten

Als aktivierungspflichtige Anschaffungsnebenkosten gelten alle zum Erwerb und zur Betriebsbereitschaft des Wirtschaftsguts notwendigen Aufwendungen wie
– Anfuhr- und Abladekosten,
– Courtage,
– Eingangsfrachten
– Gerichts-, Notariats- und Registerkosten,
– Kommissionskosten,
– Lager- und Rollgelder,
– Speditionskosten,
– Steuern und Abgaben,
– Transportversicherungsprämien,
– Vermittlungsgebühren (Provisionen),
– Zölle.

20 Abbruchkosten

Ausweis als Anschaffungsnebenkosten dann, wenn das Grundstück in der Absicht erworben wurde, die alten abbruchreifen Baulichkeiten abzureißen und neue dafür zu errichten.
Kürzung des aktivierten Betrags um die Erlöse für Abbruchmaterialien.
Wird entgegen der ursprünglichen Annahme erst nach dem Kauf ein Neubau oder Umbau notwendig, so darf eine Aktivierung der Abbruchkosten nicht erfolgen.

– bei hohen Abbruchkosten

Es ist zu prüfen, ob eine außerplanmäßige Abschreibung nach § 253 Abs. 2 HGB notwendig ist.

– Vorschriften nach dem Steuerrecht

vgl. Abschn. 33a Abs. 5, Abschn. 42a, Abs. 7, Abschn. 157 Abs. 1 EStR.

21 Kostenpauschalierung

Aus Vereinfachungsgründen dürfen Anschaffungsnebenkosten wie
– Eingangsfrachten, Verpackungskosten, Transportversicherungen

statt der tatsächlich angefallenen Kosten pauschaliert **B. Bilanz**
ausgewiesen werden.
(vgl. ADS § 153 Tz. 25).

22 Prozeßkosten

Den Anschaffungsnebenkosten lassen sich die Prozeßkosten nur ausnahmsweise zurechnen, sofern es sich nicht um Abwehrkosten handelt.
(vgl. Kropff in AktG-Kom. § 153 Anm. 12 mwN).

3. Herstellungskosten
30 Umschreibung
(§ 255 Abs. 2 Satz 1 HGB)

Die als Grundsätze ordnungsmäßiger Buchführung anzusehende Vorschrift des Handelsgesetzbuchs, die mit der Regelung in Abschnitt 33 EStR übereinstimmt, umschreibt die Herstellungkosten als
- Aufwendungen, die durch den Verbrauch von Gütern und
- die Inanspruchnahme von Diensten für die Herstellung eines Vermögensgegenstands seine Erweiterung oder für eine über seinen ursprünglichen Zustand hinausgehende wesentliche Verbesserung
entstehen.

– Basis der Berechnung

In der Praxis kommen für die Berechnung insbesondere
- die tatsächlich angefallenen Kosten und
- die Kosten auf Basis einer Normal- oder Optimalbeschäftigung
in Betracht.
(vgl. ADS § 155 Tz. 23ff).

– nicht unter Herstellungskosten auszuweisen

- sind: allgemeine Forschungskosten,
- Aufwendungen für Risikorückstellungen,
- außerordentliche Aufwendungen,
- Delkredere, Preisnachlässe, Rabatte,
- gewinnabhängige Aufwendungen (Gewerbeertragsteuer, Körperschaftsteuer, Tantiemen).

31 Zusammensetzung der Herstellungskosten

– Einzelkosten
(§ 255 Abs. 2 Satz 2)

– Gemeinkosten
(§ 255 Abs. 2 Satz 3,

Zu den Herstellungskosten gehören
- die dem einzelnen Erzeugnis (Leistung) direkt zurechenbaren, aktivierungspflichtigen Einzekosten für
- Material und Fertigung
sowie
- Sonderkosten der Fertigung.
Bei der Berechnung der Herstellungskosten dürfen auch angemessene Teile der
- notwendigen Materialkosten,
- notwendigen Fertigungsgemeinkosten und des
- fertigungsbedingten Wertverzehrs des Anlagevermögens

– Satz 5 HGB)	eingerechnet werden, soweit diese Kosten auf – den Zeitraum der Herstellung entfallen.
– – steuerrechtliche Aktivierungspflichten (Abschn. 33 Abs. 2 EStR)	Die Aktivierungspflicht nach dem Steuerrecht besteht für – die Material- und die Fertigungsgemeinkosten im Rahmen der Erfassung der Herstellungskosten.
– Wertverzehr des Anlagevermögens (Abschn. 33 Abs. 4 Satz 1 EStR)	Grundsätzlich ist bei der linearen oder der degressiven AfA nach § 7 Abs. 1 oder 2 EStG der Betrag anzusetzen, der bei der Bilanzierung des Anlagevermögens als AfA berücksichtigt ist.
– Kosten der allgemeinen Verwaltung (§ 255 Abs. 2 Satz 4 und 5 HGB) (Abschn. 33 Abs. 2 Satz 2, Abs. 5 Satz 3 und 4 EStR)	Hinsichtlich der Einbeziehung von – Aufwendungen für Ausbildungswesen, Betriebsrat, Gehälter und Löhne des Verwaltungsbereichs, Fernschreib-, Porto- und Telefongebühren sowie – Aufwendungen für soziale Einrichtungen des Betriebs, – freiwilligen sozialen Leistungen und betrieblicher Altersversorgung in die Herstellungskosten besteht – soweit diese Kosten auf den Zeitraum der Herstellung entfallen – ein Aktivierungswahlrecht sowohl für das Handels- als auch für das Steuerrecht.
– Vertriebskosten (§ 255 Abs. 2 Satz 6 HGB)	Dagegen dürfen Vertriebskosten nicht in die Herstellungskosten – gleich, ob als Einzel- oder Gemeinkosten – einbezogen werden.

Die Herstellungskosten im einzelnen:

32 Materialkosten	Zu dem Fertigungsmaterial gehören – alle unmittelbar für die unfertigen und fertigen Erzeugnisse erfaßbaren Roh-, Hilfs- und Betriebsstoffe, – die im Betrieb selbst hergestellten Halb- und Teilerzeugnisse, – wiederverwendete Abfälle, fremdbezogene Teile und – Handelswaren. (vgl. ADS § 155 Tz. 41 ff). Bei der Bewertung der verwendeten Werkstoffe ist grundsätzlich von den Anschaffungs- oder Herstellungskosten unter Hinzurechnung der Materialgemeinkosten auszugehen.
– Materialgemeinkosten	Darunter fallen – Kosten der Einkaufsabteilung, Lagerung und Materialverwaltung, Material- und Rechnungsprüfung, Warenannahme.

Die Verrechnung erfolgt idR
- durch prozentualen Zuschlag auf das Fertigungsmaterial,

ggf. auch in Form unterschiedlicher Zuschläge auf einzelne Stoffgruppen.

33 Fertigungskosten

Zu den Fertigungskosten gehören
- Fertigungslöhne, Fertigungsgemeinkosten und Sonderkosten.

– Fertigungslöhne

Die Fertigungslöhne setzen sich u.a. aus
- bei der Fertigung angefallenen und den unfertigen und fertigen Erzeugnissen direkt zurechenbaren Löhnen und Gehältern einschließlich Zuschlägen, gesetzlichen und tariflichen Sozialaufwendungen

zusammen.

**– Fertigungsgemein-
kosten**

Als Fertigungsgemeinkosten gelten
- alle für das Erzeugnis (Leistung) anfallenden Kosten, die sich nicht direkt als solche einem Kostenträger zurechnen lassen wie
- Anlageabschreibungen auf Fertigungsanlagen,
- Aufwendungen für Arbeitsvorbereitung, Lohnbüro, Meister, Werkstattkonstrukteure, Werkstoffverwaltung etc.,
- Energiekosten, Kosten für Brenn- und Hilfsstoffe soweit nicht direkt zurechenbar,
- laufende Instandhaltung für Betriebsbauten und -einrichtungen, Maschinen, Vorrichtungen, Werkzeuge, Kosten betrieblicher Kontrolleinrichtungen,
- nichtgewinnabhängige Steuern (Gewerbekapitalsteuer, Grund- und Vermögensteuer etc.),
- sonstige Kosten wie Beiträge zur Berufsgenossenschaft, Sachversicherungsprämien.

(vgl. ADS § 155 Tz.45; Kropff in AktG-Kom. § 155 Anm. 7).

**– Sonderkosten
(Abschn. 33 Abs. 3 EStR)**

Sonderkosten umfassen im wesentlichen
- Kosten für Lizenzen, Modelle, Patente, Spezialwerkzeuge

im Rahmen der Fertigstellung.

**34 Fremdkapitalzinsen
(§ 255 Abs.3 HGB)**

Zinsen für Fremdkapital rechnen grundsätzlich nicht zu den Herstellungskosten.

Im Rahmen der steuerlich anerkannten Bewertungshilfe ist

(Abschn. 33 Abs. 7 EStR)

- eine Aktivierung von Zinsen für Fremdkapital, das zur Finanzierung der Herstellung eines Wirtschaftsguts verwendet wird,

zulässig, soweit diese Zinsen auf
- den Zeitraum der Herstellung entfallen.

In solch einem Falle gelten die Zinsen als Herstellungskosten des Wirtschaftsguts. Voraussetzung dafür ist, daß in der Handelsbilanz entsprechend verfahren wird.

35 Ermittlung der Kosten
(§ 256 Satz 1 HGB)

Fehlt es an einer individuellen Ermittlung der Anschaffungs- oder Herstellungskosten, so ist die Anwendung der nachfolgend aufgeführten Verfahren zulässig
– die Durchschnittsmethode (gewogener Durchschnitt),
– die Verfahren nach der Verbrauchsfolge,
– die Festbewertung,
– die Gruppenbewertung,
– bei Einzelhandelsunternehmen die retrograde Ermittlung durch Abzug der Bruttospanne.
(vgl. Kropff in AktG-Kom. § 155 Tz. 26ff).

4. Herstellungs- und Erhaltungsaufwand
(Abschn. 157 iVm
Abschn. 4 EStR)

Die Abgrenzung zwischen aktivierungspflichtigem Herstellungsaufwand und nichtaktivierungspflichtigem Erhaltungsaufwand ist in der Praxis mitunter schwierig.
Als Abgrenzungsmöglichkeiten können
– im Handelsrecht die Grundsätze ordnungsmäßiger Buchführung
und
– im Steuerrecht die durch die Rechtsprechung an Hand von Einzelfällen entwickelten Grundsätze
angesehen werden.

40 aktivierungspflichtiger
Herstellungsaufwand
(Abschn. 157 Abs. 3-5
iVm Abschn. 24 EStR)

Für die Handelsbilanz wie auch für die Steuerbilanz liegt grundsätzlich Herstellungsaufwand bei
– Vermehrung eines Wirtschaftsguts in seiner Substanz,
– wesentlicher Veränderung der Gebrauchs- oder Verwertungsmöglichkeit des Wirtschaftsguts,
– erheblicher Verlängerung der Lebensdauer des Wirtschaftsguts durch Aufwendungen
vor.

41 nichtaktivierungs-
pflichtiger Erhaltungs-
aufwand
(Abschn. 157 Abs. 1 und
2 iVm Abschn. 24 EStR)

Erhaltungsaufwand ist grundsätzlich bei
– Erhaltung eines Wirtschaftsguts in ordnungsgemäßem Zustand
– regelmäßig in gewissen Zeitabständen notwendigen Ausbesserungen
– keiner Veränderung der Wesensart des Wirtschaftsguts bei Ausbesserungen
anzunehmen.

IV. Berücksichtigung steuerrechtlicher Wertansätze

1. Abweichender Wertansatz
(§ 254 HGB)

Bei der Aufstellung des Jahresabschlusses ist ein Abweichen von den handelsrechtlichen Bewertungs- und Passivierungsvorschriften zulässig,
– wenn Abschreibungen vorgenommen werden, um Vermögensgegenstände des Anlage- oder Umlaufvermögens mit dem niedrigeren Wert anzusetzen, der auf einer nur steuerrechtlich zulässigen Abschreibung beruht.

Die Vornahme der nach § 254 HGB zulässigen Abschreibungen ist auch in der Weise zulässig, daß

10 Wahlmöglichkeit
(§ 281 Abs. 1 Satz 1 HGB)

– der Unterschiedsbetrag zwischen der nach § 253 HGB in Verbindung mit § 279 HGB und der nach § 254 HGB zulässigen Bewertung in den Sonderposten mit Rücklageanteil eingestellt wird.

11 Auflösung der steuerrechtlichen Wertberichtigung
(§ 281 Abs. 1 Satz 3 HGB)

Unbeschadet steuerrechtlicher Vorschriften über die Auflösung ist die Wertberichtigung
– bei Ausscheiden der entsprechenden Gegenstände aus dem Vermögen
oder
– durch Ersetzen von handelsrechtlichen Abschreibungen
aufzulösen.

12 Berichtspflichten
(§ 281 Abs. 1 Satz 2 HGB)

In der Bilanz oder im Anhang sind die Vorschriften anzugeben, nach denen die Wertberichtigung gebildet worden ist.

– Anhang
(§ 281 Abs. 2 Satz 1 HGB)

Im Anhang ist der Betrag
– der im Geschäftsjahr allein nach steuerrechtlichen Vorschriften vorgenommenen Abschreibungen und Wertberichtigungen, getrennt nach Anlage- und Umlaufvermögen sowie
– der Einstellungen in Passivposten
anzugeben und hinreichend zu begründen, soweit sich dieser Betrag nicht aus der Bilanz oder der Gewinn- und Verlustrechnung ergibt.

2. Erhöhte Absetzungen auf das Anlagevermögen

Für die an die Stelle der normalen Absetzung für Abnutzung (AfA) tretenden erhöhten Absetzungen gilt die mit den steuerlichen Sonderabschreibungen gemeinsame Rahmenvorschrift des § 7a EStG, die für beide Abschreibungsformen entsprechende gesetzliche Regelungen bereits voraussetzt.

67

B. Bilanz

	Erhöhte Absetzungen sind u.a. zulässig für
(§ 7b EStG)	– Einfamilien-, Zweifamilienhäuser, Eigentumswohnungen,
(§ 7d EStG) (Abschn. 42b EStR)	– die dem Umweltschutz dienenden Wirtschaftsgüter,
(§ 82a EStDV)	– Schutzräume nach dem Schutzbaugesetzt,
(§ 82g EStDV)	– bestimmte Anlagen und Einrichtungen bei Gebäuden,
	– bestimmte Baumaßnahmen iS des Städtebauförderungsgesetzes,
(§ 14 BerlinFG)	– bestimmte Wirtschaftsgüter von Berliner Betriebsstätten betreffende Abschreibungen.
– erhöhte Absetzungen auf das Umlaufvermögen	Für erhöhte Absetzungen auf das Umlaufvermögen iS des Steuerrechts ist insbesondere – der Importwarenabschlag zu nennen.

3. Sonderabschreibungen auf das Anlagevermögen
(§ 7a Abs. 4 EStG)

Nimmt die Gesellschaft Sonderabschreibungen bei beweglichen Wirtschaftsgütern in Anspruch, so muß die Gesellschaft im Begünstigungszeitraum
– neben der steuerrechtlich zulässigen Sonderabschreibung noch die planmäßige Abschreibung nach § 7 Abs. 1 EStG
vornehmen.

Die degressive AfA nach § 7 Abs. 2 EStG ist neben einer Sonderabschreibung nicht zulässig.

An Sonderabschreibungen durch Inanspruchnahme steuerrechtlicher Vergünstigungen sind insbesondere zulässig:
– Sonderabschreibungen für
  – Anlagen zur Verhinderung, Beseitigung oder Verringerung
    – von Schädigungen durch Abwässer,

(§ 79, (§ 82 EStDV)
(§ 7f EStG)
(§ 81 EStDV)

  – der Verringerung der Verunreinigung der Luft,
  – Anlagegüter privater Krankenanstalten,
  – bestimmte Anlagegüter im Kohlen- und Erzbergbau,

(§ 82f EStDV)
(§ 3 ZonRFG)

  – inländische Handelsschiffe und Luftfahrzeuge,
  – Investitionen im Zonenrandgebiet.

4. Bewertungsabschlag für bestimmte Importwaren
(§ 80 EStDV iVm Abschn. 233a EStR)

Bestimmte in der Anlage 3 zu § 80 EStDV aufgeführte Wirtschaftsgüter des Umlaufvermögens ausländischer Herkunft können statt mit dem sich nach § 6 Abs. 1 Nr. 2 EStG ergebenden Wert
– mit einem bis zu zwanzig vH unter den Anschaffungskosten oder dem niedrigeren Börsen- oder Marktpreis (Wiederbeschaffungspreis) des Abschlußstichtags liegenden Wert angesetzt werden.

(Abschn. 233a Abs. 8 EStR)	Dabei darf der Wertansatz des Wirtschaftsguts den Wertansatz in der Handelsbilanz nicht unterschreiten.	**B. Bilanz**
– Voraussetzungen	Die Voraussetzungen für die Anwendung des Importwarenabschlags ergeben sich aus § 80 Abs. 2 EStDV.	
– künftiger Ausweis	Der Importwarenabschlag ist künftig auf der Passivseite – in den Sonderposten mit Rücklageanteil einzustellen. Bisher konnte eine derartige erhöhte Abschreibung aktivisch von den Vorräten abgesetzt werden.	

5. Sonstige steuerrechtliche Abschreibungsmöglichkeiten
(§ 7 Abs. 1 Satz 4, Abs. 6 EStG)

Die weiteren Abschreibungen nach dem Steuerrecht umfassen
– die Absetzung für Abnutzung (AfA) für
   – betriebsgewöhnliche Abnutzung,
    – außergewöhnliche technische oder wirtschaftliche Abnutzung.
– die Absetzung für Substanzverringerung,

(§ 6 Abs. 1 EStG)

– die Teilwertabschreibung.

50 Absetzung für Abnutzung (AfA)
(§ 7 Abs. 1 Satz 1 EStG)

Der AfA unterliegen Wirtschaftsgüter des Anlagevermögens mit einer
– mehr als einjährigen Verwendung oder Nutzung.
Es ist jeweils für ein Jahr
– der Teil der Anschaffungs- oder Herstellungskosten abzusetzen, der bei gleichmäßiger Verteilung dieser Kosten auf die Gesamtdauer der Verwendung oder Nutzung auf ein Jahr
entfällt.
Diese für die AfA zwingende steuerrechtliche Vorschrift hat die gleiche Bedeutung wie die handelsrechtliche Regelung der Absschreibungen nach § 253 Abs. 2 HGB.

– betriebsgewöhnliche Nutzung

Die Nutzungsdauer setzt sich
– aus der technischen und der wirtschaftlichen Nutzung zusammen.
Bei der Bemessung der betriebsgewöhnlichen Nutzungsdauer dienen
– die amtlichen steuerlichen AfA-Tabellen
als Anhaltspunkte.

51 außergewöhnliche technische oder wirtschaftliche Abnutzung

Die Kriterien der außerplanmäßigen Abschreibungen des Handelsrechts treffen im wesentlichen auch für den Eintritt einer außergewöhnlichen technischen oder wirtschaftlichen Abnutzung zu.

B. Bilanz

52 Absetzung für Substanzverringerung
(§ 7 Abs. 6 EStG) ·

Die Vornahme von Absetzungen für Substanzverringerung bei Bergbauunternehmen, Steinbrüchen und ähnlichen Betrieben, die einen Verbrauch von Substanz mit
sich bringen, setzt voraus, daß das Vorkommen gewerb-
lich ausgebeutet wird.
Es können jährlich nach den für die AfA geltenden
Grundsätzen

(§ 7 Abs. 1 EStG)

– Absetzungen nach Maßgabe des Substanzverzehrs
vorgenommen werden.

53 Teilwertabschreibung
(§ 6 Abs. 1 Nr. 1,

Bei den der Abnutzung unterliegenden Wirtschaftsgütern des Anlagevermögens kann statt der Anschaffungs-
oder Herstellungskosten
– der niedrigere Teilwert
angesetzt werden.

– Nr. 2 EStG)

Dies gilt auch für alle anderen Wirtschaftsgüter des Betriebs (Grund und Boden, Beteiligungen, Geschäfts-
oder Firmenwert, Umlaufvermögen).

6. Steuerfreie Rücklagen

Eine steuerlich begünstigte Rücklage bleibt bei der steuerlichen Gewinnermittlung unberücksichtigt. In ihrer
Höhe mindert sie den steuerpflichtigen Gewinn der bi-
lanzierenden Gesellschaft, da die steuerfreie Rücklage
erst bei ihrer Auflösung zu versteuern ist.
Unter »Sonderposten mit Rücklageanteil« sind die wesentlichen steuerfreien Rücklagen aufgeführt.

60 Beibehaltungsrecht
(§ 6 Abs. 1 Nr. 2 EStG)

Ist eine nur steuerrechtlich zulässige Beibehaltung eines
niedrigeren Wertansatzes bei der steuerrechtlichen Gewinnermittlung davon abhängig, daß sich dieser Wert aus
dem handelsrechtlichen Jahresabschluß der Gesellschaft
ergibt, so ist
– die nach § 280 HGB geforderte Wertaufholung
zu unterlassen. Demzufolge ist auf die sonst erforderliche Zuschreibung zu verzichten.

61 Sonderposten mit
Rücklageanteil

Bei den aufgrund steuerrechtlicher Vorschriften gebildeten Posten sind hinsichtlich in Anspruch genommener
steuerlicher Vergünstigungen unter »Sonderposten mit
Rücklageanteil« im wesentlichen auszuweisen:

(§ 6b EStG)
(§§ 1, 2, 4 AIG iVm
§ 6b EStG)

– Rücklage für Reinvestition,
– Rücklage für bestimmte Auslandsinvestitionen,
– Rücklage für bestimmte Investitionen im Steinkohlen-
bergbau und in Kraftwerken,

(Abschn. 35 EStR)
(§ 82 StBauFG)

– Rücklage für Ersatzbeschaffung,
– Rücklage für Investitionen nach dem Städtebauförde-
rungsgesetz,

70

(§ 1 Abs. 1 EntLStG)	– Rücklage für Kapitalanlagen in Entwicklungsländern,
(Abschn. 34 EStR)	– Rücklage für Zuschüsse aus öffentlichen Mitteln,
(§ 3 ZonRFG)	– Rücklage nach dem Zonenrandförderungsgesetz.

7. Voraussetzung für den Ansatz steuerrechtlicher Werte

(§ 6 Abs. 3 EStG)

Die umgekehrte Maßgeblichkeit als Voraussetzung für
– die Inanspruchnahme erhöhter Absetzungen, Sonderabschreibungen nach § 6 Abs. 3 EStG und des Abzugs nach § 6b Abs. 1 oder Abs. 3 Satz 2 EStG bei Wirtschaftsgütern des Anlagevermögens sowie
– des Ansatzes der nach § 51 Abs. 1 Nr. 2 Buchstabe m oder Buchstabe z zulässigen Werte bei Wirtschaftsgütern des Umlaufvermögens
ergibt sich aus dem neu eingefügten Abs. 3 des § 6 EStG.

V. Gliederung, Vorschriften, Vermerke

1. Gliederung der Bilanz

Die bestimmte Gliederung der Aktiv- und Passivposten in der Bilanz entspricht hinsichtlich ihres Aufbaus im wesentlichen dem bisherigen aktienrechtlichen Gliederungsschema. Darüber hinaus fordern die Vorschriften zu einzelnen Bilanzposten zusätzliche Angaben.

(§ 266 Abs. 1 Satz 1 HGB)

Die Bilanz ist ausschließlich
– in der Kontoform
aufzustellen. Dabei haben

10 große, mittelgroße Gesellschaften mbH
(§ 267 Abs. 1 iVm
§ 266 Abs. 1 Satz 2 HGB)

– große und mittelgroße Gesellschaften mit beschränkter Haftung auf der Aktivseite die in § 266 Abs. 2 HGB und auf der Passivseite die in § 266 Abs. 3 HGB bezeichneten Posten
– gesondert und in der vorgeschriebenen Reihenfolge auszuweisen.

11 kleine Gesellschaften mbH
(§ 267 Abs. 1 iVm
§ 266 Abs. 1 Satz 3 HGB)

Kleine Gesellschaften mit beschränkter Haftung brauchen nur
– eine verkürzte Bilanz
aufzustellen.
In diese verkürzte Bilanzgliederung sind nur
– die in § 266 Abs. 2 und 3 HGB mit Buchstaben und römischen Zahlen bezeichneten Posten
– gesondert und in der vorgeschriebenen Reihenfolge aufzunehmen.

12 Gliederungsvorschriften

(§ 264 Abs. 1 Satz 1 HGB)

Die Gliederungsvorschriften sind grundsätzlich zwingend.
Die Verantwortlichkeit für die Gliederung liegt wie für die Aufstellung des Jahresabschlusses bei den Geschäftsführern.

B. Bilanz

– bei Verletzung dieser
  Vorschriften
  (§ 43 Abs. 2 GmbHG)
13 nicht ausdrücklich
  genannte Posten
  (§ 268 Abs. 5,
  § 277 Abs. 3 Satz 2,

  § 269 Satz 1,

  § 272 Abs. 1 Satz 2,
  § 275 Abs. 2 Nr. 4 und Nr. 8,

  § 281 Abs. 2 Satz 2,

  § 277 Abs. 3 Satz 2,
  § 268 Abs. 3,
  § 274 HGB)

Es besteht ggf. Schadensersatzpflicht als Gesamtschuldner gegenüber der Gesellschaft.

Zu den im gesetzlichen Gliederungsschema nicht ausdrücklich genannten Posten gehören insbesondere
– Anzahlungen auf Vorräte,
– aufgrund einer Gewinngemeinschaft, eines Gewinnabführungs- oder eines Teilgewinnabführungsvertrags erhaltene oder abgeführte Gewinne,
– Aufwendungen für die Ingangsetzung und Erweiterung des Geschäftsbetriebs,
– ausstehende Einlagen auf das gezeichnete Kapital,
– Buchgewinne/Buchverluste aus dem Abgang von Vermögensgegenständen des Anlagevermögens,
– Einstellungen in den Sonderposten mit Rücklageanteil (Erträge aus der Auflösung des)
– Erträge und Aufwendungen aus Verlustübernahme,
– nicht durch Eigenkapital gedeckter Fehlbetrag,
– Steuerabgrenzungsposten.

2. Vorschriften zu einzelnen Posten der Bilanz, Bilanzvermerke, sonstige Änderungen

Über die Vorschriften des § 268 HGB hinaus sind außerdem noch eine Reihe Änderungen des Gesetzes betreffend die Gesellschaften mit beschränkter Haftung zu beachten:

Aufsichtsrat
(§ 52 Abs. 1 GmbHG)

Hat die Gesellschaft einen Aufsichtsrat, so haben die Geschäftsführer diesem
– den Jahresabschluß und den Lagebericht, ggf. den Prüfungsbericht des Abschlußprüfers nach dessen Eingang
unverzüglich vorzulegen.
Entsprechendes gilt auch für die Vorlage
– des Konzernabschlusses und des Konzernlageberichts.
§§ 170, 171, 337 des Aktiengesetzes sind in § 52 Abs. 1 GmbHG vor dem Wort »entsprechend« einzufügen.

Aufwendungen für die Ingangsetzung und Erweiterung des Geschäftsbetriebs
(§ 269 Satz 1 erster Halbsatz HGB)

Die Aufwendungen für die Ingangsetzung des Geschäftsbetriebs und dessen Erweiterung dürfen, soweit sie nicht bilanzierungsfähig sind, als Bilanzierungshilfe aktiviert werden.
Hierzu gehören alle mit dem Aufbau einer Innen- und Außenorganisation (Betriebs, Verwaltung, Vertrieb) zusammenhängenden Aufwendungen.
Die Bilanzierungshilfe erstreckt sich nur auf
– die Kosten der erstmaligen Ingangsetzung des Geschäftsbetriebs (Anlaufkosten),
jedoch nicht auf Gründungs- und Kapitalbeschaffungskosten.

– Ausweis (§ 269 Satz 1 zweiter Halbsatz HGB)	Dieser Posten ist in der Bilanz – vor dem Posten »Anlagevermögen« unter der Bezeich- nung – Aufwendungen für die Ingangsetzung und Erweite- rung des Geschäftsbetriebs gesondert auszuweisen und
– – Anhang	– im Anhang zu erläutern.
– Abschreibung (§ 282 HGB)	Die dafür ausgewiesenen Beträge sind – in jedem folgenden Geschäftsjahr zu mindestens einem Viertel durch Abschreibungen zu tilgen. Mit der Abschreibung ist zu beginnen, wenn die Einrich- tung des Betriebs im wesentlichen abgeschlossen ist. (vgl. ADS § 153 Tz. 127).
– Anlagenspiegel (§ 268 Abs. 2 Satz 1 HGB)	Die Entwicklung des Postens »Aufwendungen für die Ingangsetzung und Erweiterung des Geschäftsbetriebs« ist – im Anlagenspiegel in der Bilanz oder im Anhang darzustellen.
– Ausschüttungssperre (§ 269 Satz 2 HGB)	Bei Ausweis dieser Aufwendungen in der Bilanz dürfen Gewinne nur ausgeschüttet werden, – soweit die nach der Ausschüttung verbleibenden jeder- zeit auflösbaren Gewinnrücklagen zuzüglich eines Ge- winnvortrags (abzüglich eines Verlustvortrags) dem angesetzten Betrag mindestens entsprechen.
– Steuerbilanz	Eine Aktivierungsmöglichkeit besteht nach dem Steuer- recht nicht. Die Aufwendungen sind sofort abzugsfähig.
Ausleihungen, Forderungen und Verbindlich- keiten gegenüber Gesellschaftern (§ 268 Abs. 1 Satz 1 HGB)	Gegenüber Gesellschaftern bestehende Ausleihungen, Forderungen und Verbindlichkeiten sind – in der Regel als solche jeweils gesondert auszuweisen oder im Anhang anzugeben. Bei einem Ausweis unter anderen Posten ist diese Eigen- schaft zu vermerken.
Beteiligungen (§ 268 Abs. 1 Satz 1 HGB)	Als Beteiligung gelten im Zweifel Anteile an einer Kapi- talgesellschaft, deren Nennbeträge – insgesamt den fünften Teil des Nennkapitals dieser Ge- sellschaft überschreiten.

B. Bilanz

**Bilanzaufstellungs-
wahlrecht**
(§ 268 Abs.1 Satz 1 HGB)

Die Bilanz darf auch unter Berücksichtigung
– der vollständigen oder teilweisen Verwendung des Jahresergebnisses aufgestellt
werden.
In ihrer Grundkonzeption geht die Bilanzgliederung für
große/mittelgroße Gesellschaften von der Aufstellung
der Bilanz vor Gewinnverwendung aus.

**Buchführung; Bilanz-
plicht**
(§.41 GmbH)

In § 41 GmbHG werden die Absätze 2 und 3 über die
Aufstellung der Bilanz und der Gewinn- und Verlustrechnung aufgehoben.

Eigenkapital

vgl. Erläuterungen zu »Eigenkapital« Passivseite § 266
Abs. 3 A. HGB.

**Forderungen: Vermerk
der Restlaufzeit**
(§ 268 Abs.4 Satz 1 HGB)

Der Betrag der Forderungen
– mit einer Restlaufzeit von mehr als einem Jahr ist bei jedem gesondert ausgewiesenen Posten
zu vermerken.

Geschäfts- oder Firmenwert
(§ 255 Abs.4 HGB

Der entgeltlich erworbene Geschäfts- oder Firmenwert
darf künftig auch von der Steuer abgeschrieben werden.
Die Abschreibungszeit beträgt 15 Jahre. Einer sofortigen
Abschreibung steht auch weiterhin im Handelsrecht
nichts entgegen.

Haftungsverhältnisse
(§ 268 Abs.7 HGB)

Jeweils gesondert in der Bilanz oder im Anhang sind
– die in § 251 HGB bezeichneten Haftungsverhältnisse,
– die Verbindlichkeiten aus Gewährleistungsverträgen
und
– die sonstigen Haftungsverhältnisse
unter Angabe der gewährten Pfandrechte und sonstigen
Sicherheiten anzugeben.

– gegenüber verbundenen
Unternehmen
(§ 268 Abs.7 zweiter
Halbsatz HGB)

Bestehen solche Verpflichtungen auch gegenüber verbundenen Unternehmen, so sind diese gesondert anzugeben.

Jahresabschluß
– Gesellschafterbeschluß
(§ 42a Abs.2 Satz 1 GmbHG)

Der Beschluß über die Feststellung des Jahresabschlusses
und über die Ergebnisverwendung durch die Gesellschafter hat in den ersten acht Monaten – bei kleinen Gesellschaften bis zum Ablauf der ersten elf Monate des Geschäftsjahrs zu erfolgen.

– Jahresergebnis

Künftig ist das Jahresergebnis stets
– in der Bilanz auf der Passivseite unter den zusammengefaßten Eigenkapitalposten
auszuweisen.

Bei der Gesellschaft mit beschränkter Haftung kann auf eine Formvorschrift hinsichtlich der Darstellung der Ergebnisverwendung verzichtet werden.

Liste der Gesellschafter
(§ 40 Satz 1 GmbHG)

Die Geschäftsführer haben jährlich im gleichen Zeitpunkt, in dem der Jahresabschluß zum Handelsregister einzureichen ist, eine von ihnen unterschriebene Liste der Gesellschafter, aus welcher Name, Vorname, Stand und Wohnort der letzteren sowie ihre Stammeinlagen zu entnehmen sind, zum Handelsregister einzureichen.
Die bisherige alljährliche Listeneinreichung im Monat Januar entfällt.

Pauschalwertberichtigung

Die Pauschalwertberichtigung ist künftig nur
– in Form der Abschreibung
zulässig.

Passivierung bestehender Pensionszusagen
(Art. 28 Abs.1 EGHGB)

Bereits bestehende Pensionszusagen bleiben von der Passivierungsverpflichtung ausgenommen. Für neu eingegangene Pensionsverpflichtungen muß
– ab 1. Januar 1987 eine Rückstellung gebildet werden.

sonstige Vermögens-gegenstände
(§ 268 Abs. 4 Satz 2 HGB)

Unter diesem Posten ausgewiesene größere Beträge sind im Anhang zu erläutern.

Stammkapital
(§ 42 Abs. 2 GmbHG)

Das Stammkapital ist in der Bilanz
– als gezeichnetes Kapital
auszuweisen.

Steuerabgrenzung
(§ 274 Abs.2 Satz 1 HGB)

Ist der dem Geschäftsjahr und früheren Geschäftsjahren zuzurechnende Steueraufwand zu hoch, so darf
– in Höhe der voraussichtlichen Steuerentlastung nachfolgender Geschäftsjahre ein Abgrenzungsposten als Bilanzierungshilfe auf der Aktivseite der Bilanz gebildet werden.

– Ausweis, Anhang
(§ 274 Abs.2 Satz3 HGB)

Dieser Posten ist unter entsprechender Bezeichnung
– gesondert auszuweisen und im Anhang zu erläutern.

– Gewinnausschüttung
(§ 274 Abs.2 Satz 3 HGB)

Bei Ausweis eines solchen Postens dürfen Gewinne nur ausgeschüttet werden,
– wenn die nach der Ausschüttung verbleibenden jederzeit auflösbaren Gewinnrücklagen
– zuzüglich eines Gewinnvortrags und abzüglich eines Verlustvortrags
dem angesetzten Betrag mindestens entsprechen.

– Auflösung des Abgrenzungsbetrags
(§ 274 Abs. 2 Satz 4 HGB)

Der Betrag ist aufzulösen
– sobald die Steuerentlastung eintritt
oder

- mit einer solchen voraussichtlich nicht mehr zu rechnen ist.

Steuern
(§ 275 Abs.2 Nr.18,19
-Abs.3 Nr.16,17 HGB)

Die Steuern vom Vermögen sind unter dem Posten
- »sonstige Steuern«
auszuweisen, während der Ausweis der Steuern vom Einkommen und vom Ertrag
- gesondert unter dem dafür vorgesehenen Posten
zu erfolgen hat.

Umsatzkostenverfahren

Neben dem bisherigen und künftig auch weiterbestehenden Gesamtkostenverfahren ist das bisher in der Bundesrepublik Deutschland wenig übliche Umsatzkostenverfahren zugelassen worden, das jedoch weltweit gebräuchlicher ist als das Gesamtkostenverfahren.

(§ 285 Nr. 8 iVm
§ 275 Abs.3 und Abs.2
Nr.5 und Nr.6 HGB)

Bei Anwendung des Umsatzkostenverfahrens müssen im Anhang der Materialaufwand wie auch der Personalaufwand gesondert ausgewiesen werden.

Unternehmen, mit denen ein Beteiligungs-verhältnis besteht

Die Posten, welche die Gliederung der Unternehmen betreffen, mit denen ein Beteiligungsverhältnis besteht, gelten sowohl für
- Unternehmen, an denen die Gesellschaft beteiligt ist, als auch für
- Unternehmen, die an der Gesellschaft mit beschränkter Haftung beteiligt sind.

Verbindlichkeiten: Vermerk der Restlaufzeit
(§ 268 Abs.5 Satz 1 HGB)

Der Betrag der Verbindlichkeiten
- mit einer Restlaufzeit bis zu einem Jahr ist bei jedem gesondert ausgewiesenen Posten
zu vermerken.

- Anhang
(§ 285 Nr. 1a,

Der Angabe im Anhang unterliegen
- der Gesamtbetrag der Verbindlichkeiten mit einer Restlaufzeit von mehr als fünf Jahren,

- Nr. 1b HGB)

- alle durch Pfandrechte oder ähnliche Rechte gesicherten Verbindlichkeiten der Gesellschaft.

VI. Bilanzgliederung nach § 266 HGB

1. Gliederungsschema für große und mittelgroße Gesellschaften mbH § 266 Abs. 2 HGB

– Aktivseite

A. Anlagevermögen:
  I. Immaterielle Vermögensgegenstände:
    1. Konzessionen, gewerbliche Schutzrechte und ähnliche Rechte und Werte sowie Lizenzen an solchen Rechten und Werten;
    2. Geschäfts- oder Firmenwert;
    3. geleistete Anzahlungen;
  II. Sachanlagen:
    1. Grundstücke, grundstücksgleiche Rechte und Bauten einschließlich der Bauten auf fremden Grundstücken;
    2. technische Anlagen und Maschinen;
    3. andere Anlagen, Betriebs- und Geschäftsausstattung;
    4. geleistete Anzahlungen und Anlagen im Bau;
  III. Finanzanlagen:
    1. Anteile an verbundenen Unternehmen;
    2. Ausleihungen an verbundene Unternehmen;
    3. Beteiligungen;
    4. Ausleihungen an Unternehmen, mit denen ein Beteiligungsverhältnis besteht;
    5. Wertpapiere des Anlagevermögens;
    6. sonstige Ausleihungen.
B. Umlaufvermögen:
  I. Vorräte:
    1. Roh-, Hilfs- und Betriebsstoffe;
    2. unfertige Erzeugnisse, unfertige Leistungen;
    3. fertige Erzeugnisse und Waren;
    4. geleistete Anzahlungen;
  II. Forderungen und sonstige Vermögensgegenstände:
    1. Forderungen aus Lieferungen und Leistungen;
    2. Forderungen gegen verbundene Unternehmen;

3. Forderungen gegen Unternehmen, mit denen ein Beteiligungsverhältnis besteht;
4. sonstige Vermögensgegenstände;

III. Wertpapiere:
   1. Anteile an verbundenen Unternehmen;
   2. eigene Anteile;
   3. sonstige Wertpapiere;

IV. Schecks, Kassenbestand, Bundesbank- und Postgiroguthaben, Guthaben bei Kreditinstituten.

C. Rechnungsabgrenzungsposten

§ 266 Abs. 3 HGB

– **Passivseite**

A. Eigenkapital:
   I.   Gezeichnetes Kapital;
   II. Kapitalrücklage;
   III. Gewinnrücklagen:
        1. gesetzliche Rücklage;
        2. Rücklage für eigene Anteile;
        3. satzungsmäßige Rücklagen;
        4. andere Gewinnrücklagen;
   IV. Gewinnvortrag/Verlustvortrag;
   V.   Jahresüberschuß/Jahresfehlbetrag.

B. Rückstellungen:
   1. Rückstellungen für Pensionen und ähnliche Verpflichtungen;
   2. Steuerrückstellungen;
   3. sonstige Rückstellungen.

C. Verbindlichkeiten:
   1. Anleihen,
      davon konvertibel;
   2. Verbindlichkeiten gegenüber Kreditinstituten;
   3. erhaltene Anzahlungen auf Bestellungen;
   4. Verbindlichkeiten aus Lieferungen und Leistungen;
   5. Verbindlichkeiten aus der Annahme gezogener Wechsel und der Ausstellung eigener Wechsel;
   6. Verbindlichkeiten gegenüber verbundenen Unternehmen;
   7. Verbindlichkeiten gegenüber Unternehmen, mit denen ein Beteiligungsverhältnis besteht;
   8. sonstige Verbindlichkeiten,
      davon aus Steuern,
      davon im Rahmen der sozialen Sicherheit.

D. Rechnungsabgrenzungsposten.

2. Gliederungsschema für kleine GmbH
§ 266 Abs. 2 HGB

– **Aktivseite**

A. Anlagevermögen:
   I.   Immaterielle Vermögensgegenstände;
   II. Sachanlagen;
   III. Finanzanlagen;
B. Umlaufvermögen:
   I.   Vorräte;
   II. Forderungen und sonstige Vermögensgegenstände;
   III. Wertpapiere;
   IV. Schecks, Kassenbestand, Bundesbank- und Postgiroguthaben, Guthaben bei Kreditinstituten.
C. Rechnungsabgrenzungsposten

§ 266 Abs. 3 HGB

– **Passivseite**

A. Eigenkapital:
   I.   Gezeichnetes Kapital;
   II. Kapitalrücklage;
   III. Gewinnrücklagen;
   IV. Gewinnvortrag/Verlustvortrag;
   V. Jahresüberschuß/Jahresfehlbetrag;
B. Rückstellungen;
C. Verbindlichkeiten;
D. Rechnungsabgrenzungsposten.

3. Anmerkungen zur Bilanzgliederung

– Anteile an herrschenden oder mit Mehrzahl beteiligten Gesellschaften

Da ein gesonderter Ausweis durch die Vierte Richtlinie nicht vorgegeben ist, wurde auf einen solchen Ausweis entsprechend dem bisherigen § 151 Abs. 1 Aktivseite III. B.9 AktG:
– Anteile an einer herrschenden oder an der Gesellschaft mit Mehrheit beteiligten Kapitalgesellschaft oder bergrechtlichen Gewerkschaft unter Angabe ihres Nennbetrags, bei Kuxen ihrer Zahl
verzichtet.

– Erleichterungen für mittelgroße GmbH (§ 327 Nr. 1 HGB)

Die für mittelgroße Gesellschaften hinsichtlich der Gliederung der Bilanz vorgesehenen Erleichterungen gelten nur
– bei der Offenlegung der Bilanz
und können weder
– bei der Aufstellung des Jahresabschlusses
noch
– bei dessen Vorlage an die Gesellschafter
in Anspruch genommen werden.

A. Anlagevermögen

A. Anlagevermögen:

I. Ausweis, Gliederung

1. Ausweis
(§ 247 Abs. 2 HGB)

Beim Anlagevermögen sind nur die Gegenstände auszuweisen, die bestimmt sind
– dauernd dem Geschäftsbereich der Gesellschaft
zu dienen.
Entscheidend für den Ausweis ist
– die Zweckbestimmung des Gegenstandes im allgemeinen
für die Gesellschaft.
Einer objektiven Ermessensentscheidung über die Zuordnung der Vermögensgegenstände gebührt künftig der Vorrang vor einem ausdrücklichen Abstellen auf die Verhältnisse am Abschlußstichtag.

– Ersatzteile etc.

Zur Ergänzung des Anlagevermögens bestimmte Gegenstände wie Ersatzteile, Reparaturmaterial etc. sind zweckmäßigerweise den Anlageposten zuzurechnen, zu deren Instandhaltung sie vorgesehen sind. Aus Gründen der Lagerkontrolle erfolgt ihr Ausweis zuweilen unter den Vorräten.

2. Gliederung

Die Gliederungsgrundsätze für das Anlagevermögen ergeben sich aus den §§ 265 und 266 HGB, ergänzt durch weitere Vorschriften.

20 vertikale Gliederung
(§ 266 HGB)

Das Anlagevermögen ist in
– immaterielle Vermögensgegenstände,
– Sachanlagen und
– Finanzanlagen
aufgegliedert.
Als vor dem Anlagevermögen auszuweisende Posten können
– ausstehende Einlagen und
– Aufwendungen für die Ingangsetzung und Erweiterung des Geschäftsbetriebs
in Betracht kommen.

21 horizontale Gliederung
(§ 268 Abs. 2 Satz 1 HGB)

Die Entwicklung der einzelnen Posten des Anlagevermögens sowie des Postens »Aufwendungen für die Ingangsetzung und Erweiterung des Geschäftsbetriebs ist
– in der Bilanz oder im Anhang darzustellen.

83

II. Entwicklung des Anlagevermögens

1. Anlagenspiegel
(§ 268 Abs.2 HGB)

Die Darstellung des Anlagenspiegels ist an keine gesetzliche Vorschrift gebunden. In Abweichung der bisherigen Regelung nach § 152 Abs. 1 Satz 2 AktG ist künftig bei der Darstellung des Anlagenspiegels
– von den gesamten ursprünglichen Anschaffungs- oder Herstellungskosten
auszugehen.
Dabei sind in der Darstellung
– die Zugänge, Abgänge, Umbuchungen und Zuschreibungen des Geschäftsjahrs sowie
– die Abschreibungen in ihrer gesamten Höhe
gesondert aufzuführen.
Die Zuschreibungen des Jahres werden in der Anfangsbilanz des folgenden Jahres mit den kumulierten Abschreibungen saldiert.

10 Wertberichtigungen des Anlagevermögens

Wertberichtigungen für
– Sachanlagen, Beteiligungen, Wertpapiere des Anlagevermögens
sind nur noch aktivisch und nicht mehr durch Bildung eines Ausgleichspostens auf der Passivseite vorzunehmen.

11 Wahlrecht für Übergangsregelung
(Art. 24 Abs. 6 Satz 1 EGHGB)

Sind bei der erstmaligen Anwendung des § 268 Abs. 2 HGB über die Darstellung der Entwicklung des Anlagevermögens
– die Anschaffungs- oder Herstellungskosten eines Vermögensgegenstandes des Anlagevermögens
nicht ohne unverhältnismäßige Kosten oder Verzögerungen feststellbar, so dürfen
– die Buchwerte dieser Vermögensgegenstände aus dem Jahresabschluß des vorhergehenden Geschäftsjahrs als ursprüngliche Anschaffungs- oder Herstellungskosten übernommen und fortgeführt werden.

(Art. 24 Abs. 6 Satz 2 EGHGB)

Dies darf entsprechend auch für den Posten
– »Aufwendungen für die Ingangsetzung und Erweiterung des Geschäftsbetriebs«
angewendet werden.

– Anhang
(Art. 24 Abs. 6 Satz 3 EGHGB)

Die Anwendung dieser Bestimmung (Satz 1 und 2) ist im Anhang anzugeben.

2. Zugänge
20 Ausweis
(§ 268 Abs. 2 Satz 2 HGB)

Zugänge sind in ihrer gesamten Höhe zu aktivieren. Ein ungekürzter Ausweis ist auch bei Zugängen aufgrund steuerrechtlicher Vorschriften notwendig.

21 Ansatz der Zugänge

Die Aktivierung hat mit den Anschaffungs- oder Herstellungskosten zu erfolgen.
Eine Kürzung der Zugänge von vornherein um die auf das Geschäftsjahr entfallenden Abschreibungen ist nicht zulässig.
(vgl. Kropff in AktG-Kom. § 152 Anm. 7).

22 geringwertige Wirtschaftsgüter
(§ 6 Abs. 2 Satz 1 EStG, Abschn. 40 EStR)

Die Zugänge sind mit den unverminderten Anschaffungs- oder Herstellungskosten auszuweisen.
Eine Vollabschreibung im Jahre des Zugangs ist gegeben, sofern die Anschaffungs- oder Herstellungskosten für das einzelne Wirtschaftsgut
  – DM 800,– nach Abzug eines darin enthaltenen Vorsteuerbetrags sowie um etwaige gewährte Skonti und Rabatte vermindert,
nicht übersteigen.
Bei Wirtschaftsgütern bis zu einem Einzelbetrag von DM 100,– sieht die kaufmännische Übung von einer Aktivierung ab.

(Abschn. 31 Abs. 3 EStR)

Als sofort verbuchter Aufwand entfällt sowohl die Inventarpflicht als auch ein Ausweis im Anlagenspiegel.

– Anhang

Über nicht voll abgeschriebene geringwertige Wirtschaftsgüter ist im Anhang zu berichten.

3. Abgänge
(§ 268 Abs. 2 Satz 2 HGB)

Die aus dem Anlagevermögen durch
  – Ausbau, Veräußerung oder aus sonstigem Grunde (z. B. Brand)
mengenmäßig ausgeschiedene Vermögensgegenstände sind unter
  – Auflösung der aufgelaufenen Zu- und Abschreibungen mit den insgesamt aktivierten Anschaffungs- oder Herstellungskosten als Abgang im Anlagenspiegel auszuweisen.
Als maßgebender Wert gilt der Restbuchwert zum Zeitpunkt des Ausscheidens.

– Ausweis in GuV

Buchgewinne und Buchverluste aus dem Abgang von Vermögensgegenständen des Anlagevermögens sind in der Gewinn- und Verlustrechnung unter

(§ 275 Abs. 2 Nr. 4,
 – Abs. 3 Nr. 6,
 – Abs. 2 Nr. 8,
 – Abs. 3 Nr. 7 HGB)

  – »sonstige betriebliche Erträge«
      oder
  – »sonstige betriebliche Aufwendungen«
auszuweisen.

B. Bilanz

4. Umbuchungen

Die Umbuchungen zeigen eine erfolgsneutrale Änderung des Ausweises innerhalb des Anlagevermögens und betreffen ausschließlich das Geschäftsjahr.

Umbuchungen dienen in der Regel als Umschichtung der Position »Anlagen im Bau« auf andere Posten des Anlagevermögens.

Auch bei Veränderungen zwischen verschiedenen Grundstücksgruppen kommen sie als Übertragungsposten in Betracht, sofern die Gruppen getrennt ausgewiesen werden.

Für die Umbuchung von »Anlagen im Bau« auf die Sachanlagen gilt als maßgebender Zeitpunkt ihre Fertigstellung.

– Ausweis

Ihr gesonderter Ausweis ist zwingend vorgeschrieben.

5. Zuschreibungen
(§ 268 Abs. 2 Satz 2 HGB)

Entgegen den Abschreibungen bewirken Zuschreibungen eine Erhöhung von Wertansätzen bereits vorhandener Vermögensgegenstände ohne Eintritt mengenmäßiger Veränderungen.

Bei den Zuschreibungen handelt es sich idR um

– Reaktivierung

– die Reaktivierung übermäßig abgeschriebener Vermögensgegenstände
oder um

– Nachaktivierung

– die erstmalige Aktivierung von Vermögensgegenständen, deren Aktivierung im Jahr des Zugangs unterlassen wurde.

50 Wertaufholungsgebot
(§ 280 Abs. 1 HGB)

Es kann jedoch auch

– das Wertaufholungsgebot in Betracht kommen, das auf Wertansätze für Vermögensgegenstände des Anlagevermögens anzuwenden ist, bei denen außerplanmäßige Abschreibungen nach § 253 Abs. 2 Satz 3 oder § 254 Satz 1 HGB vorgenommen worden sind, deren Gründe nicht mehr bestehen.

In einem solchen Falle ist der Betrag dieser Abschreibung
– im Umfang der Werterhöhung unter Berücksichtigung der Abschreibungen, die inzwischen vorzunehmen gewesen wären, zuzuschreiben.

(§ 280 Abs. 1 Satz 2,
§ 254 Satz 2 HGB)

Die Vorschrift über die Beibehaltung eines niedrigeren Wertansatzes nach § 253 Abs. 5 HGB ist insoweit nicht anzuwenden, da in § 254 HGB die Wertbeibehaltung der steuerrechtlichen Vorschriften nicht vorgeschrieben wird.

(vgl. BT-Drucks. 10/4268 zu § 280 HGB S. 109).

– gesetzlich zulässiger Höchstwert

Dabei dürfen die Zuschreibungen die ursprünglichen Anschaffungs- oder Herstellungskosten nicht überschreiten.

– Beibehaltungsrecht (§ 280 Abs. 2 HGB)	Von der Zuschreibung nach § 280 Abs. 1 HGB kann abgesehen werden, – wenn der niedrigere Wertansatz bei der steuerrechtlichen Gewinnermittlung beibehalten werden kann.
– – Voraussetzung	Dies setzt – die Beibehaltung des niedrigeren Wertansatzes auch in der Bilanz voraus. Die Anwendung von Vorschriften des Steuerrechts ergibt sich aus § 247 Abs. 3, §§ 254, 273, 279 Abs. 2 HGB.
51 Ausweis	Ein gesonderter Ausweis der Zuschreibungen des Geschäftsjahrs in ihrer gesamten Höhe ist nach § 268 Abs. 2 Satz 2 HGB nicht vorgesehen.
– Gewinn- und Verlust- rechnung (§ 275 Abs. 2 Nr. 4, -Abs. 3 Nr. 6 HGB)	Zuschreibungen zu Vermögensgegenständen des Anlagevermögens sind in der GuV unter dem Sammelposten – »sonstige betriebliche Erträge« auszuweisen.
– Anhang (§ 280 Abs. 3 HGB)	Im Anhang ist – der Betrag der im Geschäftsjahr aus steuerrechtlichen Gründen unterlassenen Zuschreibungen anzugeben und hinreichend zu begründen.

6. Abschreibungen auf Vermögensgegenstände des Anlagevermögens

	Abschreibungen auf Vermögensgegenstände des Anlagevermögens sind künftig – grundsätzlich nur auf der Aktivseite vorzunehmen. Sie betreffen Wertminderungen.
60 gesetzliche Grund- lagen	Die Abschreibungen auf Gegenstände des Anlagevermögens sind insbesondere durch die Vorschriften des Handelsgesetzbuchs geregelt. Für den Geschäfts- oder Firmenwert als Posten des Anlagevermögens ist die Vorschrift für beschleunigte Abschreibung ohne Rücksicht auf den tatsächlichen Werteverzehr anwendbar. Dies trifft entsprechend für
(§ 282,	– aktivierte Ingangsetzungs- und Erweiterungskosten des Geschäftsbetriebs,
§ 250 Abs. 3 HGB, § 348 Abs. 2 Satz 2 AktG)	– das Disagio und – den Verschmelzungswert zu, wenn auch diese genannten Posten nur zum Teil dem Anlagevermögen zuzurechnen sind.
61 Ausweis der Abschrei- bungen	Die Abschreibungen der Geschäftsjahre sind entweder – in der Bilanz bei den betreffenden Posten zu vermerken oder – im Anhang in einer der Gliederung des Anlagevermögens entsprechenden Aufgliederung anzugeben.

B. Bilanz

– gesonderter Ausweis und Angabepflicht	Der gesonderte Ausweis der Abschreibungen für jeden einzelnen Posten des Anlagevermögens ist zwingend. Unter die Angabepflicht fallen – sämtliche planmäßigen und außerplanmäßigen Abschreibungen.
(§ 253 Abs. 1 HGB, § 7 Abs. 1 EStG	Die klaren Aussagen sowohl im Handels- als auch im Steuerrecht bestimmen – die Vornahme einer durchzuführenden Abschreibung bzw. Absetzung für Abnutzung.
– Unterlassung von Abschreibungen	Außerdem verstößt die Unterlassung von Abschreibungen gegen die Grundsätze ordnungsmäßiger Bilanzierung.
– – Festwerte (§ 240 Abs. 3 HGB)	Bei gebildeten Festwerten des Anlagevermögens ist zwar eine zulässige Unterlassung der Abschreibung gegeben, aber diese Form der Unterlassung ist mehr zeitbedingt, da wesentlich veränderte Verhältnisse
(Abschn. 31 Abs. 5 EStR)	– um mehr als zehn v. H – wiederum die Anpassung der Festwerte verlangen.
62 planmäßige Abschreibungen (§ 253 Abs. 2 Satz 1 HGB)	Die Vornahme planmäßiger Abschreibungen erstreckt sich auf – alle Vermögensgegenstände des Anlagevermögens, deren Nutzung zeitlich begrenzt ist.
– Abschreibungsplan (§ 253 Abs. 2 Satz 3 HGB)	Der Plan muß die Anschaffungs- oder Herstellungskosten – auf die Geschäftsjahre verteilen, in denen der Gegenstand voraussichtlich genutzt werden kann.
– – Korrektur des Plans	Im Interesse der Bewertungsstetigkeit sollte eine Korrektur des Plans nur – bei Vorliegen wichtiger Gründe oder bei zusätzlich außerplanmäßigen Abschreibungen vorgenommen werden. Anstelle einer Korrektur des Abschreibungsplans kann auch ein entsprechender Vermerk in der Anlagenkartei erfolgen.
– – Anhang	Über eine Änderung des Abschreibungsplans ist – im Anhang zu berichten.
– Höhe der planmäßigen Abschreibungen	Die Abschreibungshöhe ist bestimmt durch – die Höhe der Anschaffungs- oder Herstellungskosten, – die voraussichtliche Nutzungsdauer des Vermögensgegenstands, – die gewählte Abschreibungsmethode.

88

– Nutzungsdauer	Als voraussichtliche Nutzungsdauer ist – die individuelle betriebliche Möglichkeit der Nutzung im Zeitpunkt der Bilanzierung entscheidend. Begrenzt wird diese Nutzungsmöglichkeit durch die technische Nutzungsdauer. Es kann jedoch ein früheres Ende durch die wirtschaftliche Nutzungsdauer – aus Gründen der Produktionsumstellung, Ablauf von Lizenzen, Unrentabilität etc. eintreten.
– Ersatzteile im Anlagevermögen	Der Beginn der planmäßigen Abschreibung ist ggf. bis zur Inbetriebnahme hinauszuschieben. Dabei ist die Vorschrift des § 253 Abs. 2 HGB – Abschreibungen auf Vermögensgegenstände des Anlagevermögens anzuwenden.
– stillgelegte Anlagen	Bei stillgelegten, aber betriebsnotwendigen Anlagen erfolgt die Abschreibung wie bei im Betrieb befindlichen Anlagen, ggf. unter Berücksichtigung einer evtl. höheren Nutzungsdauer.
– – voraussichtliche dauernde Stillegung	Eine voraussichtlich dauernde Stillegung der Anlage bedingt außerplanmäßige Abschreibungen.
– Zugangsjahr	Hinsichtlich der degressiven sowie der linearen Abschreibung ist grundsätzlich nur eine anteilige Absetzung im Zugangsjahr zulässig.
(Abschn. 43 Abs. 7 EStR)	Aus Vereinfachungsgründen kann jedoch für – die in der ersten Jahreshälfte angeschafften beweglichen Wirtschaftsgüter der volle Jahresbetrag, – die in der zweiten Jahreshälfte angeschafften Wirtschaftsgüter der halbe Jahresbetrag der AfA angesetzt werden. Diese Regelung gilt auch im Handelsrecht.
63 Abschreibungsmethoden	Als Abschreibungsmethoden kommen – die degressive Abschreibung (geometrisch-degressiv und arithmetisch-degressiv), – die lineare Abschreibung sowie – die Abschreibung nach Leistungen und Inanspruchnahme in Betracht, während – die progressive Abschreibung ohnehin nur in Ausnahmefällen Anwendung findet.

Die Abschreibungsmethoden im einzelnen:

64 degressive Abschreibung	Bei den Verfahren der degressiven Abschreibung werden

– die Anschaffungs- oder Herstellungskosten eines Gegenstandes in fallenden Abschreibungsbeträgen auf die Nutzungsdauer
verteilt.

Bei beweglichen und immateriellen Vermögensgegenständen trägt die degressive Methode als Abschreibung in fallenden Jahresraten idR dem Nutzungsverlauf am besten Rechnung.

Trotz der steuerlich begrenzten Abschreibungssätze bietet die degressive Methode durch die in den ersten Jahren anfallenden erhöhten Abschreibungen einen wichtigen Finanzierungseffekt.

– arithmetrisch-degressive Abschreibung (§ 7 Abs. 2 EStG, § 11a EStV)	Diese weniger gebräuchliche Form der degressiven Abschreibung ist – eine Abschreibung vom Anschaffungswert mit jährlich fallenden Abschreibungssätzen, die steuerlich unter bestimmten Voraussetzungen anerkannt wird.
– geometrisch-degressive Abschreibung	Bei dieser Abschreibungsmethode (Buchwertabschreibung) bezieht sich – der stets gleichbleibende Abschreibungssatz auf den jeweiligen Restbuchwert des Jahres.
– nach dem Steuerrecht (Abschn. 43 Abs. 6 EStR)	Für nach dem 29.7.1981 angeschaffte oder hergestellte Wirtschaftsgüter ist – der Höchstsatz der degressiven AfA vom Zweieinhalbfachen (höchstens 25 vH) auf das Dreifache (höchstens 30 vH) des linearen AfA-Satzes angehoben worden.
– – immaterielle Wirtschaftsgüter	Immaterielle Wirtschaftsgüter können steuerlich nicht degressiv abgeschrieben werden.
– Methodenwechsel (§ 7 Abs. 3 EStG)	Ein sachbegründeter Methodenwechsel kann z. B. in dem Jahr, in welchem der lineare Abschreibungsbetrag den degressiven Betrag übersteigt, in Betracht kommen. Dagegen ist steuerrechtlich – der Wechsel von der linearen zur degressiven Abschreibung sowie
(§ 11a Abs. 2 EStDV)	– zwischen den verschiedenen zulässigen degressiven Abschreibungsmethoden nicht statthaft.
65 lineare Abschreibung	Bei der linearen Abschreibung werden – die Anschaffungs- oder Herstellungskosten eines Gegenstands gleichmäßig auf die einzelnen Jahre der betriebsgewöhnlichen Nutzungsdauer verteilt (Abschreibung in gleichen Jahresraten).

– nach dem Steuerrecht (§ 7 Abs. 1 EStG)	Die Abschreibung in gleichbleibenden Jahresbeträgen ist steuerlich bei allen abnutzbaren Anlagegütern zulässig.	**B. Bilanz**

66 Abschreibung nach Leistung und Inanspruchnahme

Für die leistungsbedingte Abschreibung richtet sich die Höhe
– nach Maßgabe der Leistung oder Inanspruchnahme.
An die Stelle der sonst üblichen Zeitabschreibung tritt die aus der betriebsgewöhnlichen Gesamtleistung oder Beanspruchung resultierende Mengenabschreibung.

– nach dem Steuerrecht (§ 7 Abs. 1 Satz 3 EStG)

Die Absetzung nach der Leistung bei beweglichen Wirtschaftsgütern des Anlagevermögens ist unter bestimmten Voraussetzungen zulässig.

67 progressive Abschreibung

Diese Methode findet in der Praxis
– als Abschreibung mit steigenden Jahresbeträgen
nur in Ausnahmefällen Anwendung wie bei besonders langlebigen Anlagen, die erst allmählich in die Nutzung hineinwachsen.

– nach dem Steuerrecht

Die progressive Abschreibung mit dem gegenüber der degressiven Abschreibung umgekehrten Abschreibungsverlauf entspricht idR nicht den GoB und ist steuerlich nicht zulässig.

68 außerplanmäßige Abschreibungen

Die Vorschrift des § 253 Abs. 2 HGB über außerplanmäßige Abschreibungen auf Vermögensgegenständee des Anlagevermögens weicht von der bisherigen Regelung des § 154 Abs. 2 AktG teilweise ab.

– Voraussetzungen (§ 253 Abs. 2 Satz 2 HGB)

Bei Vermögensgegenständen des Anlagevermögens sind ohne Rücksicht darauf, ob ihre Nutzung zeitlich begrenzt ist,
– bei einer voraussichtlich dauernden Wertminderung außerplanmäßige Abschreibungen vorzunehmen, um die Gegenstände
– mit dem niedrigeren Wert, der ihnen am Abschlußstichtag beizulegen ist,
anzusetzen. Es gilt das Niederstwertprinzip.

– Anwendungsbereich

Die Vornahme außerplanmäßiger Abschreibungen gilt für den gesamten Bereich der Vermögensgegenstände des Anlagevermögens einschließlich der
– Anlagen im Bau und geleistete Anzahlungen,
– Finanzanlagen,
– Grundstücke,
– immateriellen Vermögensgegenstände.

B. Bilanz

– maßgebender Wert

Zur Ermittlung des am Abschlußstichtag beizulegenden Werts kommen je nach dem Einzelfall insbesondere
– der Einzelveräußerungswert,
– der Ertragswert sowie der Wiederbeschaffungswert
in Betracht.

– Wahlrecht für Finanzanlagen

(§ 279 Abs. 1 Satz 2 HGB)

Bei Gegenständen des Finanzanlagevermögens wie
– Anteile an verbundenen Unternehmen, Ausleihungen, Beteiligungen, Wertpapiere,
dürfen außerplanmäßige Abschreibungen auch vorgenommen werden,
– wenn eine Wertminderung voraussichtlich nicht von Dauer ist.

– gesonderter Ausweis
(§ 277 Abs. 3 Satz 1 HGB)

Der Betrag der außerplanmäßigen Abschreibungen nach § 253 Abs. 2 Satz 3 HGB ist
– gesondert in der Gewinn- und Verlustrechnung oder
– im Anhang
auszuweisen.

7. Übergangsvorschriften für das Anlagevermögen
(Art. 24 Abs. 1 EGHGB
iVm § 240 Abs. 3 und 4

§ 252,
§ 253 Abs. 1 und 2,
§ 254,
§ 255,
§ 279,

§ 280 Abs. 1 und 2 HGB)

Waren Vermögensgegenstände des Anlagevermögens
– für das am 31. Dezember 1986 endende oder laufende Geschäftsjahr
mit einem niedrigeren Wert angesetzt, als er nach den
– Vorschriften über das Inventar hinsichtlich des Sachanlagevermögens sowie anderer beweglicher Vermögensgegenstände,
– allgemeinen Bewertungsgrundsätzen,
– Wertansätzen der Vermögensgegenstände,
– steuerrechtlichen Abschreibungen,
– Anschaffungs- und Herstellungskosten,
– der Nichtanwendung von Vorschriften, Abschreibungen sowie nach
– dem Wertaufholungsgebot
zulässig ist, so darf

– Verminderung des Wertansatzes
(§ 253 Abs. 2 HGB)

– der bisherige niedrigere Wertansatz mit der Maßgabe beibehalten werden, daß dieser Wertansatz um planmäßige Abschreibungen entsprechend der voraussichtlichen Nutzungsdauer zu vermindern ist.

70 Ausweis der Darstellung
(Art. 24 Abs. 6 Satz 1
und 2 EGHGB iVm
§ 268 Abs. 2 HGB)

Im Rahmen der Erläuterungen zum Anlagenspiegel wurde bereits auf
die Änderung der Entwicklung des Anlagevermögens
und
– die Darstellung des Postens »Aufwendungen für die Ingangsetzung und Erweiterung des Geschäftsbetriebs«

hingewiesen:
- Ausweis der gesamten Anschaffungs- oder Herstellungskosten der im Unternehmen noch vorhandenen Vermögensgegenstände und der darauf vorgenommenen Abschreibungen.

71 andere Darstellungsmöglichkeiten

Die Gesellschaften können statt des Buchwerts des letzten Geschäftsjahrs auch jeden anderen Wert, der diesem Ziel näher kommt, zugrunde legen wie
- Ansatz der Buchwerte eines früheren Geschäftsjahrs,
- Schätzung der ursprünglichen Anschaffungs- oder Herstellungskosten.

Eine über die ursprünglichen Anschaffungs-Herstellungskosten hinausgehende Bewertung ist jedoch nicht zulässig.

– Anhang
(Art. 24 Abs. 6 Satz 3 EGHGB)

Gesellschaften mit beschränkter Haftung müssen
- die Anwendung der Sätze 1 und 2 des Artikels 24 Abs. 6 im Anhang angeben.

72 nicht abnutzbare Vermögensgegenstände

Vermögensgegenstände des Anlagevermögens, die nicht einer zeitlich begrenzten Nutzung unterliegen wie
- Grundstücke, Beteiligungen und Wertpapiere des Anlagevermögens

sollten im letzten Geschäftsjahr vor der erstmaligen Anwendung der neuen Rechnungslegungsvorschriften

– Überprüfung

- auf die Möglichkeit einer außerplanmäßigen Abschreibung hin überprüft werden.

III. Bewertung des Anlagevermögens

1. Wertansatz
(§ 253 Abs. 1 HGB)

Vermögensgegenstände des Anlagevermögens sind mit den
- Anschaffungs- oder Herstellungskosten, vermindert um
- Abschreibungen
  - nach § 253 Abs. 2 HGB auf Vermögensgegenstände des Anlagevermögens oder
  - nach § 254 HGB wegen Berücksichtigung steuerrechtlicher Vorschriften

anzusetzen.

Dieser Wertansatz gilt für
- die immateriellen Vermögensgegenstände bis auf die gesonderte Regelung des zu aktivierenden derivativen Geschäfts- oder Firmenwerts,

(§ 255 Abs. 4,

B. Bilanz

§ 253 Abs. 2 HGB)

– die abnutzbaren wie auch nicht abnutzbaren Sachanlagen,
– die Finanzanlagen.

10 Wertminderung
(§ 253 Abs. 2 Satz 3
zweiter Halbsatz HGB)

Im Falle einer voraussichtlich dauernden Wertminderung besteht Abwertungspflicht:
– die Vermögensgegenstände sind mit dem am Abschlußstichtag beizulegenden niedrigeren Wert
anzusetzen.

11 steuerrechtlicher
Wertansatz

(§ 6 Abs. 1 Nr. 1 und 2 EStG)

Für die Bewertung des Anlagevermögens gilt grundsätzlich das
Anschaffungswertprinzip:
– die der Abnutzung unterliegenden Wirtschaftsgüter des Anlagevermögens sind mit den Anschaffungs- oder Herstellungskosten vermindert um die AfA nach § 7 Nr. 4 und 5 EStG anzusetzen.

Ist der Teilwert niedriger, so kann dieser angesetzt werden.

2. Festwerte des Anlagevermögens

20 Bildung des Festwerts

Das Unternehmenswahlrecht beschränkt sich auf
– Vermögensgegenstände des Anlagevermögens.
Es gelten die in § 240 Abs. 3 Satz 1 HGB geregelten Voraussetzungen:
– regelmäßiger Ersatz der Gegenstände,
– untergeordnete Bedeutung ihres Gesamtwerts für das Unternehmen,
– Größe, Wert und Zusammensetzung des Festwertbestands unterliegt nur geringen Veränderungen.

– Einschränkungen

Das weitgehend der bisherigen Vorschrift des § 40 Abs. 4 Nr. 2 Satz 1 HGB nachgebildete Bewertungsverfahren schließt künftig
– Festwerte für Finanzanlagen und immaterielle Vermögensgegenstände
aus.

21 Überprüfung des
Festwerts
(§ 240 Abs. 3 Satz 2 HGB)

Die Überprüfung hat durch
– eine körperliche Bestandsaufnahme idR jeweils alle drei Jahre
zu erfolgen.
(vgl. Abschn. 31 Abs. 5 EStR).

– Mehrmengen

Der bisherige Festwert kann beibehalten werden, wenn der ermittelte Wert
– nicht mehr als zehn vH

übersteigt. Gleiches gilt entsprechend auch für einen niedrigeren Wert.

– wesentliche Veränderungen	Die über den Grenzwert von zehn vH hinausgehenden Veränderungen bedingen die Anpassung des Festwerts: – Mengenänderungen: Ausweis als Zu- oder Abgang; – Wertänderungen: Ausweis als Zu- oder Abschreibung.
– regelmäßige Aufwendungen	Zur Instandhaltung und Ergänzung des Festwerts erforderliche regelmäßige Aufwendungen sind Aufwand des jeweiligen Geschäftsjahrs.

Die einzelnen Posten des Anlagevermögens

I. Immaterielle Vermögensgegenstände:
(§ 266 Abs. 2 A.I. HGB)

Aktivierungspflicht	Die künftig am Anfang des Anlagevermögens auszuweisenden immateriellen Vermögensgegenstände sind – soweit diese von einem Dritten als Kauf, Tausch oder Einbringung erworben – zu aktivieren.
(§ 5 Abs. 2 EStG)	Gleiches gilt auch für die Steuerbilanz.
– Wegfall des Wahlrechts	Die Beibehaltung des bisherigen Aktivierungswahlrechts nach § 153 Abs. 3 AktG für immaterielle Anlagewerte entfällt künftig.
Aktivierungsverbot (§ 248 Abs.2 HGB)	Für nicht entgeltlich erworbene immaterielle Vermögensgegenstände des Anlagevermögens darf ein Aktivposten nicht angesetzt werden.
Gliederung (§ 266 Abs.2 A.I.1.-3 HGB)	1. Konzessionen, gewerbliche Schutzrechte und ähnliche Rechte und Werte sowie Lizenzen an solchen Rechten und Werten; 2. Geschäfts- oder Firmenwert; 3. geleistete Anzahlungen.
Ausweiserleichterung	
– kleine GmbH (§ 266 Abs.1 Satz 2 iVm § 267 Abs.1 HGB)	Zusammenfassung der Posten 1 bis 3 und Ausweis unter der Bezeichnung – »immaterielle Vermögensgegenstände«.
Bewertung zu A.I.1.-3.	Bei der Bewertung der immateriellen Vermögensgegenstände ist – zwischen abnutzbaren und nicht abnutzbaren Anlagegütern zu unterscheiden:

95

– abnutzbare Vermögensgegenstände unterliegen einer zeitlichen Begrenzung idR von etwa fünf Jahren, während

– nicht abnutzbare Gegenstände sich in absehbarer Zeit nicht erschöpfen.

Die Aktivierung von immateriellen Vermögensgegenständen hat

– außer dem Geschäfts- oder Firmenwert

zu Anschaffungskosten zu erfolgen.

1. Konzessionen, gewerbliche Schutzrechte und ähnliche Rechte und Werte sowie Lizenzen an solchen Rechten und Werten
(§ 266 Abs. 2 A.I.1. HGB)

– Begriffe	Als *gewerbliche Schutz- und Urheberrechte* gelten insbesondere

– Gebrauchsmuster, Lizenzen, Patente, Marken-, Urheber- und Verlagsrechte, Warenzeichen.

Zu den *ähnlichen Rechten und Werten* gehören u. a.

– Brenn- und Brauereirechte, Fischereirechte, Nutzungsrechte wie Belegungs-, Miet- und Wohnrechte, Optionsrechte, Rechte aus schwebenden Verträgen, Zuteilungsrechte.

Sonstige *immaterielle Anlagewerte* sind z. B.

– ungeschützte Erfindungen, Geheimverfahren, know how, Anschriftenmaterial, Archive, Rezepte, Verlagswerte, Warenbezugsrechte.

Abschreibungen
(§ 253 Abs. 2 Satz 1,

Entgeltlich erworbene Vermögensgegenstände unterliegen

– bei laufender Wertminderung planmäßigen Abschreibungen,

– Satz 3 HGB)

– bei Eintritt einer voraussichtlich dauernden Wertminderung außerplanmäßigen Abschreibungen.

(§ 280 Abs. 1 Satz 1 HGB)

Für abnutzbare Anlagegüter besteht ein Wertaufholungsgebot, wenn der Grund für die außerordentliche Abschreibung entfallen ist.

Hinsichtlich der Nutzungsdauer ist vorsichtiger Ansatz wegen des schweren Schätzens derartiger Werte geboten.

– steuerliche AfA
(§ Abschn. 43 Abs. 1 EStR,
§ 7 Abs. 1 Satz 1 und 2 EStG)

Bei abnutzbaren immateriellen Wirtschaftsgütern ist

– die AfA nur in gleichen Jahresbeträgen

zu bemessen.

2. Geschäfts- oder Firmenwert
(§ 266 Abs. 2 A.I.2. HGB)

Ausweis

Für den entgeltlich erworbenen Geschäfts- oder Firmenwert besteht Aktivierungspflicht.

– Wertansatz
(§ 255 Abs. 4 Satz 1 HGB)

Als Geschäfts- oder Firmenwert darf
– der Unterschiedsbetrag angesetzt werden, um den die für die Übernahme eines Unternehmens bewirkte Gegenleistung den Wert der einzelnen Vermögensgegenstände des Unternehmens abzüglich der Schulden im Zeitpunkt der Übernahme übersteigt.

Abschreibung
(§ 255 Abs. 4 Satz 2,

Der Betrag ist in jedem folgenden Geschäftsjahr
– zu mindestens einem Viertel durch Abschreibungen zu tilgen.

– Satz 3 HGB)

Die Abschreibung kann aber auch
– planmäßig auf die Geschäftsjahre verteilt werden, in denen der Geschäfts- oder Firmenwert voraussichtlich genutzt wird.

– nach dem Steuerrecht
(§ 6 Abs. 1 Nr. 2 EStG)

Das Steuerrecht schließt die Möglichkeit einer planmäßigen Abschreibung des derivativen Geschäfts- oder Firmenwerts durch Änderung des § 6 Abs. 1 Nr. 2 und § 7 Abs. 1 EStG nicht aus. Als betriebsgewöhnliche Nutzungsdauer gilt ein Zeitraum von 15 Jahren. (vgl. BAZ Nr. 62 v. 24. 12. 85 Seite 2425)

(BFH I 77/64 v. 18.1.67; BStBl. III, 334)

Eine Teilwertabschreibung ist unter bestimmten Voraussetzungen zulässig,
– wenn sich die Zahlung für einen Geschäftswert als eine Fehlmaßnahme erweist oder Umstände später das Absinken des Geschäftswerts unter den seinerzeit aufgewendeten Betrag erkennen lassen.

Verschmelzungsmehrwert
(§ 348 AktG)

Zwei Voraussetzungen sind für eine Aktivierung ausschlaggebend
– die Erhöhung des Stammkapitals der übernehmenden Gesellschaft und
– die Gegenleistung der übernehmenden Gesellschaft (Geschäftsanteile zuzüglich barer Zuzahlungen) muß die in der Schlußbilanz angesetzten Werte übersteigen.

– Ausweis, Abschreibung
(§ 27 Abs. 2 KapErtrG)

Der aktivierte Betrag ist
– gesondert auszuweisen und durch Abschreibungen in nicht mehr als fünf Jahren zu tilgen.

B. Bilanz

3. geleistete Anzahlungen
(§ 266 Abs. 2 A.I.3. HGB)

Dieser Bilanzposten ist neu. Das Aktiengesetz kannte im Anlagevermögen nur den Posten »Anlagen im Bau und Anzahlungen auf Anlagen«.

Ausweis

Unter diesem Posten sind die geleisteten Anzahlungen, soweit diese immaterielle Wirtschaftsgüter betreffen, auszuweisen.
Ob mit diesem neuen Posten dem Gesichtspunkt des Einblicks in die tatsächlichen wirtschaftlichen Verhältnisse der Gesellschaft wesentlich Rechnung getragen wird, ist abzuwarten.

– Steuerbilanz
(BFH IR 17/70 v. 17.1.73
BStBl. II 487)

Die Aktivierung ist als Anspruch auf die Lieferung oder Leistung von Wirtschaftsgütern des Anlage- oder Umlaufvermögens aus schwebendem Geschäft gerechtfertigt.
(vgl. BFH IR 186/71 v. 16.5.73, BStBl. II,25).

II. Sachanlagen:

Gliederung
(§ 266 Abs.2 A.II. HGB)

Artikel 9 der Vierten Richtlinie (Aktiva C.II.1.) sieht in Abweichung vom bisherigen § 151 Abs. 1 Aktivseite II.A.Nr. 1 bis 4 AktG:
1. Grundstücke und grundstücksgleiche Rechte mit Geschäfts-, Fabrik- und anderen Bauten;
2. Grundstücke und grundstücksgleiche Rechte mit Wohnbauten;
3. Grundstücke und grundstücksgleiche Rechte ohne Bauten;
4. Bauten auf fremden Grundstücken, die nicht zu Nummer 1 oder 2 gehören;
vor, daß diese Posten künftig in einem Posten unter der Bezeichnung
– »Grundstücke, grundstücksgleiche Rechte und Bauten einschließlich den Bauten auf fremden Grundstücken«
zusammenzufassen sind.
Die bisherige aktienrechtliche Regelung dürfte jedoch dann beibehalten werden können, wenn dies aus Gründen der Klarheit und Übersichtlichkeit geboten erscheint.

1. Grundstücke, grundstücksgleiche Rechte und Bauten einschließlich der Bauten auf fremden Grundstücken

Ausweis
(§ 266 Abs. 2 A.II.1.
HGB)

Unter diesem Posten sind
– die bebauten Grundstücke, die nach ihrer Zweckbestimmung dem Betrieb dienen,

98

– die nicht unmittelbar betrieblicher Nutzung dienenden
Wohnbauten,
– Grundstücke ohne Bauten,
– Bauten auf fremden Grundstücken sowie die jeweils
dazu gehörigen
– grundstücksgleichen Rechte
auszuweisen.

**Grundstücke und grund-
stücksgleiche Rechte
mit Geschäfts-, Fabrik-
und anderen Bauten
(A. II. 1.)**
– Einrichtungen

Bei den bebauten Grundstücken, die nach ihrer Zweck-
bestimmung dem Betrieb dienen, sind gleichfalls die zur
Benutzung des Gebäudes zählenden Einrichtungen wie
– Einrichtungen
– Beleuchtungs-, Heizungs- und Lüftungsanlagen,
Fahrstühle, Installationen, Rolltreppen, Zuleitungen
u. ä.
mit einzuschließen.

– Nutzungsdauer bei
Gebäuden
(Abschn. 42 Abs. 3 EStR)

Das Steuerrecht sieht bei Gebäuden und selbständigen
Gebäudeteilen grundsätzlich
– eine Nutzungsdauer von 50 bzw. 40 Jahren
vor, die jedoch bei Vorliegen besonderer Umstände
durch eine entsprechende Begründung der Gesellschaft
verkürzt werden kann.

– vermietete oder verpachtete
Bauten

Vermietete oder verpachtete Geschäfts-, Fabrik- oder
andere Bauten unterliegen keinem gesonderten Ausweis.
Dieser wäre aber bei einem wesentlichen Umfang im Interesse einer klaren Darstellung der tatsächlichen Verhältnisse angebracht.

– nicht unter A.II.1.
auszuweisen

sind mit der Produktion in Zusammenhang stehende
– technische Anlagen, Maschinen und Betriebsvorrich-
tungen,
auch wenn diese rechtlich ein Bestandteil des Grundstücks sind. Ihr Ausweis hat unter
– A.II.2. oder 3.
zu erfolgen. Entscheidend für den Ausweis ist die
Zweckbestimmung, da die Abgrenzung oftmals schwierig sein dürfte.

– **grundstücksgleiche
Rechte (A.II.1.)**

Sie beinhalten Rechte, die das Gesetz im wesentlichen
wie Grundstücke behandelt, insbesondere das Erbbaurecht und das Bergwerkseigentum.
(vgl. Kropff in AktG-Komm. § 151 Anm. 19).

– **andere Bauten**

Zwar gehören begriffsmäßig andere Bauten wie
– Bauten unter Tage, Brücken, Eisenbahnanlagen, Fluß-
regulierungen, Hafenanlagen, Kanalbauten, Kühltür-

me, Parkplätze, Schachtanlagen, Straßen, Ziegelöfen u.ä.

mit zu dem Posten A.II.1. jedoch wäre bei einem erheblichen Umfang ein gesonderter Ausweis im Interesse der Bilanzklarheit vorzuziehen.

Grundstücke und grundstücksgleiche Rechte mit Wohnbauten (A.II.1.)

Zu den nicht unmittelbar betrieblicher Nutzung dienenden Wohnbauten gehören die dauernd für Wohnzwecke bestimmten Bauten wie
– Arbeiterwohnheime, Erholungsheime, werkseigene Gästehäuser, Werkswohnungen, Wohnungseigentum u.ä.

– grundstücksgleiche Rechte (A.II.1.)
(§ 31 WEG)

Als solche gelten analog den Wohnbauten
– das Erbbaurecht und
– das Dauerwohnrecht.

Grundstücke und grundstücksgleiche Rechte ohne Bauten (A.II.1.)

Unter dem neuen Posten A.II.1. sind auch
– Grundstücke, auf denen ein Pächter Baulichkeiten errichtet hat,
– Grundstücke, auf denen Dritte aufgrund eines Erbbaurechts Gebäude errichtet haben,
auszuweisen.

Bei Pachtgrundstücken darf die Übernahme der Baulichkeiten bei Pachtende nicht vorgesehen oder zu erwarten sein.

– Anhang
(§ 284 Abs.2 Nr.1 HGB)

Eine Erläuterung ist in beiden Fällen erforderlich, da diese Grundstücke der Gesellschaft nicht frei als Vorratsgelände zur Verfügung stehen.

– betrieblich ausgebeutete Grundstücke

wie
– Kiesgruben, Kohlenfelder, Lehmgruben, Steinbrüche
sollten bei wesentlichem Größenumfang im Interesse der Bilanzklarheit gesondert ausgewiesen werden.

– Abschreibungen, Wertminderungen

Bei Grundstücken ohne Abbau sind Abschreibungen in der Regel nicht erforderlich.
Eine Wertminderung ist dagegen bei

(§ 253 Abs. 2 HGB)

– Hochwasser- wie auch Bergschäden sowie bei andauerndem Absinken der Grundstückspreise
durch Abschreibung zu berücksichtigen.
Bei Grundstücken mit Abbau sind Abschreibungen entsprechend der Substanzverminderung
– durch Entnahme der Bodenschätze
vorzunehmen.

– grundstücksgleiche Rechte (A.II.1.)

Als grundstücksgleiche Rechte sind
– die Bergwerksgerechtigkeit (Bergwerkseigentum) und andere Abbaugerechtigkeiten
anzusehen.

Bauten auf fremden Grundstücken (A.II.1.)	Es handelt sich in der Regel um aufgrund eines obligatorischen Vertrags errichtete Bauten der bilanzierenden Gesellschaft auf fremden Grundstücken.
– Bauten auf gemieteten oder gepachteten Grundstücken (§§ 93-95 BGB)	Bei Bauten auf gemieteten oder gepachteten Grundstücken ist es unerheblich, ob die Bauten wesentlicher Bestand des Grundstücks werden oder nur zu einem vorübergehenden Zweck mit dem Grundstück verbunden worden sind. (vgl. ADS § 151 Tz. 67).
– Abschreibungen	Bei in das Eigentum des Grundstückseigentümers übergehende Baulichkeiten ist eine Abschreibung bei Vertragsablauf
(§§ 93, 94, 946 BGB)	– mindestens bis auf den Betrag, den der Berechtigte vom Grundstückseigentümer nach § 951 BGB als Vergütung für den durch die Verbindung eingetretenen Rechtsverlust verlangen kann, vorzunehmen. (vgl. §§ 812ff BGB).
– Einbauten auf fremden Grundstücken	Bei wesentlichen Mietereinbauten ist – ein gesonderter Ausweis dieser Vermögensgegenstände in der Bilanz oder eine Erläuterung im Anhang geboten. Im übrigen bietet sich für Einbauten auf fremden Grundstücken der Ausweis unter – »Betriebs- und Geschäftsausstattung« (A.II.3.) an.

Bewertung zu A.II.1.

– Gebäude	Die Gebäude sind – zu den angefallenen Anschaffungs- oder Herstellungskosten zu bewerten.
– Grundstücks- und grundstücksgleiche Rechte	Der Ansatz hat – zu den Anschaffungskosten zu erfolgen. Neben dem eigentlichen Kaufpreis sind – Gerichts- und Notariatskosten, Grunderwerbsteuer, Provisionen, Vermessungskosten u.ä. hinzuzurechnen.

2. technische Anlagen und Maschinen

Ausweis (§ 266 Abs. 2 A.II.2. HGB)	Technische Anlagen und Maschinen sind unter A.II.2. auszuweisen ohne Rücksicht darauf, ob sie wesentliche Bestandteile von Grundstücken und dann rechtlich unselbständig sind oder nicht. Entscheidend ist jeweils die wirtschaftliche Zugehörigkeit. Die redaktionelle Änderung in der Postenbezeichnung nimmt auf den Inhalt des bisherigen Postens unter der Bezeichnung »Maschinen und maschinelle Anlagen« keinen Einfluß.
– unter A.II.2. auszuweisen	sind u.a. – Anlagen der chemischen Industrie, Arbeitsbühnen, Gasometer, Gleisanlagen, Gießereien, Hochöfen, Kokereien, Kraft- und Arbeitsmaschinen, Krafterzeugungs- und Verteilungsanlagen, Krane, Rohrbrücken und Rohrleitungen, Signal- und Transportanlagen, Umspannwerke einschließlich aller Fundamente, Stützen und ähnliche Einrichtungen. (vgl. ADS § 151 Tz. 73).
– Spezialersatzteile für Maschinen	Ihr Ausweis hat unter A.II.2. und nicht unter »Vorräte« zu erfolgen.
– nicht unter A.II.2. auszuweisen	sind: nicht zur Fabrikation gehörende technische Anlagen und Maschinen, die Teil des Gebäudes sind wie – Beleuchtungs-, Fahrstuhl- und Heizungsanlagen.
Bewertung zu A.II.2.	Technische Anlagen und Maschinen sind – zu den Anschaffungs- oder Herstellungskosten einschließlich der Aufstellungs-, Fundamentierungs-, Prüf- und Abnahmekosten etc. anzusetzen.
– Festbewertung	Eine Festbewertung wäre bei Gleisanlagen denkbar. Für die Messung der Festwertgröße käme in diesem Falle die Länge des Gleisnetzes in Betracht. Die um Abschreibungen gekürzten Anschaffungs- oder Herstellungskosten können die Ausgangsbasis für die Festbewertung darstellen.
– Generalüberholungen	Technische Anlagen oder Maschinen, die der Generalüberholung unterliegen, sind mit den – Anschaffungs- oder Herstellungskosten sowie den

sonstigen mit der Generalüberholung zusammenhängenden Aufwendungen

anzusetzen.

3. andere Anlagen, Betriebs- und Geschäftsausstattung

Ausweis
(§ 266 Abs. 2 A.II.3. HGB)

Unter diesem Posten sind

– Arbeitsgeräte, Büro- und Geschäftseinrichtungen, Fahrzeuge aller Art, Fernsprech- und Rohrpostanlagen, Modelle, Muster, Transport- und Lagerbehälter, Werbefilme, Werkstätteneinrichtungen, Werkzeuge

auszuweisen.

Die Erweiterung des bisherigen Postens § 151 II.A.6. AktG um den Begriff »andere Anlagen« ist ohne sachliche Bedeutung. Dadurch werden künftig ausdrücklich diejenigen Anlagen mit eingeschlossen, die Teil der Betriebs- und Geschäftsausstattung sind.
(vgl. Biener in AG, KGaA, GmbH, Konzerne S. 44).

Bewertung zu A.II.3.

Die unter diesem Posten ausgewiesenen Vermögensgegenstände sind

– mit den Anschaffungs- oder Herstellungskosten im Zeitpunkt des Zugangs

anzusetzen.

4. geleistete Anzahlungen und Anlagen im Bau

Auch bei diesem Posten wirkt sich die redaktionelle Änderung der Bezeichnung nicht auf seinen Inhalt aus.

Ausweis
(§ 266 Abs. 2 A.II.4. HGB)

Die für Gegenstände des Sachanlagevermögens geleisteten Anzahlungen sind

– als Vorleistungen auf im übrigen noch schwebende Geschäfte

zu betrachten.

Unter »Anlagen im Bau« sind

– alle bis zum Abschlußstichtag angefallenen zu aktivierenden Aufwendungen für noch nicht fertiggestellte Anlagen

auszuweisen.

Ob dabei Fremd- oder Eigenleistungen entstanden sind, ist unerheblich.

– Anhang
(§ 284 Abs. 2 Satz 1 HGB)

Die Berichtspflicht im Anhang ist für

– Zugänge und Umbuchungen, auf die erstmals abgeschrieben wird,

notwendig.

– langfristige Mietvorauszahlungen

Vorauszahlungen dieser Art sind nicht als Anzahlungen auf Anlagen auszuweisen. Einem Sonderausweis als besonderer Posten des Finanzanlagevermögens steht nichts entgegen.

– außerplanmäßige Abschreibungen

Bei der Vornahme von steuerrechtlichen Sonderabschreibungen auf Anzahlungen oder bei bisher offensichtlich überhöht angefallenen Aufwendungen können außerplanmäßige Abschreibungen in Betracht kommen.

Bewertung zu A.II.4.

Die geleisteten Anzahlungen sind
– mit den gezahlten Beträgen
anzusetzen.
Die Bewertung der »Anlagen im Bau« erfolgt
– zu den tatsächlich angefallenen Anschaffungs- oder Herstellungskosten.

III. Finanzanlagen:

Gegenüber der bisherigen aktienrechtlichen Gliederung wird das Finanzanlagevermögen künftig um den Ausweis von drei Posten erweitert. Im einzelnen sind auszuweisen:

Gliederung
(§ 266 Abs. 2 A.III.1.–6. HGB)

1. Anteile an verbundenen Unternehmen;
2. Ausleihungen an verbundene Unternehmen;
3. Beteiligungen;
4. Ausleihungen an Unternehmen, mit denen ein Beteiligungsverhältnis besteht;
5. Wertpapiere des Anlagevermögens;
6. sonstige Ausleihungen.

– Verzicht auf Ausweis der Grundpfandrechte

Abweichend vom bisherigen § 151 Abs. 1 Aktivseite II.B.3. AktG wird
– auf den gesonderten Ausweis der durch Grundpfandrechte gesicherten Ausleihungen bei den Posten A.III.2., 4., 6. verzichtet,
weil dieser Ausweis durch Artikel 9 der Vierten Richtlinie nicht vorgegeben ist.
(vgl. BT-Drucks. 10/4268 zu § 266 HGB S. 104)

Ausweiserleichterung
– kleine GmbH
(§ 267 Abs. 1 iVm
§ 266 Abs. 1 Satz 3 HGB)

Zusammenfassung der Posten 1 bis 6 in einem Posten unter der Bezeichnung »Finanzanlagen«.

Abwertungswahlrecht
(§ 279 Abs. 1 Satz 2 HGB)

Auf Vermögensgegenstände der Finanzanlagen dürfen
– außerplanmäßige Abschreibungen auch bei vorübergehender Wertminderung vorgenommen
werden.

– Voraussetzung

Es müssen am Abschlußstichtag ein niedrigerer Wert von vorübergehender Art bestehen. Dieses Bewertungswahlrecht kommt idR für

– Wertpapiere des Anlagevermögens
in Betracht.

1. Anteile an verbundenen Unternehmen

Ausweis
(§ 266 Abs. 2 A.III.1. HGB)
Verbundene Unternehmen
– nach dem Aktienrecht

(§ 17,
§ 18,
§ 16,

§§ 291, 292,
§ 19 AktG)

– nach der Rechnungs-
legung

(§ 271 Abs. 2)

– letzter Halbsatz HGB)

Bewertung zu A.III.1.
(§ 253 Abs. 1 Satz 1 HGB)

– Wertminderung
(§ 253 Abs.2 Satz 3 HGB)

Nach § 15 AktG sind verbundene Unternehmen rechtlich selbständige Unternehmen, zu denen im einzelnen
– abhängige und herrschende Unternehmen,
– Konzernunternehmen,
– in Mehrheitsbesitz stehende und mit Mehrheit beteiligte Unternehmen,
– Vertragsteile eines Unternehmenvertrags,
– wechselseitig beteiligte Unternehmen
gehören.
Die Umschreibung des § 271 Abs. 2 HGB weicht von der
Definition ab, die § 15 AktG von verbundenen Unternehmen gibt und gilt nur
– für den Bereich der Rechnungslegung:

»Verbundene Unternehmen im Sinne des Handelsgesetzbuchs sind solche Unternehmen,
– die als Mutter- oder Tochterunternehmen (§ 290
HGB) in den Konzernabschluß eines Mutterunternehmens nach den Vorschriften über die Vollkonsolidierung einzubeziehen sind, das als oberstes Mutterunternehmen den am weitestgehenden Konzernabschluß
aufzustellen hat,
auch wenn die Aufstellung unterbleibt, oder das einen
befreienden Konzernabschluß nach § 291 HGB oder
nach einer nach § 292 HGB erlassenen Rechtsverordnung
aufstellt oder aufstellen könnte.
Tochterunternehmen, die nach § 295 oder § 296 nicht
einbezogen werden, sind ebenfalls verbundene Unternehmen.
Die Einordnung eines Unternehmens für die Zwecke der
Rechnungslegung läßt daher künftig nicht mehr den
Schluß zu, daß zum Beispiel eine Abhängigkeit besteht.
(vgl. BT-Drucks. 10/3440 S. 35).

Es sind hinsichtlich der Anteile
– die Anschaffungskosten einschließlich der Nebenkosten
anzusetzen.
Ein Abwertungswahlrecht besteht bei vorübergehender
Wertminderung:

B. Bilanz

	– Ansatz mit dem am Abschlußstichtag beizulegenden niedrigeren Wert.
– – Abwertungspflicht (§ 253 Abs. 2 Satz 3 letzter Halbsatz HGB)	Bei voraussichtlich dauernder Wertminderung ist eine Wertberichtigung – auf den am Abschlußstichtag beizulegenden niedrigeren Wert zwingend vorgeschrieben.
– nach dem Steuerrecht (§ 6 Abs. 1 Nr. 2 EStG)	Für die Anwendung von Steuervorschriften sind Wertberichtigungen zulässig. Es besteht keine Aufwertungspflicht für einen niedrigeren steuerrechtlichen Teilwert.

2. Ausleihungen an verbundene Unternehmen

Ausweis (§ 266 Abs. 2 A.III.2.,

– A.III.4. HGB)

(§ 42 Abs. 3 GmbHG)

Der jeweils gesonderte Ausweis der Bilanzposten
– »Ausleihungen an verbundene Unternehmen«
und
– »Ausleihungen an Unternehmen, mit denen ein Beteiligungsverhältnis besteht«
ist zwingend vorgeschrieben.
Auch der Ausweis von
– »Ausleihungen an Gesellschafter«
ist idR gesondert vorzunehmen oder im Anhang anzugeben. Bei einem Ausweis unter anderen Posten muß diese Eigenschaft vermerkt werden.
Im übrigen sind unter dem Begriff »Ausleihungen« ausschließlich
– Finanz- oder Kapitalforderungen des Anlagevermögens
auszuweisen.
Hierzu gehören insbesondere
– Brauereidarlehen;
– Darlehen an Geschäftsführer und Aufsichtsratsmitglieder;
– Darlehen an Gesellschafter und ihnen gleichgestellte Personen;
– Grund- und Rentenschulden;
– Hypotheken einschließlich Schiffs- und Sicherheitshypotheken;
– Mitarbeiterdarlehen zur Wohnraumbeschaffung etc.;
– im Wege der Novation in ein Darlehen umgewandelte Waren- und Leistungsforderungen.

– nicht unter »Ausleihungen« auszuweisen

sind:
– Waren- und Leistungsforderungen.
Ihr Ausweis hat im Rahmen der dafür vorgesehenen Stellen des Umlaufvermögens zu erfolgen.

106

Ebenso gehören eingefrorene Warenforderungen nicht zu den Ausleihungen.
(vgl. Kropff in AktG-Kom. § 151 Anm. 37).

Bewertung zu A.III.2.

Ausleihungen sind
– mit den Anschaffungskosten der für Ausleihungen aufgewendeten Beträge
anzusetzen. Dies sind idR die Auszahlungsbeträge.

– Darlehen

Gleiches ist auch auf Darlehen anwendbar. Ein Damnum bei Darlehen ist als zusätzlicher Zins erst während der Laufzeit zu vereinnahmen.
(vgl. ADS § 153 Tz. 112).

– Währungsforderungen

Ihre Bewertung hat zum Geldkurs des Entstehungstages zu erfolgen.

– – Kursgewinne

Kursgewinne sind erst bei Eingang der Forderung zu realisieren.

– – Kursverluste

Führen Kursverluste zu einer dauernden Minderung des Forderungswertes, so sind diese zu berücksichtigen.

3. Beteiligungen

Definition
(§ 271 Abs. 1 Satz 1,

Beteiligungen sind
– Anteile an anderen Unternehmen, die bestimmt sind, dem eigenen Geschäftsbetrieb durch Herstellung einer dauernden Verbindung zu jenen Unternehmen zu dienen.

– Satz 2 HGB)

Dabei ist es unerheblich, ob die Anteile in Wertpapieren verbrieft sind oder nicht.

– Einflußnahme auf die Geschäftsführung

Die Notwendigkeit der Einflußnahme auf die Geschäftsführung des anderen Unternehmens ist nicht erforderlich.

Beteiligungsvermutung
(§ 271 Abs. 1 Satz 3 HGB)

Als Beteiligung gelten im Zweifel
– Anteile an einer Kapitalgesellschaft, deren Nennbeträge den fünften Teil des Nennkapitals dieser Gesellschaft
überschreiten.
Im Gegensatz zur bisherigen Regelung des § 152 Abs. 2 AktG (25 vH) stellt die neue Vorschrift bei der widerlegbaren Vermutung
– auf einen Prozentsatz von zwanzig vH
ab.

– Berechnung

Auf die Berechnung ist § 16 Abs. 2 und 4 des Aktiengesetzes entsprechend anzuwenden.

– nicht als Beteiligung
iS dieses Buches
(§ 271 Abs. 1 Satz 5 HGB)

gilt die Mitgliedschaft in einer eingetragenen Genossenschaft.

B. Bilanz

Ausweis (§ 266 Abs. 2 A.III.3. HGB)	Unter Beteiligungen sind – gesellschaftsrechtliche Kapitalanteile an Kapital- oder Personengesellschaften und ihnen wirtschaftlich gleichstehende gesellschaftsähnliche Kapitalanlagen auszuweisen wie – Aktien an einer anderen Gesellschaft, – Anteile an einer GmbH, – Kuxe (soweit jeweils nicht unter B.III.1. oder B.III.2. auszuweisen), ferner: – Beteiligungen als stiller Gesellschafter, – Beteiligungsdarlehen, – Bohranteile, – Kapitaleinlagen bei Personengesellschaften, – Kommanditeinlagen. (vgl. WP-Handb. 1981 S. 704)
– bei Widerlegung der Beteiligungsabsicht	Ausweis unter A.III.5. »Wertpapiere des Anlagevermögens«. Hierunter fallen alle ohne Beteiligungsabsicht lediglich einer langfristigen Vermögensanlage dienenden Anteile.
– bei keiner Daueranlage – nicht als Beteiligung auszuweisen	Ausweis unter B.III.3. »sonstige Wertpapiere«. sind Ansprüche aus – Betriebs-, Gewinn-, Vertriebs- und ähnlichen Interessengemeinschaften sowie aus – Betriebspacht- und Betriebsüberlassungsverträgen. Ausweis unter B.II.4. »sonstige Vermögensgegenstände«.
außerplanmäßige Abschreibungen	sind nach § 253 Abs. 2 Satz 3 HGB zulässig.
Bewertung zu A.III.3.	Beteiligungen sind mit den Anschaffungskosten anzusetzen.
– bei Erwerb von Dritten	Es ist vom Kaufpreis zuzüglich der Nebenkosten wie – Börsenumsatzsteuer, Notariatskosten, Provisionen, Spesen auszugehen.
– bei Kapitalerhöhung aus Gesellschaftsmitteln	Die Anschaffungskosten der alten Anteilsrechte sind nach dem Verhältnis der Nennbeträge auf die alten und neuen Anteilsrechte zu verteilen.
Anhang (§ 285 Nr. 11 iVm § 287 HGB)	Von der bilanzierenden Gesellschaft sind im Anhang hinsichtlich Beteiligungen mit einem Anteilbesitz von mindestens zwanzig vH

– Name und Sitz der Beteiligungsgesellschaft (des anderen Unternehmens),
– Höhe des Anteils am Kapital,
– Eigenkapital des anderen Unternehmens,
– Ergebnis des letzten Geschäftsjahrs des anderen Unternehmens, für das ein Jahresabschluß vorliegt,

anzugeben.

– Berechnung der Anteile
(§ 285 Nr. 11 letzter Halbsatz HGB)

Auf die Berechnung der Anteile ist
– § 16 Abs. 2 und 4 des Aktiengesetzes
entsprechend anzuwenden.

Ausnahmeregelung

Diese genannten Angaben können unterbleiben, soweit sie

– untergeordnete Bedeutung
(§ 286 Abs. 3 Nr. 2 HGB)

– für die Darstellung der Vermögens-, Finanz- und Ertragslage der Gesellschaft nach § 264 Abs. 2 HGB von untergeordneter Bedeutung sind
oder

– erheblicher Nachteil
(§ 286 Abs. 3 Nr. 2 HGB)

– nach vernünftiger kaufmännischer Beurteilung geeignet sind, einem der beiden betroffenen Unternehmen einen erheblichen Nachteil zuzufügen.

– weiterer Verzicht
(§ 286 Abs. 3 Satz 2 HGB)

Ferner kann
– die Angabe des Eigenkapitals und des Jahresergebnisses unterbleiben,
– wenn der Jahresabschluß des Beteiligungsunternehmens nicht offenzulegen ist und die Beteiligung weniger als die Hälfte der Anteile beträgt.

– Anhang
(§ 286 Abs. 3 Satz 3 HGB)

Die Anwendung der Ausnahmeregelung nach § 286 Abs. 3 Satz 1 Nr. 2 HGB ist
– im Anhang
anzugeben.

Aufstellung des Anteilsbesitzes
(§ 287 HGB)

Statt im Anhang dürfen die in § 285 Nr. 11 HGB verlangten Angaben auch
– in einer Aufstellung des Anteilsbesitzes gesondert dargestellt werden.
Diese Aufstellung ist Bestandteil des Anhangs. Auf die besondere Aufstellung des Anteilsbesitzes und den Ort ihrer Hinterlegung ist im Anhang hinzuweisen.

4. Ausleihungen an Unternehmen, mit denen ein Beteiligungsverhältnis besteht

Ausweis
(§ 266 Abs. 2 A. II. 4. HGB)

Unter diesem im Gliederungsschema neuen und im Gesetz nicht näher umschriebenen Posten sind Ausleihungen auszuweisen

– mit deren Vergabe eigene Mittel langfristig bei Unternehmen angelegt werden, mit denen ein Beteiligungsverhältnis am Abschlußstichtag besteht.

Dieses Beteiligungsverhältnis ist nicht dem Verhältnis mit einem verbundenen Unternehmen gleichzusetzen.

Bewertung zu A.III.4.

Bei der Bewertung ist von den Anschaffungskosten der für Ausleihungen aufgewendeten Beträge auszugehen, die grundsätzlich den Auszahlungsbeträgen gleichzusetzen sind.

5. Wertpapiere des Anlagevermögens

Wertpapiere des Anlagevermögens sind
– Wertpapiere, die – ohne Beteiligung zu sein – bestimmt sind, dauernd oder langfristig dem Geschäftsbetrieb der Gesellschaft
zu dienen.

Ausweis
(§ 266 Abs. 2 A.III.5. HGB)

Im einzelnen sind unter diesem Posten
– festverzinsliche Wertpapiere wie öffentliche Anleihen, Obligationen, Pfandbriefe,
– Wertpapiere mit Gewinnbeteiligungsansprüchen wie Aktien, bei denen trotz Dauerbesitz die Beteiligungsabsicht fehlt,
auszuweisen.

– nicht unter A.III.5.
auszuweisen

sind aufgrund gesetzlicher Vorschriften gesondert auszuweisende Wertpapiere wie
– Anteile an verbundenen Unternehmen (Ausweis unter B.III.1.),
– eigene Anteile (Ausweis unter B.III.2.)
ebenso Schecks, ähnliche Orderpapiere sowie Wechsel, für die der Ausweis in einem besonderen Posten ohnehin nicht mehr vorgesehen ist.

Bewertung zu A.III.5.

Wertpapiere des Anlagevermögens sind
– zu den Anschaffungskosten
anzusetzen.

– Erwerb von Dritten

Bei einem Erwerb von Dritten ist
– vom Kaufpreis zuzüglich der angefallenen Nebenkosten
auszugehen.

– Wertpapiere der
gleichen Art

Diese Wertpapiere sind in der Regel
– mit den durchschnittlichen Anschaffungskosten
zu bewerten.
Bei entsprechendem Identitätsnachweis ist der Grundsatz der Einzelbewertung geboten:
– Ansatz zu individuellen Anschaffungskosten.

Diese Bewertung gilt auch hinsichtlich der Veräußerung.
(vgl. ADS § 153 Tz. 107).

– – nach dem Steuerrecht

Wertpapiere der gleichen Art sind grundsätzlich wie nach dem Handelsrecht
– zu durchschnittlichen Anschaffungskosten
zu bewerten.

Unterschied zu Wert-
papieren des
Umlaufvermögens

Wertpapiere des Anlagevermögens sind solche mit einer langfristigen oder dauernden Verzinsungsabsicht, während die Wertpapiere des Umlaufvermögens jederzeit veräußerbar sind.

Zuordnung

Die Zuordnung zum Anlagevermögen oder zum Umlaufvermögen ist eine Frage der tatsächlichen Zweckbestimmung.

Anhang

Bei wesentlichen Posten der Wertpapiere des Anlagevermögens ist eine Erläuterung im Anhang geboten.

6. sonstige Ausleihungen

Ausweis
(§ 266 Abs.2 A.III.6. HGB)

Unter diesem Posten des Gliederungsschemas sind
– diejenigen Ausleihungen auszuweisen, deren gesonderte Darstellung nicht an anderer Stelle erforderlich ist.

Bewertung zu A.III.6.

Hinsichtlich der Bewertung wird auf die Posten Nr. 2 und Nr. 4 der Finanzanlagen:
– »Ausleihungen an verbundene Unternehmen«
und
– »Ausleihungen an Unternehmen, mit denen ein Beteiligungsverhältnis besteht«
verwiesen.

B. Umlaufvermögen

B. Umlaufvermögen:

I. Ausweis, Gliederung

1. Ausweis

Beim Umlaufvermögen sind diejenigen Gegenstände auszuweisen, die bestimmt sind
– nur vorübergehend, kurzfristig oder zeitlich bedingt, dem Geschäftsbetrieb der Gesellschaft
zu dienen.

Entscheidend für den Ausweis ist
– die Zweckbestimmung des Gegenstandes.
(vgl. Erläuterungen unter »Anlagevermögen«).

2. Gliederung

Die Gliederungsgrundsätze für das Umlaufvermögen ergeben sich aus den §§ 265 und 266 HGB, ergänzt durch weitere Vorschriften.

20 vertikale Gliederung
(§ 266 HGB)

Das Umlaufvermögen ist in
– Vorräte,
– Forderungen und sonstige Vermögensgegenstände,
– Wertpapiere,
– Schecks, Kassenbestand, Bundesbank- und Postgiroguthaben, Guthaben bei Kreditinstituten
aufgegliedert.
Von den zunächst im Regierungsentwurf 10/317 unter der Bezeichnung »flüssige Mittel« vorgenommenen Aufgliederung in Einzelposten wurde Abstand genommen. Der Ausweis der »flüssigen Mittel« erfolgt künftig in einem Hauptposten. Gegen eine Aufgliederung in einzelne Posten dürfte auch weiterhin nichts einzuwenden sein.

II. Bewertung des Umlaufvermögens

1. Wertansatz
(§ 253 Abs. 3 HGB)

Vermögensgegenstände des Umlaufvermögens sind mit den
– Anschaffungs- oder Herstellungskosten,
vermindert um
– Abschreibungen
  – nach § 253 Abs. 3 Satz 1 HGB:
    Ansatz mit dem sich am Abschlußstichtag ergebenden Börsen- oder Marktpreis,
  – nach § 253 Abs. 3 Satz 2 HGB:
    Ansatz mit dem am Abschlußstichtag beizulegenden niedrigeren Wert,

115

– nach § 254 HGB wegen Berücksichtigung steuerrechtlicher Vorschriften

anzusetzen.

10 Niederstwertprinzip

Bei der Bewertung ist von den für das Umlaufvermögen
maßgeblichen Grundsätzen unter Beachtung des Niederstwertprinzips auszugehen.
Nach der Verpflichtung, der Bilanzierung den jeweils in
Betracht kommenden Wert zugrunde zu legen, sind
– die Vermögensgegenstände des Umlaufvermögens, die
  dazu bestimmt sind, in den Verkehr gebracht zu werden, nach dem Niederstwertprinzip
zu bewerten.
Der Wert dafür ergibt sich
– aus einem Vergleich zwischen den Anschaffungskosten oder den Herstellungskosten und dem tatsächlichen Wert, der den Gegenständen am Abschlußstichtag beizulegen ist.
Hinsichtlich der Feststellung der Anschaffungs- und
Herstellungskosten wird auf die Erläuterungen in »Be-
wertungsmaßstäbe« S. 57ff verwiesen.

11 Wertaufholungsgebot

Hat eine Gesellschaft mit beschränkter Haftung bei
einem Vermögensgegenstand des Umlaufvermögens
– eine Abschreibung nach § 253 Abs. 3 oder § 254 Abs. 1
  entsprechend dem Niederstwertprinzip vorgenommen
und stellt sich in einem späteren Geschäftsjahr heraus,
daß die Gründe dafür nicht mehr bestehen, so ist

**– Zuschreibung
(§ 280 Abs. 1 HGB)**

– der Betrag dieser Abschreibung im Umfang der Werterhöhung unter Berücksichtigung der Abschreibungen,
die inzwischen vorzunehmen gewesen wären, zuzuschreiben.

**– Beibehaltungsrecht
(§ 280 Abs. 2 HGB)**

Von der Zuschreibung nach § 280 Abs. 1 HGB kann abgesehen werden,
– wenn der niedrigere Wertansatz bei der steuerrechtlichen Gewinnermittlung beibehalten werden kann.

– – Voraussetzung

Dies setzt
– die Beibehaltung des niedrigeren Wertansatzes in der
  Bilanz
voraus.

**– Anhang
(§ 280 Abs. 3 HGB)**

Im Anhang ist
– der Betrag der im Geschäftsjahr aus steuerrechtlichen
  Gründen unterlassenen Zuschreibungen
anzugeben und hinreichend zu begründen.

2. Wertmaßstäbe nach § 253 Abs.3 HGB

Die hinsichtlich der Vermögensgegenstände des Umlaufvermögens anzuwendenden Wertmaßstäbe sind
- der Börsenkurs,
- der Marktpreis und
- der dem Vermögensgegenstand am Abschlußstichtag beizulegende Wert.

20 Börsenkurs

Als Börsenpreis ist der im Verfahren nach § 29 ff Börsengesetz festgestellte Kurs am Abschlußstichtag anzusehen. Es gilt der an einer Börse amtlich oder im Freiverkehr festgestellte Preis, soweit Umsätze stattgefunden haben.

Liegt dieser Kurs wesentlich über dem Preisniveau kurz vor und nach dem Abschlußstichtag, gebietet die Vorsicht, einen Durchschnittskurs anzusetzen.
(vgl. Kropff in AktG-Kom. § 155 Anm. 38).

21 Marktpreis

Marktpreis ist der Durchschnittspreis für die in größerem Umfang zur maßgeblichen Zeit abgesetzten Waren einer bestimmten Gattung.

22 beizulegender Wert

Ist ein Börsenkurs oder Marktpreis nicht festzustellen, so ist an Stelle der Anschaffungs- oder Herstellungskosten
- der dem Vermögensgegenstand am Abschlußstichtag beizulegende Wert
anzusetzen.

– Ansatz des beizulegenden Werts

Der Ansatz erfolgt
- nach den Grundsätzen ordnungsmäßiger Buchführung vom Absatzmarkt oder vom Beschaffungsmarkt
her. Bei der Bewertung ist der niedrigere Wert von beiden Märkten maßgebend.

– – Voraussetzung für den Ansatz (§ 253 Abs.3 Satz 2 HGB)

Der beizulegende Wert muß niedriger sein als die Anschaffungs- oder Herstellungskosten.

23 Absatzmarkt

Der Absatzmarkt ist grundsätzlich bei der Bestimmung des niedrigeren Werts für
- unfertige und fertige Erzeugnisse wie auch für
- Überbestände an Roh-, Hilfs- und Betriebsstoffen
maßgebend.

– Bewertung

Bei der Bewertung nach dem Absatzmarkt bietet sich als Schema
- die retrograde Bewertung
an:

B. Bilanz

| – Fertigerzeugnisse | Voraussichtlicher Verkaufserlös |

– Fertigerzeugnisse

Voraussichtlicher Verkaufserlös
./. Erlösschmälerungen
./. Verpackungskosten, Ausgangsfrachten
./. Vertriebskosten,
./. noch anfallende Verwaltungskosten
./. Kapitaldienstkosten

= am Abschlußstichtag beizulegender Wert.

– unfertige Erzeugnisse

Außer den bereits unter Fertigerzeugnissen aufgeführten Kosten sind auch noch
– die Produktionskosten (Kosten der Fertigstellung)
abzusetzen.

24 Beschaffungsmarkt

Für noch nicht in die Produktion eingegangene Roh-, Hilfs- und Betriebsstoffe ist
– der Wiederbeschaffungs- bzw. Reproduktionswert
maßgebend.

– Bewertung

Dem Ansatz der Wiederbeschaffungskosten sind
– die üblicherweise anfallenden Anschaffungsnebenkosten
hinzuzurechnen und ggf.
– Minderungen von den Anschaffungskosten
abzuziehen.

25 doppelte Maßgeblichkeit

Der Absatzmarkt als auch der Beschaffungsmarkt sind bei
– Überbeständen an unfertigen und fertigen Erzeugnissen sowie bei
– Handelswaren
als Bewertungsgrundlage heranzuziehen.

26 Abwertungswahlrecht

Das Abwertungswahlrecht nach § 253 Abs. 3 Satz 3 HGB
ist für alle Vermögensgegenstände des Umlaufvermögens
anwendbar.

– Voraussetzungen

Die Zulässigkeit einer niedrigeren Bewertung setzt jedoch voraus, daß
– der niedrigere Wertansatz nach vernünftiger kaufmännischer Beurteilung zur Verhinderung einer Abwertung notwendig ist,
– zu erwartende Wertschwankungen sich auf den Wertansatz auswirken,
– die Wertschwankungen in nächster Zukunft liegen.

– Wertschwankungen

Für die Anwendung der Vorschrift des § 253 Abs. 3 Satz 3 HGB ist kein bestimmtes Ausmaß an Wertschwankungen erforderlich.

– Zeitraum der „nächsten Zukunft"	Als »nächste Zukunft« gilt idR ein Zeitraum von etwa zwei Jahren. (vgl. Kropff in AktG-Kom. § 155 Anm. 55 mwN).	**B. Bilanz**

27 Forderungen, Wertpapieren

Bei Forderungen besteht im Gegensatz zum bisherigen Recht hinsichtlich des Ausweises die zwingende Vorschrift, daß
– Wertberichtigungen gesondert aktivisch bei dem jeweiligen Forderungsposten
auszuweisen sind.

– Wertpapiere des Umlaufvermögens

Da Wertpapiere des Umlaufvermögens in der Regel nicht von vornherein für eine Veräußerung bestimmt sind, dürfte
– einer Abwertung auf einen niedrigeren Wiederbeschaffungswert unter anteiliger Abschreibung der Anschaffungsnebenkosten bei sinkendem Börsenkurs vertretbar erscheinen.
(vgl. Kropff in AktG-Kom. § 155 Anm. 47).

3. Bewertungsvereinfachungsverfahren
(§ 256 Satz 1,

Soweit es den Grundsätzen ordnungsmäßiger Buchführung entspricht, kann für den Wertansatz gleichartiger Vermögensgegenstände des Vorratsvermögens unterstellt werden, daß
– die zuerst oder die zuletzt angeschafften oder hergestellten Vermögensgegenstände zuerst oder in einer sonstigen bestimmten Folge verbraucht oder veräußert worden sind.

– Satz 2 HGB)

Die Inventar-Vorschrift des § 240 Abs. 3 und 4 HGB ist auch auf den Jahresabschluß anwendbar.
Die bisherigen Vorschriften über Bewertungsvereinfachung nach § 40 Abs. 4 HGB und nach § 155 Abs. 1 Satz 3 AktG sind nunmehr in den Vorschriften des § 256 HGB sowie in § 240 Abs. 3 und 4 HGB zusammengefaßt.
Bei den Bewertungsvereinfachungsverfahren handelt es sich insbesondere um
– die Festbewertung,
– die Gruppenbewertung mit dem gewogenen Durchschnittswert,
– die Bewertung nach der Verbrauchsfolge.

30 Festwertverfahren

Die Bildung eines Festwerts ist für
– Roh-, Hilfs- und Betriebsstoffe
zulässig,

– Voraussetzungen
(§ 240 Abs. 3 Satz 1 HGB)

– wenn die Güter regelmäßig ersetzt werden
und
– ihre Gesamtwert für die Gesellschaft von nachrangiger Bedeutung ist.

119

Eine solche Einschränkung enthielt das bisherige Festwertverfahren nicht.

Darüber hinaus darf
– der Bestand in seiner Größe, seinem Wert und seiner Zusammensetzung nur geringfügigen Veränderungen unterliegen.

(§ 240 Abs. 3 Satz 2 HGB)

Eine körperliche Bestandsaufnahme ist
– idR alle drei Jahre
durchzuführen.

– unfertige Erzeugnisse,
Handelswaren

Die Bildung eines Festwerts für unfertige Erzeugnisse und Handelswaren ist nicht zulässig.

– nach dem Steuerrecht
Abschn. 36 Abs. 4 EStR

Auch in der Steuerbilanz darf für
– Roh-, Hilfs- und Betriebsstoffe
ein Festwert angesetzt werden mit der Maßgabe
– an jedem dritten Bilanzstichtag eine körperliche Bestandsaufnahme
durchzuführen.

– – Fortschreibung des
Festwerts
(Abschn. 31 Abs. 5 EStR)

Übersteigt der am Bilanzstichtag ermittelte Festwert
– um mehr als zehn vH den bisherigen Festwert,
so ist dann der neu ermittelte Wert als neuer Festwert maßgebend.

Ist der am Bilanzstichtag ermittelte Wert niedriger als der bisherige Wert, so kann dieser neue Wert als künftiger Festwert angesetzt werden.

31 Gruppenbewertung
(§ 240 Abs. 4 HGB)

Die Gruppenbewertung mit gewogenem Durchschnittswert bezieht sich auf
– gleichartige Vermögensgegenstände des Vorratsvermögens,
die jeweils zu einer Gruppe zusammengefaßt und
– mit dem gewogenen Durchschnittswert angesetzt werden können.

Der zwingende Ansatz des gewogenen Durchschnittswerts hinsichtlich der Gruppenbewertung ist neu, so daß ein aufgrund sonstiger Umstände bekannter Durchschnittswert nicht mehr zulässig ist.
(vgl. BegrRegE 10/317 S. 91).

– gleichartige Wirt-
schaftsgüter

Das Merkmal der Gleichartigkeit unterliegt keiner engen Auslegung. Es wird unterstellt, daß die Wirtschaftsgüter des Vorratsvermögens

– – Roh-, Hilfs- und
Betriebsstoffe

– bei Roh-, Hilfs- und Betriebsstoffen annähernd gleichwertig und funktionsgleich sind;

– – unfertige Erzeug- nisse	– bei unfertigen Erzeugnissen mit Ausrichtung auf ein im wesentlichen gleiches Endprodukt der gleichen Produktionsstufe angehören und mit annähernd den gleichen Einsatzstoffen in annähernd dem gleichen Verfahren wie im Vorjahr erstellt sind;
– – fertige Erzeugnisse, Waren	– bei fertigen Erzeugnissen und Waren der gleichen Warengattung angehören, annähernd die gleiche Beschaffenheit und den gleichen Wert haben. (vgl. Kropff in AktG-Kom. § 155 Anm. 28; ADS § 155 Tz. 100).
– gewogener Durchschnitts- wert (§ 240 Abs. 4 HGB)	Die Bildung eines gewogenen Durchschnittswerts erfolgt – aus dem Anfangsbestand eines Wirtschaftsguts und den Zugängen des Jahres. Mit diesem Wert sind sowohl – die Abgänge als auch der Endbestand am Bilanzstichtag zu bewerten.
– – Skontration	Bei der Ermittlung der gleitenden gewogenen Durchschnittswerte wird – nach jedem Zugang ein neuer Durchschnittswert errechnet, mit dem jeder Abgang bis zum nächsten Zugang zu bewerten ist.
– steuerliche Zulässigkeit (Abschn. 367 Abs. 3 Satz 3,	Die steuerliche Zulässigkeit ergibt sich aus den Einkommensteuer-Richtlinien. Dabei ist zu beachten, daß die Gruppenbildung und Gruppenbewertung im einzelnen Fall nicht gegen die GoB verstoßen.
– Satz 5 EStR)	Die zu einer Gruppe zusammengefaßten annähernd gleichwertigen Wirtschaftsgüter brauchen zwar nicht gleichartig zu sein; sie dürfen aber auch nicht gänzlich verschiedenartig sein.
32 Bewertung nach der Verbrauchsfolge (§ 256 Satz 1 HGB) – Fifo-Verfahren (first in – first out)	Zu diesen Verbrauchsfolgefiktionen gehören u.a. – das Lifo-, Fifo- und das Hifo-Verfahren. Dieses Verfahren unterstellt, daß – die zuerst angeschafften oder hergestellten Vermögensgegenstände auch zuerst verbraucht oder veräußert werden. Bei dieser Fiktion wird davon ausgegangen, daß sich die zuletzt angeschafften oder hergestellten Vermögensgegenstände noch im Verfügungsbereich der Gesellschaft befinden.

Der Endbestand ist mit den Anschaffungskosten der zuletzt beschafften Güter zu bewerten.

– Lifo-Verfahren
(last in – first out)

Bei diesem Verfahren wird unterstellt, daß
– die zuletzt angeschafften oder hergestellten Vermögensgegenstände zuerst verbraucht oder veräußert
werden.
Dabei gibt es zwei Formen:
– die permanente Lifo und
– die Perioden-Lifo,
bei der die Letztgenannte wesentlich geringere Aufwendungen an das Rechnungswesen stellt.

– Hifo-Verfahren
(highest in – first out)

Dieses Verfahren unterstellt, daß
– die mit den höchsten Preisen beschafften Vermögensgegenstände zuerst verbraucht
werden.
Bei dieser Verbrauchsfiktion wird davon ausgegangen, daß die Vermögensgegenstände mit den niedrigsten Preisen noch zu den Lagerbeständen der Gesellschaft zählen.

– steuerliche Zulässigkeit

Die Anerkennung des Fifo- oder Lifo-Verfahrens ist steuerrechtlich umstritten.

(Abschn. 36 Abs. 2 Satz 4
EStR)

Bei der Anwendung der Lifo-Methode ist der Nachweis zu erbringen, daß die diesem Verfahren unterstellte Reihenfolge im Verbrauch und in der Veräußerung den tatsächlichen Verhältnissen entspricht.
Die Hifo-Methode ist ohnehin steuerrechtlich nicht anerkannt.

– Anhang
(§ 284 Abs. 2 Nr. 4 HGB)

Ergibt die Bewertung wegen der Anwendung einer Bewertungsmethode nach § 240 Abs. 4, § 256 HGB
– im Vergleich zu einer Bewertung auf der Grundlage des letzten vor dem Abschlußstichtag bekannten Börsenkurses oder Marktpreises einen erheblichen Unterschied so ist
– der Unterschiedsbetrag im Anhang pauschal für die jeweilige Gruppe
auszuweisen.

**4. Übergangsvorschriften
für das Umlaufvermögen**
(Art. 24 Abs. 2 EGHGB iVm

§ 252,
§ 253 Abs. 1, 3 und 4,

Waren Vermögensgegenstände des Umlaufvermögens
– im Jahresabschluß für das am 31. Dezember 1986 endende oder laufende Geschäftsjahr
mit einem niedrigeren Wert angesetzt, als er nach den Vorschriften über
– allgemeine Bewertungsgrundsätze,
– Wertansätze der Vermögensgegenstände,

§ 254,	– steuerrechtliche Abschreibungen,	
§ 255 Abs. 1 und 2,	– Anschaffungs- und Herstellungskosten,	
§ 256,	– Bewertungsvereinfachungsverfahren,	
§ 279 Abs. 1 Satz 1, Abs. 2,	– Nichtanwendung von Vorschriften, Abschreibungen,	
§ 280 Abs. 1 und 2 HGB)	– Wertaufholungsgebot	

zulässig ist, so darf der niedrigere Wertansatz insoweit beibehalten werden als er aus Gründen

(§ 253 Abs. 3,   – des Niederstwertprinzips,

§ 254, § 279 Abs. 2,   – der steuerrechtlichen Abschreibungen,

§ 280 Abs. 2 HGB)   – der steuerrechtlichen Gewinnermittlung

angesetzt worden ist.

Die einzelnen Posten des Umlaufvermögens

I. Vorräte:

Gliederung
(§ 266 Abs. 2 B. I.-4. HGB)

Die bisherige aktienrechtliche Gliederung nach § 151 III. A. AktG der Vorräte wird künftig um den Posten
– »geleistete Anzahlungen«
erweitert.
Darüber hinaus wird der Posten
– »unfertige Erzeugnisse« um den Zusatz »unfertige Leistungen« ergänzt,
so daß sich daraus folgende Gliederung ergibt:
1. Roh-, Hilfs- und Betriebsstoffe;
2. unfertige Erzeugnisse, unfertige Leistungen;
3. fertige Erzeugnisse und Waren;
4. geleistete Anzahlungen.

Ausweiserleichterung
– Kleine GmbH

(§ 266 Abs. 1 Satz 2 iVm
§ 266 Abs. 2 B. I. 1.-3. HGB)

Für die kleinen Gesellschaften mit beschränkter Haftung können die Posten 1 bis 4 zu einem Posten unter der Bezeichnung
»Vorräte«
zusammengefaßt werden.

Handelsunternehmen
(§ 266 Abs. 2 B. I. 1.-3. HGB)

Hinsichtlich der Gliederung treten bei Handelsunternehmen Veränderungen auf:
– der Posten »unfertige Erzeugnisse, unfertige Leistungen« entfällt,
– der Posten B. I. 1. wird auf »Hilfs- und Betriebsstoffe« und
– der Posten B. I. 3. wird auf »Waren« beschränkt.

B. Bilanz	**1. Roh-, Hilfs- und Betriebsstoffe**

Ausweis
(§ 266 Abs. 2 B.I.1. HGB)

Unter diesem Posten sind
– die fremdbezogenen noch unverarbeiteten oder nicht verbrauchten Stoffe
auszuweisen.

– Rohstoffe

Dabei bilden
– die unmittelbar in die Fertigung eingehenden Rohstoffe den Hauptbestandteil innerhalb der Vorräte,

– Hilfsstoffe

– während die Hilfsstoffe nur als untergeordneter Bestandteil in die Fertigung eingehen
oder

– Betriebsstoffe

– die Betriebsstoffe als Verbrauchsmaterial dem Fertigungsprozeß dienen.
(vgl. Kropff in AktG-Kom. § 151 Anm. 46).

Bewertung zu B.I.1.

Die Vorräte sind grundsätzlich zu
– den Anschaffungskosten einschließlich der Anschaffungsnebenkosten,
vermindert um etwaige Rabatte und Skonti
zu bewerten.
Es gilt der Grundsatz der Einzelbewertung.

– Ansatz einer niedrigeren Bewertung
(§ 253 Abs.3 HGB)

Eine niedrigere Bewertung als zu den Anschaffungs- oder Herstellungskosten hat zu erfolgen, wenn sich
– aus dem Börsen- oder Marktpreis am Abschlußstichtag ein niedrigerer Wert ergibt oder wenn
– der den Vermögensgegenständen beizulegende Wert niedriger ist.
Ferner ist eine niedrigere Bewertung geboten bei
– überalteten Beständen,
– Beständen, die Beschädigungen aufweisen sowie bei
– nur noch bedingt verwendbaren Beständen.

– Festbewertung

Eine Festbewertung für Roh-, Hilfs- und Betriebsstoffe setzt voraus, daß
– die Stoffe regelmäßig ersetzt werden und der Bestand
– in seiner Größe, seinem Wert und seiner Zusammensetzung nur geringen Veränderungen unterliegt sowie
– sein Gesamtwert für die Gesellschaft von nachrangiger Bedeutung ist.
Eine körperliche Bestandsaufnahme ist
– idR alle drei Jahre
durchzuführen.

– Überbestände
(§ 253 Abs.3 HGB)

Die Bewertung hat auf Basis der Veräußerungswerte zu erfolgen. Dabei ist der Absatzmarkt maßgebend.

124

– Steuerbilanz (§ 6 Abs. 1 Nr. 2 EStG)	Wirtschaftsgüter des Vorratsvermögens sind mit – den Anschaffungs- oder Herstellungkosten oder mit – dem niedrigeren Teilwert anzusetzen. Der Teilwert entspricht dem Marktpreis, wenn dieser unter den Anschaffungskosten liegt.

2. unfertige Erzeugnisse, unfertige Leistungen

Ausweis	Bei unfertigen Erzeugnissen handelt es sich um – Erzeugnisse, für die bereits durch Be- oder Verarbeitung Aufwendungen entstanden, die jedoch in ihrer gegenwärtigen Form noch nicht auslieferungsfähig sind. (vgl. Kropff in AktG-Kom. § 151 Anm. 47). Als unfertige Leistungen sind – »in Arbeit befindliche Aufträge« von Dienstleistungsunternehmen zu bezeichnen. Unfertigen Leistungen fehlt der körperliche Gegenstand. Ferner ist die vollständige Leistungserbringung noch nicht abgeschlossen.
Bewertung zu B.I.2.	Die unfertigen Erzeugnisse und unfertigen Leistungen sind grundsätzlich – zu den bereits angefallenen Herstellungskosten zu bewerten.
– niedrigerer Wertansatz	Die Ermittlung des Wertes für unfertige Erzeugnisse bei einer niedrigeren Bewertung als zu den Herstellungskosten ist grundsätzlich vom Absatzmarkt aus vorzunehmen: – es kommt der vorsichtig zu schätzende Verkaufserlös vermindert um die noch anfallenden Aufwendungen und Erlösschmälerungen in Betracht. (vgl. Kropff in AktG-Kom. § 155 Anm. 42).
– Ermittlung der Herstellungskosten	Es sind die Lifo-, Fifo- und die anderen nach § 256 HGB zulässigen Verfahren anzuwenden.

3. fertige Erzeugnisse und Waren

Ausweis (§ 266 Abs. 2 B.I.3. HGB)	Zu den fertigen Erzeugnissen gehören die Vorräte erst dann, wenn sie versandfertig sind. (vgl. Kropff in AktG-Kom. § 151 Anm. 48).
– in Montage befindliche Lieferungen	Diese können regelmäßig vor Fakturierung nicht als Forderungen ausgewiesen werden. (vgl. ADS § 151 Tz. 126).

	– Veredlungsarbeiten	Ausweis des Gesamtwerts unter Vorräten durch Passivierung der aus der Materiallieferung entstandenen Verpflichtungen.

Hat die Gesellschaft kein Eigentum am Material erworben (§ 950 BGB), so ist ein gesonderter Ausweis der Veredlungsarbeiten geboten.
(vgl. ADS § 151 Tz. 125).

Bewertung zu B.I.3.
(§ 253 Abs. 1 HGB)

Sie hat grundsätzlich zu den angefallenen Herstellungskosten zu erfolgen, soweit nicht nach dem Niederstwertprinzip eine niedrigere Bewertung notwendig ist.

Waren
(§ 266 Abs.2 B.I.3. HGB)

Waren sind zur Weiterveräußerung angeschaffte bewegliche Sachen.

– Ausweis
(§ 266 Abs. 2 B.I.3. HGB)

Es sind hierunter auszuweisen
– Handelsartikel fremder Herkunft,
– Waren ohne wesentliche Weiterverarbeitung im eigenen Betrieb als Zubehör zu eigenen Fertigungserzeugnissen.
(vgl. ADS § 151 Tz. 128).

– in Kommission gegebene Waren

Ausweis unter dem Posten »Waren« und nicht als Debitoren.

– in Kommission genommene Waren

Derartige Waren sind nicht von der Gesellschaft zu aktivieren.
(vgl. Kropff in AktG-Kom. § 151 Anm. 48).

– Leihemballagen

Ausweis grundsätzlich als Betriebs- und Geschäftsausstattung im Anlagevermögen.
Dagegen ist bei einem Wahlrecht des Abnehmers zwischen Erwerb und Rückgabe der Leihemballagen ein Ausweis unter »Vorräten« zulässig.
Bei Berechnung und Ausweis als Forderung ist eine Rückstellung in Höhe des berechneten Pfandgeldes zu bilden.
(vgl. Kropff in AktG-Kom. § 151 Anm. 48)

Bewertung zu B.I.3.

Waren sind
– mit den Anschaffungskosten einschließlich der Anschaffungsnebenkosten
zu bewerten.

– Vergleich nach dem Niederstwertprinzip

Für den Vergleich sind sowohl der Absatz- als auch der Beschaffungsmarkt heranzuziehen. Als Vergleichswert dient der niedrigere der beiden Werte.

– weitere Wertabschläge
(§ 253 Abs. 3 Satz 3, § 254 HGB)

können bei
– Wertschwankungen und
– steuerrechtlichen Vorschriften
eintreten.

126

Eigentumsvorbehalte Dritter	Eigentumsvorbehalte sind bei der Bilanzierung erst dann zu berücksichtigen, wenn diese geltend gemacht werden. **B. Bilanz**
– Sicherungsübereignung	Eine solche schließt den Ausweis des Gegenstandes unter den Vorräten nicht aus.
Verrechnungsverbot (§ 246 Abs. 2 HGB)	Ein Verrechnungsverbot besteht bei ungleichartigen Forderungen mit Verbindlichkeiten.

4. geleistete Anzahlungen

Anzahlungen sind Vorleistungen auf schwebende Geschäfte aus Lieferungs- oder Leistungsverträgen für noch ausstehende Lieferungen oder Leistungen. Die Aktivierbarkeit der später zu erbringenden Lieferung oder Leistung gibt dabei keinen Ausschlag.
(vgl. ADS § 157 Tz. 133 f).

Ausweis (§ 266 Abs. 2 B. I. 4. HGB)	Unter dem Posten »geleistete Anzahlungen« sind – die für den Erwerb von Roh-, Hilfs- und Betriebsstoffen sowie auf Waren geleistete Anzahlungen auszuweisen.
– Verrechnungsverbot (§ 246 Abs. 2 HGB)	Eine Verrechnung zwischen geleisteten und erhaltenen Anzahlungen ist nicht zulässig.
Bewertung zu B. I. 4.	Der Ansatz hat grundsätzlich in der Höhe des Anzahlungsbetrags zu erfolgen. Geleistete Anzahlungen sind wie Forderungen zu bewerten.
– nach dem Steuerrecht	Anzahlungen sind zu aktivieren und zwar ohne Rücksicht auf die Aktivierbarkeit der angezahlten Lieferung oder Leistung. (vgl. BFH v. 16.5.1973, BStBl. II 1974 S. 25).

II. Forderungen und sonstige Vermögensgegenstände:

Vorbemerkungen	Forderungen aus Umsatzgeschäften sind aufgrund ihrer Zweckbestimmung dem Ausweis im Umlaufvermögen zuzuordnen. (vgl. Kropff in AktG-Kom. § 151 Anm. 52).
– Vermerk der Restlaufzeit (§ 268 Abs. 4 Satz 1 HGB)	Der Betrag der Forderungen – mit einer Restlaufzeit von mehr als einem Jahr ist – bei jedem gesondert ausgewiesenen Posten zu vermerken.

B. Bilanz

– Erläuterung im Anhang
(§ 268 Abs. 4 Satz 2 HGB)

Sind unter dem Posten »sonstige Vermögensgegenstände« Beträge für Vermögensgegenstände ausgewiesen,
– die erst nach dem Abschlußstichtag rechtlich entstehen,
so sind Beträge größeren Umfangs im Anhang zu erläutern.

– Verrechnungsverbot
(§ 246 Abs. 2 HGB)

Forderungen dürfen nicht mit Verbindlichkeiten verrechnet werden.

– Wechsel

Durch Wechsel gedeckte Forderungen sind bei den entsprechenden Posten zu vermerken, da der bisherige Bilanzposten »Wechsel« künftig entfällt.

Ausweis
(§ 266 Abs. 2 B. II. 1.-4. HGB)

Zu den Forderungen und sonstigen Vermögensgegenständen gehören
– Forderungen aus Lieferungen und Leistungen sowie
– alle sonstigen Forderungen und sonstigen Vermögensgegenstände einschließlich der nicht abgerechneten Leistungen.

– nicht abgerechnete
Leistungen

Diese sind als gesonderter Posten unter Forderungen auszuweisen, wenn es sich um Vermögensgegenstände handelt.
(vgl. Begr. RegE 10/317 S. 81).

– antizipative RAP
(§ 268 Abs. 4 Satz 2 HGB)

Der Ausweis antizipativer Rechnungsabgrenzungsposten ist nur unter Forderungen zulässig.
Beträge größeren Umfangs sind
– im Anhang
zu erläutern.

– Forderungen gegenüber
Gesellschaftern
(§ 42 Abs. 3 GmbHG)

Forderungen dieser Art sind idR gesondert auszuweisen oder im Anhang anzugeben.
Werden diese unter anderen Posten ausgewiesen, so muß ihre Eigenschaft vermerkt werden.

Ausweiserleichterung
– kleine GmbH
(§ 266 Abs. 1 Satz 2 iVm
§ 267 Abs. 1 HGB)
Gliederung
(§ 266 Abs. 2 B. II. 1.-4. HGB)

Zusammenfassung der Posten 2 bis 4 und Ausweis unter der Bezeichnung
– »Forderungen und sonstige Vermögensgegenstände«.
Für große und mittelgroße Gesellschaften ergibt sich folgende Gliederung:
1. Forderungen aus Lieferungen und Leistungen;
2. Forderungen gegen verbundene Unternebhmen;
3. Forderungen gegen Unternehmen, mit denen ein Beteiligungsverhältnis besteht;
4. sonstige Vermögensgegenstände.

Ausweis (§ 266 Abs.2 B.II.1.HGB)	Unter diesem Posten sind Forderungen aus gegenseitigen Verträgen wie – Dienstleistungsverträgen, – Lieferungsverträgen, – Werkverträgen und ähnlichen Verträgen auszuweisen, die von der bilanzierenden Gesellschaft erfüllt sind, deren Erfüllung jedoch durch den Schuldner noch aussteht.
– Abzüge von den Forderungen	Preisnachlässe, Rabatte, Umsatzprämien sind abzuziehen.
– durch Ratenzahlungen getilgte Forderungen	Innerhalb eines Jahres eingehende Raten gehören nicht in den Ausweisvermerk. Dagegen ist der erst vom 13. Monat ab zu tilgende Teilbetrag auszuweisen.
– Restlaufzeit	Als Restlaufzeit gilt die Zeit zwischen dem Bilanzstichtag und dem voraussichtlichen Eingang der Forderung. (vgl. Kropff in AktG-Kom. § 151 Anm. 54).
– nicht unter diesem Posten auszuweisen	sind – Darlehensforderungen, Gewinnansprüche, Kautionen, Vorschüsse an Arbeitnehmer.
Bewertung zu B.II.1.	Die Forderungen sind grundsätzlich – mit ihrem Nominalbetrag anzusetzen.
– Abschreibungswahlrecht	Das Abschreibungswahlrecht gem. § 253 Abs. 3 Satz 3 HGB besteht auch für Forderungen, soweit dafür die Voraussetzungen dieser Vorschrift gegeben sind. Uneinbringliche Forderungen sind abzuschreiben.
– Forderungen mit Kreditrisiken	Diese Art von Forderungen sind – mit dem am Abschlußstichtag beizulegenden niedrigeren Wert anzusetzen.
– Lieferungen mit Rückgaberecht	Die Bewertung hat – höchstens zu den Anschaffungs- oder Herstellungskosten abzüglich voraussichtlich anfallender Rücknahmekosten und Wertminderungen für Beschädigungen auf dem Rücktransport zu erfolgen. (vgl. WP-Handb. 1981 S. 729).
– unverzinsliche oder niedrig verzinsliche Forderungen	Ansatz grundsätzlich mit ihrem auf der Basis eines normalen Zinsfußes ermittelten Barwerts, soweit nicht wegen Geringfügigkeit darauf verzichtet werden kann.

B. Bilanz

– Währungsforderungen	Bewertung zum – Umrechnungskurs des Tages ihrer Entstehung, sofern nicht die Umrechnung zum Kurs des Abschlußstichtags einen niedrigeren Wert ergibt.
– zweifelhafte Forderungen	Diese sind mit ihrem wahrscheinlichen Wert anzusetzen. Auch in steuerlicher Hinsicht unterliegen diese einer sorgfältigen kaufmännischen Beurteilung durch die bilanzierende Gesellschaft. (vgl. ADS § 155 Tz. 223; Kropff in AktG-Kom. § 155 Anm. 48).
Steuerbilanz (§ 6 Abs. 1 Nr. 2 EStG)	Die Forderungen sind in der Steuerbilanz – mit dem Anschaffungswert (Nominalwert) anzusetzen.
– Teilwertabschreibung	Für eine Abschreibung auf den niedrigeren Teilwert ist die derzeitige Wirtschaftslage des Schuldners maßgebend. Bei einer Teilwertabschreibung ist jeweils vom Netto-Forderungsbetrag auszugehen.

2. Forderungen gegen verbundene Unternehmen

	Für den Begriff der verbundenen Unternehmen iS des Handelsgesetzbuches gilt die Definition des § 271 Abs. 2 HGB, die ausschließlich für die Rechnungslegung Bestand hat.
Ausweis (§ 266 Abs. 2 B. II. 2. HGB)	Auszuweisen sind sämtliche Forderungen gegen verbundene Unternehmen – Forderungen aus dem Waren-, Leistungs- und Finanzverkehr mit verbundenen Unternehmen aus bereits von der bilanzierenden Gesellschaft erfüllten Umsatzgeschäften, bei denen die Gegenleistung des mit der Gesellschaft verbundenen Unternehmens noch aussteht; – Forderungen aus Beteiligungen (Dividenden und andere Gewinnausschüttungen);
(§§ 291, 292 AktG)	– Forderungen aus Unternehmensverträgen.
Bewertung zu B. II. 2.	Der Ansatz erfolgt idR zu den Anschaffungskosten, soweit nicht ein niedrigerer Wertansatz geboten oder zulässig ist.

3. Forderungen gegen Unternehmen, mit denen ein Beteiligungsverhältnis besteht

Ausweis (§ 266 Abs. 2 B. II. 3. HGB)	Unter diesem im Gliederungsschema neuen und im Gesetz nicht näher umschriebenen Posten sind Forderungen

130

aus dem Waren- und Leistungsverkehr auszuweisen, bei denen
- die Gegenleistung des anderen Vertragsteils noch aussteht und
- die nicht unter dem Begriff »verbundene Unternehmen« einzuordnen

sind.

Darüber hinaus muß am Abschlußstichtag ein Beteiligungsverhältnis bestehen.

(§ 271 Abs. 1 Satz 1,	Beteiligungen sind Anteile an anderen Unternehmen, die dauernd dem eigenen Geschäftsbetrieb dienen.
– Satz 3 HGB)	Als Beteiligung gelten im Zweifel Anteile an Kapitalgesellschaften, – die zwanzig vom Hundert übersteigen.
– nicht als Beteiligung auszuweisen	sind Ansprüche aus – Betriebs-, Gewinn-, Vertriebs- und ähnlichen Interessengemeinschaften sowie aus – Betriebspacht- und Betriebsüberlassungsverträgen.
Bewertung zu B.II.3.	Es gelten die bei den Forderungen üblichen Bewertungsgrundsätze: Bewertung idR zum Nominalwert (Anschaffungskosten).

4. sonstige Vermögensgegenstände

Ausweis (§ 266 Abs. 3 B.II.4. HGB)	Alle nicht an anderer Stelle auszuweisenden – sonstigen Forderungen und sonstigen Vermögensgegenstände sind unter diesem Posten auszuweisen. Unter diesem neu geschaffenen Bilanzposten sind u.a. künftig zu zeigen:
– Forderungen aus Krediten an Verwalt.-Mitgl.	– Forderungen aus Krediten an Verwaltungsmitglieder einschl. Geschäftsführer und Aufsichtsratsmitglieder einer GmbH;
– Ansprüche aus Gemeinschaften und Verträgen	– Ansprüche aus Betriebs-, Gewinn-, Vertriebs- und ähnlichen Interessengemeinschaften ferner – Ansprüche aus Betriebspacht- und Betriebsüberlassungsverträgen;
– Darlehen	– Darlehen, soweit diese nicht unter Finanzanlagen oder unter Forderungen an verbundene Unternehmen auszuweisen sind;

131

B. Bilanz

– Forderungen
– aus Bürgschaftsübernahmen und Treuhandverhältnissen;
– aus Lieferung vertretbarer Sachen (z. B. Wertpapierdarlehen, Ansprüche gegen Lagerhäuser auf Lieferung von Getreide);
– aus Überlassung und Übereignung übernommener Betriebe, Fahrzeuge, Grundstücke, Maschinene, Waren etc.;

– ferner sind hier
auszuweisen

Ansprüche auf
– Guthaben bei Bausparkassen
– Kautionen,
– Kostenvorschüsse (soweit nicht Anzahlungen),
– Rückkaufswerte von Lebensversicherungen,
– Schadenersatzansprüche,
– Steuererstattungsansprüche,
– Umsatz- und Treuerabatte,
– Versicherungsleistungen,
– Zinsen und Dividenden (soweit kein gesonderter Ausweis erfolgt).

Bewertung zu B.II.4.

Die Bewertung erfolgt nach den für Darlehensforderungen maßgeblichen Grundsätzen oder nach den für Forderungen aus Lieferungen und Leistungen entwickelten Grundsätzen ggf. unter Berücksichtigung der zugrunde liegenden Vertragsverhältnisse.

Steuerbilanz

Zu aktivieren sind u.a. antizipative Rechnungsabgrenzungsposten wie
– Erstattungsansprüche für überzahlte Steuern,
– rechtliche Ansprüche auf Umsatzbonus,

(Abschn. 41 Abs. 25 EStR)
– Rückdeckungsversicherungs-Ansprüche,
– Schadenersatzansprüche.

III. Wertpapiere:

Ausweis

Unter dieser Bilanzgruppierung sind Wertpapiere auszuweisen, die nicht zum Anlagevermögen gehören und jederzeit veräußerbar sind, soweit ihr Ausweis nicht unter anderen Posten erforderlich ist.
Dazu gehören auch
– nicht verbriefte Anteile an Unternehmen, soweit sie nicht Anlagevermögen sind.
Wechsel dürfen als Wertpapiere nur ausgewiesen werden, wenn der Gesellschaft nicht die der Ausstellung zugrunde liegende Forderung zusteht.

Gliederung (§ 266 Abs. 2 B.III.1.–3. HGB)	1. Anteile an verbundenen Unternehmen; 2. eigene Anteile; 3. sonstige Wertpapiere.

Ausweiserleichterung
– kleine GmbH
(§ 266 Abs. 1 Satz 2 iVm
§ 267 Abs. 1 HGB)

Für kleine Gesellschaften mit beschränkter Haftung gilt die Zusammenfassung der Posten 1 bis 3 unter der Bezeichnung »Wertpapiere«.

1. Anteile an verbundenen Unternehmen

Ausweis
(§ 266 Abs. 2 B.III.1. HGB)

Zu diesem im Gliederungsschema neuen Posten gehören
– die Anteile an verbundenen Unternehmen ohne Daueranlage.

Bewertung zu B.III.1.

Für die Bewertung ist
– der Anschaffungswert
anzusetzen.

2. eigene Anteile

Ausweis
(§ 266 Abs. 2 B.II.2. HGB)

Der gesonderte Ausweis eigener Anteile ist zwingend.
Ein Ausweis unter anderen Posten ist nicht zulässig.

Erwerb eigener Anteile
(§ 33 Abs. 1 GmbHG)

Eine Gesellschaft kann eigene Geschäftsanteile, auf welche die Einlagen noch nicht vollständig geleistet sind, nicht erwerben.

(§ 33 Abs. 2 GmbHG,
§ 272 Abs. 4 HGB)

Dagegen ist der Erwerb eigener Anteile zulässig, soweit die Gesellschaft in der Lage ist, in Höhe dieser Anteile eine Rücklage zu bilden, ohne das Stammkapital oder eine nach dem Gesellschaftsvertrag gebundene Rücklage zu mindern, die nicht zu Zahlungen an die Gesellschafter verwandt werden darf.

Bewertung zu B.III.2.

Bei der Bewertung ist von den für das Umlaufvermögen maßgeblichen Grundsätzen unter Beachtung des Niederstwertprinzips auszugehen.

3. sonstige Wertpapiere

Ausweis
(§ 266 Abs. 2 G.II.3. HGB)

Unter diesem Sammelposten des Umlaufvermögens erfolgt der Ausweis
– aller nicht gesondert auszuweisenden Wertpapiere.
Ferner sind unter diesem Posten
– Besitzwechsel, denen keine Forderung zugrunde liegt,
– Schatzwechsel wegen des überwiegenden Wertpapiercharakters,

– Finanzwechsel sowie
– Zins- und Dividendenscheine
auszuweisen.

Bewertung zu B.III.3.

Die Anschaffungskosten einschließlich Nebenkosten gelten als Bewertungsgrundlage.

– Ermittlung der Anschaffungskosten der Wertrpapiere

Die Verwendung der Verfahren nach § 256 HGB (Fifo-, Lifo- und ähnliche Verfahren) ist zulässig.
Das Niederstwertprinzip ist dabei stets zu beachten.
Als Vergleichswert gilt der um die Verkaufsspesen verminderte Börsenkurs.
Der Ansatz der Wertpapiere kann
– höchstens zu dem für den am Abschlußstichtag erzielten Betrag
erfolgen.

– niedrigere Bewertung
(nach § 253 Abs. 3 Satz 3
HGB)

Eine solche Bewertung ist vorzunehmen,
– sofern im Zeitraum von etwa zwei Jahren nach vernünftiger kaufmännischer Beurteilung mit Verlusten zu rechnen ist.

– – bei steigenden Kursen

Der Ansatz bis zu den ursprünglichen Anschaffungskosten ist zwingend, da der niedrigere Wertansatz nicht beibehalten werden darf, wenn dieser nicht mehr begründet ist.

– nach dem Steuerrecht
(§ 6 Abs. 1 Nr. 2 EStG)

Die Bewertung hat nach den allgemeinen Grundsätzen für das Umlaufvermögen zu erfolgen.

IV. Schecks, Kassenbestand, Bundesbank- und Postgiroguthaben, Guthaben bei Kreditinstituten

Gliederung
(§ 266 Abs. 2 B. IV. HGB)

Diese Postengruppierung ist deckungsgleich mit den Posten § 151 III. B. 4. bis B. 6. AktG Umlaufvermögen der bisherigen aktienrechtlichen Gliederung:
1. Schecks;
2. Kassenbestand, Bundesbank- und Postgiroguthaben;
3. Guthaben bei Kreditinsituten.

Die zu einem Hauptposten zusammengefaßten flüssigen Mittel können in die bewährten Einzelposten bei Bedarf aufgegliedert werden.

1. Schecks

Ausweis (§ 266 Abs. 2 B.IV. HGB)	Zum Scheckbestand gehören – idR am letzten Tage des Geschäftsjahrs eingegangene Schecks, die nicht mehr zur Bank weitergegeben werden konnten.
– vordatierte Schecks (Art. 28 Abs. 2 ScheckG)	Ausweis gleichfalls als Scheckbestand, da sie am Tage der Vorlage fällig sind.
Bewertung zu B.IV.	Schecks sind wie Forderungen zu bewerten.

2. Kassenbestand, Bundesbank- und Postgiroguthaben
(§ 266 Abs. 2 B.IV. HGB)

Ausweis des Kassenbestands	Unter »Kassenbestand« sind die Bestände am Abschlußstichtag der – Hauptkasse, sämtlicher Nebenkassen einschließlich ausländischer Sorten auszuweisen.
– Hinzurechnung	Die nichtverbrauchten Wertmarkenbestände wie – Brief-, Gerichtskosten, Wechselsteuer- und ähnliche Marken, – ebenso die nicht verbrauchten Francotypwerte sind hinzuzurechnen.
Bewertung zu B.IV.	Die gleichfalls für Bundesbank- und Postgiroguthaben maßgebende Bewertung ist – zum Nennwert vorzunehmen.
– ausländische Sorten	Ihr Ansatz hat – zum Tageskurs des Abschlußstichtags zu erfolgen. Liegt eine Abwertung der ausländischen Währung nahe, so ist eine niedrigere Bewertung nach § 253 Abs. 3 HGB in Betracht zu ziehen. (vgl. ADS § 155 Tz. 225).

3. Guthaben bei Kreditinstituten

Ausweis (§ 266 Abs. 2 B.IV. HGB)	Unter diesem Posten sind: – Forderungen an inländische Kreditinstitute einschließlich der Sparkassen (vgl. § 1 KWG) oder gleichartiger ausländischer Institute aus dem Kreditverkehr und zwar sowohl täglich fällige Gelder als auch Festgelder auszuweisen. Eingeräumte, aber nicht in Anspruch genommene Kredite sind bilanzmäßig nicht zu erfassen.
– Saldierung	Gleichartige Guthaben und Verbindlichkeiten gegenüber

B. Bilanz

– Guthaben bei verbundenen
Kreditinstituten
– nicht unter B.IV. auszuweisen

Bewertung zu B.IV.

demselben Kreditinstitut sind bei gleicher Fälligkeit zu saldieren.
Dagegen ist eine entsprechende Aufrechnung von Guthaben und Verbindlichkeiten bei verschiedenen Kreditinstituten nicht zulässig.
Der Vermerk der Mitzugehörigkeit zu den Forderungen gegen verbundene Unternehmen ist erforderlich.

sind
– Ansprüche an Kreditinstitute aus Konsortialgeschäften,
– bei ausländischen Banken gesperrte Guthaben,
– Guthaben bei Bausparkassen (Ausweis unter »sonstige Vermögensgegenstände«).

Die Bewertung hat
– zum Nennwert
zu erfolgen.
Guthaben bei notleidend gewordenen Kreditinstituten sind wie Forderungen
– mit ihrem wahrscheinlichen Wert
anzusetzen.
Ihr Ausweis ist unter dem Posten
– »sonstige Vermögensgegenstände«
vorzunehmen.

C. Rechnungsabgrenzungsposten

(§ 266 Abs. 2 C. HGB)

Ausweis
– auf der Aktivseite
(§ 250 Abs. 1 Satz 1 HGB)

Als Rechnungsabgrenzungsposten sind auf der Aktivseite
– Ausgaben vor dem Abschlußstichtag
auszuweisen, soweit sie
– Aufwand für eine bestimmte Zeit nach diesem Tag
darstellen.
Ferner dürfen ausgewiesen werden:

– Zölle, Verbrauchssteuern
(§ 250 Abs. 1 Satz 1 HGHB)

– als Aufwand berücksichtigte Zölle und Verbrauchsteuern, soweit sie auf am Abschlußstichtag auszuweisende Vermögensgegenstände des Vorratsvermögens entfallen,

– Umsatzsteuer auf
Anzahlungen
(§ 250 Abs. 1 Nr. 2 HGB)

– als Aufwand berücksichtigte Umsatzsteuer auf am Abschlußstichtag auszuweisende oder von den Vorräten offen abgesetzte Anzahlungen.

– Wahlrecht

Für Aufwendungen nach § 250 Abs. 1 Nr. 1 und Nr. 2 HGB besteht hinsichtlich der Aktivierung ein Wahlrecht.

– transitorische Abgrenzungsposten

Im übrigen bleibt die bisherige Regelung des § 152 Abs. 9 AktG bestehen, daß nur noch
– der Ausweis transitorischer Posten zulässig ist.
Bei den transitorischen Abgrenzungsposten handelt es sich im einzelnen um
– Vorauszahlungen von Beiträgen, Honoraren, Mieten, Pachten, Versicherungsprämien, Zinsen und ähnlichen Aufwendungen.

– Voraussetzungen für die
Aktivierung bzw. Passivierung als RAP

Als Voraussetzungen kommen grundsätzlich in Betracht
– der Zahlungsvorgang vor dem Abschlußstichtag,
– die Erfolgswirksamkeit des Vorgangs nach dem Abschlußstichtag,
– Aufwand und Ertrag betreffen eine bestimmte Zeit nach dem Abschlußstichtag.

– Zahlungsvorgänge iS
der Vorschrift

sind
– bare (Kasse) wie auch unbare (Bank, Postscheck) Zahlungsvorgänge sowie
– die Hergabe und Entgegennahme eines Wechsels.
Den Zahlungsvorgängen stehen
– solche Einbuchungen von Forderungen oder Verbindlichkeiten gleich, die bei vertragsmäßiger Abwicklung durch Zahlungsvorgänge vor dem Abschlußstichtag erloschen wären.
(vgl. ADS § 152 Tz. 180; Kropff in AktG-Kom. § 152 Anm. 94).

B. Bilanz	– nach dem Steuerrecht (§ 5 Abs. 3 Nr. 1 EStG)	Auch in der Steuerbilanz hat grundsätzlich – ein Aktivierungsgebot mit der Beschränkung auf transitorische Posten Bestand.
	– nicht als RAP auszuweisen	sind – antizipative Aktiva und Passiva: – Erträge und Aufwendungen des abgelaufenen Geschäftsjahrs, die erst später zu Einnahmen und Ausgaben führen.
	– – Ausweis antizipativer Posten	Die antizipativen Posten sind – auf der Aktivseite als »Forderungen« oder »sonstige Vermögensgegenstände« und – auf der Passivseite als »Verbindlichkeiten« auszuweisen.
	Disagio (§ 250 Abs. 3 Satz 1 HGB)	Ist der Rückzahlungsbetrag einer Verbindlichkeit höher als der Ausgabebetrag, so darf – der Unterschiedsbetrag in den Rechnungsabgrenzungsposten auf der Aktivseite aufgenommen werden.
	Ausweis (§ 268 Abs. 6 HGB)	Der zu aktivierende Unterschiedsbetrag ist – gesondert auszuweisen oder im Anhang anzugeben.
	– Abschreibung des Unterschiedsbetrags (§ 250 Abs. 3 Satz 2 HGB)	Ein nach § 250 Abs. 3 HGB ausgewiesener Unterschiedsbetrag ist – durch planmäßige jährliche Abschreibungen, die auf die gesamte Laufzeit verteilt werden können, zu tilgen.
	– – außerplanmäßige Abschreibung	Die Pflicht zur Vornahme einer außerplanmäßigen Abschreibung besteht bei vorzeitiger Rückzahlung der Verbindlichkeit oder bei wesentlicher Ermäßigung des Zinsniveaus.
	– nach dem Steuerrecht (Abschn. 37 Abs. 3 EStR)	Der Unterschiedsbetrag – Agio, Disagio, Damnum, Abschluß-, Bearbeitungs- oder Verwaltungsgebühren ist als Rechnungsabgrenzungsposten auf die Laufzeit des Darlehens zu verteilen. (BFH-Urt. v. 19.1.1978 – BStBl. II, 262).

	Gliederung (§ 266 Abs. 2 C. HGB)	Bei Aufnahme eines Disagios in den Rechnungsabgrenzungsposten ergibt sich als Gliederung:
		C. Rechnungsabgrenzungsposten
		   I. Disagio
		   II. Sonstige.

Ausweis
(§ 268 Abs. 3 HGB)

Nach Aufzehrung des Eigenkapitals ist
– ein Überschuß der Passivposten über die Aktivposten
am Schluß der Bilanz auf der Aktivseite als
– »nicht durch Eigenkapital gedeckter Fehlbetrag«
auszuweisen.
Mit diesem Ausweis wird die zumindest buchmäßige
Überschuldung der Gesellschaft angezeigt.
(vgl. BegrRegE 10/317 S. 78).

A. Eigenkapital

A. Eigenkapital

1. Ausweis

Zu einer Gruppe Eigenkapital zusammengefaßt sind entgegen der bisherigen Regelung des § 151 Abs. 1 AktG
– sämtliche Eigenkapitalposten unter Einbeziehung eines Gewinns oder Verlusts sowie eines Gewinn- oder Verlustvortrags auszuweisen,
so daß
– ein Bilanzgewinn (Jahresüberschuß)
oder
ein Bilanzverlust (Jahresfehlbetrag)
nicht mehr am Ende der Bilanz auf der Passiv- bzw. auf der Aktivseite erscheint.

2. Gliederung

Diese neu für das deutsche Bilanzrecht bestimmte Zusammenfassung aller Posten mit Eigenkapitalcharakter ist untergliedert in:
   I. Gezeichnetes Kapital;
  II. Kapitalrücklage;
 III. Gewinnrücklagen:
     1. gesetzliche Rücklage;
     2. Rücklage für eigene Anteile;
     3. satzungsmäßige Rücklagen;
     4. andere Gewinnrücklagen.
 IV. Gewinnvortrag/Verlustvortrag;
  V. Jahresüberschuß/Jahresfehlbetrag.

20 Wertaufholungsrücklage

Die ursprünglich im Regierungsentwurf 10/317 vorgesehene Wertaufholungsrücklage ist nicht übernommen worden, da sich eine solche Rücklage nicht aus der Vierten Richtlinie ergibt.
Zur Bildung einer solchen Rücklage bedarf es keiner ausdrücklichen gesetzlichen Regelung; diese kann auch im Rahmen der Gewinnverwendung erfolgen.

21 Eigenkapitalveränderungen

Veränderungen der einzelnen Posten des Eigenkapitals sind
– in der Bilanz oder im Anhang anzugeben,
sofern sie nicht im Rahmen der Darstellung der Ergebnisverwendung ausgewiesen werden.
Für einen solchen Ausweis kommen u. a.
– Kapitalerhöhungen, Kapitalherabsetzungen, Zuzahlungen der Gesellschafter nach § 272 Abs. 2 Nr. 3 HGB oder die Gewährung eines Gesellschafterzuschusses
in Betracht.

143

I. Gezeichnetes Kapital

(§ 272 Abs. 1 Satz 1 HGB)

Als gezeichnetes Kapital gilt
– das Kapital, auf das die Haftung der Gesellschafter für die Verbindlichkeiten der Gesellschaft gegenüber den Gläubigern beschränkt ist.

– Ansatz
(§ 283 HGB)

Das gezeichnete Kapital ist zum Nennbetrag anzusetzen.

Ausstehende Einlagen
– Ausweis
(§ 273 Abs. 1 Satz 2,

Die ausstehenden Einlagen auf das gezeichnete Kapital sind
– auf der Aktivseite vor dem Anlagevermögen gesondert auszuweisen und entsprechend zu bezeichnen,
– die davon eingeforderten Einlagen sind zu vermerken.

– Satz 3 HGB)

Die nicht eingeforderten ausstehenden Einlagen dürfen auch
– von dem Posten »Gezeichnetes Kapital« offen abgesetzt werden.
In diesem Falle ist der verbleibende Betrag
– als Posten »Eingefordertes Kapital« in der Hauptspalte der Passivseite auszuweisen sowie
– der eingeforderte, aber noch nicht eingezahlte Betrag
– unter den Forderungen gesondert auszuweisen
und entsprechend zu bezeichnen.

– Bewertung

Die ausstehenden Einlagen sind wie jede andere Forderung
– mit dem ihnen am Abschlußstichtag beizulegenden Wert
anzusetzen.

Stammkapital
– Ausweis
(§ 42 Abs. 1,

In der Bilanz des nach den §§ 242, 264 HGB aufzustellenden Jahresabschlusses ist das Stammkapital
– als gezeichnetes Kapital
auszuweisen.

§ 3 Abs. 1 Nr. 3 GmbHG)

Der Ausweis hat in Höhe des vollen Nennwerts zu erfolgen.
Maßgebend für die Bilanzierung ist der am Abschlußstichtag im Handelsregister eingetragene Betrag.

– Mindestnennbetrag
– – Stammkapital
(§ 5 Abs. 1 Satz 1 erster Halbsatz, Abs. 3 Satz 3 GmbHG)

Das Stammkapital der Gesellschaft muß
– mindestens fünfzigtausend Deutsche Mark
betragen und mit dem Gesamtbetrag der Stammeinlagen übereinstimmen.

Das Erfordernis für den Mindestnennbetrag des Stammkapitals gilt unmittelbar für

– Gesellschaften, die nach dem 31.12.1980 zur Eintragung im Handelsregister anzumelden
sind.

Für Altgesellschaften gilt die Übergangsregelung Art. 12 § 1 des Änderungsgesetzes vom 4.7.1980:

– nach Ablauf der fünfjährigen Übergangszeit ist ab 1.1.1986 der gesetzliche Mindestbetrag von fünfzigtausend Deutsche Mark für alle Gesellschaften mbH
maßgebend.

– – Stammeinlage
(§ 5 Abs. 1 Satz 1
zweiter Halbsatz, Abs. 3

Die Stammeinlage jedes Gesellschafters muß
– mindestens fünfhundert Deutsche Mark
betragen.

Satz 1 und 2 GmbHG)

Der Betrag der Stammeinlage kann für die einzelnen Gesellschafter verschieden bestimmt werden. Er muß in Deutsche Mark durch hundert teilbar sein.

– Erhöhung des
  Stammkapital
(§§ 53, 54, 57 GmbHG)

Der Ausweis des erhöhten Stammkapitals ist in der Bilanz erst von dem Zeitpunkt an zulässig, indem
– der Beschluß über die Kapitalerhöhung im Handelsregister eingetragen
ist.

– – Durchführung der
     Erhöhung

Die Erhöhung des Stammkapitals erfolgt gegen
– Bareinlagen (§ 55 GmbHG) und/oder
– Sacheinlagen (§ 56 GmbHG).
Voraussetzung ist, daß auf das erhöhte Kapital

(§ 56a, § 57 Abs. 2
GmbHG)

– die Einlageleistungen erbracht
sind.

– – aus Gesellschafts-
     mitteln
(§ 2 Abs. 1 KapErhG)

Diese Erhöhungsart bedarf lediglich der Umbuchung von umwandlungsfähigen Rücklagen.

– Herabsetzung des
  Stammkapitals
(§ 53 Abs. 2, § 54,
  § 58 Abs. 1 Nr. 3 GmbHG)

Der Ausweis des herabgesetzten Kapitals kann in der Bilanz
– erst nach Ablauf des Sperrjahrs
erfolgen.

II. Kapitalrücklage

Ausweis
(§ 272 Abs. 2 Nr. 1 HGB)

Als Kapitalrücklage ist auszuweisen
– der Betrag, der bei der Ausgabe von Anteilen einschließlich von Bezugsanteilen über den Nennbetrag hinaus erzielt
wird.

B. Bilanz

– Agio
(§§ 3, 55 GmbHG)

Die Zahlung eines Aufgeldes (Agio) kann sich bei
– Gründung einer Gesellschaft
  oder bei einer
– Kapitalerhöhung gegen Einlagen
ergeben.

– – gesonderter Ausweis

Der gesonderte Ausweis des Agio unter den Kapitalrücklagen ergibt sich unmittelbar aus Artikel 9 der Vierten Richtlinie.
Der Gesetzgeber will damit besser zum Ausdruck bringen, daß es sich dabei um
– Einzahlungen der Gesellschafter und nicht um einbehaltene Gewinne
handelt.
(vgl. BegrRegE. 10/317 S. 102).

– Schuldverschreibungen
(§ 272 Abs. 2 Nr. 2 HGB)

Ferner ist als Kapitalrücklage auszuweisen
– der Betrag, der bei der Ausgabe von Schuldverschreibungen für Wandlungsrechte und Optionsrechte zum Erwerb von Anteilen erzielt wird.
Den gesonderten Ausweis des Agios schreibt Artikel 9 Passivseite A II der Vierten Richtlinie vor, der mehr für Aktiengesellschaften in Betracht kommen dürfte.

– Zuzahlungen der
  Gesellschafter
(§ 272 Abs. 2 Nr. 3 HGB)

Als Kapitalrücklage ist außerdem auszuweisen
– der Betrag von Zuzahlungen, die Gesellschafter gegen Gewährung eines Vorzugs für ihre Anteile leisten.
Zuzahlungen gegen Gewährung eines Vorzugs können sich
– durch den Gesellschaftsvertrag, die Satzung oder durch einen entsprechenden Beschluß der Gesellschafterversammlung
ergeben.

– andere Zuzahlungen
(§ 272 Abs. 2 Nr. 4 HGB)

Darüber hinaus ist als Kapitalrücklage
– der Betrag von anderen Zuzahlungen, die Gesellschafter in das Eigenkapital leisten,
auszuweisen.

Einstellungen, Auf-
lösungen
(§ 270 Abs. 1 Satz 1 HGB)

Einstellungen in die Kapitalrücklage und deren Auflösung sind
– bereits bei der Aufstellung der Bilanz
vorzunehmen.

eingeforderte Nach-
schüsse
(§ 42 Abs. 2 Satz 1 GmbHG)

Nachschußforderungen sind wie bisher nur insoweit zu aktivieren
– als ihre Einziehung bereits beschlossen ist und
– den Gesellschaftern ein Recht durch Verweisung auf den Geschäftsanteil sich von der Zahlung der Nachschüsse zu befreien, nicht zusteht.

– Ausweis
(§ 42 Abs. 2 Satz 2,
	Der nachzuschießende Betrag ist
	– auf der Aktivseite unter den Forderungen gesondert
	  unter der Bezeichnung
	  – »Eingeforderte Nachschüsse«
	  auszuweisen, soweit mit der Zahlung gerechnet wer-
	  den kann.

– Satz 3 GmbHG)	Ein dem Aktivposten entsprechender Betrag ist – auf der Passivseite in dem Posten – »Kapitalrücklage« gesondert auszuweisen.

– Verwendung der einge-
  zahlten Nachschüsse
 	
(§ 2 Abs. 1 Nr. 2 KapErhG)
(§ 30 Abs. 2 Satz 1 GmbHG)
	Die eingezahlten Nachschüsse unterliegen bestimmten
	Verwendungszwecken und dienen
	– der Tilgung eines Bilanzverlustes oder Verlustvor-
	  trags,
	– der Kapitalerhöhung aus Gesellschaftsmitteln,
	– der Rückzahlung an die Gesellschafter.

III. Gewinnrücklagen

Ausweis
(§ 272 Abs. 3 Satz 1,
 	
– Satz 2 HGB)
	Als Gewinnrücklagen dürfen
	– nur Beträge ausgewiesen werden, die im Geschäftsjahr
	  oder in einem früheren Geschäftsjahr aus dem Ergeb-
	  nis gebildet worden sind.
	  Dazu gehören
	– gesetzliche oder auf Gesellschaftsvertrag oder Satzung
	  beruhende Rücklagen und andere Gewinnrücklagen.
	  Rücklagen dieser Art wurden nach dem bisherigen Recht
	  als »Offene Rücklagen« ausgewiesen.

Entnahmen und Einstellungen (§ 270 Abs. 2 HGB)	Wird die Bilanz nach vollständiger oder teilweiser Ver- wendung des Jahresergebnisses aufgestellt, so sind – Entnahmen aus Gewinnrücklagen, sowie – Einstellungen in Gewinnrücklagen, die nach Gesetz, Gesellschaftsvertrag oder Satzung vor- zunehmen sind oder aufgrund solcher Vorschriften be- schlossen worden sind, bereits bei der Aufstellung der Bilanz zu berücksichtigen. Dies entspricht der bisherigen aktienrechtlichen Rege- lung des § 151 Abs. 4 Satz 2 AktG.
Gliederung	Die Gewinnrücklagen gliedern sich in: – gesetzliche Rücklage, – Rücklage für eigene Anteile, – satzungsmäßige Rücklagen, – andere Gewinnrücklagen.

147

Die Gewinnrücklagen im einzelnen:

1. gesetzliche Rücklage	Die Bildung und die Verwendung der gesetzlichen Rücklage gilt nur für alle Aktiengesellschaften.
2. Rücklage für eigene Anteile	Als gesetzlich vorgeschriebene Rücklage ist – ihr gesonderter Ausweis im Rahmen der Gewinnrücklagen zwingend vorgeschrieben.
20 Erwerb eigener Geschäftsanteile – § 33 Abs. 2 GmbHG)	Die Gesellschaft darf eigene Geschäftsanteile, auf welche die Einlagen noch nicht vollständig geleistet sind, nur erwerben, sofern – der Erwerb aus dem über den Betrag des Stammkapitals hinaus vorhandenen Vermögen geschehen und die Gesellschaft die nach § 272 Abs. 4 HGB vorgeschriebene Rücklage für eigene Anteile bilden kann, ohne das Stammkapital oder eine nach dem Gesellschaftsvertrag zu bildende Rücklage zu mindern, die nicht zu Zahlungen an die Gesellschafter verwandt werden darf.
21 Einstellung in die Rücklagen	In eine Rücklage für eigene Anteile ist ein Betrag einzustellen, – der dem auf der Aktivseite der Bilanz für die eigenen Anteile anzusetzenden Betrag entspricht.
– Zeitpunkt der Bildung (§ 272 Abs. 4 Satz 3 HGB)	Die bereits bei der Aufstellung der Bilanz vorzunehmende Rücklage darf – aus vorhandenen Gewinnrücklagen, soweit diese frei verfügbar sind, gebildet werden.
(§ 272 Abs. 4 Satz 4 HGB)	Die Rücklage für eigene Anteile ist auch für – Anteile eines herrschenden oder eines mit Mehrheit beteiligten Unternehmens zu bilden.
22 Auflösung der Rücklage	Die Rücklage darf nur aufgelöst werden, – soweit die eigenen Anteile ausgegeben, veräußert oder eingezogen werden oder – soweit nach § 253 Abs. 3 HGB auf der Aktivseite ein niedrigerer Betrag angesetzt wird.
23 Anhang	Nach herrschender Meinung ist im Anhang – die Rücklage für eigene Anteile zu erläutern.

3. satzungsmäßige Rücklagen
(§ 272 Abs. 3 Satz 2 HGB)

Eine Gesellschaft kann aufgrund des Gesellschaftsvertrags oder der Satzung zur Bildung satzungsmäßiger Rücklagen verpflichtet sein.
Ihrem Grunde nach sind
– satzungsmäßige Rücklagen unter dem Begriff der »Gewinnrücklagen« (bisherige Bezeichnung »Offene Rücklagen«)
einzuordnen.

30 Beschluß über die Gewinnverwendung
(§ 29 Abs. 2 GmbHG)

Die Neufassung des § 29 Abs. 2 GmbHG regelt die Befugnis der Gesellschafter-Versammlung. Mit dieser neuen Regelung, den erwirtschafteten Gewinn zumindest zum Teil in der Gesellschaft zu belassen, wird der Erhaltung und Fortentwicklung der Gesellschaft Rechnung getragen. Die Gesellschafter haben in diesem Falle nur Anspruch auf den verbleibenden Teil des Jahresüberschusses.
(vgl. BegrRegE. 10/317 S. 111).

31 zweckgebundene Rücklage

Bei satzungsmäßigen Rücklagen kann eine bestimmte künftige Zweckverwendung wie
– Erneuerungsrücklage,
– Rücklage für Rationalisierungsarbeiten
vorliegen.

– Anhang

Derartige Rücklagen sollten ihrer Zweckbestimmung nach gegliedert sein und
– im Anhang entsprechend § 264 Abs. 2 Satz 2 HGB erläutert werden.

– Auflösung der Rücklagen

Ihre Auflösung erfolgt erst nach Erreichung der jeweiligen Zweckbestimmung.

4. andere Gewinnrücklagen

Ausweis
(§ 266 Abs. 3 A. III. 4. HGB)

Unter diesem Posten sind
– alle nicht gesondert auszuweisenden Rücklagen darzustellen.

Preissteigerungsrücklage
(Abschn. 228 Abs. 5 Satz 2 EStR, § 281 HGB)

Da die Preissteigerungsrücklage wegen Fehlens einer Bindung an die Handelsbilanz
– nicht mehr in den »Sonderposten mit Rücklageanteil« eingestellt werden kann,
ist die Bildung einer Rücklage in Höhe des Eigenkapitalanteils zulässig.

– Ausweis
(§ 266 Abs. 3 A. II. 4. HGB)

Der Ausweis einer solchen Rücklage, deren Bildung bereits bei der Aufstellung der Bilanz vorzunehmen ist, hat gesondert zu erfolgen.
Der Fremdkapitalanteil der Preissteigerungsrücklage ist
– als Rückstellung für die Steuerabgrenzung
auszuweisen.

IV. Gewinnvortrag/Verlustvortrag
(§ 46 Nr. 1 GmbHG)

Als Gewinnvortrag gilt
– der keiner anderweitigen Verwendung unterliegende Betrag, der durch Gesellschafterbeschluß als nicht ausgeschütteter Teil des Bilanzgewinns vorzutragen ist.

Ausweis

Da die Form der Darstellung der Ergebnisverwendung bei der GmbH nicht im einzelnen vorgeschrieben ist, sind
– das Jahresergebnis und die Ergebnisverwendung dann zum Handelsregister einzureichen,
wenn sich diese Angaben nicht aus dem offengelegten Jahresabschluß ergeben.

– geltendes Recht

Nach dem neuen Recht kann
– die Darstellung der Ergebnisverwendung
– und damit des Gewinn- oder Verlustvortrags –
in einem Teil des Jahresabschlusses oder in einer besonderen Übersicht ausgewiesen werden.

– bisheriges Recht
(§ 157 AktG)

Das bisherige Recht sah einen Gewinnvortrag/Verlustvortrag aus dem Vorjahr lediglich in der Gewinn- und Verlustrechnung unter dem Posten Nr. 29 des aktienrechtlichen Gliederungsschemas vor.

– künftige Darstellung

Bei Aufstellung der Bilanz unter Berücksichtigung der teilweisen Verwendung des Jahresergebnisses wird
– der Posten »Jahresübersicht/Jahresfehlbetrag« durch den Posten »Bilanzgewinn/Bilanzverlust«
ersetzt. Ein vorhandener Gewinn- oder Verlustvortrag ist
– in den Posten »Bilanzgewinn/Bilanzverlust« einzubeziehen und
– in der Bilanz oder im Anhang gesondert anzugeben.

V. Jahresüberschuß/Jahresfehlbetrag
(§ 266 Abs. 3 A. V. HGB)

Jahresüberschuß oder Jahresfehlbetrag ist der Betrag, der sich
– aus der Gewinn- und Verlustrechnung als Überschuß

der Erträge über die Aufwendungen oder der Aufwendungen über die Erträge ergibt.

Dieser aus allen Aufwendungen und Erträgen entstehende Saldo zeigt das Jahresergebnis mit dem im Abschlußjahr erwirtschafteten Gewinn oder Verlust auf und stellt die Ausgangsbasis für die Ergebnisverwendung auf.

Ausweis
(§ 268 Abs. 1 Satz 2 HGB)

Bei einer Aufstellung der Bilanz unter Berücksichtigung der teilweisen Verwendung des Jahresergebnisses kommt die unter »Gewinnvortrag/Verlustvortrag« angegebene Ausweisform in Betracht.

Das bisherige Recht sah einen Jahresüberschuß/Jahresfehlbetrag lediglich in der Gewinn- und Verlustrechnung unter dem Posten Nr. 28 des aktienrechtlichen Gliederungsschemas (§ 157 AktG) vor.

Sonderposten mit Rücklageanteil

Ausweis
(§ 273 Satz 1 iVm
§ 247 Abs. 3 HGB)

Der Sonderposten mit Rücklageanteil darf nur insoweit gebildet werden
– als das Steuerrecht die Anerkennung des Wertansatzes bei der steuerrechtlichen Gewinnermittlung von der Bildung der Rücklage in der Bilanz abhängig macht.

(§ 273 Satz 2 erster
Halbsatz HGB)

Sein Ausweis hat
– auf der Passivseite vor den Rückstellungen
zu erfolgen.

– Angabe der Vorschriften
(§ 273 Satz 2 zweiter
Halbsatz HGB)

Die Vorschriften, nach denen der Sonderposten mit Rücklageanteil gebildet worden ist, sind
– in der Bilanz oder im Anhang
anzugeben.

– steuerrechtliche
Abschreibungen

Auch die nach § 281 Abs. 1 HGB in Form von Wertberichtigungen zu berücksichtigenden Beträge sind in den Sonderposten aufzunehmen und entsprechend zu bezeichnen.

– Einstellungen
(§ 281 Abs. 2 Satz 2
zweiter Halbsatz HGB)

Einstellungen in »Sonderposten mit Rücklageanteil« sind
– gesondert im Posten »sonstige betriebliche Aufwendungen« der Gewinn- und Verlustrechnung auszuweisen oder
– im Anhang anzugeben.

– Auflösung des
Sonderpostens
(§ 247 Abs. 3 Satz 2 HGB)

Der Sonderposten mit Rücklageanteil ist nach Maßgabe des Steuerrechts aufzulösen.

Mit dieser Regelung ist sichergestellt, daß der Sonderposten jeweils nur in dem Umfang besteht, wie dieser aus steuerrechtlichen Gründen notwendig ist.

B. Bilanz

– – Ausweis von Erträgen
(§ 281 Abs. 2 Satz 2
erster Halbsatz HGB)

Erträge aus der Auflösung des Sonderpostens mit Rücklageanteil sind
– gesondert in dem Posten »sonstige betriebliche Erträge« der Gewinn- und Verlustrechnung auszuweisen oder
– im Anhang anzugeben.

B. Rückstellungen

B. Rückstellungen

Rückstellungen sind dem Grunde nach
– gewisse, jedoch der Höhe nach ungewisse Aufwendungen und Verluste sowie Verbindlichkeiten und Lasten,
die als gewinnmindernde Passivposten in der Bilanz auszuweisen sind.

I. Ausweis

Die Rückstellungen sind
– unter näherer Bezeichnung ihres Zwecks gesondert auszuweisen und
– bei der Aufstellung des Jahresabschlusses vorzunehmen.
Genau bestimmbare Schulden sind als Verbindlichkeiten auszuweisen.

– Ausweiserleichterung
– – kleine GmbH
(§ 266 Abs. 1 Satz 2 iVm
§ 267 Abs. 1 HGB)

Die Posten § 266 Abs. 3 B. 1 bis 3 HGB können unter der Bezeichnung
– »Rückstellungen«
zusammengefaßt werden.

– Gliederung
(§ 266 Abs. 3 B. 1.–3. HGB)

Die Rückstellungen gliedern sich in:
1. Rückstellungen für Pensionen und ähnliche Verpflichtungen;
2. Steuerrückstellungen;
3. sonstige Rückstellungen.

II. Bildung von Rückstellungen

Der zwingenden Bildung von Rückstellungen unterliegen
Rückstellungen für

(§ 249 Abs. 1 Satz 1,

– ungewisse Verbindlichkeiten,
– drohende Verluste aus schwebenden Geschäften,

– Satz 2 Nr. 1,

– im Geschäftsjahr unterlassene Aufwendungen für Instandhaltung oder für Abraumbeseitigung,

– Nr. 2 HGB)

– Gewährleistungen ohne rechtliche Verpflichtung.

– Nachholmöglichkeit
(§ 249 Abs. 1 Satz 3 HGB)

Im Falle des § 249 Abs. 1 Satz 2 Nr. 1 HGB ist die Bildung von Rückstellungen auch zulässig,
– wenn die Instandhaltung oder die Abraumbeseitigung nach Ablauf der Dreimonatsfrist innerhalb des Geschäftsjahrs nachgeholt wird.

B. Bilanz

– Rückstellungen für
Aufwendungen
(§ 249 Abs. 2 HGB)

Rückstellungen dürfen außerdem für
– ihrer Eigenart nach genau umschriebene, dem Geschäftsjahr oder einem früheren Geschäftsjahr zuzuordnende Aufwendungen gebildet werden.
Als weitere Voraussetzung gilt, daß
– diese Aufwendungen am Abschlußstichtag wahrscheinlich oder sicher, aber hinsichtlich ihrer Höhe oder des Zeitpunkts ihres Eintritts unbestimmt sind.
Mit dem Passivierungswahlrecht nach § 249 Abs. 2 HGB wird der Gesellschaft die Möglichkeit gegeben,
– Vorsorge für konkrete künftige Aufwendungen, die dem Geschäftsjahr oder einem früheren Geschäftsjahr zuzuordnen sind, zu treffen.
Die Bildung von Rückstellungen dieser Art ist nicht nur auf Großreparaturen beschränkt.

– Rückstellungsverbot
(§ 249 Abs. 3 HGB)

Für andere als die in § 249 Abs. 1 und 2 HGB bezeichneten Zwecke dürfen Rückstellungen nicht gebildet werden.
Dies gilt auch für alle Arten von Aufwendungen, denen nicht zugleich eine ungewisse Verbindlichkeit zugrunde liegt wie
– Abbruchkosten (soweit nicht eine rechtliche Verpflichtung besteht),
– Bau-Erneuerung bei Wohnungsunternehmen,
– Bergschäden an eigenen Anlagen,
– unterlassener Forschungs- und Reklameaufwand,
– beabsichtigte Geschäftsverlegung,
– Reparaturaufwendungen und andere Instandhaltungsarbeiten an eigenen Anlagen (soweit nicht unter § 249 Abs. 1 Nr. 1 HGB fallend),
– Selbstversicherung und Schadensausgleich,
– allgemeines Unternehmenswagnis (z. B. für Forschungs- oder Exportrisiko).

III. Bewertung
(§ 253 Abs. 1 Satz 2 HGB)

Rückstellungen sind
– in Höhe des Betrags anzusetzen, der nach kaufmännischer Beurteilung notwendig ist,
– mit dem die Gesellschaft voraussichtlich in Anspruch genommen wird
oder
– den sie zur Abdeckung des Risikos benötigt.

Auflösung
(§ 249 Abs. 3 Satz 2 HGB)

Nicht mehr durch den Inhalt des § 249 HGB gedeckte Rückstellungen sind, da ihr Grund hierfür entfallen ist, aufzulösen.
Eine anderweitige Auflösungsmöglichkeit ist nicht gegeben.

156

– Ausweis in GuV (§ 275 Abs. 2 Nr. 4, -Abs. 3 Nr. 6 HGB)	Die Auflösungsbeträge sind – unter Posten Nr. 4 bzw. Nr. 6 »sonstige betriebliche Erträge« der Gewinn- und Verlustrechnung auszuweisen.

Die einzelnen Posten der Rückstellungen:
1. Rückstellungen für Pensionen und ähnliche Verpflichtungen

Das bisherige Passivierungswahlrecht bleibt für die Bildung von Pensionsrückstellungen in bezug auf
– Pensionen, Anwartschaften und ähnliche Verpflichtungen
künftig durch die Einführung der Passivierungspflicht nicht mehr bestehen.

Ausweis
(§ 266 Abs. 3 B. 1. HGB)

Für Pensionen und ähnliche Verpflichtungen gebildete Rückstellungen sind gesondert auszuweisen.

Rückstellungsabgrenzung

Rückstellungsfähige Pensionsverbindlichkeiten umfassen
– die durch rechtsverbindliche Zusagen eines Ruhegeldes für die Zeit nach dem Ausscheiden aus dem aktiven Arbeits- oder Dienstverhältnis des Berechtigten entstehenden Verpflichtungen für die bilanzierende Gesellschaft
sowie
– die Verpflichtung, die aufgrund des § 16 BetrAVG voraussehbare Anpassung von Leistungen der betrieblichen Altersversorgung entsteht.
(vgl. Kropff in AktG-Kom. § 152 Anm. 64f).

»Ähnliche Verpflichtungen« können sich durch Fehlbeträge bei Unterstützungskassen ergeben.

– Zuweisungen an
Unterstützungskassen
(Abschn. 27a Abs. 12 EStR)

Eine Rückstellung nach § 4d Abs. 2 EStG kommt in den Fällen in Betracht, in denen das Trägerunternehmen
– innerhalb eines Monats nach Feststellung der Handelsbilanz
die Zuweisung an die Unterstützungskasse vornimmt.

Rückstellungsbildung
für Anwartschaften
(§ 6a Abs. 2 EStG)

Die Bildung einer Rückstellung ist erstmals
– für das Wirtschaftsjahr, in dem die Pensionszusage erteilt wird, frühestens jedoch für das Wirtschaftsjahr, bis zu dessen Mitte der Pensionsberechtigte das 30. Lebensjahr vollendet,
– nach Eintritt des Versorgungsfalles für das Wirtschaftsjahr, in dem der Versorgungsfall eintritt, ohne Berücksichtigung des Mindestalters
zulässig.

157

B. Bilanz	steuerrechtliche Voraussetzungen	Rückstellungen zur Pensionsverpflichtungen unterliegen den Vorschriften des § 6a EStG und setzen eine – rechtsverbindliche Pensionsverpflichtung voraus, die im Zweifel nach arbeitsrechtlichen Grundsätzen zu beurteilen ist.
	(§ 6a Abs. 1 Nr. 2 EStG)	Weiterhin darf die Pensionszusage nur – Vorbehalte nach allgemeinen Rechtsgrundsätzen, die für eine Minderung oder Entzug zulässig sind, enthalten.
	(§ 6a Abs. 1 Nr. 3 EStG)	Außerdem ist für die Erteilung der Pensionszusage – die Schriftform erforderlich. Es gilt das Stichtagsprinzip: die Verhältnisse am Bilanzstichtag sind maßgebend.
	Bewertung (§ 6a Abs. 3 EStG)	Pensionsverpflichtungen sind – höchstens mit dem Teilwert zu bewerten. Bei der Berechnung des Teilwerts sind – ein Rechnungszinsfuß von 6 vH und die anerkannten Regeln der Versicherungsmathematik anzuwenden.
	Nachholverbot (Abschn. 41 Abs. 21 EStR)	Führt die Gesellschaft in einem Wirtschaftsjahr der Rückstellung den zulässigen Höchstbetrag nicht zu, so gilt das Nachholverbot.
	Vermerk der Pensionszahlungen	Auf den bisherigen Vermerk der Pensionszahlungen nach § 159 AktG wird in Zukunft verzichtet, weil ein solcher Vermerk nach der Vierten Richtlinie nicht gefordert ist.
	Übergangsvorschriften (Art. 28 Abs. 1, Satz 1,	Nach Artikel 28 der Übergangsvorschriften zum Bilanzrichtlinien-Gesetz braucht für – eine laufende Pension, eine Anwartschaft auf eine Pension oder eine ähnliche Verpflichtung eine Rückstellung nach § 249 Abs. 1 Satz 1 HGB nicht gebildet werden, – wenn der Pensionsberechtigte seinen Rechtsanspruch vor dem 1. Januar 1987 erworben hat oder – sich ein vor diesem Zeitpunkt erworbener Rechtsanspruch nach dem 31. Dezember 1986 erhöht.
	– Satz 2 EGHGB)	Für mittelbare Pensionszusagen und für ähnliche Verpflichtungen unmittelbarer oder mittelbarer Art bleibt das bestehende Wahlrecht hinsichtlich einer Rückstellung auch künftig erhalten.

158

– Anhang/Konzernanhang (Art. 28 Abs. 2 EGHGB)	Bei Anwendung des Absatzes 1 Satz 1 müssen Gesellschaften mit beschränkter Haftung – die in der Bilanz nicht ausgewiesenen Pensionen, Anwartschaften auf Pensionen und ähnliche Verpflichtungen – jeweils im Anhang und im Konzernanhang in einem Betrag angeben. **B. Bilanz**

2. Steuerrückstellungen

Ausweis (§ 266 Abs. 3 B. 2. HGB)	Der gesonderte Ausweis von Steuerrückstellungen ist – für mittelgroße und große Gesellschaften mit beschränkter Haftung vorgeschrieben.
– rechtskräftig veranlagte Steuern (§ 266 Abs. 3 C. 8. HGB)	Unter dem Posten – »sonstige Verbindlichkeiten, davon aus Steuern« sind rechtskräftig veranlagte Steuern auszuweisen.
Bildung	Die Bildung einer Steuerrückstellung ist für – Steuern und Abgaben, die bis zum Ende des abgelaufenen Geschäftsjahrs wirtschaftlich oder rechtlich entstanden und Betriebsausgaben sind sowie – am Bilanzstichtag von der Gesellschaft geschuldet werden zulässig.
– Gewerbesteuer	Ist die Gewerbesteuer-Schuld höher als die geleisteten Vorauszahlungen, so ist die Bildung für das Wirtschaftsjahr erforderlich, auf das die Gewerbesteuer entfällt.
– Körperschaftssteuer	Für die Berechnung der Körperschaftssteuer-Rückstellung bildet das den Gesellschaftern zur Beschlußfassung über die Ergebnisverwendung vorgelegte Ergebnis die Ausgangsbasis.
Rückstellung für latente Steuern (§ 274 Abs. 1 Satz 1 HGB)	Ist der dem Geschäftsjahr und früheren Geschäftsjahren zuzurechnende Steueraufwand zu niedrig, so ist – eine Rückstellung nach § 249 Abs. 1 Satz 1 HGB in Höhe der voraussichtlichen Steuerbelastung nachfolgender Geschäftsjahre zu bilden und – gesondert in der Bilanz oder im Anhang auszuweisen.
– Voraussetzungen	Als Voraussetzungen gelten: – der nach steuerrechtlichen Vorschriften zu versteuernde Gewinn ist niedriger als das handelsrechtliche Ergebnis, – dieser zu niedrige Steueraufwand gleicht sich in späteren Geschäftsjahren voraussichtlich aus.

B. Bilanz	– Auflösung der Rückstellung (§ 274 Abs.1 Satz 2 HGB)	Die Rückstellung ist aufzulösen – sobald die höhere Steuerbelastung eintritt oder – mit einer solchen voraussichtlich nicht mehr zu rechnen ist.

3. sonstige Rückstellungen

		Unter diesem Sammelposten sind – die nicht gesondert auszuweisenden Rückstellungen aufzuzeigen. Insbesondere sind hier die passivierungspflichtigen

	Ausweis (§ 266 Abs.3 B.3. HGB)	– Rückstellungen für
		  – ungewisse Verbindlichkeiten,
		  – drohende Verluste aus schwebenden Geschäften,
		  – im Geschäftsjahr unterlassene Aufwendungen für Instandhaltung und Abraumbeseitigung,
		  – Gewährleistungen ohne rechtliche Verpflichtung sowie die passivierungsfähigen

	(§ 249 Abs. 2 HGB)	– Rückstellungen für wahrscheinlich oder sicher eintretende Aufwendungen mit unbestimmter Höhe oder Zeitpunkt. darzustellen.
	30 Rückstellungen für ungewisse Verbindlichkeiten	Für diese Rückstellungen sind als Wesensmerkmale – das Vorliegen einer Verpflichtung gegenüber Dritten sowie – das Merkmal der Ungewißheit über Bestehen, Entstehen und/oder Höhe der Verbindlichkeiten entscheidend. Voraussetzung für die Rückstellung ist, daß die Leistungspflicht die Gesellschaft belastet. (vgl. Kropff in AktG-Kom. § 150 Anm. 51ff). Für die Bildung von Rückstellungen hinsichtlich ungewisser Verbindlichkeiten kommen im einzelnen insbesondere in Betracht:
	– *Ausgleichsanspruch des Handelsvertreters*	Die Zulässigkeit einer Rückstellung für künftige Ausgleichsansprüche ist handelsrechtlich vom BGH bejaht. (vgl. BGH-Urt. vom 11.7.1966 II ZR 134/65) Steuerrechtlich hingegen ist eine Rückstellungsbildung vor Beendigung des Vertretervertrags nicht zulässig. (vgl. Kropff in AktG-Kom. § 152 Anm. 61).
	– *Bergschäden*	Die Rückstellungsbildung ist für – unmittelbar oder mittelbar durch den Abbau an der Erdoberfläche entstehende Schäden, mit deren Eintreten gerechnet werden muß, zulässig.

160

Dies gilt sowohl für

- bereits entstandene Bergschäden, deren Höhe noch
  nicht feststeht, wie für
- noch nicht entstandene Bergschäden, mit denen aber
  zu rechnen ist.

Darüber hinaus sind Bergbauunternehmen berechtigt,
im Rahmen der Bergbauwagnisse
- Rückstellungen für Gruben- und Schachtversatz
zu bilden.

– Betriebsprüfungsrisiko

Eine Rückstellung ist innerhalb der allgemeinen Steuer-
rückstellung zulässig – steuerlich jedoch nicht anerkannt.

– Gratifikationen, Tan-
tiemen, Provisionen

Eine Rückstellungsbildung ist sowohl
- für rechtlich bereits zugesagte Verpflichtungen dieser
  Art als auch für solche, die nach dem Ergebnis des ab-
  geschlossenen Geschäftsjahrs bemessen, aber erst im
  folgenden Geschäftsjahr zugesagt und ausgezahlt werden,
vorzunehmen.
(vgl. ADS § 152 Tz. 117).

– Haftungsrisiken

aus
- Bürgschaften, Dividenden- und ähnlichen Garantien,
  Gewährleistungsverträgen, Haftung für Verbindlichkeiten und aus ähnlichen Risiken
kommen für eine Rückstellung in Betracht.

– Jahresabschluß- und
Prüfungskosten

sowie sonstige durch den Jahresabschluß verursachte
Kosten, soweit für diese die gesetzliche Verpflichtung
besteht und sie Verbindlichkeiten gegenüber Dritten begründen, sind rückstellungsfähig.

– Patent- und Marken-
zeichenverletzungen

Für Verbindlichkeiten aus der Verletzung fremder Patente oder Markenzeichen sind
- bei drohender Inanspruchnahme
Rückstellungen zu bilden.
Dies gilt gleichfalls für mögliche, aber noch nicht bekannt gewordene Verletzungen.
(vgl. ADS § 152 Tz. 129).

– Prozeßkosten

Diese Rückstellungsbildung bezieht sich auf
- das Prozeßrisiko für drohende oder bereits schwebende Prozesse.
Der vermutliche Kostenanfall der Instanz, bei der der
Prozeß am Abschlußstichtag schwebt, gilt für die Höhe
der Rückstellung, die auch steuerrechtlich zulässig ist.

B. Bilanz

– *Rekultivierung und Wiederherstellung*

Die Rekultivierung und Wiederherstellung des ursprünglichen Zustands gepachteter Anlagen sowie sonstiger auf Vertrag oder Gesetz beruhender Verpflichtung einschließlich rückständiger Arbeiten und Leistungen, soweit es sich dabei um solche gegenüber Dritten handelt, sind rückstellungspflichtig.

– *Sozialplan*
(§§ 111, 112 BetrVG)

Betriebsänderungen, Stillegungen und Betriebseinschränkungen bedingen die Aufstellung von Sozialplänen durch Arbeitgeber und Betriebsrat.
Die Bildung der Rückstellung hat spätestens
– bei Vorliegen entsprechender Beschlüsse seitens der zuständigen Organe des Unternehmens und der bevorstehenden Unterrichtung des Betriebsrats
zu erfolgen.
(vgl. WP-Handb. 1981 S. 770).

– *Umsatzboni und Rabatte*

Für Beträge, die Umsätze des abgelaufenen Geschäftsjahrs betreffen, ist eine Rückstellung unter Berücksichtigung voraussichtlicher Skontoabzüge zu bilden.

– *Urlaubsansprüche*

Besteht am Bilanzstichtag noch Anspruch auf Urlaub oder Barabgeltung, so ist eine Rückstellung zu bilden, die auch steuerlich anerkannt wird.
Bei abweichendem Wirtschaftsjahr ist die Rückstellung zeitanteilig zu bemessen.

31 Rückstellungen für drohende Verluste aus schwebenden Geschäften
(§ 249 Abs. 1 Satz 1 HGB)

Die Pflicht zur Bildung ergibt sich aus dem nach den Grundsätzen ordnungsmäßiger Buchführung auch für Rückstellungen geltenen Grundsatz
– Erfassung unrealisierter Verluste bereits dann, wenn ihr Eintritt droht.

– Voraussetzung für die Rückstellung

Eine Rückstellung ist nur zulässig,
– wenn auch den einzelnen schwebenden Geschäften insgesamt ein Verlust
droht.
Für das Steuerrecht gilt der Maßgeblichkeitsgrundsatz.

32 Rückstellungen für unterlassene Instandhaltung oder Abraumbeseitigung
(§ 249 Abs. 1 Satz 2
(Nr. 1 HGB, Abschn. 31a
Abs. 6 EStR)

Im Geschäftsjahr unterlassene Aufwendungen für Instandhaltung oder Abraumbeseitigung müssen
– im folgenden Geschäftsjahr innerhalb von drei Monaten nachgeholt werden.
Das bisherige Passivierungswahlrecht wird künftig durch die Rückstellungspflicht ersetzt.
Wenn auch aufgrund der steuerrechtlichen Anerkennung die Rückstellungen auf drei Monate beschränkt sind, so wird dennoch

– Wahlrecht (§ 249 Abs. 1 Satz 3 HGB)	– ein Wahlrecht für die restlichen neun Monate im bisherigen Umfang für die Handelsbilanz eingeräumt.
– Voraussetzung für die Rückstellung	Die Aufwendungen müssen Aufwand des abgeschlossenen Geschäftsjahrs sein und dürfen nicht auf einen früheren Zeitraum zurückgehen.
– Bewertung (§ 253 Abs. 1 Satz 2 HGB)	Der Ansatz der Rückstellung darf nur

Der Ansatz der Rückstellung darf nur
- in Höhe des wahrscheinlich für die Nachholung notwendig werdenden Betrags nach vernünftiger kaufmännischer Beurteilung

erfolgen.

33 Rückstellungen für Gewährleistungen (§ 249 Abs. 1 Satz 2 Nr. 2 HGB)

Bei diesen Kulanzrückstellungen besteht
- weder eine Verpflichtung zur Ersatzleistung oder Ersatzlieferung noch zur Wandlung oder Minderung.

Es darf sich daher um keinen einklagbaren Rechtsanspruch auf die Gewährung von irgendwelchen Leistungen handeln.

An die Stelle des bisherigen Passivierungswahlrechts für Gewährleistungsrückstellungen ohne rechtliche Verpflichtung tritt nunmehr die Passivierungspflicht.

– Ausweis

Diese Rückstellungen sind
- unter näherer Bezeichnung ihres Zwecks gesondert auszuweisen
  und
- im Anhang zu erläutern.

C. Verbindlichkeiten

C. Verbindlichkeiten

I. Ausweis, Gliederung

1. Ausweis
(§ 266 Abs. 3 C. 1.-8. HGB)

Unter Verbindlichkeiten sind
– die am Abschlußstichtag der Höhe und der Fälligkeit nach feststehende Verpflichtungen der Gesellschaft auszuweisen.

– längerfristige
  Verbindlichkeiten

Die bisherige Unterteilung in
– »Verbindlichkeiten mit einer Laufzeit von mindestens vier Jahren« und in
– »andere Verbindlichkeiten«
entfällt nach dem neuen Recht.

– Vermerk der Rest-
  laufzeit
(§ 268 Abs. 5 Satz 1 HGB)

Dafür ist künftig bei jedem gesondert ausgewiesenen Posten der Verbindlichkeiten
– der Betrag mit einer Restlaufzeit bis zu einem Jahr zu vermerken.

– – Begriff der Rest-
  laufzeit

Als Restlaufzeit ist
– die Zeit zwischen Bilanzstichtag und dem Zeitpunkt des Fälligwerdens der Verbindlichkeit
anzusehen. Es gilt das Stichtagsprinzip, so daß Prolongationen und sonstige getroffene Vereinbarungen nach dem Bilanzstichtag keine Berücksichtigung finden.
(vgl. Hüttemann in HdJ »Verbindlichkeiten« Rn. 145)

– Anhang
(§ 268 Abs. 5 Satz 3 HGB)

Sind unter dem Posten »Verbindlichkeiten« Beträge für Verbindlichkeiten ausgewiesen, die erst nach dem Abschlußstichtag rechtlich entstehen, so müssen Beträge, die einen größeren Umfang haben, im Anhang erläutert werden.
Der Angabe im Anhang unterliegen

(§ 285 Nr. 1a,

– der Gesamtbetrag der Verbindlichkeiten mit einer Restlaufzeit von mehr als fünf Jahren

– Nr. 1b HGB)

– der Gesamtbetrag der Verbindlichkeiten, die durch Pfandrechte oder ähnliche Rechte gesichert sind, unter Angabe von Art und Form der Sicherheiten.

– – Aufgliederung

Die Aufgliederung der in § 285 Nr. 1 HGB verlangten Angaben

(§ 285 Nr. 2 HGB)

– für jeden Posten der Verbindlichkeiten nach dem vorgeschriebenen Gliederungsschema hat zu erfolgen,
– sofern sich diese Angaben nicht aus der Bilanz ergeben.

Ausweiserleichterung
– kleine GmbH

(§ 266 Abs. 1 Satz 2 iVm
§ 267 Abs. 1 HGB)

Die Posten 1 bis 8 sind zusammenzufassen und unter der Bezeichnung
– »Verbindlichkeiten«
auszuweisen.

B. Bilanz	

Verbindlichkeiten gegenüber Gesellschaftern (§ 42 Abs. 3 GmbHG)	Verpflichtungen dieser Art sind – gesondert auszuweisen oder im Anhang anzugeben. Bei einem Ausweis unter anderen Posten muß diese Eigenschaft vermerkt werden.
2. Gliederung (§ 266 Abs. 1 C.1.–8. HGB)	Die Verbindlichkeiten sind in: 1. Anleihen, davon konvertibel; 2. Verbindlichkeiten gegenüber Kreditinstituten; 3. erhaltene Anzahlungen auf Bestellungen; 4. Verbindlichkeiten aus Lieferungen und Leistungen; 5. Verbindlichkeiten aus der Annahme gezogener Wechsel und der Ausstellung eigener Wechsel; 6. Verbindlichkeiten gegenüber verbundenen Unternehmen; 7. Verbindlichkeiten gegenüber Unternehmen, mit denen ein Beteiligungsverhältnis besteht; 8. sonstige Verbindlichkeiten, davon aus Steuern, davon im Rahmen der sozialen Sicherheit aufgegliedert.

II. Bewertung der Verbindlichkeiten

1. Wertansatz (§ 253 Abs. 1 Satz 2 HGB)	Die Verbindlichkeiten sind – mit ihrem Rückzahlungsbetrag, die Rentenverpflichtungen, für die eine Gegenleistung nicht mehr zu erwarten ist, – zu ihrem Barwert anzusetzen. Die Abzinsung unverzinslicher oder niedrig verzinslicher Verbindlichkeiten ist nicht zulässig.
– Rückzahlungsbetrag	Als Rückzahlungsbetrag gilt der Betrag, den die Gesellschaft zur Begleichung der Verbindlichkeit aufzubringen hat. Bei einem höheren Rückzahlungsbetrag von Verbindlichkeiten oder Anleihen darf
– – Disagio (§ 250 Abs. 3 Satz 1 HGB)	– der Unterschiedsbetrag in den Rechnungsabgrenzungsposten auf der Aktivseite aufgenommen werden. Ein gesonderter Ausweis dieses Betrags ist erforderlich.
– Valutaverbindlichkeiten	Grundsätzlich sind Valutaverbindlichkeiten mit dem Rückzahlungsbetrag und zwar idR zu dem am Abschlußstichtag geltenden Briefkurs, anzusetzen. Langfristige Valutaverbindlichkeiten sind ggf. zum hö-

168

heren Einstandswert zu bilanzieren, da andernfalls nicht realisierte Gewinne vereinnahmt würden.
(vgl. ADS § 156 Tz. 16f; Kropff in AktG-Kom. § 156 Anm. 11f).

– Wechselverbindlich-
keiten

Diese sind stets mit dem der Wechselsumme entsprechenden Betrag anzusetzen.
Bei längerer Laufzeit ist der Diskontbetrag abzugrenzen.

**Übergangsvorschriften
für Schulden**
(Art. 24 Abs. 4 EGHGB iVm

§ 249,
§ 253 Abs. 1 Satz 2 HGB)

Waren Schulden im Jahresabschluß
– für das am 31. Dezember 1986 endende oder laufende
  Geschäftsjahr
mit einem niedrigeren Wert angesetzt, als er nach den Vorschriften über
– Rückstellungen,
– Wertansätze für Schulden
vorgeschrieben oder zulässig ist, so kann bei der
– Aufstellung des Jahresabschlusses für das nach dem
  31. Dezember 1986 beginnende Geschäftsjahr oder bei
  Anwendung auf ein früheres Geschäftsjahr
– nach Artikel 23 in dem früheren Geschäftsjahr der für
  die Nachholung erforderliche Betrag den Rücklagen
  entnommen werden, soweit diese nicht durch Gesetz,
  Gesellschaftsvertrag oder Satzung für andere Zwecke
  gebunden sind;
– dieser Betrag ist nicht Bestandteil des Ergebnisses oder
  des Bilanzgewinns.

2. Steuerbilanz
(§ 6 Abs. 1 Nr. 3 iVm
Nr. 2 EStG)

(Abschn. 37 Abs. 1 EStR)

– Darlehen

– Rentenverbindlich-
keiten

– Valutaverbindlich-
keiten
(Abschn. 37 Abs. 2 EStR)

– Verbindlichkeiten aus
Lieferungen und
Leistungen

Die Verbindlichkeiten sind
– mit dem Rückzahlungsbetrag, der idR dem Nennwert
entspricht
anzusetzen.
Als Anschaffungskosten einer Verbindlichkeit gilt der Nennwert.
Eine nicht zu verzinsende Darlehensschuld ist mit dem Nennbetrag anzusetzen.
Ansatz mit dem Rentenbarwert.
(vgl. BFHE 130, 372/375 BStBl. II 80, 491 mwN).

Diese sind mit dem am Bilanzstichtag geltenden Wechselkurs anzusetzen.
Der höhere Teilwert kann angesetzt werden, wenn der Kurs der ausländischen Währung gestiegen ist.

Verbindlichkeiten dieser Art sind grundsätzlich mit dem Nennbetrag anzusetzen. Gleiches gilt auch für erhaltene Anzahlungen.

B. Bilanz Die einzelnen Posten der Verbindlichkeiten

1. Anleihen, davon konvertibel

	Anleihen sind langfristige Darlehen unter Inanspruchnahme des öffentlichen Kapitalmarkts.
Ausweis (§ 266 Abs. 3 C. 1. HGB, § 221 AktG)	Unter Anleihen sind u. a. die am Kapitalmarkt aufgenommenen langfristigen Darlehen auszuweisen. Als konvertible Anleihen gelten Wandelschuldverschreibungen.
– nicht unter Anleihen auszuweisen	– Schuldscheindarlehen, da sie nicht am Kapitalmarkt aufgenommen werden. Ihr Ausweis hat unter – »sonstige Verbindlichkeiten« zu erfolgen.
Bewertung	Maßgebend ist der Rückzahlungsbetrag, der idR mit dem Nennbetrag der Schuld übereinstimmt.
(§ 6 Abs. 1 Nr. 3 EStG)	Dies gilt in gleicher Weise auch für die Steuerbilanz unter sinngemäßer Anwendung des § 6 Abs. 1 Nr. 2 EStG.

2. Verbindlichkeiten gegenüber Kreditinstituten

Ausweis (§ 266 Abs. 3 C. 2. HGB)	Hierunter sind – alle Bank-Verbindlichkeiten einschließlich der Kontokorrentkredite und sonstiger Kredite von Kreditinstituten – unabhängig von ihrer Laufzeit – in Höhe des tatsächlich in Anspruch genommenen Betrages auszuweisen.

3. erhaltene Anzahlungen auf Bestellungen

Ausweis (§ 266 Abs. 3 C. 3., § 268 Abs. 5 Satz 2 HGB)	Erhaltene Anzahlungen auf Bestellungen sind, soweit Anzahlungen auf Vorräte nicht von dem Posten »Vorräte« offen abgesetzt werden, hier gesondert auszuweisen.
– Verrechnungsverbot (§ 246 Abs. 2 HGB)	Die Verrechnung – »nicht abgerechneter Leistungen« mit »erhaltenen Anzahlungen« ist nicht zulässig. Im übrigen gelten die Ausführungen zu den »geleisteten Anzahlungen« sinngemäß.

4. Verbindlichkeiten aus Lieferungen und Leistungen

	Dieser Posten ist der Gegenposten zu »Forderungen aus Lieferungen und Leistungen«.

Ausweis (§ 266 Abs. 3 C. 4. HGB)	Verbindlichkeiten aus Lieferungen und Leistungen sind – mit dem Brutto-Rechnungsbetrag einschl. Mehrwert- steuer auszuweisen.
– gesonderter Ausweis	Verbindlichkeiten – gegenüber verbundenen Unternehmen sowie – gegenüber Unternehmen, mit denen ein Beteiligungs- verhältnis besteht, sind hier nicht auszuweisen.
Zeitpunkt der Bilanzierung	Verbindlichkeiten aus Lieferungen und Leistungen ent- stehen – im Zeitpunkt des Übergangs des wirtschaftlichen Eigentums oder bei Abnahme der Leistung.
Bewertung (§ 253 Abs. 1 Satz 2 HGB)	Die Verbindlichkeiten sind mit dem Geldwert der erhal- tenen Lieferung oder Leistung – dem Rückzahlungsbetrag anzusetzen.

5. Verbindlichkeiten aus der Annahme gezogener Wechsel und der Ausstellung eigener Wechsel

Ausweis (§ 266 Abs. 3 C.5. HGB)	Unter diesem Posten sind – Schuldwechsel, die entweder gezogene Wechsel (Trat- ten) oder eigene Wechsel (Solawechsel) sind, auszuweisen.
– Kautions- oder Sicherheitswechsel (§ 251, § 268 Abs. 7 HGB)	Für diese besteht keine Passivierung. Bei Hinterlegung für die Verpflichtungen Dritter ist – der Vermerk unter der Bilanz oder im Anhang anzugeben.
– an verbundene Unter- nehmen weitergegebene Akzepte und Solawechsel (§ 266 Abs. 3 C.6. HGB)	Diese Wechsel können wegen Fehlens einer entsprechen- den Ausweisvorschrift – unter »Verbindlichkeiten gegenüber verbundenen Unternehmen« mit dem Vermerk der Wechselverbind- lichkeit ausgewiesen werden.
– durch Wechsel unterlegte Exportfinanzierungs- kredite	Der Ausweis erfolgt grundsätzlich als Wechselverbind- lichkeiten, soweit nicht ein gesonderter Ausweis vorge- zogen wird.
Bewertung (§ 251 HGB)	Ansatz in der Bilanz stets mit dem Betrag, welcher der Wechselsumme entspricht. Der Vermerk des Wechselobligos ist erforderlich.

6. Verbindlichkeiten gegenüber verbundenen Unternehmen

Ausweis
(§ 266 Abs. 3 C. 6. HGB)

Es gelten entsprechend die Erläuterungen zu den »Forderungen gegen verbundene Unternehmen« sinngemäß.

– Vermerk der Mitzugehörigkeit
(§ 265 Abs. 3 HGB)

Der Vermerk der Mitzugehörigkeit der unter diesem Posten erfaßten Wirtschaftsgüter zu anderen Posten ist erforderlich.

7. Verbindlichkeiten gegenüber Unternehmen, mit denen ein Beteiligungsverhältnis besteht

Ausweis
(§ 266 Abs. 3 C. 7. HGB)

Die Erläuterungen zu dem Posten »Forderungen gegen Unternehmen, mit denen ein Beteiligungsverhältnis besteht« sind auch hier unter Beachtung einer Mitzugehörigkeit zu anderen Posten entsprechend anzuwenden.

8. sonstige Verbindlichkeiten

Ausweis
(§ 266 Abs. 3 C. 8. HGB)

Alle nicht unter die anderen Posten fallenden Verbindlichkeiten sind hier auszuweisen wie
– Aufsichtsrats-, Beirats- und Gutachtergebühren,
– Ausfuhrzölle,
– Darlehensverbindlichkeiten (Schuldscheindarlehen),
– fällige
  – Kapitalzinsen, Miet- und Pachtzinsen,
  – Provisionen,
  – Verbandsbeiträge,
– Kapitaleinzahlungs-Verpflichtungen gegenüber anderen Gesellschaften,
– nicht abgehobene Dividenden,
– rückständige Löhne, Gehälter, Tantiemen, Gratifikationen.

– Änderung der Postenbezeichnung und -gliederung
(§ 265 Abs. 6 HGB)

Sind in den »sonstigen Verbindlichkeiten« Posten mit größeren Beträgen enthalten, so sind die Gliederung und Bezeichnung der Verbindlichkeits-Posten zu ändern,
– wenn dies wegen Besonderheiten der Gesellschaft zur Aufstellung eines klaren und übersichtlichen Jahresabschlusses erforderlich ist.

80 sonstige Verbindlichkeiten, davon aus Steuern

Dieser eigenständige Posten gilt für Steuerverbindlichkeiten wie
– einbehaltene und abzuführende Steuern (z. B. Lohnsteuer, Kapitalertragsteuer),
– die an das Finanzamt nach Kürzung um Vorsteuer abzuführende Mehrwertsteuer,
– Steuerschulden der Gesellschaft, soweit sie nicht als Rückstellungen zu berücksichtigen sind.

81 sonstige Verbindlich-
    keiten, davon im
    Rahmen der
    sozialen Sicherheit

Dieser eigenständige Posten umfaßt die Verbindlichkeiten
– aus einbehaltenen, wie auch von der Gesellschaft selbst
  zu tragenden Sozialabgaben wie
  – Beiträge zur Sozialversicherung, Berufsgenossen-
    schaft und Insolvenzsicherung außer Pensionsrück-
    stellungen und sonstigen Rückstellungen,
– aus Zusagen im Rahmen der betrieblichen Altersversorgung sowie
– soziale Aufwendungen für die Unterstützung.

D. Rechnungsabgrenzungsposten
(§ 266 Abs. 3 D.HGB)

Ausweis

– auf der Passivseite
(§ 250 Abs.2 HGB)

Als Rechnungsabgrenzungsposten sind auf der Passivseite
– Einnahmen vor dem Abschlußstichtag
auszuweisen, soweit sie
– Ertrag für eine bestimmte Zeit nach diesem Tag
darstellen.
Es sind nur noch transitorische Posten auszuweisen. An-
fang und Ende des betreffenden Zeitraums müssen eindeutig festliegen. Die Erläuterungen zu den aktiven
Rechnungsabgrenzungsposten gelten hier entsprechend.

– steuerrechtlich
(§ 5 Abs.3 Nr.2 EStG)

Auch in der Steuerbilanz gilt grundsätzlich ein Passivie-
rungsgebot mit der Beschränkung auf transitorische Posten.

Zu vermerkende Haftungsverhältnisse

Zu vermerkende Haftungsverhältnisse:

Angabepflichtiger Vermerk
(§ 251, Satz 1,

Die in § 251 HGB bezeichneten Haftungsverhältnisse
– Verbindlichkeiten aus der Begebung und Übertragung von Wechseln;
– Verbindlichkeiten aus Bürgschaften, Wechsel- und Scheckbürgschaften;
– Verbindlichkeiten aus Gewährleistungsverträgen
– Haftungsverhältnisse aus der Bestellung von Sicherheiten für fremde Verbindlichkeiten
sind, sofern sie nicht auf der Passivseite auszuweisen sind, für Gesellschaften mit beschränkter Haftung

§ 268 Abs. 7,

– jeweils gesondert unter der Bilanz oder im Anhang unter Angabe der gewährten Pfandrechte und sonstigen Sicherheiten

§ 251 Satz 2 HGB)

anzugeben, auch wenn ihnen gleichwertige Rückgriffsforderungen gegenüberstehen.

Im einzelnen kommen dabei in Betracht:

Verbindlichkeiten aus der Begebung und Übertragung von Wechseln
(§ 251 Satz 1 HGB)

Anzugeben ist das gesamte Wechselobligo unter Einbeziehung aller Abschnitte, aus denen die Gesellschaft als Ausstellerin oder Indossantin im Regreßwege haftet. Dabei ist idR von der Wechselsumme – ohne Nebenkosten – auszugehen.
Die Angabe des Scheckobligos ist nicht erforderlich.
(vgl. ADS § 151 Tz. 283).

B. Bilanz

– Ende der Haftung
– nicht als Obligo
auszuweisen

Die Haftung endet mit der Einlösung des Wechsels.
sind:
– eigener Wechselbestand,
  Depotwechsel, Gefälligkeitsakzepte, Inkassowechsel,
  Kautionswechsel (sofern nicht für fremde Verbindlichkeiten hinterlegt), Mobilisierungswechsel.

Verbindlichkeiten aus
Bürgschaften, Wechsel-
und Scheckbürgschaften
(§ 251 Satz 1 HGB)

Aufzuführen sind Bürgschaften aller Art wie
– Ausfallbürgschaften, Gefälligkeitsgiros, Höchstbetragsbürgschaften, Kreditbürgschaften, Mitbürgschaf-
  ten, Nachbürgschaften, Rückbürgschaften, Scheck-
  und Wechselbürgschaften, Zeitbürgschaften sowie
  Kreditaufträge (§ 778 BGB)
Bürgschaften sind in der zugesagten Höhe anzugeben.
(vgl. Kropff in AktG-Kom. § 151 Anm. 130).

– Abgrenzung der Bürg-
  schaft von einem
  Garantieversprechen

Bei Absicherung des Gläubigers ist die Abgrenzung als
Gewährleistung anzusprechen und zu vermerken.
Bei der Befreiung des Hauptschuldners ist die Schuldmit-
übernahme wie eine Erfüllungsübernahme als eigene
Schuld zu aktivieren.

– bürgschaftsähnliche
  Rechtsverhältnisse

sind als Verbindlichkeiten aus Gewährleistungsverträgen
zu vermerken.

– Bewertung der zu ver-
  merkenden Bürgschaft

Es ist bei
– anteiliger Haftung nur der anteilige Betrag,
– gesamtschuldnerischer Haftung der Gesellschaft der
  volle Betrag,
– Verpflichtung der Gesellschaft in unbeschränkter Höhe der Betrag des Abschlußstichtags
zu vermerken.

– – Höchstbetragsbürg-
  schaften

Höchstbetragsbürgschaften sind ebenfalls nur mit dem
Betrag der Hauptschuld am Abschlußstichtag anzugeben.
(vgl. ADS § 151 Tz. 303; Kropff in AktG-Kom. § 151
Anm. 130).

Verbindlichkeiten
aus Gewährleistungs-
verträgen
(§ 251 Satz 1 HGB)

Hierunter sind alle
– nicht als Bürgschaft zu qualifizierenden vertraglichen
  Verpflichtungen zu verstehen, die Gewähr für einen
  bestimmten Erfolg oder eine Leistung bieten.
Bei dem Begriff des Gewährleistungsvertrags iS des § 251
Satz 1 HGB handelt es sich wie bei dem der Haftungsverhältnisse um einen bilanzrechtlichen Begriff.
(vgl. ADS § 151 Tz. 304).

176

Zu unterscheiden sind:
– Gewährleistungen für eigene Leistungen und
– Gewährleistungen für fremde Leistungen.

– Gewährleistungen für eigene Leistungen	Branchenübliche Garantiezusagen unterliegen nicht der Angabepflicht nach § 251 Satz 1 HGB. Hingegen sind darüber hinausgehende Gewährleistungsverpflichtungen angabepflichtig.
– Gewährleistungen für fremde Leistungen	Dazu gehören u. a. – bürgschaftsähnliche Rechtsverhältnisse, Kurs- und Rentabilitätsgarantien sowie Patronatserklärungen.
Haftungsverhältnisse aus der Bestellung von Sicherheiten für fremde Verbindlichkeiten	Die für fremde Verbindlichkeiten gestellten Sicherheiten wie – Grundpfandrechte, Sicherungsübereignungen, Verpfändungen beweglicher Sachen und Rechte sind anzugeben.
sonstige Haftungsverhältnisse (§ 251 Satz 1 iVm § 285 Nr. 3 HGB) (§§ 54, 65 AktG, §§ 19, 22 GmbH)	Soweit diese Angabe für die Beurteilung der Finanzlage von Bedeutung ist und soweit nicht aus der Bilanz ersichtlich, unterliegen der Angabepflicht u. a.: – dingliche Belastungen des Grundvermögens, – Eigentumsvorbehalte unter Ausschluß der branchenüblichen Eigentumsvorbehalte, – Einzahlungsverpflichtungen auf nicht voll bezahlte Aktien oder Anteile, soweit diese Verpflichtungen nicht passiviert sind. (vgl. ADS § 160 Tz. 174f); – Pfandbestellungen (sowohl vertraglich als auch durch Zwangsvollstreckung begründete Pfandrechte an Sachen und Rechten), – Sicherungsübereignungen und Sicherungsabtretungen (bei Fehlen eines entsprechenden Hinweises in der Bilanz).

– keiner Angabepflicht unterliegen	– aktive Haftungsverhältnisse zugunsten der Gesellschaft,
	– allgemeine gesetzliche Haftungen wie
	   – Haftung aus Flugzeug, Kraftfahrzeug und Tierhaltung,
	   – Pfandrecht des Frachtführers, Lagerhalters, Spediteurs, Vermieters, Verpächters,
	– Haftungsverhältnisse, denen allgemeine übliche Geschäftsbedingungen zugrunde liegen,
	– Haftungen aus treuhänderischen Übereignungen,
	– schwebende Verbindlichkeiten aus noch nicht erfüllten Geschäften (hier ist ggf. Berichterstattung im Lagebericht geboten).

C. Gewinn- und Verlustrechnung für die GmbH

C. Gewinn- und Verlustrechnung

I. Ausweis, Gliederung

1. Ausweis

Die Gewinn- und Verlustrechnung zeigt die Aufwandstruktur und gibt Aufschluß über die Ertragslage der Gesellschaft.

(§ 275 Abs. 1 HGB)

Die Gewinn- und Verlustrechnung ist
- in Staffelform nach dem Gesamtkostenverfahren oder nach dem Umsatzkostenverfahren entsprechend der jeweiligen Gliederung in § 275 Abs. 2 bzw. Abs. 3 HGB

aufzustellen.

Die in Absatz 2 oder 3 bezeichneten Posten sind
- in der angegebenen Reihenfolge gesondert auszuweisen.

– Gesamtkostenverfahren
(§ 275 Abs. 2 HGB)

Bei dem Gesamtkostenverfahren werden die innerhalb des Berichtszeitraums
- im Rahmen der erbrachten Betriebsleistung angefallenen gesamten Aufwendungen den im gleichen Zeitraum angefallenen gesamten Erträgen

gegenübergestellt:
- mit den Umsatzerlösen stellen die Bestandsveränderungen und aktivierten Eigenleistungen die Gesamtleistung dar, von welcher der gesamte Materialaufwand, der Personalaufwand und die Abschreibungen abzusetzen sind.

– Umsatzkostenverfahren
(§ 275 Abs. 3 HGB)

Bei dem Umsatzkostenverfahren werden hingegen nur
- die für die verkauften Produkte angefallenen Herstellungskosten, Vertriebskosten und die allgemeinen Verwaltungskosten einschließlich des entsprechenden Material- und Personalaufwands sowie der auf die Produktionsbereiche entfallenden Abschreibungen

gegenübergestellt.

– Anforderungen

Für die Gewinn- und Verlustrechnung gelten insbesondere die Vorschriften über

(§ 275,
§ 246 Abs. 2,

- Gliederung,
- Verrechnungsverbot,

181

C. Gewinn- und Verlust- rechnung	§ 274 Abs. 4, § 278, § 277 HGB)	– außerordentliche Erträge und Aufwendungen, – Steuern neben den – Vorschriften zu einzelnen Posten der Gewinn- und Verlustrechnung.

10 Aufwendungen, Erträge

Alle Aufwendungen und Erträge sind
– gemäß dem Bruttoprinzip unsaldiert
auszuweisen.

(§ 246 Abs. 2 HGB)

Dies ergibt sich auch aus dem Verrechnungsverbot, nach dem Aufwendungen nicht mit Erträgen verrechnet werden dürfen.

– außerordentliche Aufwendungen und Erträge
(§ 277 Abs. 2 Satz 1 HGB)

Unter den Posten
– »außerordentliche Aufwendungen«
und
– »außerordentliche Erträge«
sind Aufwendungen und Erträge auszuweisen,
– die außerhalb der gewöhnlichen Geschäftstätigkeit der Gesellschaft
anfallen.

– – Anhang
(§ 277 Abs. 4 Satz 2 und 3 HGB)

Soweit die ausgewiesenen Beträge für die Beurteilung der Ertragslage nicht von untergeordneter Bedeutung sind, ist
– die Erläuterung der Posten hinsichtlich ihres Betrags und ihrer Art im Anhang
vorgeschrieben.
Dies gilt auch für Aufwendungen und Erträge, die einem anderen Geschäftsjahr zuzurechnen sind.

11 Größenabhängige Erleichterungen
§ 276 HGB)

Die kleinen und mittelgroßen Gesellschaften mit beschränkter Haftung vorbehaltene Erleichterung des Ausweises ermöglicht
– die Zusammenfassung der Posten § 275 Abs. 2 Nr. 1 bis 5 oder Abs. 3 Nr. 1 bis 3 und Nr. 6 HGB zu einem Posten unter der Bezeichnung »Rohergebnis«.
Diese Regelung gilt nicht nur für die Offenlegung, sondern auch für den internen, den Gesellschaftern vorzulegenden Jahresabschluß.
(vgl. BT-Drucks. 10/4268 zu § 276 HGB S. 106).

– *Rohergebnis*

(§ 275 Abs. 2 Nr. 1,
– Nr. 2,

– Nr. 3,
– Nr. 4,
– Nr. 5,

Die Posten Nummer 1 bis 5 nach dem Gesamtkostenverfahren:
+ Umsatzerlöse
+./.Erhöhung oder Verminderung des Bestands an fertigen und unfertigen Erzeugnissen,
+ andere aktivierte Eigenleistungen,
+ sonstige betriebliche Erträge,
./. Materialaufwand,

182

die Posten Nummer 1 bis 3 und Nr. 6 nach dem Umsatzkostenverfahren:

– Abs. 3 Nr. 1   + Umsatzerlöse,

– Nr. 2   ./. Herstellungskosten der zur Erzielung der Umsatzerlöse erbrachten Leistungen, Bruttoergebnis vom

– Nr. 3   Umsatz

– Nr. 6 HGB)   + sonstige betriebliche Erträge.

Für kleine und mittelgroße Gesellschaften beginnt der
Ausweis der Gewinn- und Verlustrechnung demzufolge
erst

– mit dem Posten »Rohergebnis« unter entsprechender
Verschiebung der weiteren Postennummern.

12 Bildung, Veränderungen von Rücklagen

Die Einstellungen wie auch die Entnahmen aus Rücklagen ergeben sich aus dem Beschluß der Gesellschafter
über die Ergebnisverwendung.

(§ 275 Abs. 4 HGB)

Veränderungen der Kapital- und Gewinnrücklagen dürfen in der Gewinn- und Verlustrechnung erst

– nach dem Posten »Jahresüberschuß/Jahresfehlbetrag«

ausgewiesen werden.

13 Bildung, Auflösung von Rückstellungen

Die Bildung von Rückstellungen geschieht grundsätzlich

– zu Lasten derjenigen Aufwandsarten, unter die der
Aufwand fallen würde,

wenn er bereits im laufenden Geschäftsjahr abgerechnet
werden könnte.

Soweit die Aufwandart bei der Bildung noch nicht feststeht:

(§ 275 Abs. 2 Nr. 8,
– Abs. 3 Nr. 7 HGB)

– Ausweis unter dem Posten »sonstige betriebliche Aufwendungen«.

Ausweis des effektiven Aufwands später unter der jeweiligen Aufwandsart bei gleichzeitiger Auflösung der
Rückstellung in gleicher Höhe über

(§ 275 Abs. 2 Nr. 4,
– Abs. 3 Nr. 5 HGB)

– »sonstige betriebliche Erträge«.

Unter diesem Posten hat auch der Ausweis der

– Erträge aus der Auflösung nicht mehr benötigter
Rückstellungen

zu erfolgen.

14 weitere Ausweis-
pflichten

Die Regelung des § 275 HGB über die Gliederung der
Gewinn- und Verlustrechnung bestimmt ferner für alle
Gesellschaften mit beschränkter Haftung, daß

– Erträge und Aufwendungen aus Verlustübernahme
und

– aufgrund einer Gewinngemeinschaft, eines Gewinnab-
führungs- oder eines Teilgewinnabführungsvertrags
erhaltene oder abgeführte Gewinne

jeweils gesondert unter entsprechender Bezeichnung
auszuweisen sind, ohne jedoch festzulegen, an welcher

**C. Gewinn-
und Verlust-
rechnung**

Stelle der Gewinn- und Verlustrechnung die Einordnung dieser Posten zu erfolgen hat. Dies bleibt dem pflichtgemäßen Ermessen der Gesellschaften überlassen. (vgl. BegrRegE 10/317 S. 95).

Die vorgenannten Posten im einzelnen:

**aufgrund einer Gewinnge-
meinschaft, eines Gewinn-
abführungs- oder eines
Teilgewinnabf.-Vertrages**
(§ 277 Abs. 3 Satz 2 HGB)
– erhaltene Gewinne

Unter diesem Posten sind
– Erträge aus den bezeichneten Vertragsverhältnissen auszuweisen. Der gesonderte Ausweis gilt auch dann,
– wenn das andere Unternehmen nicht in der Rechtsform der GmbH, AG oder KGaA geführt wird.

– abgeführte Gewinne

Auch die aufgrund dieser Vertragsverhältnisse an Dritte abgeführten Gewinne sind
– unter einem gesonderten Posten mit der entsprechenden Bezeichnung
auszuweisen.

**Aufwendungen aus
Verlustübernahme**
(§ 277 Abs. 3 Satz 2 HGB)

Hierunter sind gesondert
– die von der Gesellschaft zu übernehmenden Verluste sowie
– die mit der Verlustübernahme im Zusammenhang stehenden Aufwendungen
auszuweisen.

– Rückstellungen

Rückstellungen für drohende Inanspruchnahme aus Verlustübernahme sind über
– Posten Nr. 8 »sonstige betriebliche Aufwendungen im Gesamtkostenverfahren und
– Posten Nr. 7 im Umsatzkostenverfahren
zu bilden.

**außerplanmäßige Ab-
schreibungen**
(§ 277 Abs. 3 Satz 1 HGB)
– Anlagevermögen

Jeweils gesondert auszuweisen oder im Anhang anzugeben sind
– außerplanmäßige Abschreibungen bei Vermögensgegenständen des Anlagevermögens nach § 253 Abs. 2 Satz 3 HGB: Ansatz mit dem am Abschlußstichtag beizulegenden niedrigeren Wert sowie

– Umlaufvermögen

– außerplanmäßige Abschreibungen bei Vermögensgegenständen des Umlaufvermögens nach § 253 Abs. 3 Satz 3 HGB: Berücksichtigung künftiger Wertschwankungen.

**Erträge aus
Verlustübernahme**
(§ 277 Abs. 3 Satz 2 HGB)

Bei den Erträgen aus Verlustübernahme handelt es sich um die der Gesellschaft aufgrund
– eines Beherrschungs- oder Gewinnabführungsvertrags zu vergütenden Gewinne,
die gesondert auszuweisen sind.

184

– Verpflichtung zur
Verlustübernahme

Die Verpflichtung zur uneingeschränkten Verlustübernahme besteht grundsätzlich bei
– Beherrschungs- und Gewinnabführungsverträgen,
während bei
– Betriebspacht- und Betriebsüberlassungsverträgen
eine Verpflichtung zur Verlustübernahme nur insoweit
besteht, als kein angemessenes Entgelt erreicht wird.

2. Gliederung
(§ 275 Abs.1 HGB)

Das für alle Gesellschaften mit beschränkter Haftung
verbindlich geltende Gliederungsschema sieht vor, daß
die in § 275 Abs. 2 (Gesamtkostenverfahren oder Abs. 3
(Umsatzkostenverfahren) HGB bezeichneten Posten
– unbeschadet einer weiteren Gliederung in der angegebenen Reihenfolge gesondert auszuweisen sind, sofern
nicht eine abweichende Gliederung vorgeschrieben ist.

20 abweichende Gliede-
rung

Eine solche Abweichung von der Reihenfolge der Posten
im Gliederungsschema kann dann notwendig werden,
wenn die Gliederung nach § 275 Abs. 2 oder 3 HGB
– aufgrund der besonderen Struktur des Geschäftszweigs
ein unvollständiges Bild von den Aufwands- und Ertragsverhältnissen gibt.
Die abweichende Gliederung muß dem gesetzlichen
Schema gleichwertig sein.

21 Gliederungsgrund-
sätze
(§ 265 HGB)
– Ausweisstetigkeit
(§ 265 Abs.1 Satz 1 HGB)

Die allgemeinen Grundsätze über die Gliederung der Bilanz gelten auch für die Gewinn- und Verlustrechnung
wie
– Beibehaltung des Ausweises der aufeinanderfolgenden
Gewinn- und Verlustrechnungen, soweit nicht in Ausnahmefällen wegen besonderer Umstände Abweichungen erforderlich sind.
Die Abweichungen sind
– im Anhang
anzugeben und zu begründen.

– Gliederungserweite-
rung
(§ 265 Abs.4,
-Abs.5 HGB)

Durch mehrere Geschäftszweige bedingte Ergänzungen
sind
– im Anhang anzugeben und zu begründen.
Die Hinzufügung neuer Posten wird erforderlich,
– wenn ihr Inhalt nicht von einem vorgeschriebenen Posten gedeckt wird.

– Gliederungskürzung
(§ 265 Abs. 7 Nr. 1 und 2 HGB)

Die Zusammenfassung der Posten
– bei nicht erheblichen Beträgen oder
– zwecks Erhöhung der Klarheit in bezug auf die Darstellung
ist zulässig.

C. Gewinn-	– Vergleichbarkeit	Es besteht die Pflicht
und Verlust-	(§ 265 Abs. 2 Satz 1,	– zur Angabe der Vergleichszahlen des Vorjahres
rechnung		und
	– Satz 2	– Erläuterung bei fehlender Vergleichbarkeit im Anhang sowie
	– Satz 3 HGB)	– die Pflicht der Anpassung von Vorjahreszahlen im Anhang.

22 Änderungen gegenüber
dem bisherigen Recht

Auf die teilweise weitergehende Aufgliederung der bisherigen Regelungen in § 157 Abs. 1 AktG wird künftig verzichtet.
Im übrigen ergeben sich
– bis auf den gesonderten Ausweis der außerordentlichen Erträge und Aufwendungen
im Verhältnis zur Gliederung des bisherigen § 157 Abs. 1 AktG keine grundsätzlichen Änderungen.

23 Kurzbezeichnungen

Die Kurzbezeichnungen sind stets so zu wählen, daß der Inhalt der Posten eindeutig erkennbar bleibt.
Als Kurzbezeichnungen kommen u.a.

(§ 275 Abs. 2 Nr. 2,

– Bestandserhöhung/Bestandsverminderung der Erzeugnisse,

– Nr. 5a,

– Roh-, Hilfs- und Betriebsstoffe (bezogene Waren),

– Nr. 6b,

– soziale Abgaben (Aufwendungen für Altersversorgung, Unterstützung),

– Nr. 7a,

– Abschreibungen auf immaterielle Vermögensgegenstände und Sachanlagen (Ingangsetzungskosten)

– Nr. 7b HGB)

– Abschreibungen auf Vermögensgegenstände des Umlaufvermögens
in Betracht.

**24 Gliederung der GuV
nach § 275 Abs. 2 HGB
Gesamtkostenverfahren**

Bei Anwendung des Gesamtkostenverfahrens sind auszuweisen:
1. Umsatzerlöse
2. Erhöhung oder Verminderung des Bestands an fertigen und unfertigen Erzeugnissen
3. andere aktivierte Eigenleistungen
4. sonstige betriebliche Erträge
5. Materialaufwand:
   a) Aufwendungen für Roh-, Hilfs- und Betriebsstoffe und für bezogene Waren
   b) Aufwendungen für bezogene Leistungen
6. Personalaufwand:
   a) Löhne und Gehälter

b) soziale Abgaben und Aufwendungen für Altersversorgung und für Unterstützung,
   davon für Altersversorgung

7. a) auf immaterielle Vermögensgegenstände des Anlagevermögens und Sachanlagen sowie auf aktivierte Aufwendungen für die Ingangsetzung und Erweiterung des Geschäftsbetriebs

   b) auf Vermögensgegenstände des Umlaufvermögens, soweit diese die in der Kapitalgesellschaft üblichen Abschreibungen überschreiten

8. sonstige betriebliche Aufwendungen

9. Erträge aus Beteiligungen,
   davon aus verbundenen Unternehmen

10. Erträge aus anderen Wertpapieren und Ausleihungen des Finanzanlagevermögens,
    davon aus verbundenen Unternehmen

11. sonstige Zinsen und ähnliche Erträge,
    davon aus verbundenen Unternehmen

12. Abschreibungen auf Finanzanlagen und auf Wertpapiere des Umlaufvermögens

13. Zinsen und ähnliche Aufwendungen,
    davon an verbundenen Unternehmen

14. Ergebnis der gewöhnlichen Geschäftstätigkeit

15. außerordentliche Erträge

16. außerordentliche Aufwendungen

17. außerordentliches Ergebnis

18. Steuern vom Einkommen und vom Ertrag

19. sonstige Steuern

20. Jahresüberschuß/Jahresfehlbetrag.

**25 Gliederung der GuV
nach § 275 Abs. 3 HGB
Umsatzkostenverfahren**

Bei Anwendung des Umsatzkostenverfahrens sind auszuweisen:

1. Umsatzerlöse

2. Herstellungskosten der zur Erzielung der Umsatzerlöse erbrachten Leistungen

3. Bruttoergebnis vom Umsatz

4. Vertriebskosten

5. allgemeine Verwaltungskosten

6. sonstige betriebliche Erträge

7. sonstige betriebliche Aufwendungen

8. Erträge aus Beteiligungen,
   davon aus verbundenen Unternehmen

9. Erträge aus anderen Wertpapieren und Ausleihungen des Finanzanlagevermögens,
   davon aus verbundenen Unternehmen

10. sonstige Zinsen und ähnliche Erträge,
    davon aus verbundenen Unternehmen
11. Abschreibungen auf Finanzanlagen und auf Wertpa-
    piere des Umlaufvermögens
12. Zinsen und ähnliche Aufwendungen,
    davon an verbundene Unternehmen
13. Ergebnis der gewöhnlichen Geschäftstätigkeit
14. außerordentliche Erträge
15. außerordentliche Aufwendungen
16. außerordentliches Ergebnis
17. Steuern vom Einkommen und vom Ertrag
18. sonstige Steuern
19. Jahresüberschuß/Jahresfehlbetrag.

II. Die einzelnen Posten der Gewinn- und Verlustrechnung

Unter Zugrundelegung des Gliederungsschemas nach
§ 275 Abs. 2 HGB für große Gesellschaften sind die
nachstehend aufgeführten Posten bei Anwendung des
Gesamtkostenverfahrens in der angegebenen Reihenfolge gesondert auszuweisen:

Nr. 1 Umsatzerlöse
Ausweis
(§ 277 Abs. 1 HGB)

Als Umsatzerlöse sind die Erlöse aus
– dem Verkauf und
– der Vermietung oder Verpachtung
von für die gewöhnliche Geschäftstätigkeit der Gesellschaft
– typischen Erzeugnissen und Waren
sowie aus von für die gewöhnliche Geschäftstätigkeit der
Gesellschaft
– typischen Dienstleistungen
nach Abzug von
– Erlösschmälerungen und der Umsatzsteuer
auszuweisen.
Der Ausweis der Umsatzerlöse hat grundsätzlich in Höhe der Rechnungsbeträge einschließlich
– Verpackungs- und Versandkosten
zu erfolgen.

– nicht von den Umsatz-
erlösen abzusetzen

sind ferner
– Beiträge zu Preisausgleichskassen,
– Konventionalstrafen,
– Versicherungen,
– Vertreterprovisionen und andere
– Vertriebskosten.
(vgl. Kropff in AktG-Kom. § 157 Anm. 48f).

Die Umsatzerlöse im einzelnen:

– Abfallprodukte,
  Kuppelprodukte

Abfallprodukte zählen in der Regel zu den Umsatzerlösen.
Kuppelprodukte gehören selbst bei unbedeutendem wert- oder mengenmäßigen Anfall zu den Umsatzerlösen.
(vgl. ADS § 158 Tz. 11).

– Dienstleistungen

Ausweis unter dem Posten Nr. 1 nur der mit der Betriebsleistung im inneren Zusammenhang stehenden und für die gewöhnliche Geschäftstätigkeit der Gesellschaft typischen Umsätze.
Die übrigen Dienstleistungen sind unter dem Posten

§ 275 Abs. 2 Nr. 4
– Abs. 3 Nr. 6 HGB)

– »sonstige betriebliche Erträge«
auszuweisen.

– Erträge aus Bau-
  Arbeitsgemeinschaften

Ausweismöglichkeiten durch
– Einbeziehung in die Umsatzerlöse,
– Zurechnung der anteiligen Umsatzerlöse und Aufwendungen der Arbeitsgemeinschaft zu den eigenen Umsätzen und Aufwendungen.
Erläuterung der einmal gewählten Handhabung im Rahmen der Angaben im Anhang.
(vgl. Kropff in AktG-Kom. § 157 Anm. 34).

– Ertragszuschüsse bei
  Stromversorgungs-
  unternehmen

Ausweis unter Umsatzerlöse.
Es handelt sich hier um einen typischen Leistungsertrag aus dem Geschäftszweig der Stromversorgungsunternehmen.

– Erzeugnisse und
  Handelswaren

Die Umsatzerlöse aus dem Verkauf der Halbfabrikate und Zwischenerzeugnisse zählen auch zu den Gegenständen oder Waren aus der Erzeugung, Fertigung oder Lieferung.

– Magazinverkäufe

Ausweis der branchenüblichen Verkäufe von nicht mehr benötigten Roh-, Hilfs- und Betriebsstoffen als Umsatzerlöse.
Bei nicht branchenüblichen Verkäufen hat der Ausweis unter »sonstigen betrieblichen Erträgen« (Posten Nr. 4) zu erfolgen.
(vgl. Kropff in AktG-Kom. § 157 Anm. 28 mwN).

– Miet- und Pacht-
  einnahmen

sind unter Posten Nr. 1 auszuweisen, wenn diese Leistungen Gegenstand der gewöhnlichen Geschäftstätigkeit der Gesellschaft wie bei
– Brauereien,
  Leasing- und Grundstücksverwaltungsgesellschaften
sind.
Bei den übrigen Unternehmen erfolgt der Ausweis unter Posten Nr. 4.
(vgl. ADS § 158 Tz. 12; WP-Handb. 1981 S. 787).

189

C. Gewinn- und Verlust- rechnung	– Patent- und Lizenz- einnahmen	Ausweis unter Posten Nr. 1: – bei Lizenzen grundsätzlich, wenn die Einnahmen an Stelle möglicher eigener Umsätze stehen. Ausweis unter Posten Nr. 4: – bei den übrigen Einnahmen aus Patenten und Lizenzen. (vgl. ADS § 158 Tz. 13).
	– Schrottverkäufe	Ausweis als Umsatzerlöse, soweit es sich um Verkäufe von Schrott handelt, der im Rahmen der Produktion angefallen ist und nicht aus abgehenden Anlagen stammt. (vgl. Kropff in AktG-Kom. § 157 Anm. 29).
	– Vermittlungs- und Kommissionsgeschäfte	Es sind nur die erhaltenen Provisionen auszuweisen.
	– Versicherungsent- schädigungen	Ausweis unter Posten Nr. 1: – für bereits verkaufte Waren; Ausweis unter Posten Nr. 4: – für unfertige oder noch nicht verkaufte fertige Erzeugnisse, – für Einnahmen aus einer Betriebsunterbrechungsversicherung.
	– nicht unter Umsatz- erlöse auszuweisen	sind: – Einnahmen aus Nebenbetrieben (Kantinen, Werksküchen u. dgl.). Diese betriebsleistungsfremden Umsätze sind unter »sonstige betrieblichen Erträge« (Posten Nr. 4) auszuweisen.

Erlösschmälerungen

	– Preisnachlässe	Ausgangspunkt für das Absetzen der Erlösschmälerungen ist die Rechnungssumme. Dem Rabattgesetz entnommenen Begriff Preisnachlässe sind im einzelnen zuzuordnen: – Mengenrabatte, Skonti, Treueprämien, Umsatzvergütungen, andere Sondernachlässe.
	– – kein Preisnachlaß iS des § 275 Abs.2 HGB)	liegt bei Eintritt einer Ermäßigung der Forderungen an den betreffenden Abnehmer im Rahmen eines gerichtlichen oder außergerichtlichen Vergleichsverfahrens vor. (vgl. Kropff in AktG-Kom. § 157 Anm. 42eff)
	– zurückgewährte Entgelte	Hierunter fallen alle Gutschriften an Abnehmer für – Fracht- und Verpackungskosten, – Gewichts- und Preisdifferenzen, – Mängelrügen, – Rückwaren. Die dem Kunden erstatteten Aufwendungen sind unter

»sonstige betriebliche Aufwendungen« (Posten Nr. 8) auszuweisen.

– Voraussetzung für
die Absetzung

Preisnachlässe und zurückgewährte Entgelte können grundsätzlich nur insoweit abgesetzt werden als die entsprechenden Erlöse im Posten Nr. 1 enthalten sind.

– – Vorjahresumsätze
betreffende Ab-
setzungen

Gegen die Verrechnung unter Posten Nr. 1 von Abzügen, die die Vorjahresumsätze betreffen, bestehen keine Bedenken, wenn in jedem Geschäftsjahr in der gleichen Weise verfahren wird. Dabei darf es sich
– nicht um wesentliche oder einmalige größere Posten handeln.
(vgl. ADS § 158 Tz. 28 mwN).

– – Zuführungen zu ent-
sprechenden Rück-
stellungen

Rückstellungen für Boni, Treuerabatte etc. sind ebenfalls von den Umsatzerlösen abzusetzen.

– Mehrwertsteuer

Die berechnete Umsatzsteuer zählt nicht zu den Umsatzerlösen und ist vom Rechnungsbetrag abzusetzen.

Nr. 2 Erhöhung oder Verminderung des Bestands an fertigen und unfertigen Erzeugnissen

Ausweis
(§ 275 Abs. 2 Nr. 2 HGB)

Der auszuweisende Betrag stellt
– die Differenz zwischen den sich aus der Jahresbilanz ergebenden Werten für fertige und unfertige Erzeugnisse und denen der Vorjahresbilanz
dar.

– Bestandsveränderungen
(§ 277 Abs. 2 HGB)

Als Bestandsveränderungen sind
– sowohl Änderungen der Menge als auch solche des Wertes zu berücksichtigen;
– Abschreibungen jedoch nur, soweit diese die in der Gesellschaft sonst üblichen Abschreibungen nicht überschreiten.
Andernfalls ist der überschreitende Betrag unter dem Posten

(§ 275 Abs. 2 Nr. 7b HGB)

– »Abschreibungen auf Vermögensgegenstände des Umlaufvermögens«
auszuweisen.

– Bezeichnung des
Postens

Die Bezeichnung richtet sich je nach der Erhöhung oder Verminderung der Bestände.
Eine Trennung der Bestandsveränderung in fertige oder unfertige Erzeugnisse ist nicht erforderlich.

C. Gewinn- und Verlustrechnung

– Bestandsveränderung der Waren

Die Bestandsveränderung der Waren ist
– nicht in den unter Nr. 2 auszuweisenden Betrag mit einzubeziehen,
sondern unter Posten Nr. 5 mit auszuweisen.

– – Verbrauch an Waren

Ausweis unter Posten Nr. 5.

– Bestandsveränderung in Arbeit befindlicher Aufträge

Die Bestandsveränderung in Arbeit befindlicher Aufträge ist wie die »noch nicht abgerechneter Leistungen« unter Posten Nr. 2 mit entsprechendem Hinweis in der Bezeichnung des Postens auszuweisen.
(vgl. ADS § 157 Tz. 54).

Nr. 3 andere aktivierte Eigenleistungen

Der auf der Ertragsseite gebildete Posten Nr. 3 dient für die im Anlagevermögen aktivierten Eigenleistungen als Ausgleich der unter den verschiedenen Aufwandsposten verrechneten Aufwendungen wie
– Löhne, Gehälter, soziale Abgaben, Materialaufwand u.ä.

Ausweis
(§ 275 Abs. 2 Nr. 3 HGB)

Es sind unter diesem Posten
– alle anderen Leistungen, die nicht Umsatzerlöse oder Bestandsveränderungen iS des Postens Nr. 2 sind,
auszuweisen.
Im wesentlichen handelt es sich dabei um
– selbsterstellte Anlagen oder Werkzeuge,
– selbst durchgeführte aktivierte Großreparaturen, Aus- oder Umbauten,
– sonstige aktivierte Entwicklungs-, Konstruktions- und Versuchskosten.

– Nachaktivierung

Aufgrund einer steuerlichen Betriebsprüfung nachaktivierte Aufwendungen früherer Perioden stellen keine Eigenleistungen iS des Postens Nr. 3 dar.
Ausweis unter Posten Nr. 4 »sonstige betriebliche Erträge« (Erträge aus Zuschreibungen zu Gegenständen des Anlagevermögens).
(vgl. Kropff in AktG-Kom. § 157 Anm. 53).
sind

– nicht unter Posten Nr. 3 auszuweisen

– Bestandsveränderungen selbsterzeugter Roh-, Hilfs- und Betriebsstoffe (Ausweis unter Posten Nr. 2),
– noch nicht aktivierte Eigenleistungen,
– Erhöhung oder Verminderung des Bestands an noch nicht abgerechneten Bauten und Dienstleistungen.

Gesamtleistung

Der bisherige Posten Nr. 4 des § 157 AktG »Gesamtleistung«, welcher eine Zwischensumme der unter den Po-

192

sten Nr. 1 bis 3 ausgewiesenen Beträge darstellte, entfällt künftig, da dieser Posten nicht durch die Vierte Richtlinie vorgegeben ist.

Nr. 4 sonstige betriebliche Erträge

Ausweis
(§ 275 Abs. 2 Nr. 4 HGB)

– gesondert auszuweisende
  Posten
(§ 275 Abs. 2 Nr. 9,
– Nr. 10,
– Nr. 11 HGB)

Dieser neu in die Gewinn- und Verlustrechnung aufgenommene Sammelposten erfaßt
– alle Erträge aus der gewöhnlichen Geschäftstätigkeit,
  soweit sie nicht in gesonderten Posten enthalten oder
als
– Erträge aus Beteiligungen,
– Erträge aus Wertpapieren, Ausleihungen und sonstigen Finanzanlagen,
– sonstige Zinsen und ähnliche Erträge
gesondert auszuweisen sind.
Der Ausweis als »sonstige betriebliche Erträge« kommt insbesondere für
– Erträge aus
  – dem Abgang von Vermögensgegenständen des Anlagevermögens,
  – Zuschreibungen zu Vermögensgegenständen des Anlagevermögens,
  – Zuschreibungen zu Forderungen wegen Kürzung der Pauschalwertberichtigung,
  – der Auflösung von
    – Rücklagen,
    – Rückstellungen,
  – der Auflösung des Sonderpostens mit Rücklagenanteil
in Betracht.

Erträge aus dem Abgang von Vermögensgegenständen des Anlagevermögens

Die Erträge ergeben sich grundsätzlich aus der Gegenüberstellung von (höherem) Veräußerungserlös und letztem Buchwert.

– Buchverlust

Dagegen liegt ein Buchverlust bei einem höheren Buchwert als dem Veräußerungserlös vor. Ein solcher Ausweis hat unter
– Posten Nr. 8: »sonstige betriebliche Aufwendungen«
zu erfolgen.

– letzter Buchwert

Der letzte Buchwert ist in der Regel der letzte Bilanzwert.
Anlagen von höherem Buchwert oder kürzerer Nutzungsdauer können eine Fortschreibung notwendig werden lassen.
(vgl. Kropff in AktG-Kom. § 157 Anm. 90bb; ADS § 157 Tz. 119).

193

C. Gewinn- und Verlust- rechnung	Ausweis (§ 275 Abs. 2 Nr. 4 HGB)	Im einzelnen sind hier auszuweisen: – Buchgewinne aus der Veräußerung von Vermögensge- genständen des Sachanlagevermögens, – Erträge aus dem Abgang von Finanzanlagen (Gewinne bei Rückzahlung langfristiger Ausleihungen), – Erträge aus Zuschreibungen zu Vermögensgegenstän- den des Anlagevermögens.
	– Kürzung des Ver- äußerungserlöses	um – Ausbaukosten, Gutschriften, Nachlässe (das laufende Jahr betreffend), Rabatte, Skonti u.ä.
	– – nachträgliche Gut- schriften	Nachträgliche Gutschriften für in Vorjahren veräußerte Vermögensgegenstände sind unter – Posten Nr. 8: »sonstige betriebliche Aufwendungen« auszuweisen.
	– Kürzung sonstiger Aufwendungen	Die Absetzung von sonstigen mit dem Abgang zusam- menhängenden Aufwendungen ist umstritten. (vgl. Kropff in AktG-Kom. § 157 Anm. 91).
	– Verrechnung von Buchgewinnen und -verlusten	Eine Verrechnung von Buchgewinnen und Buchverlu- sten ist unzulässig. Ein getrennter Ausweis unter – den Posten Nr. 4 und Nr. 8 der GuV ist zwingend.
	– Versicherungsent- schädigungen	Ein Abgang für untergegangene Anlagen liegt bei Zah- lung einer Versicherungsentschädigung vor.
	Erträge aus der Zuschrei- bung zu Vermögensgegen- ständen des Anlagevermögens	Ein gemeinsamer Ausweis mit den Abgangserträge ist nur zulässig, sofern die Zuschreibungen für die Beurtei- lung der Ertragslage nach dem Grundsatz der Wesent- lichkeit nicht von Bedeutung sind.
	Ausweis (§ 275 Abs.2 Nr.4 HGB) – Anhang (§ 284 Abs.2 Nr.1 HGB)	Bei wesentlichen Zuschreibungen ist ein Erläuterung im Anhang erforderlich.
	Erträge aus Zuschrei- bungen zu Forde- rungen wegen einer Kürzung der Pauschal- wertberichtigung	Da passivische Pauschalwertberichtigungen im Gliede- rungsschema nicht mehr vorgesehen sind, entfällt der bisherige aktienrechtliche Posten Nr. 12 des § 157 AktG.
	Ausweis (§ 275 Abs. 2 Nr. 4 HGB)	Dafür sind hier – Erträge aus sich später als nicht notwendig erweisen- den Einzelwertberichtigungen zu Forderungen auszuweisen.

194

– Eingänge auf ausge- buchte Forderungen	Gleiches gilt für Eingänge auf ausgebuchte Forderungen.
Erträge aus der Auflö- sung von Rücklagen **Ausweis** (§ 275 Abs. 2 Nr. 4 HGB)	Die Erträge aus der Auflösung von Rücklagen erfassen – den Eigenkapitalanteil einer nur bei der steuerlichen Gewinnermittlung gebildeten Rücklage. Über die Auflösung entscheidet grundsätzlich das für die Bilanzfeststellung zuständige Organ.
Erträge aus der Auflösung von Sonderposten mit Rücklageanteil – Zeitpunkt der Auflösung	Hierbei handelt es sich um Bilanzposten, die aufgrund steuerlicher Vorschriften erst bei ihrer Auflösung zu ver- steuern sind. Ein Ertrag aus der Auflösung von Sonderposten mit Rücklageanteil liegt nicht erst dann vor, wenn die Summe aller in der Bilanz ausgewiesenen Sonderposten mit Rücklageanteil niedriger ist als im Vorjahr, sondern be- reits – wenn sich ein einzelner Sonderposten mit Rücklagean- teil ermäßigt hat. (vgl. ADS § 158 Tz. 42).
Ausweis (§ 281 Abs. 2 Satz 2 HGB) – Ertragsteuern	Die Auflösungsbeträge sind in dem Posten – »sonstige betriebliche Erträge« gesondert brutto auszuweisen. Anfallende Ertragsteuern sind unter – Posten Nr. 18: »Steuern vom Einkommen und vom Ertrag« einzustellen.
Erträge aus der Auflösung von Rückstellungen **Ausweis** (§ 275 Abs. 2 Nr. 4 HGB)	Unter Posten Nr. 4 der GuV sind – Erträge aus der Auflösung in Anspruch genommener Rückstellungen zu erfassen. Der Ausweis freigewordener Beträge unter diesem Po- sten ist zwingend und ungekürzt aufzuzeigen.
– Übertrag auf neue Rückstellungen	Die Verwendung einer in den Vorjahren gebildeten und nicht mehr benötigten Rückstellung für ein neu auftre- tendes Rückstellungserfordernis, das aufwandsmäßig frühere Geschäftsjahre betrifft, ist zulässig, – sofern beide Fälle den gleichen Aufwandsposten der GuV betreffen. (vgl. Kropff in AktG-Kom. § 157 An. 101).
– Verwendung in Vor- jahren gebildeter Rückstellungen	Anders verhält es sich mit der Verwendung in Vorjahren gebildeter Rückstellungen hinsichtlich des Aufwands im laufenden Geschäftsjahr: Der Aufwand des laufenden Geschäftsjahrs ist unter den gesondert auszuweisenden Aufwendungen einzustellen.

Der Betrag der nicht mehr benötigten Rückstellung ist
unter
– Posten Nr. 4 »sonstige betriebliche Erträge«
auszuweisen.

– Verbrauch von
Rückstellungen

Bei bestimmungsgemäßem Verbrauch liegt eine Auflösung iS des Postens Nr. 4 nicht vor.
Der jeweilige Aufwand ist
– direkt zu Lasten der Rückstellungen zu verbuchen,
somit wird die Gewinn- und Verlustrechnung nicht berührt.

sonstige Erträge

Ausweis
(§ 275 Abs. 2 Nr. 4 HGB)

Mit Ausnahme der
– außerordentlichen Erträge, die unter dem Posten Nr.
15 des normalen Gliederungsschemas auszuweisen
sind,
dürfte sich der Inhalt des bisherigen Postens des § 157
Abs. 1 Nr. 14 AktG mit dem neuen Posten
– »sonstige betriebliche Erträge« als Sammelposten für
alle nicht unter anderen Ertragsposten des Gliederungsschemas auszuweisenden Erträge
decken wie:
– Buchgewinne aus dem Verkauf von Wertpapieren,
– Einnahmen aus Betriebsunterbrechungsversicherun-
gen und Schadensersatzansprüchen,
– Erträge aus betriebsleistungsfremden Verwaltungsko-
stenumlagen bei Konzernen,
– Erträge aus Sozialeinrichtungen der Gesellschaft,
– Gutschriften, Kostenerstattungen sowie Rückvergü-
tungen für frühere Jahre,
– Heraufsetzung von Festwerten,
– Kursgewinne aus Währungsgeschäften,
– Magazinverkäufe und ähnliche Erträge,
– Miet- und Pachteinnahmen (soweit nicht als Umsat-
zerlöse auszuweisen),
– Patent- und Lizenzgebühren (soweit nicht als Umsat-
zerlöse auszuweisen),
– Schuldnachlässe,
– Zahlungseingänge auf in früheren Jahren ausgebuchte
Forderungen,
ferner Aufwendungen früherer Jahre, die sich nachträg-
lich als überflüssig erweisen wie:
– überzahlte Steuern,
– Zuschreibungen zu Forderungen und Wertpapieren
des Umlaufvermögens,

soweit diese Erträge nicht die Voraussetzungen von außerordentlichen Erträgen (Posten Nr. 15 der GuV) erfüllen.

Nr. 5 Materialaufwand
Nr. 5 a) Aufwendungen für Roh-, Hilfs- und Betriebsstoffe und für bezogene Waren

Ausweis
(§ 275 Abs. 2 Nr. 5a HGB)

Unter dem Posten Nr. 5a HGB, der weitgehend dem bisherigen Posten »Aufwendungen für Roh-, Hilfs- und Betriebsstoffe sowie für bezogene Waren« des § 157 Abs. 1 Nr. 5 AktG entspricht, sind
- Baumaterial (soweit ein Gegenposten unter Nr. 3 eingestellt ist),
- Brenn- und Heizungsstoffe,
- Ersatzteile,
- Fertigungsstoffe,
- Reinigungsmaterial,
- Reparaturstoffe,
- Verpackungsmaterial (mit Ausnahme der Versandverpackung),
- Aufwendungen für bezogene Waren, soweit die Waren verkauft worden sind,

auszuweisen.
Die Aufwendungen für bezogene Leistungen sind gesondert unter dem Posten Nr. 5b auszuweisen.

- Festwerte

Bei Vermögensgegenständen des Sachanlagevermögens können

- - Sachanlagevermögen

- die Neuzugänge und Veränderungen von Festwerten sowohl unter Posten Nr. 5a als auch unter Posten Nr. 8 (»sonstige betriebliche Aufwendungen) ausgewiesen werden.

- - Roh-, Hilfs- und Betriebsstoffe
(§ 240 Abs. 3 Satz 1 HGB)

Hingegen ist bei Roh-, Hilfs- und Betriebsstoffen der Ausweis der Anschaffungskosten und der Veränderungen des Festwerts nur unter Posten Nr. 5a vorzunehmen.

- Inventurdifferenzen, Wertberichtigungen

Inventurdifferenzen oder Wertberichtigungen wegen
- rückläufiger Marktpreise, Qualitätsverluste, Schwund u. ä.

sind unter Posten Nr. 5a auszuweisen.

- sonstige Verluste

Auf Diebstahl oder auf Zerstörung durch Brand beruhende Verluste sind unter
- »sonstige betriebliche Aufwendungen« (Posten Nr. 8)

auszuweisen, sofern es sich um erhebliche Beträge handelt.

Nr. 5 b) Aufwendungen für bezogene Leistungen

Ausweis
(§ 275 Abs. 2 Nr. 5b HGB)

Die in die Fertigung eingehenden Fremdleistungen sind als Aufwendungen den unter Posten Nr. 5a an Stoffen und bezogenen Waren gleichzusetzen.

Der Ausweis an Aufwendungen für bezogene Leistungen hat künftig gesondert zu erfolgen. Im wesentlichen handelt es sich dabei um

– Fremdleistungen auf die produzierten oder bearbeiteten oder verarbeiteten Fertigungsstoffe und Erzeugnisse,

– Aufwendungen für Fremdreparaturen,

– Strom- und Energieaufwendungen

(vgl. Kropff in AktG-Kom. § 157 Anm. 62).

– nicht unter Posten
   Nr. 5b auszuweisen

sind Fremdleistungen, die zu Verwaltungs- und Vertriebskosten zählen, wie

– Abschlußkosten,

– Beratungsgebühren,

– Mieten für Datenverarbeitungsanlagen,

– Porto und Telefongebühren,

– Reisespesen,

– Sachversicherungsprämien,

– Sachverständigenhonorare,

– Unternehmensberatungskosten,

– Werbekosten.

Diese Aufwendungen sind grundsätzlich unter

– »sonstige betriebliche Aufwendungen« (Posten Nr. 8)

auszuweisen.

Rohertrag/Rohaufwand

Der bisherige Posten Nr. 6 des aktienrechtlichen Gliederungsschemas (§ 157 Abs. 1 AktG) entfällt künftig, da ein solcher Posten durch die Vierte Richtlinie nicht vorgegeben ist.

Nr. 6 Personalaufwand
(§ 275 Abs. 2 Nr. 6 HGB)

Die unter der Postenbezeichnung »Personalaufwand« zusammengefaßten Personalaufwendungen entsprechen denen der bisherigen aktienrechtlichen Gliederung des § 157 Abs. 1 AktG:

– Löhne und Gehälter (Posten Nr. 16),

– soziale Abgaben (Posten Nr. 17),

– Aufwendungen für Altersversorgung und Unterstützung (Posten Nr. 18).

Nr. 6 a) Löhne und Gehälter

Ausweis
(§ 275 Abs. 2 Nr. 6a HGB)

Unter dem Posten Nr. 6a sind
– sämtliche Löhne und Gehälter an die Arbeiter und Angestellten der Gesellschaft,
– Bezüge der Geschäftsführer der Gesellschaft
– Ausbildungsvergütungen sowie
– alle sonstigen Vergütungen, Zulagen und Zuschläge
  für im Abschlußjahr geleistete Arbeiten
auszuweisen.
Hierunter fallen auch
– Nachzahlungen für Vorjahre,
soweit dafür keine Rückstellungen bestehen.

– ausweispflichtig

Auszuweisen ist bei den Löhnen und Gehältern
– der jeweilige Bruttobetrag,
d.h. der Betrag vor Abzug der Steuern und Sozialabgaben, soweit diese Beträge von den Arbeitnehmern zu tragen sind.

– auszuweisende Neben-
  bezüge

Als Nebenbezüge sind hier – ohne Festlegung auf ihre
einzelne Bezeichnung – insbesondere:
– Aufwands- und Trennungsentschädigungen,
– Deputate,
– Dienstwohnungen: mietfreie,
– Erfindervergütungen an Werksangehörige,
– Erfolgsbeteiligungen,
– freiwillig von der Gesellschaft übernommene Sozial-
  versich.-Beiträge,
– Gratifikationen,
– Jubiläumszahlungen,
– Karenzentschädigungen,
– Lohn- und Kirchensteuer: von der Gesellschaft über-
  nommene,
– Lohnfortzahlungsgesetz: Zahlungen aufgrund des,
– Überstundenentlohnung,
– Urlaubsabgeltung,
– Urlaubslöhne,
– Vergütungen für Verbesserungsvorschläge,
– Vermögensbildungsgesetz: Leistungen nach dem,
– Weihnachtsgratifikation,
auszuweisen. Diese einzubeziehenden Nebenbezüge
decken sich im allgemeinen mit den Beträgen, die lohn-
steuerpflichtig sind.
(vgl. ADS § 157 Tz. 141).

| C. Gewinn- und Verlust- rechnung | – Abfindungen | sind für vorzeitig ausscheidende Betriebsangehörige und Geschäftsführer idR unter Posten Nr. 6a auszuweisen. |
| | – in Sachwerten gewährte Bezüge | Ihr Ausweis gehört ebenfalls unter Posten Nr. 6a. Die Festlegung des Ansatzes der Sachbezüge richtet sich nach den steuerlichen Richtlinien bzw. ihrer steuerlich anerkannten Bewertung. |

Rückstellungen

Aufwandsmäßig sind die zurückgestellten Beträge unter Posten Nr. 6a auszuweisen.

Die nach dem Abschlußstichtag anfallenden Lohnaufwendungen (z. B. Garantiearbeiten, künftige Reparaturen usw.) sind bei ihrer Rückstellungsbildung unter Posten Nr. 8 (»sonstige betriebliche Aufwendungen«) auszuweisen.

– Auflösung von Rückstellungen

Bei Bildung der Rückstellung zu Lasten des Postens Nr. 6a:
– Ausweis eines Fehlbetrags unter Posten Nr. 6a,
– Ausweis eines Überschusses unter Posten Nr. 4 (»sonstige betriebliche Erträge«);
bei Bildung zu Lasten des Postens Nr. 8 (»sonstige betriebliche Aufwendungen«):
– Ausweis im Geschäftsjahr des Anfalls der tatsächlich entstandenen Löhne unter Posten Nr. 6a
– Auflösung der früher gebildeten Rückstellung in Höhe des Verbrauchs über Posten Nr. 4 oder über Posten Nr. 8.

Geschäftsführerbezüge

Unter Posten Nr. 6a sind die Gesamtbezüge der Geschäftsführer
– Aufwandsentschädigungen,
– Gehälter,
– Gewinnbeteiligungen unter Beachtung des § 174 Abs. 2 AktG,
– Nebenleistungen jeder Art,
– Provisionen,
– Versicherungsentgelte
auszuweisen.

– nicht unter Posten Nr. 6a auszuweisen (§ 275 Abs. 2 Nr. 3 HGB)

sind
– aktivierte Löhne und Gehälter bei Aktivierung im Anlagevermögen
  – Ausweis unter »andere aktivierte Eigenleistungen« (Posten Nr. 3);

– Nr. 8,

– Aufsichtsratsbezüge:
  – Ausweis der festen Bezüge wie auch der Gewinnbeteiligung unter »sonstige betriebliche Aufwendungen«.

200

– Löhne und Gehälter für Arbeitskräfte fremder Firmen:
  – Ausweis grundsätzlich unter Posten Nr. 5 oder
    Nr. 8 der GuV, auch wenn die Entgelte von der Ge-
    sellschaft errechnet und ausgezahlt
  werden.

– Nr. 6b HGB)

– Pensionen und Renten:
  – Ausweis unter »soziale Abgaben und Aufwendun-
    gen für Altersversorgung und für Unterstützung«.
– Rückerstattung barer Auslagen und Unkosten:
  Ausweis unter Posten Nr. 8.
  Dies gilt in gleicher Weise auch hinsichtlich Vergütun-
  gen für Dienstreisen.

– Vorschüsse

Vorschüsse auf Löhne und Gehälter sind kein Aufwand,
sondern sind als
– Forderungen in der Bilanz
auszuweisen.
(vgl. ADS § 157 Tz. 138).

Nr. 6 b) Soziale Abgaben und Aufwendungen für Altersversorgung und für Unterstützung, davon für Altersversorgung

Ausweis
(§275 Abs.2 Nr.6b HGB)

Die von der Gesellschaft zu tragenden gesetzlichen
Pflichtabgaben (Arbeitgeberanteile) der Sozialversiche-
rung sind hier auszuweisen und zwar die
– Rentenversicherung der Angestellten und Arbeiter so-
  wie der Knappschaft,
– Kranken- und Arbeitslosenversicherung,
– Berufsgenossenschaft, Insolvenzsicherung.

Aufwendungen für
Altersversorgung

Die Aufwendungen für Altersversorgung sind
– mit dem »davon-Vermerk« gesondert auszuweisen
und umfassen:
– Pensionszahlungen mit oder ohne Rechtsanspruch –
  soweit nicht zu Lasten von Pensionsrückstellungen geleistet –
– Zuführungen zu Pensionsrückstellungen einschl. des
  Zinsanteils für bereits angesammelte Rückstellungen,
– Zuweisungen an Unterstützungs- und Pensionskassen
  sowic
– von der Gesellschaft übernommene Prämienzahlungen
  für die künftige Altersversorgung ihrer Mitarbeiter,
  wenn diese einen unmittelbaren Auszahlungsanspruch
  haben.
(vgl. ADS § 157 Tz. 152).

Aufwendungen für
Unterstützung

Im übrigen sind hier auszuweisen:
– Arzt- und Kurkosten,
– übernommene Erholungsbeihilfen,

– Familienfürsorgezahlungen,
– Hausbrandzuschüsse,
– Heirats- und Geburtsbeihilfen und ähnliche lohnsteu-
erfreie Zuwendungen,
– Notstandsbeihilfen an Beschäftigte,
– Unterstützungszahlungen an Invaliden, Rentner und
Hinterbliebene,
– Zuweisungen an Sozialkassen und Unterstützungsein-
richtungen.

– Personenkreis für
diese Aufwendungen

Zum Personenkreis gehören:
– tätige und nicht mehr tätige Betriebsangehörige einschl. Geschäftsführer und deren Hinterbliebene, soweit sie nicht für Leistungen der Empfänger erbracht
werden.
Unterstützungen und Spenden, die nicht an den vorgenannten Personenkreis geleistet werden, sind unter Posten Nr. 8 auszuweisen.

– nicht unter Posten
N. 6b auszuweisen

sind:
– Ausbildungs- und Fortbildungskosten,
– Zuschüsse für Erholungsheime sowie für Fahrtkosten,
– Zahlungen der Ausgleichsabgabe für nicht beschäftigte
Schwerbehinderte: Ausweis unter Posten Nr. 8.

Nr. 7 Abschreibungen

Nr. 7 a) Abschreibungen auf immaterielle Vermögensgegenstände des Anlage-vermögens und Sachanlagen sowie auf aktivierte Aufwendungen für die Ingangsetzung und Erweiterung des Geschäftsbetriebs

Vorbemerkungen

Im Rahmen des Abschnitts »Entwicklung des Anlagevermögens« wurden
– die Abschreibungen, ihr Ausweis, ihre Arten und Methoden sowie die steuerlichen Abschreibungsmöglich-
keiten dargestellt,
so daß sich hier auf
– die Ausweisvorschriften der Abschreibungen innerhalb der Gewinn- und Verlustrechnung
beschränkt werden kann.

– Übereinstimmung
zwischen Bilanz
und GuV

Die in der Gewinn- und Verlustrechnung erfaßten Abschreibungen auf
– aktivierte Aufwendungen für die Ingangsetzung des
Geschäftsbetriebs,
– immaterielle Vermögensgegenstände,
– Sachanlagen

202

müssen betragsmäßig mit den in der Bilanz entsprechenden Posten übereinstimmen.
Die Übereinstimmung gilt auch für
– Posten Nr. 7b: »Abschreibungen auf Vermögensgegenstände des Umlaufvermögens«
  und
– Posten Nr. 12: »Abschreibungen auf Finanzanlagen
  und auf Wertpapiere des Umlaufvermögens«;
der Gewinn- und Verlustrechnung.

– Postenbezeichnung

Enthält der Posten Nr. 7a nur Abschreibungen auf Sachanlagen, so entfällt eine weitere Postenbezeichnung
der übrigen Postenarten.

– – Kurzbezeichnung

Als Kurzbezeichnung bietet sich im Rahmen des Artikels
4 Abs. 2 der Vierten Richtlinie die Postenbezeichnung
– »Abschreibungen auf Sachanlagen (und immaterielle
  Vermögensgegenstände)«
an.

Ausweis
(§ 275 Abs.2 Nr.7a HGB)

Die unter Posten Nr. 7a auszuweisenden Abschreibungen umfassen neben denen auf
– aktivierte Aufwendungen für die Ingangsetzung und
  Erweiterung des Geschäftsbetriebs
die planmäßigen und außerplanmäßigen Abschreibungen
zu den unter
– immaterielle Vermögensgegenstände und Sachanlagen
  aufgeführten Bilanzposten wie

– immaterielle Vermögens-
  gegenstände
– Sachanlagen

– Konzessionen, Patente, Lizenzen, Warenzeichen
  und ähnliche Rechte und Werte
– Grundstücke und Bauten,
– technische Anlagen und Maschinen,
– andere Anlagen, Betriebs- und Geschäftsausstattung,
– geleistete Anzahlungen und Anlagen im Bau.

– außerplanmäßige
  Abschreibungen
(§ 277 Abs.3 Satz 1 HGB)

Außerplanmäßige Abschreibungen sind als solche
– gesondert auszuweisen, soweit sie nicht im Anhang gesondert angegeben
werden.

– nicht unter Posten
  Nr. 7a auszuweisen

sind:
– Abschreibungen auf ein aktiviertes Anleihedisagio:
  – Ausweis unter Posten Nr. 12;
– Buchverluste aus dem Abgang von Vermögensgegen-
  ständen des Anlagevermögens
  – Ausweis unter Posten Nr. 8,
da es sich hierbei nicht um Abschreibungen
handelt.

**Nr. 7 b) Abschreibungen auf Vermögensgegenstände des Umlaufvermögens,
soweit diese die in der Gesellschaft üblichen Abschreibungen überschreiten**

Vorbemerkungen

Als wesentliche Änderungen gegenüber dem bisherigen
Recht (§ 157 Abs. 1 Nr. 21 AktG) gelten

– Ausweis nur der Abschreibungen, die das für die Gesellschaft übliche Maß überschreiten.
Eine gesetzliche Definition für das »übliche Maß« fehlt
jedoch.

– Die Abschreibungen beziehen sich ohne Ausnahme
auf das gesamte Umlaufvermögen.

– Der Ausweis der Verluste aus dem Abgang von Vermögensgegenständen des Umlaufvermögens erfolgt
künftig unter Posten 8 (»sonstige betriebliche Aufwendungen«).

– Kurzbezeichnung

Als Kurzbezeichnung dieses Postens bietet sich im Rahmen des Art. 4 Abs. 2 IV. RL die Postenbezeichnung
– Abschreibungen auf Gegenstände des Umlaufvermögens
an.

Ausweis
(§ 275 Abs. 2 Nr. 7b HGB)

Unter dem Posten Nr. 7b sind
– alle aufgrund des strengen Niederstwertprinzips nach
§ 263 Abs. 3 HGB vorgenommenen Abschreibungen
der innerhalb des Umlaufvermögens ausgewiesenen
– Vorräte,
– Forderungen und sonstige Vermögensgegenstände,
– Wertpapiere und
– flüssige Mittel
auszuweisen, soweit diese die üblichen Abschreibungen
übersteigen.

– nicht unter Nr. 7b
auszuweisen
(§ 253 Abs. 3 HGB)

sind:
– Abschreibungen auf
– einen niedrigeren Börsenkurs oder Marktpreis oder
auf
– einen niedrigeren, am Abschlußstichtag beizulegenden Wert.
Diese Abschreibungen dürften den Posten Nr. 8 und Nr.
12 des normalen Gliederungsschemas der Gewinn- und
Verlustrechnung zuzuordnen sein.

Nr. 8 sonstige betriebliche Aufwendungen

Ausweis
(§ 275 Abs. 2 Nr. 8 HGB)

Der Umfang dieses Sammelpostens geht über den bisherigen Posten § 157 Abs. 1 Nr. 26 AktG hinaus und erfaßt
– alle Aufwendungen aus der gewöhnlichen Geschäftstätigkeit,

soweit sie nicht in gesonderten Posten enthalten oder
als

(§ 275 Abs. 2 Nr. 12,

– Abschreibungen auf Finanzanlagen
oder als

– Nr. 13 HGB)

– Zinsen und ähnliche Aufwendungen
auszuweisen sind.

Der Ausweis als »sonstige betriebliche Aufwendungen«
kommt bei Vorliegen der maßgeblichen Voraussetzungen insbesondere für

– Abschreibungen auf Forderungen des Umlaufvermögens, soweit diese den üblichen Rahmen nicht überschreiten;

– Verluste aus dem Abgang von Vermögensgegenständen

– des Anlagevermögens,

– des Umlaufvermögens;

(§ 281 Abs. 2 HGB)

– Einstellungen in die Rücklagen
sowie für

– Aufsichtsratsbezüge
in Betracht.

– gesonderter Ausweis
(§ 281 Abs. 2 Satz 2 HGB)

Von allen Gesellschaften mbH sind in dem Posten »sonstige betriebliche Aufwendungen« der Gewinn- und Verlustrechnung

– die Einstellungen in den Sonderposten mit Rücklageanteil

gesondert auszuweisen oder im Anhang anzugeben.
Die Zuführungen werden in voller Höhe wie Aufwendungen behandelt.

**Abschreibungen auf
Forderungen des
Umlaufvermögens**

Da der Posten § 157 Abs. 1 Nr. 21 AktG (Einstellung in
die Pauschalwertberichtigung zu Forderungen) entfallen
ist, sind

– »Abschreibungen auf Forderungen des Umlaufvermögens« unter dem Posten Nr. 8 auszuweisen,

– soweit diese den in der Gesellschaft üblichen Umfang
der Abschreibungen nicht überschreiten.

Andernfalls ist der Ausweis unter

– Posten Nr. 7b zwingend
vorgeschrieben.

Ausweis
(§ 275 Abs. 2 Nr. 7b
und Nr. 8 HGB)

Im wesentlichen sind unter Posten Nr. 8

– Abschreibungen oder Abwertungen auf

– geleistete Anzahlungen,

– Forderungen aus Lieferungen und Leistungen,

– Forderungen gegen verbundene Unternehmen,

– Forderungen gegen Unternehmen, mit denen ein
Beteiligungsverhältnis besteht,

– sonstige Forderungen (wie Forderungen aus Kredi-

ten an Geschäftsführer, Aufsichtsrats- oder Beirats-
mitglieder),
– Wechsel und Schecks, soweit sie Forderungen des
Umlaufvermögens betreffen
auszuweisen.

– nicht unter Nr. 8
auszuweisen

sind bei Vorliegen entsprechender Voraussetzungen:
– Abschreibungen auf Forderungen aus noch nicht abge-
rechneten Leistungen:
– Verrechnung im Rahmen der Bestandsveränderun-
gen unter Posten Nr. 2,
– Wertminderungen bei Vorräten:
– Ausweis als Bestandsveränderung unter Posten Nr.
2 oder Verrechnung mit dem Materialaufwand unter
Posten Nr. 5a;
ferner sind hier nicht auszuweisen:
– die den Finanz- und Konzernbereich betreffenden
Aufwendungen.

**Verluste aus dem Abgang
von Vermögensgegenstän-
den des Anlagevermögens
Ausweis
(§ 275 Abs. 2 Nr. 8 HGB)**

Unter diesem Posten sind
– die Abgangsverluste aller Vermögensgegenstände der
Sachanlagen und der immateriellen Anlagewerte
auszuweisen.

– Kurzbezeichnung

Als Kurzbezeichnung bietet sich im Rahmen des Art. 4
Abs. 2 IV. RL die Postenbezeichnung
– Verluste aus Anlageabgängen
an.

**Berechnung der Abgangs-
verluste**

Die Verluste ergeben sich grundsätzlich aus der
– Gegenüberstellung des höheren Buchwerts zum niedrigeren Veräußerungserlös.
Zu berücksichtigen sind:
– bei Großanlagen oder kurzlebigen Anlagen Verminderung des letzten Buchwerts um anteilige Abschreibungen,
– abzüglich etwaiger Erlöse (Veräußerungs-, Schrotter-
lös, Versicherungsentschädigung) aus dem Abgang,
– zuzüglich der Kosten des Abgangs (Abbruchkosten,
Veräußerungsnebenkosten).
(vgl. Kropff in AktG-Kom. § 157 Anm. 127).

**Verrechnungsverbot
(§ 246 Abs. 2 HGB)**

Eine Verrechnung mit Erträgen aus dem Abgang von
Vermögensgegenständen des Anlagevermögens ist nicht
zulässig.

**Verluste aus dem Abgang
von Vermögensgegenstän-
den des Umlaufvermögens**

Ausweis
(§ 275 Abs. 2 Nr. 8 HGB)

Hierunter sind vorrangig
– Veräußerungsverluste von Wertpapieren des Umlaufvermögens oder von Devisenbeständen sowie
– die nicht an anderer Stelle gesondert auszuweisenden Verluste und Wertminderungen des Umlaufvermögens
darzustellen.
Hingegen sind
– Abschreibungen auf Wertpapiere des Umlaufvermögens unter dem Posten Nr. 12
auszuweisen.
Der Ausweis von im Zusammenhang mit der Veräußerung anfallenden Aufwendungen hat
– unter den für die einzelnen Aufwandsarten entsprechenden Posten
zu erfolgen.
(vgl. ADS § 157 Tz. 163).

sonstige Aufwendungen
(§ 275 Abs. 2 Nr. 8 HGB)

Mit Ausnahme der
– außerordentlichen Aufwendungen, die unter dem Posten Nr. 16 des normalen Gliederungsschemas auszuweisen sind,
dürfte sich der Inhalt des bisherigen Postens des § 157 Abs. 1 Nr. 26 AktG mit dem neuen Posten
– »sonstige betriebliche Aufwendungen« als Sammelposten für alle nicht unter anderen Aufwandsposten des Gliederungsschemas auszuweisenden Aufwendungen
decken wie:
– Arbeitsgemeinschaften: Verluste aus,
– Aufsichtsrat: Kosten des einschl. Tantiemen,
– Ausbildungskosten,
– Berufsvertretungen: Beiträge zu,
– Bewirtungs- und Betreuungskosten,
– Bürgschaftsentgelte,
– Büromaterial,
– Datenübertragungsgebühren,
– Erbbauzinsen,
– Fernschreibkosten, Postgebühren, Prüfungsgebühren,
– Fremdreparaturen,
– Gebühren: sonstige,
– Gründungskosten,
– Gesellschaftsversammlung: Kosten der,
– Hausverwaltungskosten,
– Konzessionsabgaben,
– Lagerungs-, Transportkosten,
– Lizenzgebühren,

- Provisionen,
- Prüfungskosten,
- Rechtsschutzkosten,
- Reisespesen,
- Reklameaufwendungen,
- Reparatur- und Verpackungsmaterial (soweit nicht unter Posten Nr. 5 ausgewiesen),
- Schadensfälle: Verlust aus,
- Spenden,
- Syndikats- oder Verbandsabrechnungen,
- Versicherungsprämien,
- Vorfrachten zu Außenlägern,
- Zahlungsverkehr: Kosten des,
- Zuführungen zu Rückstellungen bei deren Bildung noch nicht feststeht, welche Aufwandsart die Rückstellung endgültig betrifft,
- Zuschüsse zu Erholungs-, Sportanlagen,
  - zu Kantinen.

(vgl. ADS § 157 Tz. 184).

Nr. 9 Erträge aus Beteiligungen, davon aus verbundenen Unternehmen

Als Beteiligung gilt nur der auch in der Bilanz ausgewiesene Anteilbesitz.
(vgl. Kropff in AktG-Kom. § 157 Anm. 79).
Dieser Posten entspricht dem Posten Nr. 8 des bisherigen aktienrechtlichen Gliederungsschemas, wird jedoch nunmehr

– Vermerkpflicht

– durch den »davon-Vermerk« der Erträge aus verbundenen Unternehmen

ergänzt.

Ausweis
(§ 275 Abs. 2 Nr. 9 HGB)

Unter Posten Nr. 9 sind die laufenden Erträge aus Beteiligungen wie

- Ausbeuten von Gewerkschaften,
- Dividenden von Kapitalgesellschaften und Genossenschaften,
- Gewinnanteile von Personengesellschaften und stillen Gesellschaften,
- Zinsen auf beteiligungsähnliche Darlehen (soweit in der Bilanz als Beteiligungen behandelt)

auszuweisen und zwar stets mit den Bruttoerträgen; einbehaltene Kapitalertragsteuer darf nicht abgesetzt werden.

– nicht unter Posten
  Nr. 9 auszuweisen

sind

- Buchgewinne aus der Veräußerung von Beteiligungen:
  - Ausweis unter Posten Nr. 4 (»Erträge aus dem Abgang von Vermögensgegenständen des Anlagevermögens«).

(§ 277 Abs. 3 Satz 2 HGB)	– Erträge aus Gewinnabführungs- und Teilgewinnab-führungsverträgen und Gewinngemeinschaft: – Ausweis jeweils gesondert unter entsprechender Be-zeichnung ohne gesetzliche Festlegung des Auswei-ses.
– Verrechnungsverbot (§ 246 Abs. 2 HGB)	Eine Verrechnung von Erträgen aus Beteiligungen mit et-waigen Verlusten aus anderen Beteiligungen ist nicht zu-lässig.

Nr. 10 Erträge aus anderen Wertpapieren und Ausleihungen des Finanzanlage-vermögens,
davon aus verbundenen Unternehmen

	Der Posten zeigt die außerhalb der eigenen Gesellschaft angelegten Mittel auf und entspricht weitgehend dem bis-herigen Posten Nr. 9 des § 157 Abs. 1 AktG.
Ausweis (§ 275 Abs. 2 Nr. 10 HGB)	Unter diesem Posten sind die Brutto-Erträge aus Finanz-anlagen, die keine Beteiligungen sind, auszuweisen und zwar nach dem Gliederungsschema gemäß § 266 Abs. 2 HGB – Wertpapiere des Anlagevermögens (Aktien, festverzinsliche Wertpapiere etc.) – sonstige Ausleihungen, – Ausleihungen an verbundene Unternehmen, – Ausleihungen an Unternehmen, mit denen ein Be-teiligungsverhältnis besteht;
– Vermerkpflicht	Erträge aus verbundenen Unternehmen, wie Zinsen für Darlehensforderungen des Anlagevermögens sind im »davon-Vermerk« zusätzlich anzugeben.
– nicht unter Posten Nr. 10 auszuweisen	sind u. a. – Erträge aus Wertpapieren des Umlaufvermögens: – Ausweis unter Posten Nr. 11 der GuV.
– Abschreibungen wegen Kursverlusten u. ä.	Abschreibungen dieser Art sind unter Posten Nr. 12 aus-zuweisen.
– Verrechnungsverbot (§ 246 Abs. 2 HGB)	Die Saldierung von Erträgen mit Aufwendungen ist nicht zulässig.

Nr. 11 sonstige Zinsen und ähnliche Erträge,
davon aus verbundenen Unternehmen

	Dieser Posten deckt sich inhaltlich mit dem bisherigen Posten des § 157 Abs. 1 Nr. 10 AktG.
– Vermerkpflicht	Neu hinzugekommen ist der »davon-Vermerk« für von verbundenen Unternehmen erhaltenen Erträge.
Ausweis (§ 275 Abs. 2 Nr. 11 HGB)	Hierunter sind – alle nicht bereits unter den Posten Nr. 4 oder Nr. 9 aus-gewiesenen Zinserträge zu erfassen.

C. Gewinn- und Verlust- rechnung	– Zinserträge im einzelnen	Es kommen in Betracht:
		– Zinsen für Einlagen bei Kreditinstituten und für Forderungen an Dritte:
		  – Bankguthaben, Darlehen und Hypotheken (soweit nicht Finanzanlagen),
		  – Wechselforderungen,
		  – andere Außenstände;
		– Zinsen und Dividenden auf Wertpapiere des Umlaufvermögens;
		– Aufzinsungsbeträge für unverzinsliche oder niedrig verzinslich gegebene Darlehen, sowie für Forderungen aus Lieferungen und Leistungen (soweit nicht Finanzanlagen betreffend)
		(vgl. ADS § 157 Tz. 102).

	– ähnliche Erträge iS des Postens Nr. 11	Als den Zinsen ähnliche Erträge iS des Postens Nr. 11 sind
		– Erträge aus einem Agio, Disagio oder Damnum, Kreditprovisionen,
		  Erträge für Kreditgarantien,
		  Teilzahlungszuschläge u. ä.
		zu bezeichnen.
		Als nicht den Zinsen ähnliche Erträge gelten
		– Lieferantenskonti,
		– Kreditbearbeitungsgebühren, Mahnkosten, Spesen etc.

	– nicht unter Posten Nr. 11 auszuweisen	sind:
		– als Anschaffungs- oder Herstellungskosten aktivierte Fremdkapitalzinsen:
		  – Ausweis unter Posten Nr. 2 (soweit diese Vorräte betreffen);
		– Zinsen auf Ausleihungen:
		  – Ausweis unter Posten Nr. 10.

	– Verrechnungsverbot (§ 242 Abs. 2 HGB)	Die Zinsaufwendungen und Zinserträge sind getrennt auszuweisen. Dies trifft auch für eine Verrechnung von Soll- und Habenzinsen gegenüber dem gleichen Kreditinstitut zu.
	– – Wechseldiskont	Das Verrechnungsverbot gilt ebenso für Diskonterträge und Diskontaufwendungen. Dagegen ist der Diskontertrag aus einem hereingenommenen Kundenwechsel mit dem bei seiner Weitergabe an die Bank entstandenen Diskontaufwand zu verrechnen. (vgl. Kropff in AktG-Kom. § 157 Anm. 87).

210

**Nr. 12 Abschreibungen auf Finanzanlagen und auf Wertpapiere des Umlaufver-
mögens**

Ausweis
(§ 275 Abs. 2 Nr. 12,
§266 Abs. 2 A. II. 1.-6. HGB)

Unter Posten Nr. 12 sind alle Abschreibungen auf Finanzanlagen wie

– Anteile, Ausleihungen, Beteiligungen, Wertpapiere
des Anlagevermögens: festverzinsliche Wertpapiere
sowie Wertpapiere mit Gewinnbeteiligungsansprüchen und

(§ 266 Abs. 2 B. III. 1.4. HGB)

– auf die Wertpapiere des Umlaufvermögens wie

– Anteile an verbundenen Unternehmen ohne Daueranlage,

– sonstige Wertpapiere,

auszuweisen.

Zu den Wertpapieren des Umlaufvermögens gehören nur
Wechsel, die reine Finanzgeschäfte betreffen.
Der Posten Nr. 12 entspricht den Posten 20 und 21 des
bisherigen aktienrechtlichen Gliederungsschemas (§ 157
Abs. 1 AktG).

**Nr. 13 Zinsen und ähnliche Aufwendungen,
davon an verbundene Unternehmen**

Sowohl dem Inhalt als auch der Bezeichnung entspricht
dieser Posten dem bisherigen Posten Nr. 23 des § 157
Abs. 1 AktG.

– Vermerkpflicht

Zinsen und ähnliche Aufwendungen, die verbundene
Unternehmen betreffen, sind gesondert zu vermerken.

Ausweis
(§ 275 Abs. 2 Nr. 13 HGB)
– Zinsen für geschuldete
Kredite

Der den Aufwand in voller Höhe für das aufgenommene
Fremdkapital zeigende Ausweis enthält im wesentlichen:

– Zinsen für geschuldete Kredite wie

– Bankkredite, Darlehen, Hypotheken, Schuldverschreibungen, Verzugszinsen für verspätete Zahlung, gestundete Warenkredite;

– Diskontbeträge
– Kreditprovisionen
und ähnliche Auf-
wendungen
– Disagio, Damnum

– Diskontbeträge für Wechsel und Schecks;

– Bürgschaftsprovisionen, Kreditbereitstellungsgebüh-
ren, Überziehungsprovisionen, Verwaltungskosten-
beiträge wie auch Frachtenstundungsgebühren;

– Abschreibungen auf ein Disagio oder Damnum; bei
sofortiger Aufwandsverrechnung dürfte sich ein Ausweis

– unter Posten Nr. 8 (»sonstige betriebliche Aufwendungen«)

ergeben. (vgl. ADS § 157 Tz. 166; Kropff in AktG-
Kom. Anm. 129).

C. Gewinn- und Verlust- rechnung

– nicht unter Posten Nr. 13 auszuweisen

sind:
– Bankspesen, Einlösungsprovisionen für Schuldverschreibungen, Kontenführungsgebühren, Optionsgebühren, Wechselsteuer;
– Vermittlungsprovisionen für die Beschaffung von Krediten sowie sonstige mit der Kreditüberwachung in Zusammenhang stehende Kosten,

da dieser Aufwand nicht den zinsähnlichen Aufwendungen zuzurechnen ist.

– Verrechnungsverbot (§ 246 Abs. 2 HGB)

Die Verrechnung von Erträgen und Aufwendungen bei Zinsen ist – wie bereits unter Posten Nr. 10 erwähnt – nicht zulässig.

Nr. 14 Ergebnis der gewöhnlichen Geschäftstätigkeit

(§ 275 Abs. 2 Nr. 14 HGB)

Dieser neu in das Gliederungsschema der Gewinn- und Verlustrechnung eingebrachte Posten sieht
– die Zwischensumme aus der Saldierung der Posten Nr. 1–13

vor und stellt
– das Jahresergebnis vor Berücksichtigung des außerordentlichen Ergebnisses und des Steueraufwands

dar.

– Aussagewert

Der Aussagewert dieses Postens ist umstritten. Wenn auch noch keine praxisnahen Ergebnisse vorliegen, so sind doch zumindest Zweifel an der Notwendigkeit dieses Postens gegenwärtig nicht auszuschließen.

Nr. 15 außerordentliche Erträge

Der gesonderte Ausweis der außerordentlichen Erträge ist neu. Nach der bisherigen Vorschrift des § 157 Abs. 1 Nr. 14 AktG waren die außerordentlichen Erträge lediglich im Posten »sonstige Erträge« gesondert zu vermerken.

Ausweis (§ 275 Abs. 2 Nr. 15, § 277 Abs. 4 HGB)

Künftig sind unter diesem Posten nur noch außerordentliche Erträge auszuweisen,
– die außerhalb der gewöhnlichen Geschäftstätigkeit der Gesellschaft

anfallen.

Die auszuweisenden außerordentlichen Erträge müssen danach
– ungewöhnlich in der Art, sich selten wiederholen und zur wesentlichen Änderung des Ergebnisses der gewöhnlichen Geschäftstätigkeit

beitragen. Dafür kommen als größere Ertragsposten
– Gewinn aus dem Verkauf eines Teilbetriebs,

212

– Gewinn aus dem Abgang wesentlicher Teile des Sachanlagevermögens,
– Erträge aus finanzieller Gesellschaftsumstrukturierung
in Betracht.

– aperiodische Erträge

Künftig gehören aperiodische Erträge nur dann zu den außerordentlichen Erträgen,
– wenn sie außerhalb der gewöhnlichen Geschäftstätigkeit angefallen
sind.

Anhang
(§ 277 Abs. 4 Satz 2,

Außerordentliche Erträge sind
– hinsichtlich ihres Betrags und ihrer Art im Anhang zu erläutern, soweit diese
– für die Beurteilung der Ertragslage nicht von untergeordneter Bedeutung
sind.

– Satz 3 HGB)

Dies gilt auch für Erträge, die einem anderen Geschäftsjahr zuzurechnen sind, wie
– wesentliche Steuererstattungen für zurückliegende Geschäftsjahre.
Ihre Erläuterung hat im Rahmen des entsprechenden Abschlußpostens zu erfolgen.

Nr. 16 außerordentliche Aufwendungen

Ein Vermerk für die außerordentlichen Aufwendungen bestand nach dem Aktiengesetz nicht. Soweit die sonstigen Aufwendungen nicht unter dem Posten Nr. 26 ausgewiesen wurden, erfolgte ihr Ausweis insbesondere in den Posten Nr. 21, 22 und 25 des bisherigen § 157 Abs. 1 AktG.

Ausweis
(§ 275 Abs. 2 Nr. 16,
§ 277 Abs. 3 HGB)

Künftig sind unter diesem Posten
– Aufwendungen, die außerhalb der gewöhnlichen Geschäftstätigkeit der Gesellschaft anfallen,
auszuweisen.

– aperiodische Aufwendungen

Auch hier gelten aperiodische Aufwendungen nur dann iS der Vorschrift des § 277 HGB als außerordentliche, wenn diese außerhalb der normalen Geschäftstätigkeit angefallen sind.
Im übrigen wird auf die Erläuterungen zu Posten Nr. 15 der GuV hingewiesen. An die Stelle von Erträgen treten hier die entsprechenden Aufwendungen.

Anhang

Für außerordentliche Aufwendungen gilt ebenso die Vorschrift des § 277 Abs. 3 HGB hinsichtlich der Voraussetzung für die Erläuterungen im Anhang.

Nr. 17 außerordentliches Ergebnis

Ausweis
(§ 275 Abs. 2 Nr. 17 HGB)

Das außerordentliche Ergebnis ist der Saldo mit entweder positivem oder auch negativem Wert zwischen dem
– Posten Nr. 15: außerordentliche Erträge
  und dem
– Posten Nr. 16: außerordentliche Aufwendungen.
Das daraus resultierende außerordentliche Ergebnis bildet zusammen mit dem
– Posten Nr. 14: Ergebnis der gewöhnlichen Geschäftstätigkeit
das von der Gesellschaft erzielte Jahresergebnis vor Abzug der Steuern.

Nr. 18 Steuern vom Einkommen und vom Ertrag

Ausweis
(§ 275 Abs. 2 Nr. 18 HGB)

Unter diesem Posten sind die Beträge auszuweisen, die die Gesellschaft als Steuerschuldner vom Einkommen und Ertrag:
– Körperschaftsteuer und Gewerbeertragsteuer
zu entrichten hat.
Die Steuern vom Vermögen sind nunmehr
– unter dem Posten Nr. 19 »sonstige Steuern«
auszuweisen.

– Steuern vom Einkommen

Für die Gesellschaften mit beschränkter Haftung hat hier der Ausweis der Körperschaftsteuer vor Berücksichtigung von Anrechnungsbeiträgen und vor Abzug einer etwaigen Kapitalertragsteuer zu erfolgen.

– – Berechnung

Bei Gesellschaften mit beschränkter Haftung ist grundsätzlich
– vom Vorschlag der Geschäftsführer über die Verwendung des Ergebnisses
auszugehen.
Weicht der Beschluß über die Verwendung des Ergebnisses vom Vorschlag ab, so braucht der Jahresabschluß nicht geändert werden.

– Steuern vom Ertrag
(§ 2 Abs. 2 Nr. 2 GewStG)

Hier ist
– der gesamte Aufwand an Gewerbeertragsteuer des laufenden Geschäftsjahrs
auszuweisen.

– auszuweisende Steuerwendungen

Die in den Ausweis einzubeziehenden Aufwendungen umfassen:
– auf das Geschäftsjahr entfallende laufende Zahlungen;

– Zuführungen zu Rückstellungen;
– Aufwendungen für zurückliegende Geschäftsjahre, für
die keine ausreichenden Rückstellungen gebildet worden waren.

– Steuererstattungen
für frühere Jahre
(§ 246 Abs. 2 HGB)

Einer Verrechnung mit Nachzahlungen für frühere Geschäftsjahre steht nicht entgegen. Eine Verrechnung mit
Steueraufwendungen des laufenden Geschäftsjahrs ist
jedoch nicht zulässig.

Der Ausweis der Steuererstattungen hat
– unter Posten Nr. 4 (»sonstige betriebliche Erträge«)
zu erfolgen.

– Steuernachzahlungen

Nachzahlungen größeren Umfangs an Steuern, die u. a.
aufgrund von Betriebsprüfungen zu leisten sind, bedingen entsprechende Erläuterungen im Anhang.

– Steuerrückstellungen

Erträge aus der Auflösung nicht mehr benötigter Steuerrückstellungen sind
– unter dem Posten Nr. 4 (»sonstige betriebliche Erträge«)
auszuweisen.

Nr. 19 sonstige Steuern

Ausweis
(§ 275 Abs. 2 Nr. 19 HGB)

Unter diesem Posten ist
– der gesamte übrige von der Gesellschaft unmittelbar zu
tragende Steueraufwand auszuweisen, soweit dieser
nicht unter Posten Nr. 18 anzuzeigen ist
wie
– Ausfuhrzölle, Beförderungsteuer, Biersteuer, Essig-
säuresteuer, Gesellschaftsteuer, Getränkesteuer, Kaf-
feesteuer, Kraftfahrzeugsteuer, Mineralölsteuer,
Rennwett- und Lotteriesteuer, Salzsteuer, Sektsteuer,
Tabaksteuer, Teesteuer, Vergnügungsteuer, Versi-
cherungsteuer, Wechselsteuer, Wertpapiersteuer,
Zuckersteuer.

– Mehrwertsteuer

Der Ausweis der Mehrwertsteuer hat unter dem Posten
Nr. 19 dann zu erfolgen, wenn
– die Brutto-Erlöse ohne offene Absetzung der darauf
entfallenden Mehrwertsteuer erfaßt sind,
– bei Organschaftverhältnissen eine Weiterbelastung der
Mehrwertsteuer an das Organ nicht geschehen ist.
(vgl. ADS § 157 Tz. 176; Kropff in AktG-Kom. § 157
Anm. 39ff).

– nicht unter Posten
Nr. 19 auszuweisen

sind Steuern bei Aktivierung als Anschaffungsnebenkosten wie
– Börsenumsatzsteuer, Grunderwerbsteuer, Eingangs-
zölle.

215

Nr. 20 Jahresüberschuß/Jahresfehlbetrag

Ausweis
(§ 275 Abs2 Nr.20 HGB)
	Der Posten Nr. 20 der Gewinn- und Verlustrechnung für das Gesamtkostenverfahren weist
	– das positive oder negative Ergebnise der Erfolgsrechnung
	aus:
	– Betriebsergebnis:
	  = Posten Nr. 1–8,
	– Finanzergebnis:
	  = Posten Nr. 9–13,
	– Ergebnis der gewöhnlichen Geschäftstätigkeit:
	  = Posten Nr. 14,
	– außerordentliches Ergebnis:
	  = Posten Nr. 15–17,
	– Steuern:
	  = Posten Nr. 18–19

	= Jahresüberschuß/Jahresfehlbetrag

III. Die zu erläuternden Posten des Umsatzkostenverfahrens (§ 275 Abs. 3 HGB)

	Die sich inhaltlich nicht mit dem entsprechenden Posten des Gesamtkostenverfahrens deckenden Posten des Umsatzkostenverfahrens:
1. Herstellungskosten der zur Erzielung der Umsatzerlöse erbrachten Leistungen (§ 275 Abs.3 Nr.2 HGB)	Unter diesem Posten sind – die Herstellungskosten der verkauften Leistungen sowie – die Einstandskosten der verkauften Handelswaren auszuweisen.
– Zeitraum der Kostenabgrenzung	Der Zeitraum des Entstehens der angefallenen Kosten ist dabei ohne Bedeutung und ist nicht einer Periodenabgrenzung unterworfen.
– Bereich der Herstellungskosten	Zu den Herstellungskosten gehören: – die Anschaffungskosten der Roh-, Hilfs- und Betriebsstoffe, – die dem einzelnen Produkt direkt zurechenbaren Kosten wie – Löhne und Gehälter, Sozialaufwand, Zinsen, Abschreibungen.
– nicht aktivierbare Kosten	Nicht aktivierbare Kosten sind idR unter den – »sonstigen betrieblichen Aufwendungen« auszuweisen.
– Materialkosten	Der Ansatz der Materialkosten hat – mit dem Nettobetrag nach Abzug erhaltener Lieferantenskonti und Preisnachlässe zu erfolgen.

– Vertriebskosten

Vertriebskosten sind
– nicht in die Herstellungskosten
einzubeziehen.

2. Bruttoergebnis vom Umsatz
(§ 275 Abs. 3 Nr. 3 HGB)

Der Saldo der Posten 1 (Umsatzerlöse)
und Posten 2 (Herstellungskosten)
des Umsatzkostenverfahrens
kann sowohl ein positives als auch ein negatives Ergebnis
anzeigen und dient als Zwischensumme.

3. Vertriebskosten
(§ 275 Abs. 3 Nr. 4 HGB)

Die Vertriebskosten, die nur für das Geschäftsjahr einzubeziehen sind, setzen sich aus den
– Sondereinzelkosten des Vertriebs wie
  – Frachtkosten, Lizenzen, Personalkosten, Verpak-
    kungskosten, Vertreterprovisionen, Versicherungs-
    kosten, Zollkosten u.ä.
– allgemeinen Vertriebskosten
  – Kosten der Verkaufsabteilung und der Auftragsab-
    wicklung, anteilige Steuern, Markforschung, Wer-
    bung und Verkaufsförderung,
– Abschreibungen auf Lagerhäuser, Vertriebseinrich-
  tungen
zusammen.

4. allgemeine Verwaltungs-kosten
(§ 275 Abs. 3 Nr. 5 HGB)

Unter diesem Posten sind die nicht in die Herstellungskosten einzubeziehenden allgemeinen Verwaltungskosten des Geschäftsjahrs wie
– Kosten der Geschäftsleitung,
– Kosten der Finanz-, Personal-, Planungs-, Rechts-,
  Steuer-, Versicherungsabteilungen u.a.
auszuweisen.
(vgl. Herbert Biener in AG, KGaA, GmbH, Konzerne
S. 98ff; Heinrich J. Jonas in EG-Bilanzrichtlinie S.
136ff).

D. Anhang

D. Anhang

I. Aufstellung, Gliederung

1. Aufstellung
(§ 264 Abs. 1 Satz 1,

Die Geschäftsführer haben im Rahmen der Aufstellung des Jahresabschlusses
- in den ersten drei Monaten des Geschäftsjahrs den Anhang

aufzustellen.
Alle Gesellschaften mit beschränkter Haftung unterliegen der Aufstellung des Anhangs.

– Abs. 2 HGB)

Auch für den Anhang als Teil des Jahresabschlusses gelten die Vorschriften über den Inhalt des Jahresabschlusses hinsichtlich
- der klaren und übersichtlichen Aufstellung,
- der Vermittlung eines den tatsächlichen Verhältnissen entsprechenden Bildes der Vermögens-, Finanz- und Ertragslage der Gesellschaft,
- der Aufnahme ergänzender, nicht ausdrücklich vorgeschriebener Angaben, die zur Aussagekraft des Jahresabschlusses notwendig sind.

10 Zweckbestimmung
des Anhangs

Der Anhang dient in teilweiser Anlehnung an den Erläuterungsbericht des bisherigen aktienrechtlichen Geschäftsberichts der Erläuterung der Bilanz und der Gewinn- und Verlustrechnung.

(§ 284 Abs. 1 HGB)

In den Anhang sind diejenigen Angaben aufzunehmen,
- die zu einzelnen Posten der Bilanz oder der Gewinn- und Verlustrechnung vorgeschrieben oder
- die im Anhang zu machen sind, weil sie in Ausübung eines Wahlrechts nicht in den Bilanz oder in die Gewinn- und Verlustrechnung aufgenommen wurden.

11 Inhalt des Anhangs

Die für den Inhalt des Anhangs geltenden Mindestanforderungen ergeben sich aus den Vorschriften des § 284 Abs. 2 Nr. 1–5 HGB.
Zu diesen Angaben gehören:

(§ 284 Abs. 2 Nr. 1,

- die Erläuterung der auf die Posten der Bilanz sowie der Gewinn- und Verlustrechnung angewandten Bilanzierungs- und Bewertungsmethoden;

– Nr. 2,

- die Angaben über die Grundlagen für die Umrechnung der Fremdwährung in Deutsche Mark;

– Nr. 3,

- Angabe- und Erläuterungspflicht bei Abweichungen von einmal gewählten Bilanzierungs- und Bewertungsmethoden mit gesonderter Darstellung; deren Einfluß auf die Vermögens-, Finanz- und Ertragslage;

– Nr. 4,

- Ausweis der Unterschiedsbeträge bei Anwendung

221

einer Bewertungsmethode nach § 240 Abs. 4, § 256 Satz 1 HGB;

– Nr. 5 HGB)   – Angaben über die Einbeziehung von Fremdkapitalzinsen in die Herstellungskosten.

– weitere Vorschriften   Diese Angabe- und Erläuterungspflicht der Bilanz und der Gewinn- und Verlustrechnung des § 284 HGB werden durch die Vorschriften über

(§ 285,   – sonstige Pflichtangaben,
§ 286,   – Unterlassen von Angaben,
§ 287,   – Aufstellung des Anteilsbesitzes
§ 288 HGB)   – größenabhängige Erleichterungen
ergänzt.

2. Gliederung

Sieht auch der Gesetzgeber ein bestimmtes Gliederungsschema für den Anhang nicht vor, so ist jedoch im Hinblick auf die Vorschrift des § 264 Abs. 2 HGB
– eine übersichtliche, sachbezogene Gliederung des Anhangs
unerläßlich.

20 Darstellung der Vorschriften, Bestimmungen

Um eine möglichst sachbezogene Übereinstimmung mit der textlichen Gestaltung der §§ 284 bis 288 HGB zu gewährleisten, bietet sich als Gliederung des Anhangs im Anschluß an diesen Abschnitt I an:

– Abschnitt II: – Erläuterung der Bilanz und der Gewinn- und Verlustrechnung,
– Abschnitt III: – Angabe- und Begründungspflicht zu bestimmten Posten der Bilanz und der GuV,
– Abschnitt IV: – Sonstige Pflichtangaben,
– Abschnitt V: – Berichtsalternativen,
– Abschnitt VI: – Schutzklausel.

21 Entscheidung über die Darstellumg

Die Entscheidung über die Darstellung des Anhangs liegt im Ermessen der jeweils berichtenden Gesellschaft.

II. Erläuterung der Bilanz und der Gewinn- und Verlustrechnung

1. Bilanzierungs- und Bewertungsmethoden
(§ 284 Abs. 2 Nr. 1 HGB)

Die für jedes Geschäftsjahr geforderten Erläuterungen der Posten der Bilanz und der Gewinn- und Verlustrechnung schließen auch
– die darauf angewandten Bilanzierungs- und Bewertungsmethoden zur Vermittlung eines den tatsächlichen Verhältnissen entsprechenden Bildes iS des § 264 Abs. 2 HGB
mit ein.

Angaben zum Anlage-vermögen	Die Abschreibungsmethoden sind Teil der Bewertungs-methoden und werden nicht mehr ausdrücklich erwähnt.	**D. Anhang**
– Darstellung der Abschreibungsmethoden	Es empfiehlt sich, bei der Darstellung der Abschrei-bungsmethoden – die Angaben in der Reihenfolge der Bilanzposten vorzunehmen. Bei einem Übergang von der degressiven auf die lineare Methode liegt kein angabepflichtiger Methodenwechsel vor.	
– Abschreibungssätze, Nutzungsdauer	Angaben dieser Art sind nicht erforderlich. Der Hinweis auf – die jeweils zugelassenen steuerrechtlichen Höchstsätze genügt.	
– geringwertige Anlage-güter	Geringwertige Wirtschaftsgüter mit sofortiger Abschrei-bung gelten nicht als außerplanmäßige Abschreibungen iS des § 277 Abs. 3 HGB. Dagegen ist über geringwertige Wirtschaftsgüter, die nicht voll abgeschrieben werden, zu berichten. Auch bei Änderung der Handhabung liegt ein angabe-pflichtiger Methodenwechsel vor.	
– steuerrechtliche Sonderabschreibungen	Bei einer außerplanmäßigen Abschreibung ist Angabe-pflicht geboten. Dies ergibt sich auch aus der Vorschrift des § 281 Abs. 2 HGB.	
Angaben zum Umlauf-vermögen	Die Darstellung der Bewertungsmethoden hat bei diesen Angaben den Vorrang.	
– Vorräte	Bei den Roh-, Hilfs- und Betriebsstoffen ist – die Angabe der Bewertung nach dem Einstandswert-, Durchschnittswert-, Lifo-, Fifo-, Festwert- oder Gruppenbewertungsverfahren erforderlich. Hingegen ist bei unfertigen und fertigen Erzeugnissen – die Erläuterung der Herstellungskosten unerläßlich.	
Angaben zu Passiv-posten	Es können insbesondere bei – Sonderposten mit Rücklageanteil und Rückstellungen Angaben erforderlich werden.	
– Pensionsrück-stellungen	Es ist die Methode der Errechnung anzugeben. Hinsicht-lich des Rechnungszinsfußes sind Angaben nur bei einer erheblichen Abweichung von dem jeweils steuerrechtlich zulässigen Satz angabepflichtig.	
Steuerrechtliche Sondervorschriften	Bei Inanspruchnahme von steuerrechtlichen Sondervor-schriften ist	
– Abschreibungen (§ 281 Abs. 2 HGB)	– der Betrag der im Geschäftsjahr allein nach steuer-rechtlichen Vorschriften vorgenommenen Abschrei-bungen	

223

D. Anhang

    – getrennt nach Anlage- und Umlaufvermögen sowie

– Zuschreibungen

    – der Betrag der im Geschäftsjahr aus steuerrechtlichen Gründen

(§ 280 Abs. 3 HGB)

    unterlassenen Zuschreibungen

anzugeben und hinreichend zu begründen, soweit sich diese beiden Beträge nicht aus der Bilanz oder der Gewinn- und Verlustrechnung ergeben.

§ 284 Abs. 2 Nr. 1 HGB entspricht der Umsetzung des Artikels 43 Abs. 1 Nr. 1 Satz 1 der Vierten Richtlinie.

2. Fremdwährungs- umrechnung

(§ 284 Abs. 2 Nr. 2 HGB)

Es sind

    – die Grundlagen für die Umrechnung in Deutsche Mark anzugeben,

soweit der Jahresabschluß Posten enthält, denen Beträge zugrunde liegen, die auf fremde Währung lauten oder ursprünglich auf fremde Währung lauteten.

Die Vorschrift des § 284 Abs. 2 Nr. 2 HGB setzt Artikel 43 Abs. 1 Nr. 1 Satz 2 der Vierten Richtlinie um.

3. Abweichungen von Bilanzierungs- und Bewertungsmethoden

(§ 284 Abs. 2 Nr. 3 HGB)

Unbeschadet weitergehender gesetzlicher Vorschriften sind

    – Abweichungen von Bilanzierungs- und Bewertungsmethoden

anzugeben und zu begründen; deren Einfluß auf

    – die Vermögens-, Finanz- und Ertragslage

ist gesondert darzustellen.

Die angewandte abweichende Bewertungsmethode muß zulässig sein und den Grundsätzen ordnungsmäßiger Buchführung entsprechen.

– Anschaffungskosten

Jede Abweichung sowie jede Änderung von einer Variante zu einer andern Variante einer Methode stellt eine angabepflichtige Methodenänderung dar.

Dies gilt ebenso für Anschaffungsnebenkosten.

(vgl. ADS § 160 Tz. 60).

– aktivierte Herstellungskosten kosten

Eine angabepflichtige Methodenänderung liegt auch vor,

    – wenn für die Ermittlung der Herstellungskosten nicht die gleichen Kostenarten wie im Vorjahr einbezogen werden.

– Forderungen

Bei Forderungen ist

    – die Änderung des Bemessungssatzes für die Pauschalwertberichtigung

anzugeben.

224

– Rückstellungen

Die angabepflichtige Änderung einer Bewertungsmethode liegt bei Rückstellungen vor,
– bei denen die Berechnung nach verschiedenen Methoden möglich ist und aus nicht durch die Sachlage gebotenen Gründen von einer Methode auf die andere Methode übergewechselt wird.

(vgl. ADS § 160 Tz. 79).

– Vorräte

Abschreibungen infolge Wertschwankungen nach § 277 Abs. 3 Satz 1 HGB stellen grundsätzlich keine Änderung der Bewertungsmethode dar.

Eine angabepflichtige Methodenänderung liegt jedoch
– bei Ermittlung des Abschlags nach verschiedenen Methoden in den einzelnen Jahren vor.

Artikel 31 Abs. 2 Satz 2 der Vierten Richtlinie wird in § 284 Abs. 2 Nr. 3 HGB umgesetzt.

– Übergangsregelung
(Art. 24 Abs. 3 Satz 1
iVm § 284 Abs. 2 Nr. 3. HGB)

Ändern sich bei der erstmaligen Anwendung der neuen Vorschriften
– die bisherige Form der Darstellung
oder
– die bisher angewandten Bewertungsmethoden,
so ist § 284 Abs. 2 Nr. 3 HGB bei der erstmaligen Aufstellung des Jahresabschlusses nicht anzuwenden.

4. Ausweis der Unterschiedsbeträge
(§ 284 Abs. 2 Nr. 4 HGB)

Bei Anwendung einer Bewertungsmethode nach § 240 Abs. 4, § 256 Satz 1 (Bewertungsvereinfachungsverfahren) sind
– die Unterschiedsbeträge pauschal für die jeweilige Gruppe auszuweisen,
wenn die Bewertung im Vergleich zu einer Bewertung auf der Grundlage des letzten vor dem Abschlußstichtag bekannten Börsenkurses oder Marktpreises
– einen erheblichen Unterschied
aufweist.

§ 284 Abs. 2 Nr. 4 HGB setzt Artikel 40 Abs. 2 der Vierten Richtlinie um.

5. Einbeziehung von Fremdkapitalzinsen
(§ 284 Abs. 2 Nr. 5 HGB)

Die Einbeziehung von Zinsen für Fremdkapital in die Herstellungskosten ist sowohl hinsichtlich des Wertansatzes der Vermögensgegenstände
– des Anlagevermögens als auch des Umlaufvermögens
im Anhang anzugeben.

Artikel 35 Abs. 4 Satz 2 der Vierten Richtlinie wird in § 284 Abs. 2 Nr. 5 HGB umgesetzt.

III. Angabe- und Begründungspflicht zu bestimmten Posten der Bilanz und der Gewinn- und Verlustrechnung

Die zu erläuternden Posten im einzelnen:

Aufwendungen für Ingangsetzung und Erweiterung des Geschäftsbetriebs
(§ 269 Satz 1 zweiter Halbsatz HGB)

Der aktivierte Posten ist im Anhang zu erläutern. Ingangsetzungskosten sind die Kosten der Organisation des Geschäftsbetriebs und seines Anlaufens. (vgl. Kropff in AktG-Kom. § 153 Anm. 59).

außerordentliche Erträge und Aufwendungen
§ 277 Abs. 4 Satz 2

Die in der Gewinn- und Verlustrechnung ausgewiesenen außerordentlichen Posten sind hinsichtlich Betrag und Art zu erläutern,
– soweit diese für die Beurteilung der Ertragslage nicht von untergeordneter Bedeutung sind.

– Satz 3 HGB

Dies gilt auch für periodenfremde Erträge und Aufwendungen

Bilanz, Gewinn- und Verlustrechnung
– Unterbrechung der Darstellungsstetigkeit
(§ 265 Abs. 1 Satz 2 HGB)

Abweichungen in der Darstellung in Ausnahmefällen wegen besonderer Umstände sind
– im Anhang anzugeben und zu begründen.

Festwert
(§ 240 Abs. 3 HGB)

Über die Höhe des Festwerts sind dann Angaben erforderlich,
– wenn der Festwert von größerer Bedeutung und seine Höhe nicht aus der Bilanz ersichtlich ist.
Gleiches gilt auch
– bei Veränderungen des Festwerts
durch entsprechende Zu- oder Abnahme des Werts.

sonstige Vermögensgegenstände
(§ 265 Abs. 4 Satz 2 HGB)

Sind unter diesem Posten Beträge größeren Umfang für Vermögensgegenstände ausgewiesen,
– die erst nach dem Abschlußstichtag rechtlich entstehen,
so sind diese Beträge zu erläutern.

Jahresabschluß: Gliederungsergänzung
(§ 265 Abs. 4 Satz 2 HGB)

Die Abweichung einer
– durch mehrere Geschäftszweige bedingten Ergänzung der Gliederung des Jahresabschlusses der Gesellschaft
ist im Anhang anzugeben und zu begründen.

Pensionsverpflichtungen
(Art. 28 Abs. 2 EGHGB)

Der für laufende Pensionen, Anwartschaften auf Pensionen und ähnliche Verpflichtungen nicht passivierte Betrag

– der nach § 249 Abs. 1 Satz 1 HGB zurückzustellen wäre,

ist im Anhang in einem Betrag anzugeben.

Verbindlichkeiten
(§ 268 Abs. 5 Satz 3 HGB)

Sind unter diesem Posten Beträge größeren Umfangs für Verbindlichkeiten ausgewiesen,
– die erst nach dem Abschlußstichtag rechtlich bestehen,
so sind diese Beträge zu erläutern.

Vergleich mit den Vorjahresangaben
(§ 265 Abs. 2 Satz 2 HGB)

Nicht mit dem Vorjahr vergleichbare Beträge einzelner Posten in der Bilanz sowie in der Gewinn- und Verlustrechnung sind im Anhang anzugeben und zu erläutern. Diese Beträge können auf veränderten Verhältnissen und/oder auf Bewertungsmaßnahmen wie
– Strukturveränderungen im Anlagevermögen,
– größeren Mengenänderungen in den Vorräten,
– erheblichen Veränderungen bei Forderungen und Verbindlichkeiten
beruhen.

– Anpassung des Vorjahresbetrages
(§ 265 Abs. 2 Satz 3 HGB)

Wird der Vorjahresbetrag angepaßt, so ist auch dies im Anhang anzugeben und zu erläutern.

zusammengefaßte Posten
(§ 265 Abs. 7 Nr. 2 HGB)

Die aus Gründen der Klarheit der Darstellung zusammengefaßten
– mit arabischen Zahlen versehenen Posten der Bilanz und der Gewinn- und Verlustrechnung
sind im Anhang gesondert auszuweisen.

IV. Sonstige Pflichtangaben

Vorbemerkungen

Die Aufstellung über die »sonstigen Pflichtangaben« erfolgt uneingeschränkt und wegen der besseren Lesbarkeit in nachstehend aufgeführter Reihenfolge:

(§ 285 Nr. 1–14 HGB)

– Arbeitnehmerzahl: Aufgliederung nach Gruppen getrennt;
– Aufwendungen für Mitglieder des Geschäftsführungsorgans, eines Aufsichtsrats, eines Beirats oder einer ähnlichen Einrichtung:
    – der früheren Mitglieder,
    – der gewährten Vorschüsse und Kredite;
– Beteiligungen;
– Jahresergebnis: Beeinflussung des;
– Mutterunternehmen: Angaben zum
– namentliche Angabe der Mitglieder des Geschäftsführungsorgans und eines Aufsichtsrats;
– nicht gesondert ausgewiesene Rückstellungen;

D. Anhang

– sonstige finanzielle Verpflichtungen;
– Steuern vom Einkommen und vom Ertrag;
– Umsatzerlöse: Aufgliederung;
– Umsatzkostenverfahren;
– Verbindlichkeiten:
  – mit mehr als fünf Jahren,
  – Pfandrechte,
  – Aufgliederung.

Hinsichtlich der größenabhängigen Erleichterungen berühren diese – bis auf eine Ausnahme – nur kleine Gesellschaften mit beschränkter Haftung. Sie sind am Ende dieses Abschnitts aufgezeigt.

Die sonstigen Pflichtangaben im einzelnen:

1. Arbeitnehmerzahl
(§ 285 Nr. 7 HGB)

Es ist
– die durchschnittliche Zahl der während des Geschäftsjahrs beschäftigen Arbeitnehmer
  – nach Gruppen getrennt –
anzugeben.

Auszubildende sind in die Zählung nicht einzubeziehen. Von der Festlegung der Ermittlungsmethode für die Zahl der Arbeitnehmer ist Abstand genommen worden.

Die Vorschrift des § 285 Nr. 7 HGB setzt zusammen mit § 285 Nr. 8b HGB Artikel 43 Abs. 1 Nr. 9 der Vierten Richtlinie um.

2. Aufwendungen für Mitglieder der Organe

§ 285 Nr. 9a,

Die Vorschriften des § 285 Nr. 9a–c HGB zeigen einen zahlenmäßigen Überblick über die Leistungen der Gesellschaft an die Mitglieder der Organe.

Die Aufwendungen für
– die Mitglieder des Geschäftsführungsorgans eines Aufsichtsrats, eines Beirats oder einer ähnlichen Einrichtung
sowie

– Nr. 9b HGB)

– früherer Verwaltungsmitglieder und deren Hinterbliebene
unterliegen einer getrennten Berichtspflicht und sind
– in jedem Jahresabschluß jeweils für jede Personengruppe gesondert
anzugeben.

– Gesamtbezüge iS des
§ 285 Nr. 9a Satz 1,

Die für die Tätigkeit im Geschäftsjahr gewährten Gesamtbezüge umfassen:
– Aufwandsentschädigungen, Gehälter, Gewinnbeteili-

	gungen, Provisionen, Versicherungsentgelte und Nebenleistungen jeder Art.
– Satz 2 HGB)	In die Gesamtbezüge sind auch – nicht ausgezahlte Bezüge einzurechnen, die in Ansprüche anderer Art umgewandelt oder zur Erhöhung anderer Ansprüche verwendet werden.
– – angabepflichtige Bezüge (§ 285 Nr. 9a Satz 3 HGB)	Anzugeben sind ferner – die Bezüge für das Geschäftsjahr sowie für die weiteren im Geschäftsjahr gewährten Bezüge, die aber bisher in keinem Jahresabschluß ausgewiesen waren.
– – Bezüge von verbundenen Unternehmen	Auf die Angabe der von verbundenen Unternehmen erhaltenen Bezüge wird verzichtet, weil diese Angabe in der Vierten Richtlinie nicht vorgesehen ist. Sofern das Unternehmen allerdings als Mutterunternehmen zur Aufstellung eines Konzernabschlusses verpflichtet ist, werden sich diese Angaben künftig aus dem Konzernabschluß ergeben. (vgl. BT-Drucks. 10/4268 zu § 285 Nr. 9 HGB S. 110)
– Gesamtbezüge früherer Mitglieder (§ 285 Nr. 9b Satz 1 HGB)	Die Gesamtbezüge wie – Abfindungen, Hinterbliebenenbezüge und Leistungen verwandter Art, Ruhegehälter, sind gesondert auszuweisen.
– – Angabepflicht (§ 285 Nr. 9b Satz 2,	Die Vorschrift des § 285 Nr. 9a Satz 2 und 3 HGB ist entsprechend anzuwenden: – es ist im gleichen Umfang wie bei den aktiven Mitgliedern zu berichten.
– Satz 3 HGB)	Ferner ist – der Betrag der für diese Personengruppe gebildeten Rückstellungen für laufende Pensionen und Anwartschaften auf Pensionen und – der Betrag der für diese Verpflichtungen nicht gebildeten Rückstellungen anzugeben.
3. Vorschüsse, Kredite, Haftungverhältnisse	Es sind für die gewährten Vorschüsse und Kredite an – Mitglieder des Geschäftsführungsorgans, des Aufsichtsrats, Beirats oder einer ähnlichen Einrichtung unter Angabe – der Zinssätze, der wesentlichen Bedingungen und der gegebenenfalls im Geschäftsjahr zurückgezahlten Beträge sowie – der zugunsten dieses Personenkreises eingegangenen Haftungsverhältnisse anzugeben.

D. Anhang

4. Beteiligungen
(§ 285 Nr. 11 HGB)

Die Vorschrift des § 285 Nr. 9 HGB setzt Artikel 43 Abs. 1 Nr. 12 und 13 der Vierten Richtlinie um.

Im Anhang sind
– Name und Sitz anderer Unternehmen,
– Höhe des Anteils am Kapital,
– Eigenkapital der anderen Unternehmen,
– Ergebnis des letzten Geschäftsjahrs dieser Unternehmen, für das ein Jahresabschluß vorliegt,
anzugeben.

Voraussetzung für eine Beteiligung ist, daß die berichtende Gesellschaft oder eine für Rechnung der Gesellschaft handelnde Person
– mindestens zwanzig vH Anteile an dem jeweiligen Unternehmen
besitzt.

– Berechnung der Anteile
(§ 285 Nr. 11 letzter Halbsatz HGB)

Auf die Berechnung der Anteile ist
– § 16 Abs. 2 und 4 des Aktiengesetzes entsprechend anzuwenden.

– Ausnahmeregelung
(§ 286 Abs. 3 Satz 1 Nr. 1,

Die unter § 285 Nr. 11 HGB genannten Angaben können unterbleiben, soweit diese
– für die Darstellung der Vermögens-, Finanz- und Ertragslage der Gesellschaft nach § 264 Abs. 2 HGB von untergeordneter Bedeutung sind
oder

– Nr. 2 HGB)

– nach vernünftiger kaufmännischer Beurteilung geeignet sind, der berichtenden Gesellschaft oder dem anderen Unternehmen
  – einen erheblichen Nachteil
zuzufügen.

– – weitere Einschränkungsmöglichkeit
(§ 286 Abs. 3 Satz 2 HGB)

Die Angabe des Eigenkapitals und des Jahresergebnisses kann unterbleiben,
– wenn das Unternehmen, über das zu berichten ist, seinen Jahresabschluß nicht offenzulegen hat
und
– die berichtende Gesellschaft weniger als die Hälfte der Anteile
besitzt.

– – Anwendung der Ausnahmeregelung
(§ 286 Abs. 3 Satz 3 HGB)

Die Anwendung der Ausnahmeregelung nach § 286 Abs. 3 Satz 1 Nr. 2 HGB ist im Anhang anzugeben.

– Aufstellung des Anteilsbesitzes
(§ 287 Satz 1,

Die in § 285 Nr. 11 HGB verlangten Angaben über den Beteiligungsbesitz dürfen auch
– in einer besonderen Aufstellung außerhalb des Anhangs gemacht werden, die lediglich zum Handelsregister der Gesellschaft einzureichen ist.

Die besondere Aufstellung ist Bestandteil des Anhangs und unterliegt den für den Anhang sonst geltenden Anforderungen.

– Satz 2 HGB)

Auf die besondere Aufstellung des Anteilsbesitzes und den Ort ihrer Hinterlegung ist im Anhang hinzuweisen. § 285 Nr. 11 HGB entspricht Artikel 43 Abs. 1 Nr. 2 der Vierten Richtlinie.

5. Geschäfts- oder Firmenwert
(§ 285 Nr. 13 HGB)

Bei Anwendung des § 255 Abs. 4 Satz 3 HGB sind
– die Gründe für die planmäßige Abschreibung des Geschäfts- oder Firmenwerts: Verteilung der Abschreibung auf die Geschäftsjahre der voraussichtlichen Nutzungsdauer
anzugeben.

Aufgrund des Mitgliedstaatenwahlrechts wird Artikel 37 Abs. 2 Satz 2 der Vierten Richtlinie umgesetzt, der
– die Abschreibung des Geschäfts- oder Firmenwerts über einen längeren Zeitraum als fünf Jahre zuläßt.

6. Jahresergebnis
(§ 285 Nr. 5 HGB)

Ferner sind im Anhang anzugeben:
– das Ausmaß, in dem das Jahresergebnis dadurch beeinflußt wurde, daß bei Vermögensgegenständen im Geschäftsjahr oder in früheren Geschäftsjahren
– Abschreibungen nach §§ 254, 280 Abs. 2 HGB aufgrund steuerrechtlicher Vorschriften vorgenommen oder beibehalten wurden
oder
– ein Sonderposten nach § 273 HGB gebildet wurde sowie
– das Ausmaß erheblicher künftiger Belastungen, die sich aus einer solchen Bewertung ergeben.

Für das Ausmaß der Beeinflussung des Jahresergebnisses dürfte eine
– prozentuale Angabe oder eine verbale Erläuterung genügen.

Die Angabe eines Betrags wäre jedoch bei einer wesentlichen Ergebnisveränderung aufgrund der Verwendung steuerrechtlicher Bewertungsvorschriften erforderlich.

Die Vorschrift des § 285 Nr. 5 HGB setzt Artikel Abs. 1 Nr. 10 der Vierten Richtlinie um.

7. Mutterunternehmen: Angaben zum
(§ 285 Nr. 14 HGB)

Es sind anzugeben:
– Name und Sitz des Mutterunternehmens der Kapitalgesellschaft, das den Konzernabschluß für den größeren Kreis von Unternehmen aufstellt und
– ihres Mutterunternehmens, das den Konzernabschluß für den kleinsten Kreis von Unternehmen aufstellt, sowie
– im Falle der Offenlegung der von diesen Mutterunternehmen aufgestellten Konzernabschlüsse der Ort, wo diese erhältlich sind.

8. Namensangabe der Mitglieder des Geschäftsführungsorgans und des Aufsichtsrats
(§ 285 Nr. 10 HGB)

Anzugeben sind
– alle Geschäftsführer und alle Mitglieder des Aufsichtsrats, auch wenn sie im Geschäftsjahr oder später ausgeschieden sind
–   mit dem Familiennamen und mindestens einem ausgeschriebenen Vornamen.

Der Vorsitzende eines Aufsichtsrats, seine Stellvertreter und
– ein etwaiger Vorsitzender des Geschäftsführungsorgans
sind als solche zu bezeichnen.

Durch § 285 Nr. 10 HGB werden Mehrfachregelungen vermieden. Die in § 285 Nr. 10 geforderten Angaben entsprechen der für Geschäftsbriefe geltenden Regelung in § 35a GmbHG.

9. Sonstige Rückstellungen
(§ 285 Nr. 12 HGB)

Die in der Bilanz unter dem Posten »sonstige Rückstellungen« nicht gesondert ausgewiesenen Rückstellungen sind,
– wenn sie einen nicht unerheblichen Umfang haben,
zu erläutern.

Ob dabei die Angabe von Beträgen notwendig ist oder rein verbale Angaben ausreichend sind, hat der Gesetzgeber offengelassen. Eine Erläuterung sollte nur dann erfolgen, wenn dies zum Verständnis der angegebenen Rückstellungen notwendig erscheint.
(vgl. Forster in BB 1982 S. 1580).

Mit dieser Vorschrift wird Artikel 42 Satz 2 der Vierten Richtlinie umgesetzt.

10. Sonstige finanzielle Verpflichtungen
(§ 285 Nr. 3 HGB)

Es ist der Gesamtbetrag der sonstigen finanziellen Verpflichtungen, die nicht in der Bilanz erscheinen und auch nicht nach § 251 HGB anzugeben sind, zu vermerken,
– sofern diese Angaben für die Beurteilung der Finanzlage der Gesellschaft von Bedeutung sind.

– verbundene Unternehmen

davon und von den Haftungsverhältnissen nach § 251 HGB sind Verpflichtungen gegenüber verbundenen Unternehmen gesondert anzugeben.

– Umfang der Verpflichtungen

Zu den sonstigen finanziellen Verpflichtungen gehören insbesondere
– mehrjährige Verpflichtungen aus Miet- oder Leasing-Verträgen,
– Verpflichtungen aus begonnenen Investitionsvorhaben,
– künftige Großreparaturen und Verpflichtungen aus notwendig werdenden Umweltschutz-Maßnahmen,

– unterlassene Rückstellungen für Pensionsverpflichtungen.

Artikel 43 Abs. 1 Nr. 7 Satz 1 der Vierten Richtlinie wird
durch § 285 Nr. 3 HGB umgesetzt.

11. Steuern vom Einkommen und vom Ertrag
(§ 285 Nr. 6 HGB)

Gesellschaften mit beschränkter Haftung haben anzugeben, in welchem Umfang die Steuern vom Einkommen
und vom Ertrag
– das Ergebnis der gewöhnlichen Geschäftstätigkeit und
– das außerordentliche Ergebnis
belasten.
Dabei bleibt es der Gesellschaft überlassen, ob sie Beträge angibt oder die Erläuterung in allgemeiner Form vornimmt.
Zu dieser Steuergruppe gehören

(§ 275 Abs. 2 Nr. 19, Abs. 3 Nr. 17 HGB)

– die Körperschaftsteuer und die Gewerbeertragsteuer,
während die Steuern vom Vermögen künftig unter »sonstige Steuern« einzuordnen sind.
Die Vorschrift des § 285 Nr. 5 HGB setzt Artikel 30 der
Vierten Richtlinie um.
Der als Bilanzierungshilfe auf der Aktivseite der Bilanz
gebildete Abgrenzungsposten ist
– im Anhang
zu erläutern.

12. Umsatzerlöse
(§ 285 Nr. 4 HGB)

Die Gesellschaften haben die Aufgliederung der Umsatzerlöse
– nach Tätigkeitsbereichen sowie
– nach geographisch bestimmten Märkten
vorzunehmen.

– Voraussetzung

Die Aufgliederungspflicht der Umsatzerlöse setzt voraus, daß sich
– die Tätigkeitsbereiche und geographisch bestimmten
  Märkte untereinander erheblich
unterscheiden.
Dabei ist die Organisation des Verkaufs von
– für die gewöhnliche Geschäftstätigkeit der Gesellschaft typischen Erzeugnisse und
– für die gewöhnliche Geschäftstätigkeit der Gesellschaft typischen Dienstleistungen
zu berücksichtigen.
Bei den geforderten Angaben dürfte auch
– eine prozentuale Aufteilung der Umsatzerlöse
zulässig sein.
(vgl. Forster in BB 1982 S. 1631).
Artikel Abs. 1 Nr. 8 der Vierten Richtlinie wird durch
§ 285 Nr. 4 HGB umgesetzt.

– Einschränkung der Auf-
gliederung
(§ 286 Abs. 2 HGB)

Die Aufgliederung der Umsatzerlöse nach § 285 Abs. 4
HGB kann unterbleiben,
– soweit eine solche Aufgliederung nach vernünftiger
kaufmännischer Beurteilung geeignet ist, der bilanzie-
renden Gesellschaft oder einem Unternehmen, von
dem die bilanzierende Gesellschaft
– mindestens den fünften Teil der Anteile besitzt,
einen erheblichen Nachteil zuzufügen.

13. Umsatzkostenverfahren
(§ 285 Nr. 8 HGB)

Bei Anwendung des Umsatzkostenverfahrens (§ 275
Abs. 3 HGB) ist im Anhang anzugeben:
– der Materialaufwand des Geschäftsjahrs, gegliedert
nach § 275 Abs. 2 Nr. 5:
– Aufwendungen für Roh-, Hilfs- und Betriebsstoffe
und für bezogene Waren,
– Aufwendungen für bezogene Leistungen,

– der Personalaufwand des Geschäftsjahrs, gegliedert
nach § 275 Abs. 2 Nr. 6 HGB:
– Löhne und Gehälter,
– soziale Abgaben und Aufwendungen für Altersversorgung und für Unterstützung, davon für Altersversorgung.

– Ausweis der Material-
aufwands

Der Materialaufwand ist jedoch
– nur von großen Gesellschaften entsprechend der in
§ 275 Abs. 2 HGB vorgesehenen Gliederung im Anhang gesondert auszuweisen.

– Ausweis des Personal-
aufwands

Der Personalaufwand ist
– nur von mittelgroßen und großen Gesellschaften entsprechend der in § 275 Abs. 2 HGB vorgesehenen
Gliederung im Anhang gesondert auszuweisen.

14. Verbindlichkeiten
– mit einer Restlaufzeit-
zeit von mehr als
5 Jahren
(§ 285 Nr. 1a HGB)

Zu den in der Bilanz ausgewiesenen Verbindlichkeiten ist
im Anhang
– der Gesamtbetrag der Verbindlichkeiten mit einer
Restlaufzeit von mehr als fünf Jahren
anzugeben.
Es bedarf dabei nur der Angabe des Gesamtbetrags der
langfristigen Verbindlichkeiten. Der bisher nach § 151
Abs. 1 Passivseite V. AktG geforderte
– gesonderte Ausweis der Verbindlichkeiten mit einer
Laufzeit von mindestens vier Jahren sowie
– die dort verlangte Angabe der vor Ablauf von vier Jahren fälligen Verbindlichkeiten
entfallen.

– Pfandrechte und ähnliche Rechte (§ 285 Nr. 1b HGB)	Außerdem ist zu den in der Bilanz ausgewiesenen Verbindlichkeiten im Anhang – der Gesamtbetrag der Verbindlichkeiten, die durch Pfandrechte oder ähnliche Rechte gesichert sind, unter Angabe von Art und Form der Sicherheiten anzugeben. Diese Pflicht zur Angabe des Gesamtbetrags ist neu.
– Aufgliederung der langfristigen Verbindlichkeiten (§ 285 Nr. 2 HGB)	Die Aufgliederung der in § 285 Nr. 1 HGB verlangten Angaben ist – für jeden Posten der Verbindlichkeiten nach dem vorgeschriebenen Gliederungsschema vorzunehmen, sofern sich diese Angaben nicht aus der Bilanz ergeben. Es kommt dabei auf die Restlaufzeit und nicht auf die ursprünglich vereinbarte Laufzeit an.

Größenabhängige Erleichterungen
(§ 288 HGB)

(§ 285 Nr. 2,	Kleine Gesellschaften iS des § 267 Abs. 1 HGB brauchen die nachfolgenden Angaben nicht im Anhang zu machen:
– Nr. 3,	– Aufgliederung der Verbindlichkeiten, – Gesamtbetrag der sonstigen finanziellen Verpflichtungen,
– Nr. 4,	– Aufgliederung der Umsatzerlöse,
– Nr. 5,	– Ausmaß der Beeinflussung des Jahresergebnisses,
– Nr. 7,	– Aufgliederung der Zahl der Arbeitnehmer,
– Nr. 8a,	– Aufgliederung des Materialaufwands beim Umsatzkostenverfahren,
– Nr. 9a + b,	– Aufwendungen für die aktiven und früheren Mitglieder von Organen der Gesellschaft.
– Nr. 12 HGB),	– Erläuterungen von sonstigen Rücklagen
– mittelgroße GmbH (§ 288 Satz 2 HGB)	Mittelgroße Gesellschaften iS des § 267 Abs. 2 HGB brauchen die Angaben über – die Aufgliederung der Umsatzerlöse nach § 285 Abs. 4 HGB nicht zu machen.
– – Erleichterungen für die Offenlegung	Erleichterungen, die nur für die Offenlegung bestimmt sind, werden in § 327 Abs. 2 HGB geregelt.

V. Berichtsalternativen

	Alternativ sind – in der Bilanz oder in der Gewinn- und Verlustrechnung oder im Anhang anzugeben und zu erläutern:
Abschreibungen auf Vermögensgegenstände des Anlagevermögens (§ 268 Abs. 2 Satz 3 HGB)	Soweit nicht in der Bilanz dargestellt, sind – die Abschreibungen des Geschäftsjahrs in einer der Gliederung des Anlagevermögens entsprechenden Aufgliederung anzugeben.

D. Anhang

– außerplanmäßige
Abschreibungen
(§ 277 Abs. 3 Satz 1 HGB)

Bei Vermögensgegenständen des Anlagevermögens sind
– die im Falle einer voraussichtlich dauernden Wertminderung vorzunehmenden außerplanmäßigen Abschreibungen gesondert anzugeben,
wenn nicht in der Gewinn- und Verlustrechnung ein entsprechender gesonderter Ausweis erfolgt ist.

Anlagevermögen
(§ 268 Abs. 2 Satz 1 HGB)

Soweit nicht in der Bilanz erfolgt, ist
– die Entwicklung der einzelnen Posten des Anlagevermögens und
– des Postens »Aufwendungen für die Ingangsetzung und Erweiterung des Geschäftsbetriebs«
im Anhang darzustellen.

(Art. 24 Abs. 6 EGHGB)

Dies gilt auch entsprechend für die Umstellung des Anlagevermögens auf die Bruttomethode

Haftungsverhältnisse
(§ 268 Abs. 7 HGB)

Die in § 251 bezeichneten Haftungsverhältnisse sind jeweils gesondert
– unter der Bilanz oder im Anhang
unter Angabe der gewährten Pfandrechte und sonstigen Sicherheiten anzugeben.

**Mitzugehörigkeit zu
anderen Posten**
(§ 265 Abs. 3 Satz 1 HGB)

Für den Vermerk der Mitzugehörigkeit zu mehreren Posten der Bilanz gilt als Entscheidungsmaßstab das Gebot des § 264 Abs. 2 HGB.
Die Mitzugehörigkeit ist in der Bilanz zu vermerken oder im Anhang anzugeben.

Rückstellung für voraussichtlichen Steueraufwand
(§ 274 Abs. 1 Satz 1 HGB)

Im Rahmen der Vorschrift des § 274 HGB über Steuerabgrenzung ist
– in Höhe der voraussichtlichen Steuerbelastung eine Rückstellung nach § 249 Abs. 1 Satz 1 HGB zu bilden und in der Bilanz oder im Anhang gesondert
anzugeben.

**Sonderposten mit
Rücklageanteil**
(§ 273 Satz 2 HGB)

Die Vorschriften, nach denen der Sonderposten mit Rücklageanteil gebildet worden ist, sind in der Bilanz oder im Anhang anzugeben.

Umlaufvermögen
(§ 277 Abs. 3 Satz 1 HGB)

Abschreibungen auf den Wert der nächsten Zukunft im Umlaufvermögen sind ggf. im Anhang anzugeben.

**Unterschiedsbetrag nach
§ 250 Abs. 3 HGB**
(§ 268 Abs. 1 HGB)

Ein in den Rechnungsabgrenzungsposten auf der Aktivseite aufgenommener Unterschiedsbetrag ist
– in der Bilanz gesondert auszuweisen oder im Anhang anzugeben.

Verwendung des Jahresergebnisses
(§ 281 Abs. 1 Satz 2 HGB)

Die veränderten Abschlußposten sind gesondert
– in der Bilanz oder im Anhang
anzugeben.

236

Wertberichtigung (§ 281 Abs. 1 Satz 2 HGB)	Angabe der steuerrechtlichen Vorschriften in der Bilanz oder im Anhang, nach denen die Wertberichtigung gebildet worden ist.	D. Anhang

VI. Schutzklausel

Die Anwendung der Schutzklausel ist zwingend für
– den Schutz staatlicher Interessen
vorgeschrieben.

1. Schutz der staatlichen Interessen
(§ 286 Abs. 1 HGB)

Die Schutzklausel entspricht der bisherigen Vorschrift des § 160 Abs. 4 Satz 2 AktG:
– die Berichterstattung hat insoweit zu unterbleiben, als es für das Wohl der Bundesrepublik oder eines ihrer Länder erforderlich ist.
Die Schweigepflicht kann demzufolge alle Angaben des Anhangs betreffen.

– Interessenabwägung

Bei der Prüfung durch die Geschäftsführung, ob die Staatsinteressen durch die Berichterstattung berührt werden, ist eine besondere Sorgfalt geboten.

– Abschlußprüfung

Die Schutzklausel ist auf den
– Jahresabschluß sowie Prüfungsbericht des Abschlußprüfers
nicht anwendbar.
(vgl. ADS § 160 Tz. 13).

– Bestätigungsvermerk

Kann die Geschäftsführung die Anwendung der Schutzklausel nicht ausreichend begründen, so ist der Bestätigungsvermerk einzuschränken oder zu versagen.
(vgl. ADS § 160 Tz. 12).

2. Eingeschränkte Berichterstattung
(§ 286 Abs. 2,
– Abs. 3 Satz 1,
– Satz 2 HGB)

Die eingeschränkte Berichterstattung ist durch die jeweilige Ausnahmeregelung über
– Aufgliederung der Umsatzerlöse nach § 285 Abs. 4 HGB,
– Angaben nach § 285 Nr. 11 HGB über Beteiligungen,
– Angabe des Eigenkapitals und des Jahresergebnisses von verbundenen Unternehmen
zulässig.
Die Anwendung der Ausnahmeregelung nach § 286 Abs. 3 Satz 1 Nr. 2 HGB ist im Anhang anzugeben.

E. Lagebericht

E. Lagebericht

(zu Vorbemerkung)

Der dem bisherigen Recht (§ 160 Abs. 1 AktG) entsprechende Lagebericht dient
- zur Darstellung der nicht bereits im Jahresabschluß erläuterten Vorgänge und soll
- für die Gesamtbeurteilung der wirtschaftlichen Lage der Gesellschaft wesentliche Angaben
enthalten.

I. Aufstellungspflicht

(§ 264 Abs. 1 Satz 1 HGB)

Zur Aufstellung eines Lageberichts sind
- alle Gesellschaften mbH
verpflichtet.
Die Geschäftsführer haben nach § 264 Abs. 1 Satz 1 HGB den Lagebericht neben den Jahresabschluß
- in den ersten drei Monaten des Geschäftsjahrs für das vergangene Geschäftsjahr
aufzustellen.

- kleine GmbH
(§ 264 Abs. 1 Satz 2 HGB)

Für nicht prüfungspflichtige Gesellschaften kann der Lagebericht mit dem Jahresabschluß zusammen
- spätestens innerhalb der ersten sechs Monate des Geschäftsjahrs aufgestellt
werden,
- wenn dies einem ordnungsgemäßen Geschäftsgang entspricht.

II. Inhalt des Lageberichts

(§ 289 Abs. 1,

Als inhaltliche Mindestanforderungen gelten:
- Berichterstattung über den Geschäftsverlauf und die Lage der Gesellschaft
mit der Auflage, daß die Darstellung im Lagebericht ein den tatsächlichen Verhältnissen entsprechendes Bild vermittelt.

Ferner soll der Lagebericht auch auf
– Abs. 2 HGB)
– Vorgänge von besonderer Bedeutung, die nach dem
  Schluß des Geschäftsjahrs eingetreten sind;
– die voraussichtliche Entwicklung der Gesellschaft;
– den Bereich Forschung und Entwicklung
eingehen.

III. Geschäftsverlauf und Lage der Gesellschaft

Im Rahmen des »Geschäftsverlaufs und Lage der Gesellschaft« ist auch über
– die nicht unmittelbar die einzelnen Posten betreffenden Vorgänge
zu berichten,
– soweit diese aber für die wirtschaftliche Gesamtbeur-
  teilung der Gesellschaft von Bedeutung sind,
wie Angaben über:
– Absatzlage, Auftragsbestand, Auftragseingang,
– Abschluß wichtiger Verträge,
– Änderung der Betriebsgröße, Angliederung von
  Unternehmen, Gründung von Zweigniederlassungen,
– Entwicklung der Kosten und Erlöse (Rentabilitätsver-
  hältnisse),
– Investitionen und ihre Durchführung,
– Kreditpolitik und Liquidität,
– Marktstellung, Produktionsverhältnisse (Programm,
  Beschäftigungsgrad),
– Verluste aus Geschäften,
– Vorratspolitik und Lagerhaltung,
– wichtige Prozesse und ihren Ausgang.
(vgl. ADS § 160 Tz. 23; Kropff in AktG-Kom. § 160
Anm. 21).

– Kapitalflußrechnung

Der Gesetzgeber hat sich die Möglichkeit nach der Forderung einer Kapitalflußrechnung nicht zu eigen gemacht und hält weiterhin an der freiwilligen Praxis für die
Aufstellung einer Kapitalflußrechnung fest.

– Sozialbericht

Über Art und Umfang der Sozialberichterstattung ent-
scheiden die Geschäftsführer nach pflichtgemäßem Ermessen.
Inwieweit sich in der Sozialberichterstattung die Sozial-
bilanzen durchzusetzen vermögen, bleibt zum gegen-
wärtigen Zeitpunkt dahingestellt. Bisher hat es an einer
Festlegung auf ein einheitliches Modell der Sozialbilanz
gefehlt.
Andererseits gibt die erweiterte gesetzlich geforderte
Aufgliederung des Personalaufwands über gewisse Angaben im Rahmen des Sozialberichts mehr Aufschluß als
bisher.

IV. Vorgänge von besonderer Bedeutung nach Schluß des Geschäftsjahrs

(§ 289 Abs. 2 Nr. 1 HGB)

Hierbei sind alle wichtigen Dinge darzulegen, die nach dem Schluß des Geschäftsjahrs bis zur Aufstellung des Jahresabschlusses eingetreten sind, wie
- Beitritt zu Arbeits- oder Interessengemeinschaften,
- Eintritt eines wesentlichen Verlustes,
- Erwerb oder Verkauf von Grundstücken oder Beteiligungen,
- Kurzarbeit oder Betriebsstillegung,
- starke Rückläufigkeit der Marktpreise gegenüber denen am Bilanzstichtag,
- Abschluß oder Kündigung wesentlicher Verträge.

Ferner sind auch nach dem Abschlußstichtag eintretende Vorgänge – wenn sie von besonderer Bedeutung sind – angabepflichtig wie
- Mitteilung einer Beteiligung nach § 271 HGB,
- wichtige Ereignisse bei verbundenen Unternehmen.

V. Voraussichtliche Entwicklung der Gesellschaft

(§ 289 Abs. 2 Nr. 2 HGB)

Trotz Fehlens detaillierter Bestimmungen über den Inhalt und Umfang dieser neuen Vorschrift durch den Gesetzgeber dürfte über
- voraussichtlich wesentliche Änderungen in den Bereichen Absatz, Personal und Produktion zu berichten sein. Dabei genügen aussagefähige verbale Hinweise.

VI. Bereich Forschung und Entwicklung

(§ 289 Abs. 2 Nr. 3 HGB)

Über den bisherigen Rahmen der Forschung und Entwicklung hinaus zu berichten, kann bei spezifischen Angaben zu Wettbewerbsnachteilen für die zu berichtende Gesellschaft führen. Zumindest dürften derartige Schwierigkeiten bei einem Bericht über Höhe des Forschungsaufwands, technische Einzelheiten, bisherige Entwicklungsergebnisse nicht auszuschließen sein.

F. Konzernrechnungslegung für GmbH

F. Konzernrechnungslegung für GmbH

I. Anwendungsbereich

Vorbemerkungen

Das Gesetz betreffend die Gesellschaften mit beschränkter Haftung enthält keine eigenen Vorschriften über die Rechnungslegung im GmbH-Konzern. Für die Gesellschaften mit beschränkter Haftung – Kurzbezeichnung: GmbH – waren bisher die Vorschriften der
– §§ 329–338 AktG, §§ 11ff PublG und § 28 EGAktG
hinsichtlich der Konzernrechnungslegung maßgebend.
Künftig gelten für Konzerne, deren Mutterunternehmen GmbH sind, die Vorschriften der Siebenten Richtlinie.

– Anpassung

Der Rat der Europäischen Gemeinschaften hat am 13. Juni 1983
– die Siebente Richtlinie über den konsolidierten Abschluß (83/349/EWG, ABl. Nr.L 193 vom 18. Juli 1983, S. 1–12)
und am 10. April 1984
– die Achte Richtlinie über die Zulassung der mit der Pflichtprüfung der Rechnungsunterlagen beauftragten Personen (84/253/EWG ABl. Nr.L 126 vom 12. Mai 1984, S. 20–26)
verabschiedet.
Rechtsgrundlage für den Erlaß beider Richtlinien ist
– Artikel 54 Abs. 3 Buchstabe g des Vertrags über die Europäische Wirtschaftsgemeinschaft.
Die Achte Richtlinie wird durch Anpassung der Wirtschaftsprüfer-Ordnung durchgeführt.

– gemeinsame Richtlinien
Umsetzung

Der Bundesminister der Justiz legte zur Umsetzung der Konzernbilanzrichtlinie unter dem 16. Mai 1984 einen ersten Entwurf (Az. 3507–30310/84) vor, der durch Formulierungsvorschläge vom 21. August 1984 (BMJ 350710–31002/84) ergänzt wurde.
Mit Drucksache 10/3440 vom 3. Juni 1985 folgte der entsprechende Gesetzentwurf der Bundesregierung mit dem Vorschlag zur Durchführung der Siebenten und Achten Richtlinie.

F. Konzern- rechnungs- legung

– neue Bezeichnungen

Die Siebente Richtlinie verwendet für die Konsolidierungsverpflichtungen
– die Bezeichnungen »Mutterunternehmen« und »Tochterunternehmen«.
Gleichzeitig entfallen die bisherigen Begriffe im Aktiengesetz
– »Obergesellschaft« und »Konzernunternehmen«.

1. Pflicht zur Aufstellung eines Konzernab- schlusses

(§ 290 Abs. 1 HGB)

Stehen in einem Konzern die Unternehmen
– unter der einheitlichen Leitung einer GmbH (Mutterunternehmen) mit Sitz im Inland und
– gehört dem Mutterunternehmen eine Beteiligung nach § 271 Abs. 1 HGB an dem oder den anderen unter der einheitlichen Leitung stehenden Unternehmen (Tochterunternehmen),

10 Aufstellung des Konzern- abschlusses

so haben die Geschäftsführer des Mutterunternehmens
– in den ersten fünf Monaten des Konzerngeschäftsjahrs für das vergangene Konzerngeschäftjahr
– einen Konzernabschluß und einen Konzernlagebericht aufzustellen.

11 Voraussetzung für die Aufstellung

(§ 290 Abs. 2 Nr. 1,

– Nr. 2,

– Nr. 3 HGB)

Eine GmbH ist stets zur Aufstellung eines Konzernabschlusses und eines Konzernlageberichts verpflichtet, wenn ihr bei einem Tochterunternehmen
– die Mehrheit der Stimmrechte der Gesellschaft zusteht,
– das Recht zusteht, die Mehrheit der Mitglieder des Verwaltungs-, Leitungs- oder Aufsichtsorgans zu bestellen oder abzuberufen, und sie gleichzeitig Gesellschafter ist oder
– das Recht zusteht, einen beherrschenden Einfluß aufgrund eines mit diesem Unternehmen geschlossenen Beherrschungsvertrags oder aufgrund einer Satzungsbestimmung dieses Unternehmens auszuüben.

Entsprechend Artikel 4 der Siebenten Richtlinie wird die Konzernrechnungslegung – unbeschadet des PublG – nur Mutterunternehmen in der Rechtsform der AG, KGaA oder GmbH vorgeschrieben.
Die Aufnahme einer Konzerndefinition in den Vorschriften über die Konzernrechnungslegung dürfte sich erübrigen, da eine solche für die Zwecke der Konzernrechnungslegung nicht erforderlich erscheint.

– Gleichordnungs-
konzerne

Gleichordnungskonzerne werden nicht in die Konzernrechnungslegung einbezogen.
Ungeachtet einer Nichteinbeziehung nach den §§ 295,
296 HGB kommt es für die Pflicht zur Konzernrechnungslegung nach § 290 Abs. 2 HGB auf die Rechte aller
Tochterunternehmen im Sinne des gleichen Absatzes an.
(vgl. BT-Drucks. 10/4268 zu § 290 Abs. 2 Satz 2 HGB)

– Abgrenzung der
zustehende Rechte
(§ 290 Abs. 3 Satz 1 HGB)

Als die einem Mutterunternehmen nach § 290 Abs. 2
HGB zustehenden Rechte gelten auch
– die einem Tochterunternehmen zustehenden Rechte
und
– die den für Rechnung des Mutterunternehmens oder
von Tochterunternehmen handelnden Personen zustehenden Rechte.

– Hinzurechnung von
Rechten
(§ 290 Abs. 3 Satz 2 HGB)

Den einem Mutterunternehmen an einem anderen
Unternehmen zustehenden Rechten werden
– die Rechte hinzugerechnet, über die das Mutterunter-
nehmen oder ein Tochterunternehmen aufgrund einer
Vereinbarung mit anderen Gesellschaften dieses
Unternehmens verfügen kann.

– Abzug von Rechten
(§ 290 Abs. 3 Satz 3 Nr. 1,

– Nr. 2 HGB)

Abzuziehen sind die Rechte,
– die mit Anteilen verbunden sind, die von dem Mutterunternehmen oder von Tochterunternehmen für Rechnung einer anderen Person gehalten werden
oder
– mit Anteilen verbunden sind, die als Sicherheit gehalten werden, sofern diese Rechte nach Weisung des Sicherungsgebers oder – wenn ein Kreditinstitut die Anteile als Sicherheit für ein Darlehen hält, im Interesse
des Sicherungsgebers ausgeübt werden.

– Berechnung von zustehenden Stimmrechten
(§ 290 Abs. 4 Satz 1 HGB)

Der einem Unternehmen zustehende Teil der Stimmrechte bestimmt sich für die Berechnung der Mehrheit
nach § 290 Abs. 2 Nr. 1 HGB
– nach dem Verhältnis der Zahl der Stimmrechte, die es
aus den ihm gehörenden Anteilen ausüben kann, zur
Gesamtzahl aller Stimmrechte.

– – Abzug von Stimmrechten
(§ 290 Abs. 4 Satz 2 HGB)

Von der Gesamtzahl aller Stimmrechte sind
– die Stimmrechte aus eigenen Anteilen abzuziehen, die
dem Tochterunternehmen selbst, einem seiner Tochterunternehmen oder einer anderen Person für Rechnung dieser Unternehmen gehören.

F. Konzern-rechnungs-legung	**2. Befreiende Konzern-abschlüsse und Konzern-lageberichte**

Die Vorschriften über die Befreiung von der Verpflichtung zur Aufstellung von Konzernabschlüssen sind in

(§ 291,
- Befreiende Konzernabschlüsse und Konzernlageberichte,

§ 292 HGB)
- Rechtsverordnungsermächtigung für befreiende Konzernabschlüsse und Konzernlageberichte

enthalten.

- größenabhängige Befreiungen

Die Befreiung kleinerer Konzerne von der Konzernrechnungslegungspflicht regelt die Vorschrift des § 293 HGB. Im einzelnen sehen die Befreiungsvorschriften, deren Möglichkeiten voll genutzt wurden, vor:

20 Mutterunternehmen mit Sitz innerhalb der EG
- Voraussetzung für die Befreiung
(§ 291 Abs. 1 Satz 1 HGB)

Ein Mutterunternehmen, das zugleich Tochterunternehmen eines Mutterunternehmens mit Sitz in einem Mitgliedstaat der Europäischen Wirtschaftsgemeinschaft ist, braucht einen Konzernabschluß und einen Konzernlagebericht nicht aufzustellen,

- wenn ein den Anforderungen des § 291 Abs. 2 HGB entsprechender Konzernabschluß und Konzernlagebericht seines Mutterunternehmens einschließlich des Bestätigungsvermerks oder des Vermerks über dessen Versagung nach den für den entfallenden Konzernabschluß und Konzernlagebericht maßgeblichen Vorschriften in deutscher Sprache offengelegt wird und
- ein Antrag nach § 291 Abs. 3 HGB von Minderheitsgesellschaftern nicht gestellt wird.

- freiwillige Aufstellung eines befreienden Konzernabschlusses
(§ 291 Abs. 1 Satz 2 HGB)

Ein befreiender Konzernabschluß kann auch

- rechtsform- und größenunabhängig freiwillig aufgestellt werden,

wenn das Unternehmen als Kapitalgesellschaft mit Sitz innerhalb der EG zur Konzernrechnungslegung verpflichtet wäre.

- weitere Voraussetzungen für die Befreiung
(§ 291 Abs. 2 Nr. 1,

Der Konzernabschluß und der Konzernlagebericht eines Mutterunternehmens mit Sitz in einem Mitgliedstaat der EG haben befreiende Wirkung, wenn

- das zu befreiende Mutterunternehmen und seine Tochterunternehmen in den befreienden Konzernabschluß unbeschadet der Vorschriften über

§ 295,
§ 296 HGB)
- Verbot der Einbeziehung und
- Verzicht auf die Einbeziehung
einbezogen worden sind,

(§ 291 Abs. 2 Nr. 2 HGB)
- der befreiende Konzernabschluß und der befreiende Konzernlagebericht dem für das den befreienden Kon-

zernabschluß aufstellende Mutterunternehmen maßgeblichen und mit der Siebenten Richtlinie übereinstimmenden Recht entsprechen und nach diesem
Recht von einem zugelassenen Abschlußprüfer geprüft
worden sind und

– – Anhang
(§ 291 Abs. 2 Nr. 3,
– Nr. 3a,

– der Anhang des Jahresabschlusses des zu befreienden
Unternehmens folgende Angaben enthält:
– Name und Sitz des Mutterunternehmens, das den befreienden Konzernabschluß und Konzernlagebericht
aufstellt

– Nr. 3b HGB)

– Hinweis auf die Befreiung von der Verpflichtung,
einen Konzernabschluß und einen Konzernlagebericht
aufzustellen.

– Nichterfüllung der
Voraussetzung

Bei Nichterfüllung der genannten Voraussetzungen entfällt die befreiende Wirkung. Demzufolge hat das Mutterunternehmen, das gleichzeitig Tochterunternehmen
ist, einen Konzernabschluß und einen Konzernlagebericht aufzustellen.
(vgl. BT-Drucks. 10/3440 S. 43).

– keine Inanspruchnahme
der Befreiung
(§ 291 Abs. 3 Satz 1 HGB)

Die Befreiung nach § 291 Abs. 1 HGB kann trotz Vorliegens der genannten Voraussetzungen von einem Mutterunternehmen nicht in Anspruch genommen werden,
– wenn Gesellschafter bei Gesellschaften mit beschränkter Haftung
– mindestens zwanzig vH der Anteile an dem zu befreienden Mutterunternehmen gehören
– spätestens sechs Monate vor dem Ablauf des Konzerngeschäftsjahrs
die Aufstellung eines Konzernabschlusses und eines
Konzernlageberichts beantragt haben.

– bedingte Befreiungs-
möglichkeit
(§ 291 Abs. 3 Satz 2 HGB)

Gehören dem Mutterunternehmen
– mindestens neunzig vH der Anteile an dem zu befreienden Mutterunternehmen,
so kann die Befreiung nach § 291 Abs. 1 HGB nur Anwendung finden,
– wenn die anderen Gesellschafter der Befreiung zugestimmt haben.
Die Voraussetzungen für die Befreiung ergeben sich aus
Artikel 7 Abs. 1 und 2 der Siebenten Richtlinie.

21 Mutterunternehmen mit
Sitz außerhalb der EG

Der Bundesminister der Justiz kann durch Rechtsverordnung bestimmen, daß die in § 291 HGB angeführten Voraussetzungen auch
– auf befreiende Konzernabschlüsse und Konzernlageberichte von Mutterunternehmen mit Sitz in einem
Staat, der nicht Mitgliedstaat der Europäischen Wirt-

**F. Konzern-
rechnungs-
legung**

– Voraussetzungen
(§ 292 Abs. 1 HGB)

schaftsgemeinschaft ist, angewendet werden dürfen
mit der Maßgabe, daß

– der befreiende Konzernabschluß und der befreiende
Konzernlagebericht nach dem Recht eines Mitgliedstaates der EG aufgestellt worden sind oder
– gegenüber einem nach der Siebenten Richtlinie aufgestellten Konzernabschluß und Konzernlagebericht gleichwertig sein müssen.

Dies setzt voraus, daß befreiende Abschlüsse nach dem
Recht eines anderen Mitgliedstaates der EG nur Anerkennung finden,

– wenn sie auch in diesem Mitgliedstaat mit befreiender
Wirkung offengelegt werden.

Grundsätzlich sind Erleichterungen für Unternehmen
außerhalb der EG nur gerechtfertigt,

– wenn solche Erleichterungen auch deutschen Unternehmen mit Tochtergesellschaften in diesen Staaten
eingeräumt werden.

– Prüfungsanforderungen
(§ 292 Abs. 2 HGB)

Dem Konzernabschluß kommt nur eine befreiende Wirkung zu, wenn hinsichtlich der Prüfungsanforderungen

– der Abschlußprüfer eine der Achten Richtlinie gleichwertige Befähigung hat und
– der Konzernabschluß in einer den Anforderungen der
Richtlinie entsprechenden Weise geprüft worden ist.

Die Erfüllung dieser Voraussetzungen ist

– im Bestätigungsvermerk zum Konzernabschluß
darzulegen.

– Voraussetzungen für
die Gleichwertigkeit
(§ 292 Abs. 3 HGB)

Weiterhin können in einer Rechtsverordnung

– die Voraussetzungen für die Gleichwertigkeit der
Konzernabschlüsse und Konzernlageberichte von
Mutterunternehmen mit Sitz außerhalb der EG be-
stimmt werden,

um die Gleichwertigkeit dieser Abschlüsse und Berichte
mit denen nach dem Recht eines Mitgliedstaates der EG
herzustellen.

**3. Größenabhängige
Befreiungen**

Die Vorschrift über die Befreiung von Konzernen bestimmter Größe des Artikel 6 der Siebenten Richtlinie
wird in § 293 HGB umgesetzt, der nur für Konzerne von
Aktiengesellschaften, Kommanditgesellschaften auf Aktien und Gesellschaften mit beschränkter Haftung gilt.

Ein Mutterunternehmen ist von der Pflicht zur

– Aufstellung eines Konzernabschlusses und eines Konzernlageberichts befreit,

wenn

30 Größenmerkmale für
Mutterunternehmen
Bruttomethode
– Bilanzsummen
(§ 293 Abs. 1 Nr. 1a HGB)

– am Abschlußstichtag und am vorhergehenden Abschlußstichtag seines Jahresabschlusses mindestens zwei der drei nachstehenden Merkmale zutreffen:
– Die Bilanzsummen in den Bilanzen des Mutterunternehmens und der Tochterunternehmen, die in den Konzernabschluß einzubeziehen wären, übersteigen insgesamt nach Abzug von in den Bilanzen auf der Aktivseite ausgewiesenen Fehlbeträgen
– nicht sechsundvierzig Millionen achthunderttausend Deutsche Mark;

– Umsatzerlöse
(§ 293 Abs. 1 Nr. 1b HGB)

– die Umsatzerlöse des Mutterunternehmens und der Tochterunternehmen, die in den Konzernabschluß einzubeziehen wären, übersteigen in den zwölf Monaten vor dem Abschlußstichtag insgesamt
– nicht sechsundneunzig Millionen Deutsche Mark;

– Arbeitnehmer
(§ 293 Abs. 1 Nr. 1c HGB)

– das Mutterunternehmen und die Tochterunternehmen, die in den Konzernabschluß einzubeziehen wären, haben in den zwölf Monaten vor dem Abschlußstichtag im Jahresdurchschnitt
– nicht mehr als fünfhundert Arbeitnehmer beschäftigt;
oder

Nettomethode

– am Abschlußstichtag eines vom Mutterunternehmen aufzustellenden Konzernabschlusses und am vorhergehenden Abschlußstichtag mindestens zwei der drei nachstehenden Merkmale zutreffen:

– Bilanzsumme
(§ 293 Abs. 1 Nr. 2a HGB)

– die Bilanzsumme übersteigt nach Abzug eines auf der Aktivseite ausgewiesenen Fehlbetrags
– nicht neununddreißig Millionen Deutsche Mark;

– Umsatzerlöse
(§ 293 Abs. 1 Nr. 2b HGB)

– die Umsatzerlöse in den letzten zwölf Monaten vor dem Abschlußstichtag übersteigen
– nicht achtzig Millionen Deutsche Mark;

– Arbeitnehmer
(§ 293 Abs. 1 Nr. 2c HGB)

– das Mutterunternehmen und die in den Konzernabschluß einbezogenen Tochterunternehmen haben in den letzten zwölf Monaten insgesamt
– im Jahresdurchschnitt nicht mehr als fünfhundert Arbeitnehmer beschäftigt.

**Ermittlung der Arbeit-
nehmer-Zahl**
– Anwendung der Brutto-
methode

Auf die Ermittlung der durchschnittlichen Zahl der Arbeitnehmer ist § 268 Abs. 5 HGB anzuwenden.
Bei Anwendung der Bruttomethode entfällt die Aufstellung eines Konzernabschlusses zur Feststellung der Pflicht zur Konzernrechnungslegung.

Die Größenmerkmale der »Bilanzsumme« und der »Nettoumsatzerlöse« erhöhen sich bei dieser Methodenanwendung um jeweils zwanzig vom Hundert.

31 Größenmerkmale für Kreditinstitute (§ 293 Abs.2 HGB)

Die abweichenden Größenmerkmale für Kreditinstitute sind in Anlehnung an § 1 Abs. 3 PublG festgelegt.
§ 293 Abs. 2 Nr. 1 HGB umschreibt die Bruttomethode, während Nr. 2 für die Nettomethode maßgebend ist.
Ein Kreditinstitut ist von der Pflicht zur Aufstellung eines Konzernabschlusses und eines Konzernlageberichts befreit, wenn

Bruttomethode

1. am Abschlußstichtag seines Jahresabschlusses und am vorhergehenden Abschlußstichtag die Bilanzsummen in seiner Bilanz und in den Bilanzen der Tochterunternehmen, die in den Konzernabschluß einzubeziehen wären zuzüglich
   - der den Kreditnehmern abgerechneten eigenen Ziehungen im Umlauf,
   - der Indossamentsverbindlichkeiten aus weitergegebenen Wechseln,
   - der Verbindlichkeiten aus Bürgschaften, Wechsel- und Scheckbürgschaften sowie aus Gewährleistungsverträgen
   aller Unternehmen insgesamt
   - nicht einhundertzweiunddreißig Millionen Deutsche Mark übersteigen
   oder

Nettomethode (§ 293 Abs.2 Nr.2 HGB)

2. am Abschlußstichtag eines von ihm aufzustellenden Konzernabschlusses und am vorhergehenden Abschlußstichtag die Konzernbilanzsumme zuzüglich der Kriterien unter § 293 Abs. 2 Nr. 1 HGB
   - nicht einhundertzehn Millionen Deutsche Mark übersteigt.

32 Größenmerkmale für Versicherungsunternehmen (§ 293 Abs.3 HGB)

Als spezifisches Kriterium für Versicherungsunternehmen sind in § 293 Abs. 3 HGB die abweichenden Größenmerkmale in Anlehnung an § 1 Abs. 4 PublG festgelegt:
Ein Versicherungsunternehmen ist von der Pflicht zur Aufstellung eines Konzernabschlusses und eines Konzernlageberichts befreit, wenn

Bruttomethode (§ 293 Abs.3 Nr.1 HGB)

1. die Bruttobeträge aus seinem gesamten Versicherungsgeschäft und dem der Tochterunternehmen, die in den Konzernabschluß einzubeziehen wären, jeweils in den zwölf Monaten vor dem Abschlußstichtag

– nicht dreiundvierzig Millionen zweihunderttausend
Deutsche Mark übersteigen

oder

Nettomethode
(§ 293 Abs. 3 Nr. 2 HGB)

2. die Bruttobeiträge aus dem gesamten Versicherungsgeschäft und dem der Tochterunternehmen, die in den
Konzernabschluß einzubeziehen wären, jeweils in den
zwölf Monaten vor dem Abschlußstichtag

– nicht sechsunddreißig Millionen Deutsche Mark
übersteigen.

– Bruttobeiträge
(§ 293 Abs. 3 letzter Satz HGB)

Bruttobeiträge aus dem gesamten Versicherungsgeschäft
sind

– die Beiträge aus dem Erst- und Rückversicherungsgeschäft einschließlich der in Rückdeckung gebenen Anteile.

33 weitere Befreiungs-
möglichkeit

Ein Mutterunternehmen ist hinsichtlich der größenabhängigen Befreiung in den Fällen des § 293 Abs. 1 bis 3
HGB von der Pflicht zur Aufstellung des Konzernabschlusses und des Konzernlageberichts befreit, wenn

– die Voraussetzungen der in § 293 Abs. 1 bis 3 HGB
festgelegten Größenmerkmale

– nur am Abschlußstichtag

oder

– nur am vorhergehenden Abschlußstichtag

erfüllt sind und

– das Mutterunternehmen am vorhergehenden Abschlußstichtag von der Pflicht zur Aufstellung des
Konzernabschlusses und des Konzernlageberichts befreit war.

34 Nichtanwendung von
größenabhängigen
Befreiungen
(§ 293 Abs. 5 HGB)

Die in § 293 Abs. 1 bis 4 HGB geregelten größenabhängigen Befreiungen sind nicht anzuwenden,

– wenn Aktien oder andere von dem Mutterunternehmen oder einem in einen Konzernabschluß des Mutterunternehmens einbezogenen Tochterunternehmen ausgegebene Wertpapiere an einer Börse in einem Mitgliedstaat der EG zur amtlichen Notierung zugelassen sind.
Diese Regelung dürfte auf ein Mutterunternehmen in der
Rechtsform einer GmbH keine Anwendung finden.

II. Konsolidierungskreis

**1. Einzubeziehende Unter-
nehmen**
(§ 294 Abs. 1 HGB)

In den Konzernabschluß sind

– das Mutterunternehmen und

– alle Tochterunternehmen ohne Rücksicht auf den Sitz
der Tochterunternehmen

einzubeziehen, sofern die Einbeziehung

**F. Konzern-
rechnungs-
legung**

– Ausnahmen
(§ 295,
§ 296 HGB)

nicht nach den Vorschriften über
– Verbot der Einbeziehung oder
– Verzicht auf die Einbeziehung
unterbleibt.

– Änderung gegenüber
bisherigem Recht

Im Gegensatz zum bisherigen Aktienrecht ist die Konsolidierung der ausländischen Tochterunternehmen künftig Pflicht. Dabei sind nicht nur die unmittelbaren Tochterunternehmen, sondern aufgrund der Vorschriften über die Zurechnung von Anteilen und Rechten auch die mittelbaren Tochterunternehmen einzubeziehen.

Mit der grundsätzlichen Einbeziehung der ausländischen Konzernunternehmen in die Konsolidierung ist die Konzipierung als Weltabschluß geschaffen.

10 Änderung der Zusammen-
setzung

Bei wesentlicher Änderung der in den Konzernabschluß einbezogenen Unternehmen im Laufe des Geschäftsjahrs sind

(§ 294 Abs. 2 Satz 1,

– die Angaben in der Weise zu erläutern, um die Vergleichbarkeit der aufeinanderfolgenden Konzernabschlüsse zu gewährleisten.

– Satz 2 HGB)

Dieser Verpflichtung kann auch
– durch Anpassung der entsprechenden Beträge des vorhergehenden Konzernabschlusses entsprochen werden.

Die Form der Anpassung selbst wird jedoch wegen des damit verbundenen Arbeitsaufwands nicht vorgeschrieben.

11 einzureichende Unter-
lagen
(§ 294 Abs. 3 Satz 1 HGB)

Die Tochterunternehmen haben dem Mutterunternehmen ihre
– Jahresabschlüsse, Lageberichte, Konzernabschlüsse, Konzernlageberichte
und
– bei einer stattgefundenen Prüfung des Jahresabschlusses oder des Konzernabschlusses: die Prüfungsberichte sowie
– bei einem aufzustellenden Zwischenabschluß: einen auf den Stichtag des Konzernabschlusses aufgestellten Abschluß
unverzüglich einzureichen.

– Aufklärungen, Nachweise
(§ 294 Abs. 3 Satz 2 HGB)

Das Mutterunternehmen kann von jedem Tochterunternehmen
– alle zur Aufstellung des Konzernabschlusses und des Konzernlageberichts erforderlichen Aufklärungen und Nachweise
verlangen.

256

2. Verbot der Einbeziehung

Die Vorschrift des Artikels 14 der Siebenten Richtlinie über

– Nichteinbeziehung von Konzernunternehmen wegen unterschiedlicher Tätigkeit,

deren Umsetzung in § 295 HGB geregelt ist, soll die Einbeziehung von Unternehmen mit grundlegend anderer Tätigkeit verhindern.

Bei einem Konzernunternehmen, auf welches das Konsolidierungsverbot zutrifft, dürfte es sich um ein solches Tochterunternehmen handeln, das im Falle der Einbeziehung

– die Vermittlung eines den tatsächlichen Verhältnissen entsprechenden Bildes Vermögens-, Finanz- und Ertragslage des Konzerns verfälschen würde und demzufolge einer solchen Darstellung nicht entspricht.

20 assoziierte Unternehmen (§ 295 Abs. 1 letzter Halbsatz i Vm § 311 HGB)

Die Einbeziehung von assoziierten Unternehmen bleibt unberührt, soweit die Voraussetzungen des § 311 HGB erfüllt sind. Diese bedürfen in jedem Fall einer sorgfältigen Prüfung.

21 Voraussetzungen für die Nichteinbeziehung (§ 295 Abs. 2 HGB)

Die Nichteinbeziehung nach § 295 Abs. 1 HGB ist einer engen Auslegung zu unterziehen.

Der Tatbestand allein, daß

– die in den Konzernabschluß einzubeziehenden Unternehmen teils Industrie-, teils Handels- und teils Dienstleistungsunternehmen sind

oder

– diese Unternehmen unterschiedliche Erzeugnisse herstellen, mit unterschiedlichen Erzeugnissen Handel treiben

oder

– Dienstleistungen unterschiedlicher Art erbringen,

reicht für ein Verbot der Einbeziehung nach § 295 HGB nicht aus.

– Konzernanhang (§ 295 Abs. 3 Satz 1 HGB)

Die Nichteinbeziehung nach § 295 Abs. 1 HGB ist

– im Konzernanhang

anzugeben und zu begründen.

22 Einreichung zum HR (§ 295 Abs. 3 Satz 2 HGB)

Wird der Jahresabschluß oder der Konzernabschluß eines nach § 295 Abs. 1 HGB nicht einbezogenen Unternehmens nicht offengelegt, so ist dieser

– gemeinsam mit dem Konzernabschluß zum Handelsregister

einzureichen.

Es sind dabei keine Anforderungen an Form und Inhalt dieser Abschlüsse gestellt, so daß die ansonsten geltenden Vorschriften des jeweiligen Rechts anzuwenden sind. (vgl. BT-Drucks. 10/3440 S. 37).

257

3. Verzicht auf die Einbeziehung (§ 296 HGB)

Die Vorschrift des § 296 HGB zeigt die Voraussetzungen auf, nach denen das Mutterunternehmen auf die Einbeziehung eines Tochterunternehmens verzichten darf.

Ob angesichts der Erweiterung der Konsolidierungswahlrechte dem eigentlichen Zweck des Konzernabschlusses:
– Vermittlung eines den tatsächlichen Verhältnissen des Konzerns entsprechenden Bildes

ein Dienst erwiesen wird, bleibt abzuwarten.

Neu für das deutsche Recht ist die Regelung des § 296 Abs. 2 Satz 2 HGB, die dem Artikel 13 Abs. 2 der Siebenten Richtlinie entspricht, während Satz 1 des gleichen Absatzes
– dem Grundsatz der Wesentlichkeit

Geltung verschafft und im wesentlichen mit dem bisherigen § 329 Abs. 2 Satz 2 AktG übereinstimmt.

30 Voraussetzungen

(§ 296 Abs. 1 Nr. 1,

Der Verzicht auf die Einbeziehung eines Tochterunternehmens in den Konzernabschluß setzt voraus, daß
– erhebliche und andauernde Beschränkungen die Ausübung der Rechte des Mutterunternehmens in bezug auf das Vermögen oder die Geschäftsführung dieses Unternehmens nachhaltig beeinträchtigen,

– Nr. 2,

– die für die Aufstellung des Konzernabschlusses erforderlichen Angaben nicht ohne unverhältnismäßig hohe Kosten oder Verzögerungen zu erhalten sind oder

– Nr. 3,

– die Anteile des Tochterunternehmens ausschließlich zum Zwecke ihrer Weiterveräußerung gehalten werden.

Ferner kann eine Nichteinbeziehung in den Konzernabschluß erfolgen,

– Abs. 2 Satz 1,

– wenn ein Tochterunternehmen im Rahmen des Gesamtkonzerns nur von untergeordneter Bedeutung ist.

Entsprechen mehrere Tochterunternehmen der in § 296 Abs. 2 Satz 1 festgelegten Voraussetzung, so ist

– Satz 2 HGB)

– eine Einbeziehung dieser Unternehmen in den Konzernabschluß dann erforderlich, wenn sie zusammen nicht von untergeordneter Bedeutung sind.

31 Konzernanhang (§ 296 Abs. 3 HGB)

Die Anwendung des Verzichts auf die Einbeziehung nach § 296 Abs. 1 und 2 HGB ist
– im Konzernanhang
zu begründen.

258

III. Konzernabschluß

Artikel 16 Abs. 1 bis 4 der Siebenten Richtlinie wird von § 297 Abs. 1 und 2 HGB übernommen:

**1. Inhalt des Konzern-
abschlusses**
(§ 297 Abs. 1 HGB

Der Konzernabschluß besteht aus
– der Konzernbilanz,
– der Konzern-Gewinn- und Verlustrechnung
  und
– dem Konzernanhang,
die eine Einheit bilden.

10 Grundsatz der Klarheit
und Übersichtlichkeit
(§ 297 Abs. 2 Satz 1 und
2 HGB)

Der Konzernabschluß ist klar und übersichtlich aufzustellen. Er hat
– unter Beachtung der Grundsätze ordnungsmäßiger
  Buchführung ein den tatsächlichen Verhältnissen entsprechendes Bild der Vermögens-, Finanz- und Ertragslage des Konzerns zu vermitteln.
Zu den GoB sind auch die Grundsätze einer ordnungsmäßigen Konsolidierung mit einzubeziehen. Dabei kann
auch dem Grundsatz der Wesentlichkeit Rechnung getragen werden.

11 zusätzliche Angaben
(§ 297 Abs. 2 Satz 3 HGB)

Führen besondere Umstände dazu, daß der Konzernabschluß ein den tatsächlichen Verhältnissen entsprechendes Bild iS des § 297 Abs. 2 Satz 2 HGB nicht vermittelt,
so sind
– im Konzernanhang zusätzliche Angaben
erforderlich.

**2. Form des Konzern-
abschlusses**
20 Grundsatz der Einheit
(§ 297 Abs. 3 Satz 1 HGB)

Im Konzernabschluß ist
– die Vermögens-, Finanz- und Ertragslage der einbezogenen Unternehmen
so darzustellen, als ob diese Unternehmen insgesamt ein
einziges Unternehmen wären. Diese Regelung entspricht
Artikel 26 Abs. 1 der Siebenten Richtlinie.

21 Grundsatz der Stetigkeit
(§ 297 Abs. 3 Satz 2 HGB)

Die auf den vorhergehenden Konzernabschluß angewandten Konsolidierungsmethoden sollen beibehalten
werden.

– Abweichungen
(§ 297 Abs. 3 Satz 3 und
4 HGB)

Die nur in Ausnahmefällen zulässigen Abweichungen
sind
– im Konzernanhang anzugeben und zu begründen.
Ihr Einfluß auf die Vermögens-, Finanz- und Ertragslage
des Konzerns ist anzugeben.
In § 297 Abs. 3 Satz 3 und 4 HGB wird Artikel 25 Abs. 2
der Siebenten Richtlinie umgesetzt.

F. Konzern-rechnungs-legung

3. anzuwendende Vor-schriften, Erleichterungen

30 anzuwendende Vor-
schriften
(§ 298 Abs. 1 HGB)

Auf den Konzernabschluß sind, soweit seine Eigenart keine Abweichung bedingt oder in den folgenden Vorschriften des HGB nichts anderes bestimmt ist, grundsätzlich
– die für die Bilanz und die Gewinn- und Verlustrechnung des Einzelabschlusses maßgeblichen deutschen Vorschriften über

– *Vorschriften des*
  Jahresabschlusses
(§ 244,
§ 245,
§§ 246–251,
§§ 252–256,
§§ 279–283,
§ 265 HGB)

– Jahresabschluß:
  – Sprache, Währungseinheit,
  – Unterzeichnung,
  – Ansatzvorschriften,
  – Bewertungsvorschriften,

  – allgemeine Grundsätze für die Gliederung,

– *Vorschriften der Bilanz*
(§ 266,
§ 268,

§ 269,

§ 270,
§ 271,
§ 272,
§ 273,
§ 274 HGB)

– Bilanz:
  – Gliederung der Bilanz,
  – Vorschriften zu einzelnen Posten der Bilanz. Bilanzvermerke,
  – Aufwendungen für die Ingangsetzung und Erweiterung des Geschäftsbetriebs,
  – Bildung bestimmter Posten,
  – Beteiligungen, Verbundene Unternehmen,
  – Eigenkapital,
  – Sonderposten mit Rücklageanteil,
  – Steuerabgrenzung,

– *Vorschriften der GuV*
(§ 275,
§ 277,
§ 278 HGB)

– Gewinn- und Verlustrechnung:
  – Gliederung der GuV,
  – Vorschriften zu einzelnen Posten der GuV,
  – Steuern
und
– die für die Rechtsform und den Geschäftszweig der in den Konzernabschluß einbezogenen Unternehmen mit Sitz im Geltungsbereich dieses Gesetzes geltenden Vorschriften
entsprechend anzuwenden.

– *Vorschriften für*
  große GmbH

(§ 267 Abs. 3 HGB)

Dabei ist auf die Vorschriften für
– große Gesellschaften mit beschränkter Haftung
abzustellen.
Dies entspricht dem bisherigen Recht (§ 331 Abs. 4, § 332 Abs. 2 AktG).

31 Gliederung der
Konzernbilanz
(§ 298 Abs.2 HGB)

Die Vorräte dürfen in einem Posten ausgewiesen werden,
– wenn deren Aufgliederung wegen besonderer Umstände mit einem unverhältnismäßigen Aufwand verbunden wäre.

Artikel 17 der Siebenten Richtlinie wird durch § 298
Abs. 1 und 2 HGB umgesetzt unter gleichzeitiger An-
wendung des Mitgliedstaatenwahlrechts nach Artikel 17
Abs. 2 (VII.RL).

32 Zusammenfassung des
Anhangs mit dem
Konzernanhang
(§ 298 Abs.3 Satz 1,

Es dürfen
– der Konzernanhang und
– der Anhang des Jahresabschlusses des Mutterunternehmens
zusammengefaßt werden.

In diesem Falle müssen

– Satz 2,

– der Konzernabschluß und der Jahresabschluß des
Mutterunternehmens gemeinsam offengelegt werden.

– Satz 3 HGB)

Bei Anwendung dieser Wahlmöglichkeit der Zusammenfassung nach Satz 1 dürfen auch
– die Prüfungsberichte und
– die Bestätigungsvermerke
jeweils zusammengefaßt werden.

4. Stichtag für die Aufstellung

Die Vorschrift des § 299 HGB setzt Artikel 27 der Siebenten Richtlinie unter Anwendung des Mitgliedstaatenwahlrechts aus Artikel 27 Abs. 2 (VII.RL) um.

40 Konzernabschluß
(§ 299 Abs. 1 HGB)

Der Konzernabschluß ist
– auf den Stichtag des Jahresabschlusses des Mutterunternehmens oder
– auf den hiervon abweichenden Stichtag der Jahresabschlüsse der bedeutendsten oder der Mehrzahl der in
den Konzernabschluß einbezogenen Unternehmen
aufzustellen.

– Konzernanhang
(§ 299 Abs.1 letzter
Halbsatz HGB)

Die Abweichung vom Abschlußstichtag des Mutterunternehmens ist
– im Konzernanhang
anzugeben und zu begründen.
Die künftige Aufstellung von Weltabschlüssen begründet das Einräumen der Abweichung.

41 Jahresabschlüsse
– Sollvorschrift
(§ 299 Abs.2 Satz 2 HGB)

Die Jahresabschlüsse der in den Konzernabschluß einbezogenen Unternehmen
– sollen auf den Stichtag des Konzernabschlusses
aufgestellt werden.

42 Zwischenabschluß
– Aufstellung
(§ 299 Abs.2 Satz 2 HGB)

Liegt der Stichtag des Jahresabschlusses eines Unternehmens
– um mehr als drei Monate vor dem Stichtag des Konzernabschlusses,

so ist dieses Unternehmen aufgrund
– eines auf den Stichtag und den Zeitraum des Konzernabschlusses aufgestellten Zwischenabschlusses
in den Konzernabschluß einzubeziehen.
Im Gegensatz zum bisherigen Recht (§ 331 Abs. 3 AktG) ist die Aufstellung eines Zwischenabschlusses
– nur bei einer Abweichung von mehr als drei Monaten notwendig. Dies ergibt sich aus Artikel 37 Abs. 3 der Siebenten Richtlinie.

– Einbeziehung ohne Zwischenabschluß (§ 299 Abs. 3 HGB)

Wird ein Unternehmen trotz abweichender Stichtage ohne Zwischenabschluß in den Konzernabschluß einbezogen, so sind
– zwischen dem Abschlußstichtag dieses Unternehmens und dem Abschlußstichtag des Konzernabschlusses eingetretene Vorgänge von besonderer Bedeutung für die Vermögens-, Finanz- und Ertragslage

– – Berichtsalternativen

– in der Konzernbilanz und der Konzern-Gewinn- und Verlustrechnung
zu berücksichtigen oder
– im Konzernanhang anzugeben.
Mit dieser Regelung, die Artikel 27 Abs. 2 Satz 3 der Siebenten Richtlinie entspricht, soll ein Informationsverlust ausgeschlossen werden.
(vgl. BT-Drucks. 10/3440 S. 36).

IV. Vollkonsolidierung

1. Konsolidierungs-grundsätze (§ 300 Abs. 1 HGB)

In dem Konzernabschluß ist
– der Jahresabschluß des Mutterunternehmens mit den Jahresabschlüssen der Tochterunternehmen zusammenzufassen.
An die Stelle der dem Mutterunternehmen gehörenden Anteile an den einbezogenen Tochterunternehmen treten
– die Vermögensgegenstände, Schulden, Rechnungsabgrenzungsposten, Bilanzierungshilfen und Sonderposten von Tochterunternehmen ,soweit sie nach dem Recht des Mutterunternehmens bilanzierungsfähig sind, und
– die Eigenart des Konzernabschlusses keine Abweichungen bedingt oder
– in den folgenden Vorschriften des HGB nichts anderes bestimmt ist.
Die dem bisherigen Recht entsprechenden Grundsätze (§ 331 Abs. 1, § 332 Abs. 1 AktG) wurden übernommen.

2. Vollständigkeitsgebot
(§ 300 Abs. 2 Satz 1 HGB)

Das aus den Artikeln 18 und 22 der Siebenten Richtlinie sich ergebende Vollständigkeitsgebot sieht mit der Umsetzung in § 300 Abs. 2 HGB vor, daß
- die Vermögensgegenstände, Schulden und Rechnungsabgrenzungsposten sowie
- die Erträge und Aufwendungen

der in den Konzernabschluß einbezogenen Unternehmen unabhängig von ihrer Berücksichtigung in den Jahresabschlüssen dieser Unternehmen
- vollständig aufzunehmen sind,

soweit nach dem Recht des Mutterunternehmens nicht ein Bilanzierungsverbot oder ein Bilanzierungswahlrecht besteht.

- Bilanzierungswahlrechte
(§ 30o Abs. 2 Satz 2 HGB)

Nach dem Recht des Mutterunternehmens bestehende Bilanzierungswahlrechte dürfen
- im Konzernabschluß unabhängig von ihrer Ausübung in den Jahresabschlüssen der in den Konzernabschluß einbezogenen Unternehmen

ausgeübt werden.

Die Ausübung der Bilanzierungswahlrechte ist neu und hat unter Beachtung des Grundsatzes nach § 297 Abs. 3 Satz 1 HGB zu erfolgen:
- der Konzern ist wie ein einziges Unternehmen darzustellen.

3. Kapitalkonsolidierung
(§ 301 HGB)

Die der Verrechnung von konzerninternen Beteiligungsverhältnissen dienende Kapitalkonsolidierung bestimmt
- die Aufgabe der bisherigen Stichtagsmethode des § 331 Abs. 1 Nr. 3 AktG.

An ihre Stelle tritt die angelsächsische Methode der erfolgswirksamen Erstkonsolidierung, die zwar aussagefähiger, dafür aber auch aufwendiger ist:
- die Verrechnung des Beteiligungswerts mit dem anteiligen Eigenkapital des Tochterunternehmens erfolgt nur einmal – nicht mehr jährlich.

Die Behandlung des Erwerbs eines Tochterunternehmens wie eine Fusion trägt dem Grundsatz der Darstellung des Konzerns als wirtschaftliche Einheit am besten Rechnung.
(vgl. BT-Drucks. 10/3440 S. 38).

Artikel 19 der Siebenten Richtlinie wird unter Ausnutzung der entsprechenden Mitgliedstaatenwahlrechte in § 301 HGB umgesetzt.

30 Wertansatz der Anteile
(§ 301 Abs. 1 Satz 1 HGB)

Der Wertansatz der dem Mutterunternehmen gehörenden Anteile an einem in den Konzernabschluß einbezogenen Tochterunternehmen wird

	– mit dem auf diese Anteile entfallenden Betrag des Eigenkapitals des Tochterunternehmens verrechnet.
31 Ansatz des Eigenkapitals	Das Eigenkapital kann sowohl – nach der Buchwertmethode als auch – nach der Anteilsmethode angesetzt werden.
– Buchwertmethode (§ 301 Abs. 1 Satz 2 Nr. 1 HGB)	Das Eigenkapital ist – mit dem Betrag, der dem Buchwert der in den Konzernabschluß aufzunehmenden Vermögensgegenstände, Schulden, Rechnungsabgrenzungsposten, Bilanzierungshilfen und Sonderposten, gegebenenfalls nach Anpassung der Wertansätze nach § 308 Abs. 2 HGB entspricht, anzusetzen.
– – Wertansatz nach Nr. 1 (§ 301 Abs. 1 Satz 3 HGB)	Ein sich ergebender Unterschiedsbetrag ist bei Ansatz mit dem Buchwert – den Wertansätzen von in der Konzernbilanz anzusetzenden Vermögensgegenständen und Schulden insoweit zuzuschreiben oder mit diesen zu verrechnen, als deren Wert höher oder niedriger ist als der bisherige Wertansatz.
– Anteilsmethode (§ 301 Abs. 1 Satz 2 Nr. 2 HGB)	Das Eigenkapital ist nach der Anteilsmethode – mit dem Betrag, der dem Wert der in den Konzernabschluß aufzunehmenden Vermögensgegenstände, Schulden, Rechnungsabgrenzungsposten, Bilanzierungshilfen und Sonderposten entspricht, der diesen – an dem für die Verrechnung nach § 301 Abs. 2 HGB gewählten Zeitpunkt beizulegen ist, anzusetzen.
– – Wertansatz nach Nr. 2 (§ 301 Abs. 1 Satz 4 HGB)	Bei Ansatz mit den Werten nach der Anteilsmethode darf das anteilige Eigenkapital nicht mit einem Betrag angesetzt werden, der – die Anschaffungskosten des Mutterunternehmens für die Anteile an dem einbezogenen Tochterunternehmen überschreitet. Damit ist eine entsprechende Obergrenze für den Ansatz des Eigenkapitals geschaffen worden, die eine über die Anschaffungskosten hinausgehende Neubewertung bei der Anteilsmethode ausschließt. (vgl. BT-Drucks. 10/3440 S. 38).
– Konzernanhang (§ 301 Abs. 1 Satz 5 HGB)	Im Konzernanhang ist – die angewandte Methode anzugeben.

264

32 Wahlrecht der Verrechnung (§ 301 Abs. 2 Satz 1 HGB)	Die Verrechnung nach § 301 Abs. 1 HGB ist auf der Grundlage der Wertansätze – zum Zeitpunkt des Erwerbs der Anteile oder der erstmaligen Einbeziehung des Tochterunternehmens in den Konzernabschluß oder – beim Erwerb der Anteile zu verschiedenen Zeitpunkten: zu dem Zeitpunkt, zu dem das Unternehmen Tochterunternehmen geworden ist, durchzuführen.
– *Konzernanhang* (§ 301 Abs. 2 Satz 2 HGB)	Im Konzernanhang ist – der gewählte Zeitpunkt anzugeben.
33 Unterschiedsbetrag	Ein bei Verrechnung verbleibender oder sich ergebender Unterschiedsbetrag ist gemäß Artikel 19 Abs. 1c der Siebenten Richtlinie gesondert auszuweisen. Dabei dürfen die sich bei der Einbeziehung mehrerer Tochterunternehmen ergebenden Unterschiedsbeträge in – einem einheitlichen Betrag zusammengefaßt werden. (vgl. BT-Drucks. 10/3440 S. 38).
– Ausweis (§ 301 Abs. 3 Satz 1 HGB)	In der Konzernbilanz ist – ein bei der Verrechnung nach § 301 Abs. 1 Satz 2 Nr. 2 HGB entstehender oder – ein nach Zuschreibung oder Verrechnung nach § 301 Abs. 1 Satz 3 HGB verbleibender Unterschiedsbetrag bei Entstehen auf der Aktivseite als Geschäfts- oder Firmenwert und – auf der Passivseite als Unterschiedsbetrag aus der Kapitalkonsolidierung auszuweisen.
– Konzernanhang (§ 301 Abs. 3 Satz 2 und 3 HGB)	Der Posten und wesentliche Änderungen gegenüber dem Vorjahr sind – im Konzernanhang zu erläutern. Auch verrechnete Unterschiedsbeträge der Aktivseite mit solchen der Passivseite sind im Konzernanhang anzugeben.
Behandlung des Unterschiedsbetrag	Die Behandlung der sich bei der Kapitalkonsolidierung nach § 301 HGB ergebenden Unterschiedsbeträge wird durch die Vorschrift des § 309 HGB unter Ausnutzung des entsprechenden Mitgliedstaatenwahlrechts aus Artikel 30 und 31 der Siebenten Richtlinie umgesetzt.

– Geschäfts- oder Firmenwert (§ 309 Abs. 1 Satz 1 und 2 HGB)	Ein nach § 301 Abs. 3 HGB auszuweisender Geschäfts- oder Firmenwert ist – in jedem folgenden Geschäftsjahr zu mindestens einem Viertel durch Abschreibungen zu tilgen. Die Abschreibung ergibt sich aus § 255 Abs. 4 HGB. Eine solche Abschreibung kann aber auch planmäßig auf die Geschäftsjahre verteilt werden. Dies trifft bei einer voraussichtlichen längeren Nutzung als fünf Jahre zu.
– – Verrechnung mit Rücklagen (§ 309 Abs. 1 Satz 3 HGB)	Der Geschäfts- oder Firmenwert darf auch – offen mit den Rücklagen verrechnet werden. Die Verrechnung ist im Jahre ihrer Durchführung offen auszuweisen. Damit ist das Wahlrecht des Artikels 30 Abs. 2 der Siebenten Richtlinie an die Unternehmen weitergegeben worden.
– Voraussetzungen für eine ergebniswirksame Auflösung (§ 309 Abs. 2	Eine ergebniswirksame Auflösung eines nach § 301 Abs. 3 HGB auf der Passivseite auszuweisenden Unterschiedsbetrags darf nur erfolgen, soweit – eine zum Zeitpunkt des Erwerbs der Anteile oder der erstmaligen Konsolidierung erwartete ungünstige Entwicklung der künftigen Ertragslage des Unternehmens eingetreten ist oder zu diesem Zeitpunkt erwartete Aufwendungen zu berücksichtigen sind oder
– Nr. 2 HGB)	– am Abschlußstichtag feststeht, daß der Unterschiedsbetrag einem realisierten Gewinn entspricht.
34 Anteile an dem Mutterunternehmen (§ 301 Abs, 4 Satz1 HGB)	Die in § 301 Abs. 1 HGB geregelte Verrechnung ist nicht – auf Anteile an dem Mutterunternehmen anzuwenden, die dem Mutterunternehmen von einem in den Konzernabschluß einbezogenen Tochterunternehmen gehören, anzuwenden.
– Ausweis (§ 301 Abs. 4 Satz 2 HGB)	Solche Anteile sind in der Konzernbilanz als – »eigene Anteile im Umlaufvermögen« gesondert auszuweisen. Die Regelung über die Behandlung eigener Anteile entspricht Artikel 19 Abs. 2 der Siebenten Richtlinie.
4. Kapitalkonsolidierung bei Interessen- zusammenführung (§ 302 HGB)	Dieses in den Mitgliedstaaten wenig gebräuchliche Konsolidierungsverfahren, das als Unternehmenswahlrecht bei dem Anstreben einer Gewinngemeinschaft Anwendung finden dürfte, sieht – die Übernahme von neunzig vH der Kapitalanteile im Tausch gegen eigene Anteile unter Verrechnung des Beteiligungsbuchwertes mit dem gezeichneten Kapital vor.

40 Voraussetzungen

Die Voraussetzungen dafür ergeben sich im einzelnen aus § 302 Abs. 1 HGB.

41 Unterschiedsbetrag
(§ 302 Abs. 2 HGB)

Ein sich nach § 302 Abs. 1 HGB ergebender Unterschiedsbetrag ist bei Entstehen
– auf der Aktivseite mit den konsolidierten Rücklagen zu verrechnen oder
– auf der Passivseite den konsolidierten Rücklagen hinzuzurechnen.
Eine Neubewertung des Eigenkapitals unterbleibt.
(vgl. BT-Drucks. 10/3440 S. 38).

42 Konzernanhang
(§ 302 Abs. 3 HGB)

Im Konzernanhang sind
– die Anwendung der Methode nach § 302 Abs. 1 HGB und
– die sich daraus ergebenden Veränderungen der Rücklagen sowie
– Name und Sitz des Unternehmens
anzugeben.
Dem Mitgliedstaatenwahlrecht des Artikels 20 der Siebenten Richtlinie trägt § 302 HGB Rechnung.

5. Schuldenkonsolidierung

50 Forderungen und Verbindlichkeiten

Bei der Schuldenkonsolidierung sind
– Ausleihungen und andere Forderungen, Rückstellungen und Verbindlichkeiten
zwischen den in den Konzernabschluß einbezogenen Unternehmen sowie entsprechende
– Rechnungsabgrenzungsposten
wegzulassen.
Die Übernahme des Artikels 26 Abs. 1a der Siebenten Richtlinie in das deutsche Recht erfolgt in inhaltlicher Übereinstimmung mit der Vorschrift des bisherigen § 331 Abs. 1 Nr. 4 AktG.

Die Begriffe »Forderungen« und »Verbindlichkeiten« sind nicht im engen bilanztechnischen Sinne des § 265 HGB zu verstehen, sondern weit auszulegen.

51 Nichtanwendung der Vorschrift
(§ 303 Abs. 2 HGB)

Die Anwendung der Regelung in § 303 Abs. 1 HGB kann hinsichtlich des Grundsatzes der Wesentlichkeit entfallen,
– wenn die wegzulassenden Beträge für die Vermittlung eines den tatsächlichen Verhältnissen entsprechenden Bildes der Vermögens-, Finanz- und Ertragslage des Konzerns nur von untergeordneter Bedeutung sind.

**6. Behandlung der
    Zwischenergebnisse**
(§ 304 Abs. 1 HGB)

Nach dem bisherigen Recht waren nur Zwischengewinne zu eliminieren, während künftig auch
– die Eliminierung von Verlusten
vorgeschrieben wird.

Artikel 26 Abs. 1 Satz 2c und Abs. 3 der Siebenten Richtlinie unter gleichzeitiger Anwendung des Mitgliedstaatenwahlrechts des Abs. 2 wird in § 304 HGB umgesetzt.

In den Konzernabschluß zu übernehmende Vermögensgegenstände, die ganz oder teilweise auf Lieferungen oder Leistungen zwischen in den Konzernabschluß einbezogenen Unternehmen beruhen, sind in der Konzernbilanz

– mit einem Betrag anzusetzen, zu dem sie in der auf den Stichtag des Konzernabschlusses aufgestellten Jahresbilanz dieses Unternehmens angesetzt werden könnten, wenn die in den Konzernabschluß einbezogenen Unternehmen auch rechtlich ein einziges Unternehmen bilden würden.

Die Übernahme des Artikels 26 Abs. 1c der Siebenten Richtlinie stimmt weitgehend mit der bisherigen Regelung des § 331 Abs. 2 AktG überein.

60 Ausnahmeregelung
(§ 304 Abs. 2 Satz HGB)

Auf die Weglassung eines Gewinns oder Verlustes kann verzichtet werden, wenn

– die Lieferung oder Leistung zu üblichen Marktbedingungen und nicht zu konzerninternen Verrechnungspreisen vorgenommen worden ist und
– die Ermittlung des nach § 304 Abs. 1 HGB vorgeschriebenen Wertansatzes einen unverhältnismäßig hohen Aufwand erfordern würde.

– Konzernanhang
(§ 304 Abs. 2 Satz 2 HGB)

Die Anwendung der Ausnahmeregelung ist
– im Konzernanhang
anzugeben und
– bei wesentlichem Einfluß auf die Vermögens-, Finanz- und Ertragslage des Konzerns
zu erläutern.

61 Verzicht auf Zwischen-
    ergebnis
(§ 304 Abs. 3 HGB)

Die Anwendung des § 304 Abs. 1 HGB hinsichtlich des Grundsatzes der Wesentlichkeit ist nicht erforderlich,
– wenn die Behandlung der Zwischenergebnisse für die Vermittlung eines den tatsächlichen Verhältnissen entsprechenden Bildes der Vermögens-, Finanz- und Ertragslage des Konzerns nur von untergeordneter Bedeutung ist.

**7. Aufwands- und Ertrags-
    konsolidierung**
70 Aufstellung, Gliederung

Als wesentliche Änderung gegenüber den bisherigen aktienrechtlichen Vorschriften ist
– die ausnahmslose Verrechnung der konzerninternen Aufwendungen und Erträge

anzusehen, so daß eine teilkonsolidierte Gewinn- und Verlustrechnung (bisher § 332 Abs. 1 Nr. 1 AktG) künftig entfällt.

(§ 298 Abs. 1 iVm §§ 275, 277 HGB)

Hinsichtlich der Aufstellung und Gliederung der Konzern-Gewinn- und Verlustrechnung wird auf die entsprechenden Vorschriften des Einzelabschlusses verwiesen.

71 Vollständigkeitsgebot (Art. 22 der VII. RL)

Die Aufwendungen und Erträge der in die Konsolidierung einbezogenen Unternehmen werden
– vollständig in die konsolidierte Gewinn- und Verlustrechnung
übernommen.

72 Umsatzerlöse (§ 305 Abs. 1 Nr. 1 HGB)

In der Konzern-Gewinn- und Verlustrechnung sind bei den Umsatzerlösen
– die Erlöse aus Lieferungen und Leistungen zwischen den in den Konzernabschluß einbezogenen Unternehmen mit den auf sie entfallenden Aufwendungen
zu verrechnen, soweit sie nicht
– als Erhöhung des Bestands an fertigen und unfertigen Erzeugnissen oder
– als andere aktivierte Eigenleistungen
auszuweisen sind.

73 andere Erträge (§ 305 Abs. 1 Nr. 2 HGB)

Ferner sind in der Konzern-Gewinn- und Verlustrechnung
– andere Erträge aus Lieferungen und Leistungen zwischen den in den Konzernabschluß einbezogenen Unternehmen mit den auf sie entfallenden Aufwendungen
zu verrechnen, soweit sie nicht
– als andere aktivierte Eigenleistungen
auszuweisen sind.

74 Ausnahmeregelung (§ 305 Abs. 2 HGB)

Auf die Weglassung von Aufwendungen und Erträgen kann verzichtet werden,
– wenn die wegzulassenden Beträge für die Verpflichtung, ein den tatsächlichen Verhältnissen entsprechendes Bild der Vermögens-, Finanz- und Ertragslage des Konzerns zu vermitteln, nur von untergeordneter Bedeutung sind.

Mit der Umsetzung des Artikels 26 Abs. 2 Satz 2b und 3 der Siebenten Richtlinie in § 305 HGB wird gleichzeitig dem Grundsatz der Wesentlichkeit für die Aufwand- und Ertragskonsolidierung Rechnung getragen.

8. Steuerabgrenzung

Sofern mit einer künftigen Steuermehrbelastung oder mit einer Steuerentlastung zu rechnen ist, hat dafür
– die Bildung einer Rückstellung oder eines Abgrenzungspostens
zu erfolgen.

269

(§ 306 Satz 1 HGB)

Ist das im Konzernabschluß ausgewiesene Jahresergebnis aufgrund von Maßnahmen, die nach den Vorschriften für Vollkonsolidierung durchgeführt worden sind,
– niedriger oder höher als die Summe der Einzelergeb-
nisse der in den Konzernabschluß einbezogenen Unternehmen,

so ist der sich für das Geschäftsjahr und frühere Geschäftsjahre ergebende Steueraufwand, wenn dieser

– Bildung eines Abgrenzungspostens

– im Verhältnis zum Jahresergebnis zu hoch ist, durch Bildung eines Abgrenzungspostens auf der Aktivseite oder

– Bildung einer Rückstellung

– zu niedrig ist, durch Bildung einer Rückstellung nach § 249 Abs. 1 Satz 1 HGB

anzupassen, soweit sich der jeweilige Steueraufwand in späteren Geschäftsjahren voraussichtlich ausgleicht. Der Posten ist

– gesonderter Ausweis

– in der Konzernbilanz oder im Konzernanhang gesondert

(§ 306 Satz 2 HGB)
– Zusammenfassung
(§ 306 Satz 3 HGB)

auszuweisen.

Der nach § 306 HGB zu bildende Steuerabgrenzungsposten darf
– mit dem Posten nach § 274 HGB zusammengefaßt werden.

§ 306 HGB enthält die Umsetzung des Artikels 29 Abs. 4 und des Artikels 34 Nr. 11 der Siebenten Richtlinie.

**9. Anteile anderer Gesell-
schafter**
(§ 307 HGB)

Die Vorschrift regelt den Ausweis der auf die Anteile anderer Gesellschafter als dem Mutterunternehmen entfal-
lenden Gewinne und Verluste in der Konzernbilanz und in der Konzern-Gewinn- und Verlustrechnung entsprechend dem bisherigen Recht (§ 331 Abs. 1 Nr. 2, § 332 Abs. 3 Satz 3, § 333 Abs. 2 Nr. 18 und 19 AktG):

90 Bildung eines Ausgleich-
postens

(§ 307 Abs. 1 Satz 1,

In der Konzernbilanz ist für nicht dem Mutterunternehmen gehörende Anteile an in den Konzernabschluß einbezogenen Tochterunternehmen
– ein Ausgleichsposten für die Anteile der anderen Ge-
sellschafter in Höhe ihres Anteils am Eigenkapital unter entsprechender Bezeichnung innerhalb des Eigenkapitals gesondert auszuweisen.

In den Ausgleichsposten sind auch die Beträge einzubeziehen,

– Satz 2 HGB)

– die bei Anwendung der Kapitalkonsolidierungs-Me-
thode nach § 301 Abs. 1 Nr. 2 HGB dem Anteil der anderen Gesellschafter am Eigenkapital entsprechen.

91 Gewinn-/Verlust-
Ausweis
(§ 307 Abs.2 HGB)

In der Konzern-Gewinn- und Verlustrechnung ist der im Jahresergebnis enthaltene anderen Gesellschaftern zustehende Gewinn und der auf sie entfallende Verlust

– nach dem Posten »Jahresüberschuß/Jahresfehlbetrag«
unter entsprechender Bezeichnung gesondert auszuweisen.

Diese Regelung entspricht Artikel 21 und 23 der Siebenten Richtlinie.

V. Bewertung

1. Einheitliche Bewertung

Nach Aufgabe des bisherigen aktienrechtlichen Grundsatzes der Maßgeblichkeit der Einzelbilanz für die Konzernbilanz tritt an seine Stelle

– der Grundsatz der einheitlichen Bewertung der in die
Konsolidierung einbezogenen Gegenstände des Aktiv-
und Passivvermögens.

Unter Ausnutzung der entsprechenden Mitgliedstaatenwahlrechte setzt die Vorschrift des § 308 HGB Artikel 29
Abs. 1 bis 3 und 5 der Siebenten Richtlinie um.

10 Bewertungsmöglich-
keiten
(§ 308 Abs. 1 Satz 1 HGB)

Die in den Konzernabschluß nach § 300 Abs. 2 HGB
übernommenen Vermögensgegenstände und Schulden
sind

– nach den auf den Jahresabschluß des Mutterunternehmens anwendbaren Bewertungsmethoden einheitlich
zu bewerten.

– *Bewertungsvorschriften*

Zu den für den Jahresabschluß des Mutterunternehmens
zulässigen Bewertungsvorschriften gehören u. a.

(§§ 252–256 HGB)

– allgemeine Bewertungsgrundsätze,
– Wertansätze der Vermögensgegenstände und Schul-
den,
– steuerrechtliche Abschreibungen,
– Anschaffungs- und Herstellungskosten,
– Bewertungsvereinfachungsverfahren,

(§§ 279–283 HGB)

– Nichtanwendung von Vorschriften.
Abschreibungen,
– Wertaufholungsgebot,
– Berücksichtigung steuerrechtlicher Vorschriften,
– Abschreibung der Aufwendungen für die Ingangset-
zung und Erweiterung des Geschäftsbetriebs,
– Wertansätze des Eigenkapitals.

Darüber hinaus können auch

– andere Bewertungsmethoden als die im Jahresabschluß
des Mutterunternehmens angewandten Methoden zur
Anwendung kommen.

Dies ergibt sich aus dem Wahlrecht des Artikels 29 Abs.
2a Satz 2 der Siebenten Richtlinie.

**F. Konzern-
rechnungs-
legung**

11 Bewertungswahlrechte
(§ 308 Abs. 1 Satz 2 HGB)

Nach dem Recht des Mutterunternehmens zulässige Bewertungswahlrechte können
– im Konzernabschluß unabhängig von ihrer Ausübung in den Jahresabschlüssen der in den Konzernabschluß einbezogenen Unternehmen ausgeübt werden.

12 Abweichung von den
Bewertungsmethoden

Bei Abweichungen von den auf den Jahresabschluß des Mutterunternehmens angewandten Bewertungsmethoden sind
– die Abweichungen im Konzernanhang anzugeben und zu begründen.
Gegen die Ausübung von unterschiedlichen Wahlrechten ist unter Beachtung des Grundsatzes der Wesentlichkeit nichts einzuwenden.

13 Neubewertung
(§ 308 Abs. 2 Satz 1 HGB)

Sind in den Konzernabschluß aufzunehmende Vermögensgegenstände oder Schulden des Mutterunternehmens oder der Tochterunternehmen in den Jahresabschlüssen dieser Unternehmen nach Methoden bewertet worden,
– die sich von denen der auf den Konzernabschluß anzuwendenden unterscheiden oder
– die von den gesetzlichen Vertretern des Mutterunternehmens in Ausübung von Bewertungswahlrechten auf den Konzernabschluß angewendet werden,
so hat für die abweichend bewerteten Vermögensgegenstände oder Schulden
– eine entsprechende Neubewertung zu erfolgen.
Die neuen Wertansätze sind in den Konzernabschluß zu übernehmen.
Die Neubewertung ist bereits vor der Kapitalkonsolidierung vorzunehmen.

14 Kreditinstitute, Ver-
sicherungsunternehmen
(§ 308 Abs. 2 Satz 2 HGB)

Die Beibehaltung von Wertansätzen, die auf der Anwendung von
– für Kreditinstitute oder Versicherungsunternehmen wegen der Besonderheiten des Geschäftszweigs geltenden Vorschriften beruhen,
ist zulässig, da die entsprechenden Abweichungen für die Rechnungslegung des gesamten Konzerns gelten. Dies bedeutet die Zulässigkeit der Bildung
– für die Kreditinstitute von stillen Reserven und
– für die Versicherungsunternehmen von versicherungstechnischen Rückstellungen.

– Konzernanhang
(§ 308 Abs. 2 Satz 2
letzter Halbsatz HGB)

Auf die Anwendung dieser Ausnahme ist
– im Konzernanhang
hinzuweisen.

15 Verzicht auf einheit- liche Bewertung (§ 308 Abs. 2 Satz 3 HGB)	Eine einheitliche Bewertung nach § 308 Abs. 2 Satz 1 HGB ist nicht erforderlich, – wenn ihre Auswirkungen für die Vermittlung eines den tatsächlichen Verhältnissen entsprechenden Bildes der Vermögens-, Finanz- und Ertragslage des Konzerns nur von untergeordneter Bedeutung sind.
– Ausnahmefälle (§ 308 Abs. 2 Satz 4 erster Halbsatz HGB) – – Konzernanhang (§ 308 Abs. 2 Satz 4 zwei- ter Halbsatz HGB)	Weitere Abweichungen sind – in Ausnahmefällen zulässig. Die Abweichungen sind – im Konzernanhang anzugeben und zu begründen. Dies ergibt sich aus Artikel 29 Abs. 3 Satz 2 und 3 der Sie- benten Richtlinie.

2. Wertansätze nach dem Steuerrecht
(§ 308 Abs. 3 Satz 1 HGB)

Die nur hinsichtlich der steuerrechtlichen Gewinnermittlung im Jahresabschluß gebildeten Wertansätze von
Vermögensgegenständen oder Schulden eines in den
Konzernabschluß einbezogenen Unternehmens dürfen
– unverändert in den Konzernabschluß übernommen
werden.
Dies gilt auch für einen auf der Passivseite gebildeten entsprechenden Sonderposten.

– Konzernanhang
(§ 308 Abs. 3 Satz 2 HGB)

Im Konzernanhang sind
– der Betrag der aus nach § 308 Abs. 3 Satz 1 HGB in den
Jahresabschlüssen vorgenommenen Abschreibungen,
Wertberichtigungen und Einstellungen in Sonderposten sowie
– der Betrag der unterlassenen Zuschreibungen
anzugeben; die Maßnahmen sind zu begründen.

VI. Anteilmäßige Konsolidierung

1. Voraussetzung

Die anteilmäßige Konsolidierung setzt voraus, daß die
Verhältnisse für eine Vollkonsolidierung nicht gegeben
sind. Sie fand im bisherigen Recht keine Anwendung und
ist nur im Fall der Einbeziehung eines Gemeinschaftsun-
ternehmens zulässig.

– Vornahme einer anteil-
mäßigen Konsolidierung
(§ 310 Abs. 1 HGB)

Führt ein in einen Konzernabschluß einbezogenes Mut-
ter- oder Tochterunternehmen ein anderes Unternehmen
gemeinsam mit einem oder mehreren nicht in den Konzernabschluß einbezogenen Unternehmen, so darf
– das andere Unternehmen in den Konzernabschluß entsprechend den Anteilen am Kapital einbezogen werden, die dem Mutterunternehmen gehören.
Welche Anteile einem Unternehmen gehören, ergibt sich
aus § 16 Abs. 4 des Aktiengesetzes.

**2. Anzuwendende Vor-
schriften**
(§ 310 Abs. 2,

§§ 297–301,
§§ 303–306,
§§ 308, 309 HGB)

Auf die anteilmäßige Konsolidierung sind die Vorschriften über Inhalt und Form des Konzernabschlusses, Vollkonsolidierung und die Bewertung:
– Inhalt des Konzernabschlusses,
– anzuwendende Vorschriften, Erleichterungen,
– Stichtag für Aufstellung,
– Konsolidierungsgrundsätze, Vollständigkeitsgebot,
– Kapitalkonsolidierung,
– Schuldenkonsolidierung,
– Behandlung der Zwischenergebnisse,
– Aufwands- und Ertragskonsolidierung,
– Steuerabgrenzung,
– Einheitliche Bewertung,
– Behandlung des Unterschiedsbetrags anzuwenden.

In Artikel 32 der Siebenten Richtlinie ist die Möglichkeit der anteilmäßigen Konsolidierung für Gemeinschaftsunternehmen eingeräumt.

VII. Assoziierte Unternehmen

1. Definition
(§ 311 Abs. 1 Satz 1 HGB)

Die Beteiligung an einem assoziierten Unternehmen setzt
– die Ausübung eines maßgeblichen Einflusses von einem in den Konzernabschluß einbezogenen Unternehmen auf die Geschäfts- und Finanzpolitik eines konzernfremden Unternehmens, an dem das einbezogene Unternehmen nach § 271 Abs. 1 HGB beteiligt ist,
voraus.
Die Umschreibung des assoziierten Unternehmens ergibt sich aus Artikel 33 Abs. 1 der Siebenten Richtlinie.

10 Ausweis
(§ 311 Abs. 1 Satz 1
letzter Halbsatz HGB)

Die Beteiligung an einem assoziierten Unternehmen ist in der Konzernbilanz
– unter einem besonderen Posten mit entsprechender Bezeichnung
auszuweisen.

11 Vermutung eines maßgeblichen Einflüsse
(§ 311 Abs. 1 Satz 2 HGB)

Ein maßgeblicher Einfluß wird vermutet, wenn ein Unternehmen bei einem anderen Unternehmen
– mindestens den fünften Teil der Stimmrechte der Gesellschafter
innehat.

2. Befreiung
(§ 311 Abs. 2 HGB)

Der Grundsatz der Wesentlichkeit gilt für den Ausweis von Beteiligungen an assoziierten Unternehmen:
Ist die Beteiligung für die Verpflichtung der Vermittlung eines den tatsächlichen Verhältnissen entsprechenden

Bildes der Vermögens-, Finanz- und Ertragslage des Konzerns nur von untergeordneter Bedeutung, kann
– eine Anwendung von § 311 Abs. 1 und § 312 HGB unterbleiben.
Dies geht aus Artikel 33 Abs. 9 der Siebenten Richtlinie hervor.

3. Wertansatz der Beteiligung
(§ 312 Abs. 1 Satz 1 Nr. 1, Nr. 2 HGB)

Eine Beteiligung an einem assoziierten Unternehmen ist in der Konzernbilanz
– entweder mit dem Buchwert (Buchwertmethode) oder
– mit dem Betrag, der dem anteiligen Eigenkapital des assoziierten Unternehmens entspricht (Anteilmethode)
anzusetzen.
Der § 312 HGB setzt Artikel 33 Abs. 2 bis 8 der Siebenten Richtlinie unter Ausnutzung der Mitgliedstaatenwahlrechte um.

30 Buchwertmethode
(§ 312 Abs. 1 Satz 2 HGB)

Bei Ansatz mit dem Buchwert ist
– der Unterschiedsbetrag zwischen diesem Wert und dem anteiligen Eigenkapital des assoziierten Unternehmens bei erstmaliger Anwendung
 – in der Konzernbilanz zu vermerken oder im Konzernanhang
anzugeben.

31 Anteilmethode
(§ 312 Abs. 1 Satz 3 HGB)

Bei Ansatz mit dem anteiligen Eigenkapital des assoziierten Unternehmens nach § 312 Abs. 1 Satz 1 Nr. 2 HGB ist
– das Eigenkapital mit dem Betrag anzusetzen, der sich ergibt, wenn die Vermögensgegenstände, Schulden, Rechnungsabgrenzungsposten, Bilanzierungshilfen und Sonderposten des assoziierten Unternehmens mit dem Wert angesetzt werden, der ihnen an dem nach § 312 Abs. 3 gewählten Zeitpunkt beizulegen ist.
Dieser Betrag darf jedoch
– die Anschaffungskosten für die Anteile an dem assoziierten Unternehmen nicht überschreiten.

– Ausweisalternative

Der Unterschiedsbetrag zwischen diesem Wertansatz und dem Buchwert der Beteiligung ist
– in der Konzernbilanz gesondert auszuweisen oder

– – Konzernanhang
(§ 312 Abs. 1 Satz 4 HGB)

– im Konzernanhang anzugeben.
Die angewandte Methode ist
– im Konzernanhang
anzugeben.

F. Konzern-rechnungs-legung

32 Zuordnung
(§ 312 Abs. 2 Satz 1 HGB)

Der Unterschiedsbetrag ist den Wertansätzen von Vermögensgegenständen und Schulden des assoziierten Unternehmens insoweit zuzuordnen,
– als deren Wert über oder unter dem bisherigen Wertansatz liegt.

– Behandlung des Betrags
(§ 312 Abs. 2 Satz 2 HGB)

Der zugeordnete oder sich nach § 312 Abs. 1 Satz 1 Nr. 2 (Anteilmethode) ergebende Betrag ist entsprechend der Wertansätze dieser Vermögensgegenstände und Schulden im Jahresabschluß des assoziierten Unternehmens
– im Konzernabschluß fortzuführen, abzuschreiben oder aufzulösen.

– Anwendung des § 309
HGB
(§ 312 Abs. 2 Satz 3 HGB)

§ 309 HGB ist entsprechend
– bei einem Verbleib des Unterschiedsbetrags nach Zuordnung nach § 312 Abs. 2 Satz 1 HGB
und
– einen Unterschiedsbetrag nach § 312 Abs. 1 Satz 4 HGB
anzuwenden.

33 Ermittlung des Wertansatzes
(§ 312 Abs. 3 Satz 1 HGB)

Für die Ermittlung des Wertansatzes der Beteiligung und der Unterschiedsbeträge hinsichtlich des Zeitpunkts besteht ein Wahlrecht
– entweder zum Zeitpunkt des Erwerbs der Anteile oder
– der erstmaligen Einbeziehung des assoziierten Unternehmens in den Konzernabschluß oder
– bei Erwerb der Anteile zu verschiedenen Zeitpunkten zu dem Zeitpunkt, zu dem das Unternehmen assoziiertes Unternehmen geworden ist.
Das Wahlrecht des Artikels 33 Abs. 2d der Siebenten Richtlinie ist übernommen worden.

– Konzernanhang
(§ 312 Abs. 3 Satz 2 HGB)

im Konzernanhang ist
– der gewählte Zeitpunkt
anzugeben.
Dies ergibt sich aus Artikel 33 Abs. 2c der Siebenten Richtlinie.

34 Eigenkapital-Veränderungen
(§ 312 Abs. 4 Satz 1 HGB)

Der nach § 312 Abs. 1 HGB ermittelte Wertansatz einer Beteiligung ist in den Folgejahren
– um den Betrag der Eigenkapitalveränderungen zu erhöhen oder zu vermindern.
Die Eigenkapitalveränderungen entsprechen den dem Mutterunternehmen gehörenden Anteilen am Kapital des assoziierten Unternehmens.

– Gewinnausschüttungen
(§ 312 Abs. 4 Satz 1 letzter Halbsatz HGB)

Auf die Beteiligung entfallende Gewinnausschüttungen sind abzusetzen.

276

– Konzern-GuV (§ 312 Abs. 4 Satz 2 HGB)	In der Konzern-Gewinn- und Verlustrechnung ist – das auf assoziierte Beteiligungen entfallende Ergebnis unter einem gesonderten Posten auszuweisen.

35 abweichende Bewertungs-
methoden
(§ 312 Abs. 5 Satz 1 HGB)
	Bei Anwendung abweichender Bewertungsmethoden im
	Jahresabschluß des assoziierten Unternehmens vom
	Konzernabschluß können
	– abweichend bewertete Vermögensgegenstände oder
	  Schulden für die Zwecke des § 312 Abs. 1 bis 4 HGB
	  nach den auf den Konzernabschluß angewandten Be-
	  wertungsmethoden bewertet werden.

– Konzernanhang (§ 312 Abs. 5 Satz 2 HGB)	Wird die Bewertung nicht angepaßt, so ist dies – im Konzernanhang anzugeben.

– Behandlung der Zwischen-
ergebnisse
(§ 312 Abs. 5 Satz 3 und
4 HGB)
	§ 304 HGB ist entsprechend anzuwenden, soweit die für
	die Beurteilung maßgeblichen Sachverhalte bekannt oder
	zugänglich sind.
	Die Weglassungen dürfen auch
	– anteilig entsprechend den dem Mutterunternehmen
	  gehörenden Anteilen am Kapital des assoziierten
	  Unternehmens
	erfolgen.
	Für § 312 Abs. 5 Satz 3 und 4 HGB resultiert die Umset-
	zung aus Artikel 33 Abs. 7 iVm Artikel 26 Abs. 1c der
	Siebenten Richtlinie.

36 zugrundezulegender Jahresabschluß (§ 312 Abs. 6 Satz 1,	Es ist jeweils – der letzte Jahresabschluß des assoziierten Unterneh- mens zugrunde zu legen. Bei Aufstellung eines Konzernabschlusses durch das assoziierte Unternehmen ist entsprechend Artikel 33 Abs. 8 der Siebenten Richtlinie von diesem Konzernab- schluß
– Satz 2 HGB)	– nicht vom Jahresabschluß des assoziierten Unterneh- mens auszugehen.

VIII. Konzernanhang

1. Aufstellung
(§ 297 Abs. 1 HGB)
	Im Rahmen der Aufstellung des Konzernabschlusses ha-
	ben die Geschäftsführer des Mutterunternehmens
	– in den ersten fünf Monaten des Konzerngeschäftsjahrs
	  für das vergangene Konzerngeschäftsjahr den Kon-
	  zernanhang
	aufzustellen.

F. Konzern-rechnungs-legung

2. Inhalt
(§ 297 Abs. 2 HGB)

Als Teil des Konzernabschlusses sind auch für den Konzernanhang die Vorschriften über den Konzernabschluß wie
– klare und übersichtliche Erstellung des Konzernanhangs,
– Vermittlung eines den tatsächlichen Verhältnissen entsprechenden Bildes der Vermögens-, Finanz- und Ertragslage des Konzerns
maßgebend.
Die Vorschriften über den Konzernanhang sind durch

(§ 313 HGB)
– Erläuterung der Konzernbilanz und der Konzern-Gewinn- und Verlustrechnung,
– Angaben zum Beteiligungsbesitz sowie

(§ 314 HGB)
– sonstige Pflichtangaben
geregelt. Sie erfuhren im Vergleich zum bisherigen Konzern-Geschäftsbericht hinsichtlich des Umfangs eine erhebliche Erweiterung. Weitere Angabe- und Begründungspflichten ergeben sich aus den vorhergehenden Vorschriften zur Konzernbilanz und zur Konzern-Gewinn- und Verlustrechnung.

3. Erläuterung der Konzernbilanz und der Konzern-GuV
(§ 313 Abs. 1 Satz 1 HGB)

In den Konzernanhang sind diejenigen Angaben aufzunehmen,
– die zu einzelnen Posten der Konzernbilanz oder der Konzern-Gewinn- und Verlustrechnung vorgeschrieben oder
– die im Konzernanhang zu machen sind,
weil sie in Ausübung eines Wahlrechts nicht in der Konzernbilanz oder in der Konzern-Gewinn- und Verlustrechnung aufgenommen wurden.
Für den Konzernanhang sind an Angabepflichten zwingend vorgeschrieben:

Bilanzierungs- und Bewertungsvorschriften
(§ 313 Abs. 1 Satz 2 Nr. 1 HGB)

Angabe der auf die Posten der Konzernbilanz und der Konzern-Gewinn- und Verlustrechnung angewandten Bilanzierungs- und Bewertungsmethoden;

Fremdwährungsumrechnung
(§ 313 Abs. 1 Satz 2 Nr. 2 HGB)

Angabe der Grundlagen für die Umrechnung in Deutsche Mark, sofern der Konzernabschluß Posten enthält, denen Beträge zugrunde liegen, die auf fremde Währung lauten oder ursprünglich auf fremde Währung lauteten;

Abweichung der Methoden
(§ 313 Abs. 1 Satz 2 Nr. 3 HGB)

Angabe und Begründung von
– Abweichungen von Bilanzierungs-, Bewertungs- und Konsolidierungsmethoden;
deren Einfluß auf die Vermögens-, Finanz- und Ertragslage des Konzerns ist gesondert darzustellen;

278

4. Angaben zum Beteiligungsbesitz

einbezogene Unternehmen
(§ 313 Abs. 2 Nr. 1 HGB)

Im Konzernanhang sind außerdem anzugeben:

– Name und Sitz der in den Konzernabschluß einbezogenen Unternehmen,
– der Anteil am Kapital der Tochterunternehmen, der dem Mutterunternehmen und den in den Konzernabschluß einbezogenen Tochterunternehmen gehört oder von einer für Rechnung dieser Unternehmen handelnden Person gehalten wird, sowie
– der zur Einbringung in den Konzernabschluß verpflichtende Sachverhalt, sofern die Einbeziehung nicht auf einer der Kapitalbeteiligung entsprechenden Mehrheit der Stimmrechte beruht.

Diese Angaben gelten auch für:

(§ 295,
– Tochterunternehmen, die aufgrund des Verbots der Einbeziehung oder

§ 296 HGB)
– aufgrund der Vorschrift über Verzicht auf Einbeziehung

nicht in den Konzernabschluß einbezogen worden sind.

assoziierte Unternehmen
(§ 313 Abs. 2 Nr. 2 HGB)

– Name und Sitz der assoziierten Unternehmen,
– der Anteil am Kapital der assoziierten Unternehmen, der dem Mutterunternehmen und den in den Konzernabschluß einbezogenen Tochterunternehmen gehört oder von einer für Rechnung dieser Unternehmen handelnden Person gehalten wird.

Die Anwendung des § 311 Abs. 2 HGB: Grundsatz der Wesentlichkeit

– Befreiung
– Befreiung von den Angaben über den Ausweis der Beteiligungen

ist jeweils anzugeben und zu begründen.

anteilmäßig einbezogene Unternehmen
(§ 313 Abs. 2 Nr. 3 HGB)

Es sind ferner im Konzernanhang anzugeben:

– Name und Sitz der Unternehmen, die nach § 310 HGB nur anteilmäßig in den Konzernabschluß einbezogen worden sind,
– der sich aus der gemeinsamen Leitung ergebende Tatbestand sowie
– der Anteil am Kapital dieser Unternehmen, der dem Mutterunternehmen und den in den Konzernabschluß einbezogenen Tochterunternehmen gehört oder von einer für Rechnung dieser Unternehmen handelnden Person gehalten wird.

Unternehmen mit Mindestbeteiligung

– Name und Sitz anderer als der vorgenannten Unternehmen (§ 313 Abs. 2 Nr. 1–3 HGB), bei denen das Mutterunternehmen, ein Tochterunternehmen oder

279

F. Konzern-rechnungs-legung

(§ 313 Abs. 2 Nr. 4 HGB)

eine für Rechnung eines dieser Unternehmen handelnde Person:
– mindestens den fünften Teil der Anteile besitzt, unter Angabe
 – des Anteils am Kapital sowie
 – der Höhe des Eigenkapitals und
 – des Ergebnisses des letzten Geschäftsjahrs, für das ein Abschluß aufgestellt worden ist.

– Angabenwahlrecht
(§ 313 Abs. 2 Nr. 4 Satz 2,

Diese Angaben können entfallen, soweit sie
– für das zu vermittelnde Bild der Vermögens-, Finanz- und Ertragslage des Konzerns von untergeordneter Bedeutung sind.

– Satz 3 HGB)

Die Angaben über
– Eigenkapital und Ergebnis
sind nicht erforderlich, wenn
– das in Anteilbesitz stehende Unternehmen seinen Jahresabschluß nicht offenzulegen hat und
– das Mutterunternehmen, das Tochterunternehmen oder die Person
 – weniger als die Hälfte der Anteile
an diesem Unternehmen besitzen.

Ausnahmeregelung
(§ 313 Abs. 3 Satz 1 HGB)

Die Angaben zum Beteiligungsbesitz nach § 313 Abs. 2 HGB im Konzernanhang können entfallen
– als nach vernünftiger kaufmännischer Beurteilung damit gerechnet werden muß, daß durch die Angaben
 – dem Mutterunternehmen,
 – einem Tochterunternehmen oder
 – einem anderen in § 313 Abs. 2 HGB bezeichneten Unternehmen
erhebliche Nachteile entstehen können.

– Konzernanhang
(§ 313 Abs. 3 Satz 2 HGB)

Die Anwendung der Ausnahmeregelung ist
– im Konzernanhang
anzugeben.

Aufstellung des Anteils-besitzes

Die in § 313 Abs. 2 HGB verlangten Angaben über den Anteilsbesitz dürfen auch außerhalb des Konzernanhangs

§ 313 Abs. 4 HGB)

– in einer besonderen Aufstellung dargestellt
werden.
Die Aufstellung ist Bestandteil des Konzernanhangs.
Auf die besondere Aufstellung des Anteilsbesitzes ist

– Konzernanhang
(§ 313 Abs. 4 Satz 3 HGB)

– im Konzernanhang
hinzuweisen.
§ 313 Abs. 1 und 2 entspricht Artikel 34 Nr. 1 bis Nr. 5, während § 313 Abs. 4 Artikel 35 Abs. 1 umsetzt.

**5. Sonstige Pflicht-
angaben
Arbeitnehmerzahl**
(§ 314 Abs. 1 Nr. 4 HGB)

Im Konzernanhang sind ferner anzugeben:

– die durchschnittliche Zahl der während des Geschäftsjahrs in den Konzernabschluß einbezogenen Arbeitnehmer – nach Gruppen getrennt;

– anteilmäßig einbezogene
Unternehmen

dabei hat die Angabe der durchschnittlichen Arbeitnehmerzahl von nach § 310 HGB nur anteilmäßig einbezogenen Unternehmen gesondert zu erfolgen;

**Aufwendungen für die Mit-
glieder der Organe**
(§ 314 Abs. 1 Nr. 6 HGB)

– die Aufwendungen für die Mitglieder des Geschäftsführungsorgans, eines Aufsichtsrats, eines Beirats oder
einer ähnlichen Einrichtung des Mutterunternehmens,
die für die Wahrnehmung ihrer Aufgaben im Mutterunternehmen und den Tochterunternehmen gewährt
worden sind, unterliegen
  – jeweils für jede Personengruppe
  der Angabepflicht.

– Gesamtbezüge iS des
§ 314 Abs. 1 Nr. 6a HGB

Die für die Tätigkeit im Geschäftsjahr gewährten Gesamtbezüge umfassen:
– Aufwandsentschädigungen, Gehälter, Gewinnbeteiligungen, Provisionen, Versicherungsentgelte und Nebenleistungen jeder Art.

– – einzurechnende Bezüge
(§ 314 Abs. 1 Nr. 6a Satz 1 HGB)

In die Gesamtbezüge sind auch einzurechnende
– Bezüge, die nicht ausgezahlt, sondern in Ansprüche
anderer Art umgewandelt oder zur Erhöhung anderer
Ansprüche verwendet werden.
Außer den Bezügen für das Geschäftsjahr sind

– Satz 2 HGB)

– die weiteren im Geschäftsjahr gewährten Bezüge anzugeben, die bisher aber in keinem Konzernabschluß
ausgewiesen worden sind.

– Gesamtbezüge früherer
Mitglieder
(§ 314 Abs. 1 Nr. 6b
Satz 1 HGB)

Die im Geschäftsjahr gewährten Gesamtbezüge wie
– Abfindungen, Hinterbliebenenbezüge und Leistungen
verwandter Art, Ruhegehälter der früheren Mitglieder
der bezeichneten Organe und ihrer Hinterbliebenen
unter entsprechender Anwendung des § 314 Abs. 1
Nr. 6a Satz 2 und 3 HGB
sind auszuweisen. Ferner ist
– der Betrag der für diese Personengruppe gebildeten
Rückstellungen für laufende Pensionen und Anwartschaften auf Pensionen und
– der Betrag der für diese Verpflichtungen nicht gebildeten Rückstellungen
anzugeben.

– Vorschüsse, Kredite,
Haftungsverhältnisse
(§ 314 Abs. 1 Nr. 6c HGB)

Die gewährten Vorschüsse und Kredite an die genannten
Organmitglieder sind unter
– Angabe der Zinssätze, der wesentlichen Bedingungen

und der gegebenenfalls im Geschäftsjahr zurückgezahlten Beträge sowie

– die zugunsten dieser Personengruppen eingegangenen Haftungsverhältnisse

anzugeben.

Eigene Anteile
(§ 314 Abs. 1 Nr. 7 HGB)

Es ist

– der Bestand an Anteilen an dem Mutterunternehmen, die das Mutterunternehmen oder ein Tochterunternehmen oder ein anderer für Rechnung eines in den Konzernabschluß einbezogenen Unternehmens erworben oder als Pfand genommen hat,

anzugeben. Dies erfordert darüber hinaus die Angabe von

– Zahl und Nennbetrag dieser Anteile sowie deren Anteil am Kapital.

Jahresergebnis
(§ 314 Abs. 1 Nr. 5 HGB)

Es sind im Konzernanhang anzugeben:

– das Ausmaß der Beeinflussung des Jahresergebnisses des Konzerns, daß bei Vermögensgegenständen im Geschäftsjahr oder in früheren Geschäftsjahren

– Abschreibungen nach den §§ 254, 280 Abs. 2 HGB oder in entsprechender Anwendung aufgrund steuerrechtlicher Vorschriften vorgenommen oder beibehalten wurden oder

– ein Sonderposten nach § 273 HGB oder in entsprechender Anwendung gebildet wurde;

ferner

– künftige Belastungen

– das Ausmaß erheblicher künftiger Belastungen, die sich für den Konzern aus einer solchen Bewertung ergeben.

Dafür dürfte

– eine prozentuale Angabe oder eine verbale Erläuterung

genügen.

Personalaufwand
(§ 314 Abs. 1 Nr. 4 HGB)

Es ist

– der im Geschäftsjahr verursachte Personalaufwand anzugeben, sofern dieser nicht gesondert in der Konzern-Gewinn- und Verlustrechnung ausgewiesen ist.

**Sonstige finanzielle
Verpflichtungen**
(§ 314 Abs. 1 Nr. 2 HGB)

Sofern es für die Bedeutung der Finanzlage des Konzerns von Bedeutung ist, müssen Angaben über

– den Gesamtbetrag der sonstigen finanziellen Verpflichtungen, die nicht in der Konzernbilanz erscheinen oder nicht nach § 298 Abs. 1 HGB iVm § 251 HGB anzugeben sind,

erfolgen;

davon und von den Haftungsverhältnissen nach § 251 HGB sind Verpflichtungen gegenüber Tochterunternehmen, die nicht in den Konzernabschluß einbezogen werden, jeweils gesondert anzugeben.

§ 314 Abs. 1 Nr. 2 HGB setzt Artikel 14 der Vierten Richtlinie iVm Artikel 31, 17 der Siebenten Richtlinie um.

Umsatzerlöse
(§ 314 Abs. 1 Nr. 3 HGB)

Die Aufgliederung der Umsatzerlöse
– nach Tätigkeitsbereichen sowie
– nach geographisch bestimmten Märkten
setzt voraus, daß sich
– die Tätigkeitsbereiche und geographisch bestimmten Märkten untereinander erheblich unterscheiden.

– Ausnahmeregelung
(§ 314 Abs. 2 Satz 1,

Die Aufgliederung der Umsatzerlöse nach § 314 Abs. 1 Nr. 3 HGB kann entfallen,
– soweit nach vernünftiger kaufmännischer Beurteilung damit zu rechnen ist, daß durch die Aufgliederung einem in den Konzernabschluß einbezogenen Unternehmen erhebliche Nachteile entstehen.

– Satz 2 HGB)

Die Anwendung der Ausnahmeregelung ist
– im Konzernanhang
anzugeben.

Verbindlichkeiten
– mit einer Restlaufzeit von mehr als 5 Jahren

Im Konzernanhang ist
– der Gesamtbetrag der in der Konzernbilanz ausgewiesenen Verbindlichkeiten mit einer Restlaufzeit von mehr als fünf Jahren sowie

(§ 314 Abs. 1 Nr. 1 HGB)

– der Gesamtbetrag der in der Konzernbilanz ausgewiesenen Verbindlichkeiten, die von in den Konzernabschluß einbezogenen Unternehmen durch Pfandrechte oder ähnliche Rechte gesichert sind, unter Angabe von Art und Form der Sicherheiten,
anzugeben.

Die Vorschrift des § 314 Abs. 1 Nr. 1 bis 6 HGB setzt Artikel 34 Nr. 6 bis 10 und 13 der Siebenten Richtlinie um.

§ 314 Abs. 1 Nr. 7 HGB setzt Artikel 36 Abs. 2d Nr. 7 der Siebenten Richtlinie unter Ausnutzung des entsprechenden Mitgliedstaatenwahlrechts um.

§ 314 Abs. 2 HGB entspricht Artikel 35 Abs. 1b der Siebenten Richtlinie unter Ausnutzung des Mitgliedstaatenwahlrechts nach Artikel 35 Nr. 2 der gleichen Richtlinie.

IX. Konzernlagebericht

1. Aufstellungspflicht
(§ 290 Abs. 1 HGB)

Die Geschäftsführer der zur Aufstellung eines Konzernlageberichts verpflichteten Mutterunternehmen haben den Konzernlagebericht neben den Konzernabschluß
– in den ersten fünf Monaten des Konzerngeschäftsjahrs für das vergangene Konzerngeschäftsjahr
aufzustellen.

**F. Konzern-
rechnungs-
legung**

**2. Inhalt des Konzern-
lageberichts**
(§ 315 Abs.1,

– Abs. 2 Nr. 1,

– Nr. 2,
– Nr. 3 HGB)

Als inhaltliche Mindestanforderungen gelten
– Darstellung des Geschäftsverlaufs und der Lage des Konzerns mit der Maßgabe der Vermittlung eines den tatsächlichen Verhältnissen entsprechenden Bildes.
Ferner soll der Konzernlagebericht auch eingehen auf:
– Vorgänge von besonderer Bedeutung, die nach Schluß des Konzerngeschäftsjahrs eingetreten sind,
– die voraussichtliche Entwicklung des Konzerns,
– den Bereich Forschung und Entwicklung des Konzerns.

**3. Geschäftsverlauf und
Lage des Konzerns**
(§ 315 Abs.1 HGB)

Die Vorschriften über die Berichterstattung für den Konzernlagebericht stimmen weitgehend mit den Vorschriften für den Lagebericht der Einzelgesellschaften überein:
– Die Berichterstattung erstreckt sich auf den Geschäftsverlauf und die Lage des Konzerns und schließt die in den Konzernabschluß einbezogenen Tochterunternehmen mit ein.
Im übrigen wird auf die Ausführungen im Rahmen des Lageberichts der Einzelgesellschaft Seite 242 verwiesen.

**4. Vorgänge von besonderer
Bedeutung**
(§ 315 Abs.2 Nr.1 HGB)

Die Berichterstattung erstreckt sich insbesondere auf Vorgänge, die für die Lage des Gesamtkonzerns von besonderer Bedeutung sind: Es handelt sich dabei um die Darlegung von Vorgängen,
– die nach dem Schluß des Konzerngeschäftsjahrs bis zur Aufstellung des Konzernabschlusses eingetreten sind.

**5. Voraussichtliche Ent-
wicklung des Konzerns**
(§ 315 Abs.2 Nr.2 HGB)

Die Angabe von Prognosen über die zukünftige Entwicklung im Rahmen des Lageberichts war bisher umstritten. Der Gesetzgeber hat es auch bei dieser neuen Vorschrift sowohl an detaillierten Bestimmungen über den Inhalt als auch über den Umfang fehlen lassen. Es dürften deshalb aussagefähige verbale Hinweise auf
– voraussichtlich wesentliche Änderungen in den Bereichen Absatz, Personal und Produktion
genügen.

**6. Bereich Forschung und
Entwicklung**
(§ 315 Abs.2 Nr.3 HGB)

Auch hier dürften aus Gründen des Wettbewerbnachteils für den zu berichtenden Konzern über verbale Hinweise hinausgehende Angaben nicht zu erwarten sein.

**7. Zusammenfassung der
Berichte**
(§ 315 Abs. 3 HGB)

Es dürfen entsprechend § 298 Abs. 3 HGB
– der Konzernlagebericht und
– der Lagebericht des Mutterunternehmens
zusammengefaßt werden.

284

Mit der Vorschrift des § 315 HGB wird Artikel 36 der Siebenten Richtlinie umgesetzt. Dabei werden

– die Angaben über eigene Anteile nach Artikel 36 Abs. 2d

entsprechend des Mitgliedstaatenwahlrechts

– im Konzernanhang und nicht im Konzernlagebericht dargestellt.

X. Übergangsvorschriften

Die vom Inkrafttreten der Artikel 1 bis 10 des Bilanz-richtlinien-Gesetzes vom 19. Dezember 1985 an geltende Fassung der

– Konzernabschluß,
Konzernlagebericht

– Vorschriften über den Konzernabschluß und Kon-zernlagebericht sowie über

– Offenlegung
(Art 23 Abs. 2 Satz 1,

– die Pflicht zur Offenlegung dieser und der dazu gehö-renden Unterlagen

ist erstmals

– auf das nach dem 31. Dezember 1989 beginnende Ge-schäftsjahr

anzuwenden.

– Satz 2 EGHGB)

Die Anwendung der neuen Vorschriften auf ein früheres Geschäftsjahr – jedoch nur insgesamt – ist zulässig.

– Mutterunternehmen
(Art. 23 Abs. 2 Satz 3 EGHGB)

Mutterunternehmen, die bereits bei Inkrafttreten des Bi-lanzrichtlinien-Gesetzes zur Konzernrechnungslegung verpflichtet sind, brauchen bei früherer Anwendung der neuen Vorschriften

– – Tochterunternehmen

– Tochterunternehmen mit Sitz im Ausland nicht einzu-beziehen und

(§ 308 HGB)

– einheitliche Bewertungsmethoden
  sowie

– assoziierte Unternehmen

– die Vorschriften über assoziierte Unternehmen hin-sichtlich der

(§ 311,
§ 312 HGB)

  – Definition, Befreiung und
  – des Wertansatzes der Beteiligung und Behandlung des Unterschiedsbetrags

nicht anzuwenden.

– Pflicht zur Prüfung des
Konzernabschlusses

Die Vorschriften über die Pflicht zur Prüfung des Kon-zernabschlusses und des Konzernlageberichts sind

– auf Unternehmen, die bei Inkrafttreten des Bilanz-richtlinien-Gesetzes nicht zur Konzernrechnungs-legung verpflichtet sind,
– erstmals für das nach dem 31. Dezember 1989 begin-nende Geschäftsjahr

anzuwenden.

– weitere Vorschriften

Die weiteren Übergangsvorschriften hinsichtlich der Konzernrechnungslegung sind insbesondere dem Arti-kel 27 in der Anlage zu entnehmen.

G. Prüfung des Jahresabschlusses/Konzernabschlusses

G. Prüfung des Jahresabschlusses / Konzernabschlusses

I. Pflicht zur Prüfung

1. Anwendungsbereich

10 Jahresabschluß/Lage-
bericht
(§ 316 Abs. 1 Satz 1 HGB)

Der Jahresabschluß und der Lagebericht von Gesellschaften mit beschränkter Haftung,
– die nicht kleine Gesellschaften im Sinne des § 267 Abs. 1 HGB sind,
sind durch einen Abschlußprüfer zu prüfen.
Die Prüfung durch mehrere Abschlußprüfer ist zulässig.
Dies ergibt sich aus Artikel 51 Abs. 1 der Vierten Richtlinie.

– Prüfung des Jahres-
abschlusses
(§ 318 Abs. 1 HGB)

Die Prüfung des Jahresabschlusses erfolgt im Rahmen der gesetzlichen Vorschriften durch den grundsätzlich von den Gesellschaftern gewählten Abschlußprüfer.

– Voraussetzung für die
Feststellung
(§ 316 Abs. 1 Satz 2 HGB)

Hat keine Prüfung stattgefunden, so kann der Jahresabschluß nicht festgestellt werden.
Gegenstand und Umfang der Prüfung ergeben sich aus § 317 HGB.

11 Konzernabschluß/
Konzernlagebericht
(§ 316 Abs. 2 HGB)

Der Konzernabschluß und der Konzernlagebericht sind durch einen Abschlußprüfer
– entsprechend den Voraussetzungen und Vorschriften wie die für den Jahresabschluß und Lagebericht geltenden Regelungen
zu prüfen.

– freiwillige Prüfung der
Unterlagen

Auf Unternehmen, die ihren Konzernabschluß und Konzernlagebericht freiwillig prüfen lassen, weil diese Unterlagen zum Zwecke der Befreiung nach § 291 oder § 292 HGB offengelegt werden sollen, ist
– § 316 Abs. 2 Satz 1 HGB entsprechend anzuwenden.

12 Nachtragsprüfung
(§ 316 Abs. 3 HGB)

Werden nach Vorlage des Prüfungsberichts
– der Jahresabschluß, der Konzernabschluß,
– der Lagebericht oder der Konzernlagebericht
geändert, so hat der Abschlußprüfer diese Unterlagen, soweit es die Änderung erfordert, erneut zu prüfen.
Über das Ergebnis dieser Prüfung ist zu berichten; der Bestätigungsvermerk ist entsprechend zu ergänzen.

2. Gegenstand und Umfang die Prüfung
(§ 317 Abs. 1 Satz 1 HGB)

In die Prüfung des Jahresabschlusses ist
– die Buchführung
einzubeziehen.

20 Jahresabschluß/
Konzernabschluß
(§ 317 Abs. 1 Satz 2 HGB)

Die Prüfung des Jahresabschlusses und des Konzernabschlusses hat sich auf
– die Beachtung der gesetzlichen Vorschriften und sie er-

gänzende Bestimmungen des Gesellschaftsvertrags oder der Satzung
zu erstrecken.

21 Lagebericht/Konzern-
lagebericht
(§ 317 Abs. 1 Satz 3 HGB)

Die Prüfung des Lageberichts und des Konzernlage-berichts hat sich darauf zu beziehen, ob
– der Lagebericht mit dem Jahresabschluß und
– der Konzernlagebericht mit dem Konzernabschluß

– sonstige Angaben

in Einklang stehen und ob die sonstigen Angaben
– im Lagebericht nicht eine falsche Vorstellung von der Lage der Gesellschaft
und
– im Konzernlagebericht von der Lage des Konzerns erwecken.

22 Konzernabschluß
(§ 317 Abs. 2 Satz 1 HGB)

Der Abschlußprüfer des Konzernabschlusses hat auch die in ihm zusammengefaßten Jahresabschlüsse darauf zu prüfen
– ob sie den Grundsätzen ordnungsmäßiger Buchfüh-rung entsprechen unter gleichzeitiger Beachtung der für die Übernahme in den Konzernabschluß maßgebli-chen Vorschriften.

– Befreiungsregelung
(§ 317 Abs. 2 Satz 2 HGB)

Die Befreiungsregelung hält
– eine nochmalige Prüfung der einbezogenen Jahresab-schlüsse durch den Konzernabschlußprüfer
für nicht erforderlich.

(§ 317 Abs. 2 Satz 3
erster Halbsatz HGB)

Diese Regelung der Befreiung wird auf
– die Jahresabschlüsse von in den Konzernabschluß ein-bezogenen Tochterunternehmen mit Sitz im Ausland ausgedehnt.

– – Voraussetzung
(§ 317 Abs. 2 Satz 3 HGB)

Voraussetzung für die Befreiung ist, daß
– der Abschlußprüfer des ausländischen Tochterunter-nehmens die Zulassung als Prüfer nach der Achten Richtlinie besitzt oder
– eine den Anforderungen dieser Richtlinie gleichwerti-ge Befähigung hat und
– die Prüfung des Jahresabschlusses einer den Anfor-derungen des Dritten Unterabschnitts »Prüfung« (§§ 316–324 HGB) entspricht.

II. Bestellung und Abberufung des Abschlußprüfers

1. Bestellung des Abschluß-prüfers

10 Jahresabschluß
(§ 318 Abs. 1 Satz 1 erster
Halbsatz,
– Satz 2 HGB)

Der Abschlußprüfer des Jahresabschlusses wird
– von den Gesellschaftern der GmbH
gewählt.
Diese Regelung ist nicht zwingend vorgeschrieben, so

daß der Gesellschaftsvertrag eine abweichende Regelung bestimmen kann.

– Wahl durch die Gesell-
schafterversammlung
(§ 48 Abs. 2 GmbHG)

Der Abhaltung einer Versammlung bedarf es dann nicht,
– wenn sich sämtliche Gesellschafter schriftlich auf den
zu wählenden Abschlußprüfer einigen oder schriftlich
dem zu fassenden Wahlbeschluß über den Abschlußprüfer zugestimmt haben.

11 Konzernabschluß
(§ 318 Abs. 1 Satz 1
zweiter Halbsatz HGB)

Den Abschlußprüfer des Konzernabschlusses wählen
– die Gesellschafter des Mutterunternehmens.

(§ 318 Abs. 2 Satz 1,

Als Abschlußprüfer gilt, wenn kein anderer Prüfer bestellt wird,
– der Prüfer als bestellt, der für die Prüfung des in den
Konzernabschluß einbezogenen Jahresabschlusses des
Mutterunternehmens bestellt worden ist.

– Satz 2 HGB)

Für die Einbeziehung aufgrund eines Zwischenabschlusses gilt
– der Prüfer als bestellt, der für die Prüfung des letzten
vor dem Konzernabschlußstichtag aufgestellten Jahresabschlusses des Mutterunternehmens bestellt worden ist.

12 Zeitpunkt der Wahl
(§ 318 Abs. 1 Satz 3 HGB)

Die Wahl des Abschlußprüfers soll jeweils
– vor Ablauf des Geschäftsjahrs erfolgen, auf das sich
seine Prüfungstätigkeit
erstreckt.
Es handelt sich hierbei um eine Soll-Vorschrift, die nicht
zwingend ist.

**2. Erteilung des Prüfungs-
auftrags**
(§ 318 Abs. 1 Satz 3 HGB)

Die gesetzlichen Vertreter haben
– unverzüglich nach der Wahl der Abschlußprüfer den
Prüfungsauftrag
zu erteilen
Wahl und Prüfungsauftrag zusammen oder die gerichtliche Bestellung begründen die Rechtsstellung als Abschlußprüfer.
(vgl. Kropff in AktG-Kom. § 163 Anm. 16).

20 Widerruf des Auftrags
(§ 318 Abs. 1 Satz 5 iVm
Abs. 3 HGB)

Der Prüfungsauftrag kann nur widerrufen werden,
– wenn das Gericht aus einem in der Person des gewählten oder bestellten Prüfers liegenden Grund einen anderen Prüfer bestellt hat.

21 Kündigung des Auftrags
durch den Prüfer
(§ 318 Abs. 6 Satz 1,

Ein von dem Abschlußprüfer angenommener Prüfungsauftrag kann
– von dem Prüfer nur aus wichtigem Grund gekündigt
werden.

– Satz 2 HGB)

Als wichtiger Grund ist es nicht anzusehen,
– wenn Meinungsverschiedenheiten über den Inhalt des
Bestätigungsvermerks, seine Einschränkung oder Versagung bestehen.

– schriftlicher Kündigungs-
grund

Neben der
– schriftlichen Begründung der Kündigung
hat der Abschlußprüfer über

– bisheriges Prüfungs-
ergebnis
(§ 318 Abs. 6 Satz 3 und
4 HGB)

– das Ergebnis seiner bisherigen Prüfung unter entsprechender Anwendung des § 321 HGB (Prüfungsbericht)
zu berichten.

– Weiterleitung der
Kündigung
(§ 318 Abs. 7 Satz 1 HGB)

Die Geschäftsführer der GmbH haben die Kündigung
des Prüfungsauftrags durch den Abschlußprüfer
– unverzüglich den Gesellschaftern und dem Aufsichtsrat
mitzuteilen.

– Vorlage des bisherigen
Prüfungsberichts
(§ 318 Abs. 7 Satz 2 HGB)

Den Bericht des bisherigen Abschlußprüfers haben die
Geschäftsführer der GmbH
– unverzüglich dem Aufsichtsrat vorzulegen.

– Recht der Kenntnisnahme
(§ 318 Abs. 7 Satz 3
und 4 HGB)

Das Recht der Kenntnisnahme vom Prüfungsbericht
steht jedem Aufsichtsratsmitglied zu. Der Aushändigung
des Berichts auf Verlangen eines Aufsichtsratsmitglieds
ist stattzugeben, soweit der Aufsichtsrat nichts anderes
beschlossen hat.

3. Gerichtliche Bestellung des Abschlußprüfers
(§ 318 Abs. 3 Satz 1 HGB,
§ 145 Abs. 1 und 2 FGG)

Auf Antrag der Geschäftsführer der GmbH, des Aufsichtsrats oder von Gesellschaftern hat
– das Gericht, in dessen Bezirk die Gesellschaft ihren
Sitz hat, oder das registerführende Gericht
– nach Anhörung der Beteiligten und des gewählten Prüfers einen anderen Abschlußprüfer
zu bestellen.

30 Bestellung eines anderen
Prüfers
(§ 318 Abs. 3 Satz 1
letzter Halbsatz HGB)

Die Bestellung eines anderen Abschlußprüfers hat zu erfolgen,
– wenn diese aus einem in der Person des gewählten Prüfers liegenden Grund geboten erscheint, insbesondere
wenn Besorgnis der Befangenheit besteht.

– Besorgnis der Befangenheit

Dieser Versagungsgrund dürfte regelmäßig
– in den Fällen der persönlichen oder wirtschaftlichen
Abhängigkeit vom Auftraggeber gegeben sein.
(vgl. Kropff in AktG-Kom. § 163 Anm. 26).

– Antragstellung
(§ 318 Abs. 3 Satz 2 HGB)

Der Antrag ist
– binnen zwei Wochen seit dem Tage der Wahl des Abschlußprüfers
zu stellen.

– – staatliche Aufsicht (§ 318 Abs. 3 Satz 4 HGB)	Unterliegt die Gesellschaft einer staatlichen Aufsicht, so kann auch – die Aufsichtsbehörde den Antrag stellen.
(§ 318 Abs. 3 Satz 5 HGB)	Gegen die gerichtliche Entscheidung ist – die sofortige Beschwerde zulässig.
31 Bestellung bei nicht rechtzeitiger Wahl (§ 318 Abs. 4 Satz 1 HGB)	Ist der Abschlußprüfer – bis zum Ablauf des Geschäftsjahrs nicht gewählt worden, so hat das Gericht auf Antrag der Geschäftsführer, des Aufsichtsrats oder eines Gesellschafters den Abschlußprüfer zu bestellen.
32 Bestellung bei Fehlen eines Prüfers (§ 318 Abs. 4 Satz 2 HGB)	Das Gericht hat ferner den Abschlußprüfer zu bestellen, – wenn ein gewählter Abschlußprüfer die Annahme des Prüfungsauftrags abgelehnt hat, weggefallen ist oder am rechtzeitigen Abschluß der Prüfung verhindert ist und ein anderer Prüfer nicht gewählt worden ist.
33 Pflicht der Antragstellung (§ 318 Abs. 4 Satz 3,	Die Geschäftsführer der GmbH sind verpflichtet, – den Antrag auf Bestellung des Abschlußprüfers durch das Gericht zu stellen.
– Satz 4 HGB)	Trifft das Gericht über den Antrag der Geschäftsführer eine ablehnende Entscheidung, so findet gegen die Entscheidung des Gerichts – die sofortige Beschwerde statt. Die Bestellung des Abschlußprüfers durch das Gericht ist unanfechtbar.
34 Anspruch auf Auslagen und Vergütung (§ 318 Abs. 5 HGB)	Der vom Gericht bestellte Abschlußprüfer hat – Anspruch auf Ersatz angemessener barer Auslagen und – Anspruch auf Vergütung für seine Tätigkeit. Die Auslagen und die Vergütung setzt das Gericht fest. Gegen die Entscheidung ist – die sofortige Beschwerde zulässig.
(§ 577 ZPO)	Es gilt auch weiterhin entsprechend die bisherige Regelung des § 163 Abs. 4 Satz 4 AktG.

III. Auswahl des Abschlußprüfers

1. Auswahl (§ 319 Abs. 1 Satz 1 HGB)	Abschlußprüfer können – Wirtschaftsprüfer und Wirtschaftsprüfungsgesellschaften sein.
– mittelgroße GmbH	Abschlußprüfer von Jahresabschlüssen und Lagerberich-

2. Ausschlußgründe
20 Wirtschaftsprüfer,
   vereidigte Buchprüfer

(§ 319 Abs. 2 HGB)

– erweiterte Ausschluß-
   regelung

(§ 319 Abs. 2 Nr. 1,

– Nr. 2,

– Nr. 3,

– Nr. 4,

– Nr. 5,

ten mittelgroßer Gesellschaften mit beschränkter Haftung können auch
– vereidigte Buchprüfer und Buchprüfungsgesellschaften
sein.
Künftig ist die Prüfung nur von solchen Personen durchzuführen, bei denen eine Gefahr wegen Befangenheit aufgrund bestimmter Tätigkeiten nicht besteht. Als unvereinbar gelten nach den neuen Vorschriften u.a.
– das Mitwirken bei der Erstellung der zu prüfenden Unterlagen,
– die Beeinträchtigung der Unabhängigkeit der zu prüfenden Unternehmen durch sonstige Beziehungen und Verbindungen des Abschlußprüfers zu diesen Unternehmen.
(vgl. BegrRegE 10/317 S. 96).
Nach der erweiterten Ausschlußregelung darf ein Wirtschaftsprüfer oder vereidigter Buchprüfer nicht Abschlußprüfer sein, wenn er oder eine Person, mit der er seinen Beruf gemeinsam ausübt

– Anteile an der zu prüfenden Gesellschaft besitzt;
  – Nummer 1 ist neu und entspricht dem bereits bestehenden Berufsgrundsatz –
– Mitglied der Verwaltungsorgane oder Arbeitnehmer der zu prüfenden Gesellschaft ist oder in den letzten drei Jahren vor seiner Bestellung war;
  – Nummer 2 entspricht dem bisherigen § 164 Abs. 2 Nr. 1 AktG –
– zu den im bisherigen § 164 Abs. 2 Nr. 2 AktG aufgeführten Personen gehört, deren Unternehmen mit der zu prüfenden Gesellschaft verbunden ist
  oder
– von dieser mehr als zwanzig vH der Anteile besitzt;
  – Nummer 3 entspricht dem bisherigen § 164 Abs. 2 Nr. 2 AktG mit der Erweiterung um den Anteilsbesitz –
– Arbeitnehmer eines Unternehmens ist, das mit der zu prüfenden Gesellschaft verbunden ist
  oder
– an dieser mehr als zwanzig vH der Anteile besitzt;
  – Nummer 4 entspricht dem bisherigen § 164 Abs. 2 Nr. 3 AktG mit der Erweiterung um den Anteilsbesitz –
– bei der Führung der Bücher oder der Aufstellung des zu prüfenden Jahresabschlusses der Gesellschaft über die Prüfungstätigkeit hinaus mitgewirkt hat;

– Nummer 5 ist neu und stellt die unbedingte Unabhängigkeit des Abschlußprüfers sicher –

– Nr. 6,

– Mitglied des Verwaltungsorgans oder Arbeitnehmer eines Unternehmens ist, das nach Nummer 5 nicht Abschlußprüfer der zu prüfenden Gesellschaft sein darf;

– Nummer 6 schließt als Neuregelung eine zur Umgehung der Nummer 5 durch Bildung verschiedener Gesellschaften oder personeller Verpflichtung abgesicherte Zusammenarbeit aus –

– Nr. 7,

– bei der Prüfung eine Person beschäftigt, die nach den Nummern 1 bis 6 nicht Abschlußprüfer sein darf;

– Nummer 7 ist ebenfalls neu –

– Nr. 8 HGB)

– in den letzten fünf Jahren jeweils

– mehr als die Hälfte der Gesamteinnahmen aus seiner Prüfungs- und Beratungstätigkeit mit dem gleichen Auftraggeber

und

– von Unternehmen, an denen die zu prüfende Gesellschaft mehr als zwanzig vH Anteile besitzt,

bezogen hat und dies auch im laufenden Geschäftsjahr zu erwarten ist.

Zur Vermeidung von Härtefällen kann die Wirtschaftsprüferkammer befristete Ausnahmegenehmigungen erteilen;

– Nummer 8 ist im Gesetzesrecht neu.

(Art. 23 Abs. 4 EGHGB)

Die Vorschrift des § 319 Abs. 2 Nr. 8 HGB ist
– erstmals auf das sechste nach dem Inkrafttreten des Bilanzrichtlinien-Gesetzes beginnende Geschäftsjahr anzuwenden.

21 Wirtschaftsprüfungsgesellschaft, Buchprüfungsgesellschaft

Die eine Wirtschaftsprüfungsgesellschaft oder Buchprüfungsgesellschaft für eine Abschlußprüfung ausschließenden Gründe entsprechen im Grundsatz der Regelung des bisherigen § 164 Abs. 3 AktG, die hinsichtlich des Ausschlusses erweitert wurde.

(§ 319 Abs. 3

Eine Wirtschaftsprüfungsgesellschaft oder Buchprüfungsgesellschaft darf nicht Abschlußprüfer sein, wenn

– Nr. 1,

– sie Anteile an der zu prüfenden Gesellschaft besitzt oder mit dieser verbunden ist

oder

– wenn ein mit ihr verbundenes Unternehmen an der zu prüfenden Gesellschaft mehr als zwanzig vH der Anteile besitzt oder mit dieser verbunden ist;

– Nummer 1 entspricht dem bisherigen § 164 Abs. 3 Nr. 1 AktG mit Erweiterung um den Anteilsbesitz –

– Nr. 2,

– sie nach § 319 Abs. 2 Nr. 6 HGB als Gesellschafter

einer juristischen Person oder einer Personengesellschaft
oder
– nach § 319 Abs. 2 Nr. 5, 7 oder 8 HGB nicht Abschlußprüfer sein darf;
– Nummer 2 ist neu –

– Nr. 3,

– die Voraussetzungen für die Regelung nach dem bisherigen § 164 Abs. 3 Nr. 2 AktG bestehen mit der Erweiterung, daß ein Gesellschafter nach § 319 Abs. 2 Nr. 1 bis 4 HGB nicht Abschlußprüfer sein darf
oder
– ein gesetzlicher Vertreter oder ein Gesellschafter eine Mehrheitsbeteiligung von fünfzig vH oder mehr besitzt;
– Nummer 3 entspricht dem bisherigen § 164 Abs. 3 Nr. 2 AktG mit entsprechender Erweiterung –

– Nr. 4,

– einer ihrer gesetzlichen Vertreter oder einer ihrer Gesellschafter wegen Unvereinbarkeit bestimmter Tätigkeiten nach § 319 Abs. 2 Nr. 5 oder 6 HGB nicht Abschlußprüfer sein darf;
– Nummer 4 ist neu und bezieht sich auf § 319 Abs. 2 Nr. 5 und 6 HGB –

– Nr. 5 HGB)

– einer ihrer Aufsichtsratsmitglieder nach § 319 Abs. 2 Nr. 5 oder Nr. 6 HGB nicht Abschlußprüfer sein darf;
– Nummer 5 übernimmt mit entsprechender Erweiterung den bisherigen § 164 Abs. 3 Nr. 3 AktG.

22 Konzernabschluß
(§ 319 Abs. 4 HGB)

Die Vorschriften über die Ausschließungsgründe für
– Wirtschaftsprüfer und vereidigte Buchprüfer
sowie für
– Wirtschaftsprüfungsgesellschaften und Buchprüfungsgesellschaften
nach § 319 Abs. 2 und 3 HGB sind
– auf den Abschlußprüfer des Konzernabschlusses entsprechend anzuwenden.

IV. Rechte und Pflichten des Abschlußprüfers

1. Vorlagepflicht
(§ 320 Abs. 1 Satz 1 HGB)

Die Geschäftsführer der GmbH haben dem Abschlußprüfer
– den Jahresabschluß und den Lagebericht unverzüglich nach der Aufstellung
vorzulegen.

2. Auskunftsrecht
(§ 320 Abs. 1 Satz 2 HGB)

Ferner haben die Geschäftsführer der Gesellschaft dem Abschlußprüfer zu gestatten,
– die Bücher und Schriften der Gesellschaft sowie
– die Vermögensgegenstände und Schulden, namentlich

die Kasse und die Bestände an Wertpapieren und Wa- ren,
zu prüfen.
Dem Abschlußprüfer ist zur Erfüllung seines Prüfungs- auftrags auch
– die Prüfung der Anlagen der Gesellschaft und der Zu- gang zu allen Betriebsteilen
zu ermöglichen.

20 Bücher und Schriften der Gesellschaft	Das Einsichtsrecht umfaßt das gesamte Schriftgut der Gesellschaft einschließlich vertraulicher Unterlagen. Da- zu gehören u.a. – Bilanzen, empfangene Handelsbriefe und Kopien der abgesandten Handelsbriefe, Inventare, Karteien, Kon- zernanweisungen, Verträge.
21 Recht auf Aufklärung und Nachweis (§ 320 Abs. 2 Satz 1 HGB)	Der Abschlußprüfer kann von den Geschäftsführern der GmbH – alle Aufklärungen und Nachweise verlangen, die für eine sorgfältige Prüfung notwendig sind. Die Geschäftsführer der GmbH können Angestellten der Gesellschaft entsprechende Auskunftsberechtigung übertragen.
22 Beginn der vorzeitigen Prüfungsrechte	Soweit es die Vorbereitung der Abschlußprüfung erfor- dert, hat der Abschlußprüfer die mit dem Prüfungsrecht zusammenhängenden Rechte auch schon – vor Aufstellung des Jahresabschlusses. Die Prüfungsrechte nach § 320 Abs. 2 Satz 2 HGB und nach § 320 Abs. 2 Satz 1 HGB entstehen bereits – mit der Erteilung des Prüfungsauftrags oder – mit der gerichtlichen Bestellung.
– Zwischenprüfungen	Um den sehr begrenzten Prüfungszeitraum zu entlasten, geben die Prüfungsrechte dem Prüfer bereits vor Vorlage des Jahresabschlusses die Möglichkeit, Prüfungshand- lungen durch Zwischenprüfungen vorzuziehen.
23 Umfang des Auskunfts- rechts (§ 320 Abs. 2 Satz 3, § 271 Abs. 2 HGB)	Soweit es für eine sorgfältige Prüfung notwendig ist, kann der Abschlußprüfer seine Rechte nach § 320 Abs. 2 Satz 1 und 2 HGB auch gegenüber – Mutter- und Tochterunternehmen sowie gegenüber – einem verbundenen Unternehmen hinsichtlich der Aufklärungen und Nachweise geltend machen.
24 Konzernabschluß (§ 320 Abs. 3 HGB)	Die gesetzlichen Vertreter eines Mutterunternehmens, das als Kapitalgesellschaft einen Konzernabschluß aufzu- stellen hat, haben dem Abschlußprüfer des Konzernab- schlusses

G. Prüfung des Jahresabschlusses/ Konzernabschlusses

– Vorlagepflicht

– den Konzernabschluß, den Konzernlagebericht,
– die Jahresabschlüsse, Lageberichte und, wenn eine Prüfung stattgefunden hat,
– die Prüfungsberichte des Mutterunternehmens und der Tochterunternehmen
vorzulegen.

– Rechte des Abschlußprüfers
(§ 320 Abs. 3 Satz 2 HGB)

Der Abschlußprüfer des Konzernabschlusses hat die Rechte auf
– Auskünfte, Aufklärungen und Nachweise, Einblick in Bücher und Schriften sowie auf vorzeitige Prüfung nach § 320 Abs. 1 und 2 HGB bei dem Mutterunternehmen und allen Tochterunternehmen,
– die Rechte nach § 320 Abs. 2 HGB auch gegenüber den Abschlußprüfern des Mutterunternehmens und des Tochterunternehmens.

3. Prüfungsbericht

30 Mindestinhalt des Prüfungsberichts

(§ 321 Abs. 1 Satz 1 und 2 HGB)

Der Abschlußprüfer hat über
– das Ergebnis der Prüfung schriftlich
zu berichten.
Im Bericht ist besonders festzustellen,
– ob die Buchführung, der Jahresabschluß, der Lagebericht,
der Konzernabschluß und der Konzernlagebericht
den gesetzlichen Vorschriften entsprechen und die gesetzlichen Vertreter die verlangten Aufklärungen und Nachweise erbracht haben.

– Erläuterungsbericht
(§ 321 Abs. 1 Satz 3,

Die Posten des Jahresabschlusses sind aufzugliedern und ausreichend zu erläutern.
Dabei bestimmen sich
– Art und Umfang dieser Erläuterung nach ihrem Zweck,
um eine tatsächliche Beurteilung des Jahresabschlusses sowie des Konzernabschlusses zu ermöglichen.
(vgl. Kropff in AktG-Kom. § 166 Anm. 17b).

– Satz 4 HGB)

Ferner sind
– nachteilige Veränderungen der Vermögens-, Finanz- und Ertragslage gegenüber dem Vorjahr und
– Verluste, die das Jahresergebnis nicht unwesentlich beeinflußt haben
aufzuführen und ausreichend zu erläutern.
Diese neue Vorschrift der Zusammenfassung wichtiger Feststellungen des Abschlußprüfers dient insbesondere der verbesserten Unterrichtung der Geschäftsführung, des Aufsichtsrats sowie der Gesellschafter.

– berichtspflichtige
Tatsachen
(§ 321 Abs. 2 HGB)

Der Abschlußprüfer hat auch darüber zu berichten,
wenn er bei Wahrnehmung seiner Aufgaben
– Tatsachen feststellt, die den Bestand eines geprüften
Unternehmens gefährden oder
– seine Entwicklung wesentlich beeinträchtigen können
oder
– die schwerwiegende Verstöße der gesetzlichen Vertreter gegen Gesetz, Gesellschaftsvertrag oder Satzung
erkennen lassen.

31 Vorlage des Prüfungs-
berichts
(§ 321 Abs. 3 HGB)

Der Abschlußprüfer hat den von ihm zu unterzeichnen-
den Prüfungsbericht mit dem darin enthaltenen Bestätigungsvermerk oder dem Vermerk über seine Versagung
– den gesetzlichen Vertretern
vorzulegen.
Der Prüfungsbericht gilt als erstattet,
– wenn den gesetzlichen Vertretern ein unterschriebenes
Berichtsexemplar
vorliegt.

(§ 634 BGB)

Weist der Prüfungsbericht Mängel auf, so kann die Gesellschaft auf deren befristete Beseitigung durch Änderung oder Ergänzung des Berichts bestehen.
(vgl. Kropff in AktG-Kom. § 167 Anm. 37c ff).

4. Bestätigungsvermerk
(§ 322 Abs. 1 HGB)

Sind nach dem abschließenden Ergebnis der Prüfung keine Einwendungen zu erheben, so hat der Abschlußprüfer
dies durch folgenden Vermerk zum Jahresabschluß und
zum Konzernabschluß zu bestätigen:

40 Inhalt des Vermerks

– »Die Buchführung und der Jahresabschluß entsprechen / Der Konzernabschluß entspricht nach meiner/
unserer pflichtgemäßen Prüfung den gesetzlichen Vorschriften.
Der Jahresabschluß/Konzernabschluß vermittelt unter
Beachtung der Grundsätze ordnungsmäßiger Buchführung ein den tatsächlichen Verhältnissen entsprechendes Bild der Vermögens-, Finanz- und Ertragslage
der Gesellschaft/des Konzerns.
Der Lagebericht/Konzernlagebericht steht im Einklang mit dem Jahresabschluß/Konzernabschluß.«

– erstmalige Anwendung
(Art. 23 Abs. 3 Satz 3 EGHGB)

Der Bestätigungsvermerk nach § 322 Abs. 1 HGB ist
– erstmals auf Jahresabschlüsse und Lageberichte anzuwenden, die nach den am 1. Januar 1986 in Kraft getre-
tenen Vorschriften aufgestellt worden sind.

299

G. Prüfung des Jahresabschlusses/ Konzernabschlusses

41 Ergänzung des Bestätigungsvermerks
(§ 322 Abs. 2 Satz 1,

Der Bestätigungsvermerk ist in geeigneter Weise zu ergänzen,
– wenn zusätzliche Bemerkungen erforderlich erscheinen, um einen falschen Eindruck über den Inhalt der Prüfung und die Tragweite des Bestätigungsvermerks zu vermeiden.

– Satz 2 HGB)

Auf die Übereinstimmung mit dem Gesellschaftsvertrag oder der Satzung ist hinzuweisen,
– wenn diese in zulässiger Weise ergänzende Vorschriften über den Jahresabschluß oder den Konzernabschluß enthalten.

42 Einwendungen des Abschlußprüfers
(§ 322 Abs. 3 Satz 1 HGB)

Sind Einwendungen zu erheben, so hat der Abschlußprüfer die Bestätigung einzuschränken oder zu versagen.

– Einschränkungen
(§ 322 Abs. 3 Satz 3 und 4 HGB)

Einschränkungen des Bestätigungsvermerks sind so darzustellen, daß deren Tragweite deutlich erkennbar wird. Ergänzungen des Bestätigungsvermerks nach § 322 Abs. 2 HGB sind nicht als Einschränkungen anzusehen.

– Versagung
(§ 322 Abs. 3 Satz 2 HGB)

Die Versagung des Bestätigungsvermerks ist durch einen Vermerk zum Jahresabschluß oder Konzernabschluß zu erklären und zu begründen.

43 Erteilung des Bestätigungsvermerks
(§ 322 Abs. 4 HGB)

Der Abschlußprüfer hat
– den Bestätigungsvermerk oder den Vermerk über seine Versagung unter Angabe von Ort und Tag
zu unterzeichnen.
Der Bestätigungsvermerk oder der Vermerk über seine Versagung ist auch in den Prüfungsbericht aufzunehmen.

5. Verantwortlichkeit des Abschlußprüfers

50 Verschwiegenheitspflicht
(§ 323 Abs. 1 Satz 1,
– Abs. 3 HGB)

Diese dem bisherigen § 168 AktG entsprechende Vorschrift verpflichtet
– den Abschlußprüfer, seine Gehilfen und die bei der Prüfung mitwirkenden gesetzlichen Vertreter einer Prüfungsgesellschaft zur gewissenhaften und unparteiischen Prüfung und zur Verschwiegenheit.
Die Verpflichtung zur Verschwiegenheit besteht wenn eine Prüfungsgesellschaft Abschlußprüfer ist, auch gegenüber dem Aufsichtsrat und den Mitgliedern des Aufsichtsrats der Prüfungsgesellschaft.

– Geschäfts- und Betriebsgeheimnisse
(§ 323 Abs. 1 Satz 2 HGB)

Es gilt ferner
– das Verbot der unbefugten Verwertung von Geschäfts- und Betriebsgeheimnissen, die bei ihrer Prüfungstätigkeit in Erfahrung gebracht werden.

51 Haftung des Abschlußprüfers
(§ 323 Abs. 1 Satz 3 und 4 HGB)

Bei vorsätzlicher oder fahrlässiger Pflichtverletzung ist
– der Gesellschaft und, wenn ein verbundenes Unternehmen geschädigt worden ist, auch diesem der daraus entstehende Schaden zu ersetzen.

Mehrere Personen haften als Gesamtschuldner.
Bei dem in § 323 Abs. 1 Satz 3 HGB geschützten Unternehmen handelt es sich um den Begriff des verbundenen Unternehmens iS des Rechts der Rechnungslegung.

52 Beschränkung der
Ersatzpflicht
(§ 323 Abs. 2 Satz 1,

Die Ersatzpflicht von Personen, die fahrlässig gehandelt haben, beschränkt sich auf
– fünfhunderttausend Deutsche Mark für eine Prüfung.
Dies gilt auch, wenn

– Satz 2,

– an der Prüfung mehrere Personen beteiligt gewesen oder
– mehrere zum Ersatz verpflichtende Handlungen begangen worden sind, und
– ohne Rücksicht darauf, ob andere Beteiligte vorsätzlich gehandelt haben.
Danach besteht für vorsätzliches Handeln unbegrenzte Haftung.

– Abs. 4 HGB)

Die Ersatzpflicht nach diesen Vorschriften kann durch Vertrag weder ausgeschlossen noch beschränkt werden.

53 Verjährung
(§ 323 Abs. 5 HGB)
(§ 198 BGB)

Die Ansprüche aus diesen Vorschriften verjähren
– in fünf Jahren.
Die Verjährung beginnt mit der Entstehung des Anspruchs.
Eine vertragliche Verlängerung oder Verkürzung der Verjährungsfrist ist nicht zulässig.
(vgl. Kropff in AktG-Kom. § 168 Anm. 39).

**6. Meinungsverschieden-
heiten zwischen
Prüfer und
Gesellschaft**
(§ 324 Abs. 1 HGB)

Bei Meinungsverschiedenheiten zwischen dem Abschlußprüfer und der Gesellschaft über
– die Auslegung und Anwendung der gesetzlichen Vorschriften sowie von Bestimmungen des Gesellschaftsvertrags oder der Satzung über den Jahresabschluß, Lagebericht, Konzernabschluß oder Konzernlagebericht
entscheidet auf Antrag des Abschlußprüfers oder der gesetzlichen Vertreter der Gesellschaft ausschließlich das Landgericht.

60 Verfahren vor dem
Landgericht
(§ 324 Abs. 2 Satz 1,

Auf das Verfahren ist
- das Gesetz über die Angelegenheiten der freiwilligen Gerichtsbarkeit
anzuwenden.

– Satz 2,

Das Landgericht entscheidet durch einen mit Gründen versehenen Beschluß.

– Satz 3,

Gegen die Entscheidung findet
– die sofortige Beschwerde statt,
wenn das Landgericht sie in der Entscheidung zugelassen hat.

G. Prüfung des Jahres- abschlusses/ Konzern- abschlusses	– Satz 4 HGB iVm § 28 Abs. 2 und 3 FGG) (§ 324 Abs. 2 Satz 5,	Die Zulassung soll die Klärung einer von grundsätzlicher Bedeutung zu erwartenden Rechtsfrage voraussetzen. Die Beschwerde kann nur durch Einreichung einer von einem Rechtsanwalt unterzeichneten Beschwerdeschrift eingereicht werden, über die das Oberlandesgericht entscheidet.
	– Satz 7 HGB) 61 Kosten des Verfahrens (§ 324 Abs. 3 HGB)	Die weitere Beschwerde ist ausgeschlossen. Für die Kosten des Verfahrens ist der bisherige § 169 Abs. 3 AktG inhaltlich unverändert übernommen worden.

V. Prüfung durch den Aufsichtsrat

1. Vorlage des Jahres- abschlusses (§ 170 Abs. 1 Satz 1 AktG)	Hat die Gesellschaft mit beschränkter Haftung einen Aufsichtsrat, so haben die Geschäftsführer – den Jahresabschluß und den Lagebericht unverzüglich nach ihrer Aufstellung dem Aufsichtsrat vorzulegen.
10 Vorlage des Prüfungs- berichts (§ 170 Abs. 1 Satz 2 AktG)	Ist der Jahresabschluß durch einen Abschlußprüfer zu prüfen, so sind – die genannten Unterlagen zusammen mit dem Prüfungsbericht des Abschlußprüfers unverzüglich nach dem Eingang des Prüfungsberichts dem Aufsichtsrat vorzulegen.
11 Vorschlag für die Ergebnisverwendung (§ 170 Abs. 2 AktG, § 42a Abs. 2 Satz 1 GmbHG)	Zugleich ist dem Aufsichtsrat auch – der Vorschlag über die Verwendung des Ergebnisses vorzulegen, soweit sich dieser nicht aus dem Jahresabschluß ergibt. Eine Regelung über die Darstellungsform der Ergebnisverwendung ist für die Gesellschaft mit beschränkter Haftung nicht notwendig. Soweit sich die Angaben über – den Vorschlag für die Verwendung des Ergebnisses und
(§ 325 Abs. 1 Satz 1 HGB)	– den Beschluß über seine Verwendung nicht aus dem offengelegten Jahresabschluß ergeben, ist das Jahresergebnis und die Ergebnisverwendung zum Handelsregister einzureichen.
12 Recht der Kenntnis- nahme und Aushändi- gung (§ 170 Abs. 3 AktG)	Jedes Aufsichtsratsmitglied hat – das Recht der Kenntnisnahme von den Unterlagen sowie – das Recht auf Aushändigung der Unterlagen, soweit der Aufsichtsrat nichts anderes beschlossen hat.
2. Prüfung durch den Aufsichtsrat (§ 173 Abs. 1 Satz 1 AktG)	Der Aufsichtsrat hat – den Jahresabschluß, den Lagebericht und den Vorschlag für die Verwendung des Ergebnisses zu prüfen.

Die Prüfungspflicht für den Aufsichtsrat ergibt sich aus der Vorschrift des § 111 Abs. 1 und 2 AktG und schließt dabei auch
– die Einsicht und Prüfung der Bücher und Schriften der Gesellschaft
mit ein.

20 Teilnahme des Abschlußprüfers (§ 171 Abs.1 Satz 2 AktG)

Ist der Jahresabschluß durch einen Abschlußprüfer zu prüfen, so hat
– der Abschlußprüfer auf Verlangen des Aufsichtsrats an dessen Verhandlungen über diese Vorlagen
teilzunehmen.

21 Bericht über die Prüfung (§ 171 Abs.2 Satz1 und Abs.3 Satz 1 AktG)

Der Aufsichtsrat hat über das Ergebnis der Prüfung
– innerhalb eines Monats nach Zugang der Unterlagen schriftlich den Gesellschaftern
zu berichten.
Die Regelung über die Fristverlängerung nach § 171 Abs. 3 Satz 2 und 3 AktG entfällt für die GmbH, da hier für die Feststellung des Jahresabschlusses ausschließlich die Gesellschafter zuständig sind. Auch in § 42c Abs. 2 Satz 2 GmbHG-E war eine andere Regelung nicht vorgesehen.

– Inhalt des Berichts (§ 171 Abs.2 Satz 2,

In dem Bericht hat der Aufsichtsrat auch mitzuteilen,
– in welcher Art und in welchem Umfang er die Geschäftsführung der Gesellschaft während des Geschäftsjahrs geprüft hat.

– Satz 3,

Ist der Jahresabschluß durch einen Abschlußprüfer zu prüfen, so hat der Aufsichtsrat ferner
– zu dem Ergebnis der Prüfung des Jahresabschlusses durch den Abschlußprüfer Stellung zu nehmen.

– Satz 4 AktG)

Am Schluß des Berichts hat der Aufsichtsrat zu erklären, ob
– nach dem abschließenden Ergebnis seiner Prüfung Einwendungen zu erheben sind und
– der Aufsichtsrat den von den Geschäftsführern aufgestellten Jahresabschluß billigt.

3. Konzernabschluß (§ 337 Abs.1 Satz 1 AktG)

Unverzüglich nach Eingang des Prüfungsberichts des Abschlußprüfers haben die gesetzlichen Vertreter des Mutterunternehmens
– den Konzernabschluß, den Konzernlagebericht und den Prüfungsbericht
dem Aufsichtsrat des Mutterunternehmens zur Kenntnisnahme vorzulegen.

30 Recht der Kenntnisnahme und Aushändigung (§ 337 Abs.1 Satz 2 AktG)

Jedes Aufsichtsratsmitglied hat
– das Recht der
Kenntnisnahme von den Vorlagen sowie

**G. Prüfung
des Jahres-
abschlusses/
Konzern-
abschlusses**

31 Vorlage der Konzern-
    unterlagen
    (§ 337 Abs.2 AktG)

– das Recht auf Aushändigung der Unterlagen,
soweit der Aufsichtsrat nichts anderes beschlossen hat.
Ist der Konzernabschluß auf den Stichtag des Jahresabschlusses des Mutterunternehmens aufgestellt, so sind
– der Konzernabschluß und der Konzernlagebericht der
  Gesellschafterversammlung vorzulegen,
die diesen Jahresabschluß entgegennimmt oder festzustellen hat.
Bei Abweichung der beiden Abschlußstichtage sind
Konzernabschluß und Konzernlagebericht der Gesellschafterversammlung vorzulegen, die den nächsten auf
den Stichtag des Konzernabschlusses folgenden Jahresabschluß entgegennimmt oder festzustellen hat.

H. Feststellung des Jahresabschlusses

H. Feststellung des Jahresabschlusses

I. Vorlagen an die Gesellschafter

(§ 42a Abs. 1 Satz 1 § 46 Abs. 1 GmbHG)

Die Geschäftsführer haben
– den Jahresabschluß und den Lagebericht unverzüglich nach der Aufstellung den Gesellschaftern zum Zwecke der Feststellung des Jahresabschlusses vorzulegen.

1. Vorlagen bei Abschlußprüfung (§ 42a Abs. 1 Satz 2 GmbH)

Ist der Jahresabschluß durch einen Abschlußprüfer zu prüfen, so haben die Geschäftsführer
– den Jahresabschluß, den Lagebericht und den Prüfungsbericht des Abschlußprüfers unverzüglich nach Eingang des Prüfungsberichts den Gesellschaftern vorzulegen.

2. Vorlagen bei einem AR (§ 42a Abs. 1 Satz 3 GmbHG)

Hat die Gesellschaft einen Aufsichtsrat, so ist noch
– dessen Bericht über das Ergebnis seiner Prüfung ebenfalls unverzüglich vorzulegen.

II. Herbeiführung eines Feststellungsbeschlusses

Die Gesellschafter haben über die Feststellung des Jahresabschlusses und über die Ergebnisverwendung

1. Beschlußfassungsfrist (§ 42a Abs. 2 Satz 1,

– spätestens bis zum Ablauf der ersten acht Monate,
– bei einer kleinen Gesellschaft (§ 267 Abs. 1 HGB) bis zum Ablauf der ersten elf Monate
des dem Berichtsjahr folgenden Geschäftsjahrs zu beschließen.

– Satz 2 GmbHG)

Der Gesellschaftsvertrag kann die Frist nicht verlängern.

H. Feststellung des Jahresabschlusses	**2. Beschlußfassungsart**	Für die Beschlußfassung der Gesellschafter bieten sich zwei Möglichkeiten – die Gesellschafterversammlung und – das schriftliche Verfahren an.
	20 Gesellschafter-Versammlung (§ 48 Abs.1 GmbHG)	Die Beschlußfassung über die Feststellung des Jahresabschlusses und über die Ergebnisverwendung in einer Gesellschafterversammlung ist die Regel, soweit der Gesellschaftsvertrag nicht eine andere Bestimmung vorsieht.
	(§ 49 Abs. 1 GmbHG)	Die Versammlung der Gesellschafter wird durch die Geschäftsführer einberufen.
	21 schriftliches Verfahren (§ 48 Abs.2 GmbHG)	Es bedarf keiner Gesellschafterversammlung, – wenn sämtliche Gesellschafter schriftlich den Beschlüssen zustimmen oder – mit der schriftlichen Abgabe der Stimmen sich einverstanden erklären.
	3. Einberufungsform und -frist (§ 57 Abs.1 und 2 GmbHG)	Die Einladung der Gesellschafter zur Versammlung erfolgt mittels Einschreibebrief unter Angabe der Tagesordnung. Für die Einberufungsfrist gilt als Zeitraum – mindestens eine Woche. Der Fristbeginn ist umstritten. Er dürfte mit dem erwartbaren Zugang bei allen Gesellschaftern beginnen. (vgl. Roth in GmbHG-Kom. § 51 Anm. 22).
	4. Anzuwendende Vorschriften (§ 42a Abs.2 Satz 3 GmbHG)	Bei der Feststellung des Jahresabschlusses sind die für seine Aufstellung geltenden Vorschriften anzuwenden. Mit dieser Regelung sind – die Gesellschafter bei der Beschlußfassung hinsichtlich bilanzpolitischer Entscheidungen an die gesetzlichen Vorschriften gebunden, die auch für die Aufstellung des Jahresabschlusses maßgebend sind. Es läßt sich daher nur ein im gesetzlich zulässigen Rahmen bestehender Ermessensspielraum ausschöpfen.
	5. Gegenstand der Beschlüsse (§ 264 Abs.1 Satz 1 HGB) (§ 29 und § 52 Abs. 1 GmbHG iVm §§ 170, 171 AktG) (§ 289,	Gegenstand der zu fassenden Gesellschafterbeschlüsse sind – der von den Geschäftsführern aufgestellte Jahresabschluß, bestehend aus der Bilanz, der Gewinn- und Verlustrechnung und dem Anhang, – der Vorschlag der Geschäftsführer über die Verwendung des Ergebnisses. Dagegen sind nicht Gegenstand der Beschlüsse – der Lagebericht,

§ 321 Abs. 1 Satz 1 und
2 HGB,
§ 171 Abs. 2 Satz 1

- der Prüfungsbericht des Abschlußprüfers
  und
- der Bericht über das Ergebnis der Prüfung des Aufsichtsrats,

auch wenn diese Unterlagen den Gesellschaftern im Rahmen der Feststellung des Jahresabschlusses vorzulegen sind.

6. Teilnahme des Abschlußprüfers
(§ 42a Abs. 3 GmbHG)

Hat ein Abschlußprüfer den Jahresabschluß geprüft, so hat er
- auf Verlangen eines Gesellschafters

an den Verhandlungen über die Feststellung des Jahresabschlusses teilzunehmen.

- Auskunftspflicht des Abschlußprüfers
(§ 323 Abs. 1 Satz 1 HGB,
§ 42a Abs. 3 GmbHG)

Trotz Fehlens einer gesetzlichen Regelung dürfte davon auszugehen sein, daß
- der Abschlußprüfer gegenüber den Gesellschaftern zu den mit seiner Prüfungstätigkeit zusammenhängenden Auskünften verpflichtet ist, soweit nicht Verschwiegenheit geboten erscheint.

III. Konzernunterlagen
(§ 42a Abs. 4 GmbHG)

Ist die Gesellschaft zur Aufstellung eines Konzernabschlusses und eines Konzernlageberichts verpflichtet, so gilt hinsichtlich der Anwendung des § 42a Abs. 1 GmbHG
- die Maßgabe, daß es der Feststellung des Konzernabschlusses nicht bedarf.

i Offenlegung, Veröffentlichung und Vervielfältigung
Prüfung durch das Registergericht

I. Offen-
legung, Ver-
öffentlichung
und Verviel-
fältigung

i Offenlegung, Veröffentlichung und Verviel-fältigung.
Prüfung durch das Registergericht

I. Offenlegungspflicht

1. Jahresabschluß

Die Geschäftsführer der Gesellschaft mit beschränkter Haftung haben

10 Einreichungsfrist
(§ 325 Abs. 1 Satz 1 erster Halbsatz HGB)

– den Jahresabschluß unverzüglich nach seiner Vorlage an die Gesellschafter,
– jedoch spätestens vor Ablauf des neunten Monats des dem Abschlußstichtag nachfolgenden Geschäftsjahrs
– mit dem Bestätigungsvermerk oder dem Vermerk über dessen Versagung

– Offenlegungsort

zum Handelsregister des Sitzes der Gesellschaft einzureichen.

11 einzureichende Unter-lagen
(§ 325 Abs. 1 Satz 1 zweiter Halbsatz HGB)

Mit dem Jahresabschluß
– bestehend aus Bilanz, Gewinn- und Verlustrechnung und Anhang
zusammen, sind gleichzeitig
– der Lagebericht,
– der Bericht des Aufsichtsrats und

soweit sich der Vorschlag für die Verwendung des Ergebnisses und der Beschluß über seine Verwendung aus dem
eingereichten Jahresabschluß nicht ergeben,
– der Vorschlag für die Verwendung des Ergebnisses und
– der Beschluß über seine Verwendung unter Angabe des
  Jahresüberschusses oder Jahresfehlbetrags
einzureichen.

12 Liste der Gesell-
    schafter
    (§ 40 Satz 1 GmbH)

Die Geschäftsführer haben
– jährlich im gleichen Zeitpunkt, in dem der Jahresabschluß zum Handelsregister einzureichen ist,
eine von ihnen unterschriebene Liste der Gesellschafter,
– aus welcher Name, Vorname, Stand und Wohnort der
  letzteren sowie ihre Stimmeinlagen zu entnehmen
  sind,
zum Handelsregister einzureichen.

13 Bekanntmachungspflicht
    (§ 325 Abs.1 Satz 2 HGB)

Die Geschäftsführer haben unverzüglich nach Einreichung der in § 325 Abs. 1 Satz 1 HGB bezeichneten
Unterlagen
– im Bundesanzeiger bekanntzumachen,
– bei welchem Handelsregister und unter welcher Nummer diese Unterlagen eingereicht worden sind.

14 Vorabeinreichung
    (§ 325 Abs.1 Satz 3 erster
    Halbsatz HGB)

Werden zur Wahrung der gesetzlichen Einreichungsfrist
nach § 325 Abs. 1 Satz 1 HGB
– der Jahresabschluß und der Lagebericht ohne die anderen Unterlagen eingereicht,
so sind
– der Bericht des Aufsichtsrats und
– der Vorschlag für die Verwendung des Ergebnisses
nach ihrem Vorliegen,
– die Beschlüsse nach der Beschlußfassung und
– der Vermerk nach der Erteilung
unverzüglich einzureichen.

15 Änderung des Jahres-
    abschlusses
    (§ 325 Abs.1 Satz 3 zweiter
    Halbsatz HGB)
    – Änderungsbeschluß

Wird der Jahresabschluß bei nachträglicher Prüfung oder
Feststellung geändert, so ist auch
– diese Änderung nach § 325 Abs. 1 HGB zur Offenlegung einzureichen.
Einem bei Feststellung geänderten Jahresabschluß geht
ein Änderungsbeschluß voraus, der grundsätzlich von
dem gleichen Organ, das den ursprünglichen Abschluß
festgestellt hat, vorgenommen wird.

16 Wahrung der Fristen
    (§ 325 Abs. 1 Satz 1
    – Abs.3 Satz 1 HGB)

Für die Wahrung der Fristen sowohl
– hinsichtlich des Jahresabschlusses als auch des Konzernabschlusses
ist

– der Zeitpunkt der Einreichung der zu veröffentlichen-
den Unterlagen für die Bekanntmachung im Bundesanzeiger
maßgebend.

2. Große GmbH
(§ 325 Abs. 2 iVm § 267
Abs. 3 HGB)
20 Einreichungsfrist

Große Gesellschaften mit beschränkter Haftung haben
– den Jahresabschluß einschließlich der in § 325 Abs. 1
HGB bezeichneten Unterlagen
unverzüglich nach seiner Vorlage
– jedoch spätestens vor Ablauf des neunten Monats des
dem Bilanzstichtag nachfolgenden Geschäftsjahrs

21 Bekanntmachungspflicht,
Offenlegung

– zunächst im Bundesanzeiger bekanntzumachen
und
– die Bekanntmachung unter Beifügung der bezeichneten Unterlagen zum Handelsregister des Sitzes der Gesellschaft einzureichen.
Die Bekanntmachungspflicht nach § 325 Abs. 1 Satz 2
HGB

(§ 325 Abs. 2 Satz 1 zweiter
Halbsatz HGB)

– Angabe des Handelsregisters und der Einreichungs-
nummer der Unterlagen
entfällt.

22 kleine und mittel-
große GmbH

Für kleine und mittelgroße GmbH ist
– die Bekanntmachung des Jahresabschlusses, des Lageberichts und der sonstigen Unterlagen im Bundesanzeiger
nicht vorgeschrieben.

3. Konzernabschluß
30 Einreichungsfrist
(§ 325 Abs. 3 HGB)

Die gesetzlichen Vertreter einer Kapitalgesellschaft, die
einen Konzernabschluß aufzustellen hat, haben
– den Konzernabschluß unverzüglich nach seiner Vorlage an die Gesellschafter
– jedoch spätestens vor Ablauf des neunten Monats des
dem Konzernabschlußstichtag nachfolgenden Geschäftsjahrs,
– mit dem Bestätigungsvermerk oder dem Vermerk über
dessen Versagung und
– dem Konzernlagebericht
im Bundesanzeiger bekanntzumachen
und
– die Bekanntmachung unter Beifügung der bezeichneten Unterlagen zum Handelsregister des Sitzes der Kapitalgesellschaft einzureichen.

– Aufstellung des
Anteilsbesitzes
(§ 313 Abs. 4 iVm
§ 325 Abs. 3 Satz 2 HGB)

Die Aufstellung des Anteilsbesitzes braucht nicht im
Bundesanzeiger bekannt gemacht zu werden.

I. Offenlegung, Veröffentlichung und Vervielfältigung	– Vorabeinreichung (§ 325 Abs. 3 Satz 3 HGB)	Für die Vorabeinreichung wegen der Fristenwahrung ist § 325 Abs. 1 Satz 3 HGB entsprechend anzuwenden.
	4. Weitere Publizitätspflichten (§ 325 Abs. 5 HGB)	Auf Gesetz, Gesellschaftsvertrag oder Satzung beruhende Pflichten der Gesellschaft, – den Jahresabschluß, Lagebericht, Konzernabschluß oder Konzernlagebericht in anderer Weise bekanntzumachen, einzureichen oder Personen zugänglich zu machen, bleiben unberührt.

II. Größenabhängige Erleichterungen bei Offenlegung

1. Kleine GmbH
(§ 267 Abs. 1 HGB)

10 offenzulegende Unterlagen
(§ 326 Abs. 1 Satz 1 HGB)
– Offenlegungsort

11 einzureichende Unterlagen
(§ 326 Abs. 1 Satz 2 HGB)

12 Angaben der GuV
(§ 326 Abs. 1 Satz 3 HGB)

Die Offenlegung nach § 325 Abs. 1 HGB ist auf kleine Gesellschaften mit beschränkter Haftung mit der Maßgabe anzuwenden, daß die Geschäftsführer
– nur die Bilanz und den Anhang
spätestens vor Ablauf des zwölften Monats des dem Bilanzstichtag nachfolgenden Geschäftsjahrs
zum Handelsregister des Sitzes der Gesellschaft einzureichen haben.
Soweit sich das Jahresergebnis, der Vorschlag für die Verwendung des Ergebnisses, der Beschluß über seine Verwendung aus der eingereichten Bilanz oder dem eingereichten Anhang nicht ergeben, sind auch
– der Vorschlag für die Verwendung des Ergebnisses und
– der Beschluß über seine Verwendung unter Angabe des Jahresergebnisses
einzureichen.
Die Gewinn- und Verlustrechnung betreffende Angaben müssen nicht im Anhang enthalten sein.

2. Mittelgroße GmbH
(§ 267 Abs. 2 HGB)

20 einzureichende Bilanz
(§ 327 Nr. 1 HGB)

21 zusätzliche Alternativangaben

– **Aktivseite**
A I 2
A II 1

Die Offenlegung nach § 325 Abs. 1 HGB ist auf mittelgroße Gesellschaften mit beschränkter Haftung mit der Maßgabe anzuwenden, daß die Geschäftsführer
– die Bilanz nur in der für kleine Gesellschaften nach § 266 Abs. 1 Satz 3 HGB vorgeschriebenen Form
zum Handelsregister des Sitzes der Gesellschaft einreichen müssen.
Die folgenden Posten des § 266 Abs. 2 und 3 HGB sind jedoch
– in der Bilanz oder im Anhang
zusätzlich gesondert anzugeben:

– Geschäfts- oder Firmenwert;
– Grundstücke, grundstücksgleiche Rechte und Bauten einschließlich der Bauten auf fremden Grundstücken;

312

A II 2	– technische Anlagen und Maschinen;
A II 3	– andere Anlagen, Betriebs- und Geschäftsausstattung;
A II 4	– geleistete Anzahlungen und Anzahlungen im Bau;
A III 1	– Anteile an verbundenen Unternehmen;
A III 2	– Ausleihungen an verbundene Unternehmen;
A III 3	– Beteiligungen;
A III 4	– Ausleihungen an Unternehmen, mit denen ein Beteiligungsverhältnis besteht;
B II 2	– Forderungen gegen verbundene Unternehmen;
B II 3	– Forderungen gegen Unternehmen, mit denen ein Beteiligungsverhältnis besteht;
B III 1	– Anteile an verbundenen Unternehmen;
B III 2	– eigene Anteile;

– Passivseite	
C 1	– Anleihen, davon konvertibel;
C 2	– Verbindlichkeiten gegenüber Kreditinstituten;
C 6	– Verbindlichkeiten gegenüber verbundenen Unternehmen;
C 7	– Verbindlichkeiten gegenüber Unternehmen, mit denen ein Beteiligungsverhältnis besteht.

22 einzureichender Anhang (§ 327 Nr. 2 HGB)	In den zum Handelsregister einzureichenden Anhang können folgende Angaben nach § 285 HGB entfallen:

– § 285 Nr. 2,	– Aufgliederung der Verbindlichkeiten
	  – mit einer Restlaufzeit von mehr als fünf Jahren,
	  – die durch Pfandrechte oder ähnliche Rechte gesichert sind;

– § 285 Nr. 5,	– Ausmaß der Beeinflussung des Jahresergebnisses wegen Abschreibungen aufgrund steuerrechtlicher Vorschriften oder eines nach § 247 Abs. 3 HGB gebildeten Sonderpostens;
– § 285 Nr. 8a,	– Aufgliederung des Materialaufwands bei Anwendung des Umsatzkostenverfahrens;
– § 285 Nr. 12 HGB	– Aufgliederung von nicht gesondert ausgewiesenen Rückstellungen.

Offenlegung eines verkürzten Jahresabschlusses	Die Offenlegung eines verkürzten Jahresabschlusses bedingt – die Prüfung und Feststellung des Jahresabschlusses in der verkürzten Form, auch wenn gleichzeitig ein unverkürzter Jahresabschluß für interne Zwecke aufgestellt, geprüft und festgestellt worden ist. (vgl. BT-Drucks. 10/4268 Seite 121).

313

III. Form und Inhalt der Unterlagen bei der Offenlegung, Veröffentlichung und Vervielfältigung

Bei der vollständige oder teilweisen Offenlegung
– des Jahresabschlusses und des Konzernabschlusses und
– bei der Veröffentlichung oder Vervielfältigung in anderer Form aufgrund des Gesellschaftsvertrags oder der Satzung
sind die folgenden Vorschriften einzuhalten:

1. Vollständige oder teilweise Offenlegung
(§ 328 Abs. 1 Nr. 1 Satz 1 HGB)

Die Wiedergabe des Jahresabschlusses und des Konzernabschlusses haben so zu erfolgen, daß
– diese den für ihre Aufstellung maßgeblichen Vorschriften entsprechen, soweit nicht Erleichterungen für kleine und mittelgroße Gesellschaften nach §§ 326, 327 HGB in Anspruch genommen werden.
Der Jahresabschluß und der Konzernabschluß haben in diesem Rahmen vollständig und richtig zu sein.

10 Datum der Feststellung
(§ 328 Abs. 1 Nr. 1 Satz 2 HGB)

Ferner ist
– das Datum der Feststellung anzugeben,
sofern der Jahresabschluß festgestellt worden ist.

11 Wiedergabe des Vermerks
(§ 328 Abs. 1 Nr. 1 Satz 3 erster Halbsatz HGB)

Darüber hinaus ist bei erfolgter Prüfung des Jahresabschlusses oder des Konzernabschlusses aufgrund gesetzlicher Vorschriften durch einen Abschlußprüfer
– jeweils der vollständige Wortlaut des Bestätigungsvermerks oder des Vermerks über dessen Versagung wiederzugeben.

12 Hinweis bei teilweiser Offenlegung
(§ 328 Abs. 1 Nr. 1 Satz 3 zweiter Halbsatz HGB)

Bei einer nur teilweisen Offenlegung des Jahresabschlusses wegen der Inanspruchnahme von Erleichterungen ist
– bei dem Bezug des Bestätigungsvermerks auf den vollständigen Jahresabschluß
darauf hinzuweisen.

13 Offenlegung vor Prüfung oder Feststellung
(§ 328 Abs. 1 Nr. 2 HGB)

In den Fällen einer vorzeitigen Offenlegung des Jahresabschlusses oder Konzernabschlusses
– zur Wahrung der gesetzlich vorgeschriebenen Frist über die Offenlegung vor der Prüfung oder Feststellung aufgrund gesetzlicher Vorschriften oder
– bei nicht gleichzeitiger Offenlegung der mit beizufügenden Unterlagen
ist hierauf bei der Offenlegung hinzuweisen.

2. Veröffentlichung oder Vervielfältigung in anderer Form
(§ 328 Abs. 2 HGB)

Erfolgt die Wiedergabe des Jahresabschlusses oder des Konzernabschlusses in nicht durch Gesetz, Gesellschaftsvertrag oder Satzung vorgeschriebenen Veröffentlichungen oder Vervielfältigungen, sondern in einer anderen als der nach § 328 Abs. 1 HGB vorgeschriebenen Form, so gelten für die Bekanntmachung eines unvollständigen Abschlusses als Anforderungen:

– Hinweis in einer Überschrift (§ 328 Abs. 2 Satz 1 HGB)	– Es ist jeweils in einer Überschrift darauf hinzuweisen, daß es sich – nicht um eine der gesetzlichen Form entsprechende Veröffentlichung handelt (z. B. Kurzfassung);	I. Offenlegung, Veröffentlichung und Vervielfältigung

– Bestätigungsvermerk
(§ 328 Abs. 2 Satz 2 und 3
HGB)

– die Beifügung eines Bestätigungsvermerks ist nicht zulässig;
– bei einer jeweils aufgrund gesetzlicher Vorschriften erfolgten Prüfung durch einen Abschlußprüfer ist anzugeben, ob
  – durch den Abschlußprüfer die uneingeschränkte oder eingeschränkte oder versagte Bestätigung des in gesetzlicher Form erstellten Jahresabschlusses oder Konzernabschlusses erfolgt ist.

– weitere Pflichtangaben
(§ 328 Abs. 2 Satz 4 HGB)

Ferner ist anzugeben
– bei welchem Handelsregister und
– in welcher Nummer des Bundesanzeigers
die Offenlegung erfolgt ist oder daß die Offenlegung noch nicht erfolgt ist.

3. weitergehende Anwendung des § 328 Abs. 1 Nr. 1 HGB)

Die Vorschriften des § 328 Abs. 1 Nr. 1 HGB über die Offenlegung des Jahresabschlusses und des Konzernabschlusses sind auch auf
– den Lagebericht, den Konzernlagebericht,
– den Vorschlag für die Verwendung des Ergebnisses und
– den Beschluß über seine Verwendung sowie auf
– die Aufstellung des Anteilsbesitzes
entsprechend anzuwenden.

– bei nachträglicher Offenlegung von Unterlagen
(§ 328 Abs. 3 Satz 2 erster Halbsatz)

Werden die in § 328 Abs. 3 Satz 1 HGB bezeichneten Unterlagen nicht gleichzeitig mit dem Jahresabschluß oder dem Konzernabschluß offengelegt, so ist bei ihrer nachträglichen Offenlegung anzugeben
– auf welchen Abschluß diese Unterlagen sich beziehen und
– bei welchem Handelsregister die Offenlegung erfolgt ist.

– zweiter Halbsatz HGB)

Dies gilt auch für die nachträgliche Offenlegung
– des Bestätigungsvermerks oder des Vermerks über seine Versagung.

IV. Prüfungspflicht des Registergerichts

Abgrenzung der Prüfung
(§ 329 Abs. 1 HGB)

Die Prüfung des Registergerichts beschränkt sich auf
– die Vollzähligkeit der vollständig oder teilweise zum
 Handelsregister einzureichenden Unterlagen und, sofern vorgeschrieben, auf
– ihre Bekanntmachung.
Durch die Aufhebung des bisherigen § 177 Abs. 3 AktG
entfällt die Prüfung der offensichtlichen Nichtigkeit des
Jahresabschlusses.

– Inanspruchnahme von
 Erleichterungen
 (§ 329 Abs. 2 HGB)

Gibt die Prüfung durch das Registergericht Anlaß zur
Annahme, daß die Gesellschaft größenabhängige Erleichterungen zu Unrecht in Anspruch genommen hat,
so kann das Gericht zu seiner Unterrichtung
– von der Gesellschaft innerhalb einer angemessenen
 Frist

(§ 277 Abs. 1,
 § 267 Abs. 5 HGB)

– die Mitteilung der Umsatzerlöse und der durchschnittlichen Zahl der Arbeitnehmer
verlangen.

– – Nichteinhaltung
 (§ 329 Abs. 2 Satz 2 HGB)

Unterläßt die Gesellschaft die fristgemäße Mitteilung, so
gelten die Erleichterungen als zu Unrecht in Anspruch
genommen.

J. Straf- und Bußgeldvorschriften, Zwangsgelder

J. Straf- und Bußgeldvorschriften, Zwangsgelder

Die neuen Straf- und Bußgeldvorschriften der §§ 331–335 HGB sind den bisherigen aktienrechtlichen Regelungen der §§ 399–407 AktG nachgebildet und sehen im einzelnen vor:

I. Unrichtige Darstellung

Mit Freiheitsstrafe bis zu drei Jahren oder mit Geldstrafe wird bestraft, wer

(§ 331 Nr. 1,

1. als Mitglied des vertretungsberechtigten Organs oder des Aufsichtsrats einer Gesellschaft
   – die Verhältnisse der Gesellschaft mbH in der Eröffnungsbilanz, im Jahresabschluß oder im Lagebericht unrichtig wiedergibt oder verschleiert,

– Nr. 2,

2. als Mitglied des vertretungsberechtigten Organs oder des Aufsichtsrats einer Gesellschaft
   – die Verhältnisse des Konzerns in einem Konzernabschluß oder Konzernlagebericht unrichtig wiedergibt oder verschleiert,

– Nr. 3,

3. als Mitglied des vertretungsberechtigten Organs einer Gesellschaft
   – zum Zwecke der Befreiung nach § 291 oder nach § 292 HGB einen Konzernabschluß oder Konzernlagebericht, in dem die Verhältnisse des Konzerns unrichtig wiedergegeben oder verschleiert worden sind, vorsätzlich oder leichtfertig offenlegt oder

– Nr. 4 HGB)

4. als Mitglied des vertretungsberechtigten Organs einer Gesellschaft oder als gesetzlicher Vertreter (vertretungsberechtigtes Organmitglied oder Gesellschafter) des Tochterunternehmens

(§ 290 Abs. 1 und 2 HGB)

   – in Aufklärungen oder Nachweisen, die nach § 320 HGB einem Abschlußprüfer der Gesellschaft eines

317

verbundenen Unternehmens oder des Konzerns zu
geben sind, unrichtige Angaben macht

oder

– die Verhältnisse der Gesellschaft, eines Tochterunternehmens oder des Konzerns unrichtig wiedergibt
oder verschleiert.

II. Verletzung der Berichtspflicht

Mit Freiheitsstrafe bis zu drei Jahren oder mit Geldstrafe
wird bestraft,

(§ 332 Abs. 1,

– wer als Abschlußprüfer oder Gehilfe eines Abschlußprüfers über das Ergebnis der Prüfung
– eines Jahresabschlusses, eines Lageberichts,
– eines Konzernabschlusses oder eines Konzernlageberichts einer Gesellschaft unrichtig berichtet,

§ 321,

– im Prüfungsbericht erhebliche Umstände verschweigt oder

§ 322 HGB)

– einen inhaltlich unrichtigen Bestätigungsvermerk erteilt.

(§ 332 Abs. 2 HGB)

Handelt der Täter gegen Entgelt oder mit der Absicht der
Bereicherung oder Schädigung, so erhöht sich der Straf-
rahmen bis zu fünf Jahren oder Geldstrafe.

III. Verletzung der Geheimhaltungspflicht

(§ 333 Abs. 1 HGB)

Mit Freiheitsstrafe bis zu einem Jahr oder mit Geldstrafe
wird bestraft,
– wer ein Geheimnis der Gesellschaft,
– eines Tochterunternehmens (§ 290 Abs. 1, 2)

(§ 310,

– eines gemeinsam geführten Unternehmens
oder

§ 311 HGB)

– eines assoziierten Unternehmens,
namentlich ein Betriebs- oder Geschäftsgeheimnis, das
ihm in seiner Eigenschaft als Abschlußprüfer oder Gehilfe eines Abschlußprüfers bei Prüfung des Jahresabschlusses oder des Konzernabschlusses bekannt geworden ist, unbefugt offenbart.

(§ 333 Abs. 2 HGB)

Auch hierbei wird das Handeln gegen Entgelt oder mit
der Absicht der Bereicherung oder Schädigung straferhö-
hend bis zu zwei Jahren oder Geldstrafe geahndet.
Ebenso wird die unbefugte Verwertung eines Geheim-
nisses der in § 333 Abs. 1 HGB bezeichneten Art, namentlich ein Betriebs- oder Geschäftsgeheimnis, das
unter den Voraussetzungen des § 333 Abs. 1 HGB bekannt geworden ist, bestraft.

– Antragstellung
(§ 333 Abs. 3 HGB)

Die Tat wird nur auf Antrag der Gesellschaft verfolgt.

IV. Bußgeldvorschriften

Ordnungswidrig handelt,

– wer als Mitglied des vertretungsberechtigten Organs oder des Aufsichtsrats einer Gesellschaft

(§ 334 HGB)
Jahresabschluß

1. bei der Aufstellung oder Feststellung des Jahresabschlusses einer Vorschrift

– Form und Inhalt
(§ 334 Abs. 1 Nr. 1a HGB)

– über Form und Inhalt
des § 243 Abs. 1 oder 2, der §§ 244–248, des § 249 Abs. 1 Satz 1 oder Abs. 3, des § 250 Abs. 1 Satz 1 oder Abs. 2, des § 251 oder des § 264 Abs. 2 HGB,

– Bewertung
(§ 334 Abs. 1 Nr. 1b HGB)

– über die Bewertung
des § 253 Abs. 1 Satz 1 iVm § 255 Abs. 1 oder 2 Satz 1, 2 oder 6, des § 253 Abs. 1 Satz 2 oder Abs. 2 Satz 1, 2 oder 3 dieser iVm § 279 Abs. 1 Satz 2, des § 253 Abs. 3 Satz 1 oder 2, des § 280 Abs. 1, des § 282 oder des § 283 HGB,

– Gliederung
(§ 334 Abs. 1 Nr. 1c HGB)

– über die Gliederung
des § 265 Abs. 2–4 oder Abs. 6, der §§ 266, 268 Abs. 2–6 oder 7, der §§ 272–274 Abs. 1 des § 275 oder des § 277 HGB oder

– Alternativangaben
Bilanz/Anhang

(§ 334 Abs. 1 Nr. 1d HGB)

– über die in der Bilanz oder im Anhang zu machenden Angaben
des § 280 Abs. 3, des § 281 Abs. 1 Satz 2 oder 3 oder Abs. 2 Satz 1, des § 284 oder des § 285 HGB.

Konzernabschluß

2. bei der Aufstellung des Konzernabschlusses einer Vorschrift

– Konsolidierungskreis
(§ 334 Abs. 1 Nr. 2a HGB)

– über den Konsolidierungskreis
des § 294 Abs. 1 HGB,

– Inhalt und Form
(§ 334 Abs. 1 Nr. 2b HGB)

– über Inhalt oder Form des Konzernabschlusses
des § 297 Abs. 2 oder 3 oder des § 298 Abs. 1 iVm den §§ 244–249 Abs. 1 Satz 1 oder Abs. 2 oder dem § 251 HGB,

– Konsolidierungsgrundsätze
Vollständigkeitsgebot
§ 334 Abs. 1 Nr. 2a HGB)
– Bewertung
(§ 334 Abs. 1 Nr. 2d HGB)

– über die Konsolidierungsgrundsätze oder das Vollständigkeitsgebot
des § 300 HGB,
– über die Bewertung
des § 308 Abs. 1 Sastz 1 iVm den in Nummer 1b bezeichneten Vorschriften oder des § 308 Abs. 2 HGB,

– assoziierte Unternehmen
(§ 314 Abs. 1 Nr. 2a,
§ 311 Abs. 1 Satz 1 iVm
§ 312 HGB)

– über die Behandlung assoziierter Unternehmen
oder

– Anhang, Konzernanhang (§ 334 Abs.1 Nr.3f, § 308 Abs.1 Satz 3 iVm § 313 oder § 314 HGB)	– über die im Anhang, Konzernanhang zu machenden Angaben
Lagebericht/Konzern- lagebericht (§ 334 Abs.1 Nr.3 HGB	3. bei der Aufstellung des Lageberichts einer Vorschrift – über den Inhalt des Lageberichts des § 289 Abs.1 HGB,
Lagebericht/Konzern- lagebericht (§ 334 Abs.1 Nr.3 HGB	3. bei der Aufstellung des Lageberichts einer Vorschrift – über den Inhalt des Lageberichts des § 289 Abs.1 HGB,
Offenlegung/Publizität (§ 334 Abs.1 Nr.5 HGB)	5. bei der Offenlegung, Veröffentlichung oder Vervielfältigung einer Vorschrift – über Form oder Inhalt oder
Rechtverordnung für Formblätter (§ 334 Abs.1 Nr.6 HGB)	6. einer aufgrund des § 330 Satz 1 HGB erlassenen Rechtsverordnung – soweit sie für einen bestimmten Tatbestand auf diese
Tätigkeitsverbot (§ 334 Abs. 2 HGB)	Ordnungswidrig handelt auch, – wer zu einem aufgrund gesetzlicher Vorschriften zu prüfenden Jahresabschluß oder Konzernabschluß – einen Vermerk nach § 322 HGB (Bestätigungsvermerk oder Vermerk über dessen Versagung) erteilt, obwohl nach § 319 Abs. 2 HGB er oder nach § 319 Abs. 3 HGB die Wirtschaftsprüfungsgesellschaft oder Buchprüfungsgesellschaft, für die er tätig wird, nicht Abschlußprüfer sein darf.
Höhe der Geldbuße (§ 334 Abs. 3 HGB)	Die Ordnungswidrigkeit kann – mit einer Geldbuße bis zu fünfzigtausend Deutsche Mark geahndet werden.

V. Festsetzung von Zwangsgeld

	Mitglieder des vertretungsberechtigten Organs einer Gesellschaft, welche die Vorschriften über
(§ 335 Nr. 1,	1. die Pflicht zur Aufstellung eines Jahresabschlusses und eine Lageberichts nach § 242 Abs. 1 und 2, § 264 Abs. 1 HGB,
(§ 335 Nr. 2,	2. die Pflicht zur Aufstellung eines Konzernabschlusses und eines Konzernlageberichts nach § 290 Abs. 1 und 2 HGB,
– Nr. 3,	3. die Pflicht zur unverzüglichen Erteilung des Prüfungsauftrags nach § 318 Abs. 1 Satz 4 HGB,

– Nr. 4,	4. die Pflicht, den Antrag auf gerichtliche Bestellung des Abschlußprüfers zu stellen nach § 318 Abs. 4 Satz 3 HGB,
– Nr. 5,	5. die Pflichten gegenüber dem Abschlußprüfer nach § 320 HGB oder
– Nr. 6 HGB)	6. die Pflicht zur Offenlegung des Jahresabschlusses, des Lageberichts, des Konzernabschlusses, des Konzernlageberichts und anderer Unterlagen der Rechnungslegung nach § 325 HGB

nicht befolgen, sind hierzu vom Registergericht
– durch Festsetzung von Zwangsgeld nach § 132 Abs. 1 FGG

anzuhalten.

– Tätigwerden des Registergerichts (§ 335 Satz 2 HGB)	Das Registergericht schreitet jedoch nur ein, – wenn ein Gesellschafter, Gläubiger oder der Gesamtbetriebsrat oder, wenn ein solcher nicht besteht, der Betriebsrat der Gesellschaft dies beantragt.
– Konzernabschluß – – Antragstellung (§ 335 Satz HGB)	Bestehen die Pflichten hinsichtlich eines Konzernabschlusses und eine Konzernlageberichts, so können den Antrag nach § 335 Satz 2 HGB auch – die Gesellschafter und Gläubiger eines Tochterunternehmens sowie der Konzernbetriebsrat stellen.
(§ 335 Satz 4 HGB)	Die Antragsberechtigung ist glaubhaft zu machen. Der Antrag kann nicht zurückgenommen werden.
– Höhe des Zwangsgeldes (§ 335 letzter Satz HGB)	Das einzelne Zwangsgeld darf den Betrag von – zehntausend Deutsche Mark nicht übersteigen.

Gesetz
zur Durchführung der Vierten, Siebenten und Achten Richtlinie des Rates der Europäischen Gemeinschaften zur Koordinierung des Gesellschaftsrechts (Bilanzrichtlinien-Gesetz – BiRiLiG)

Vom 19. Dezember 1985

Der Bundestag hat mit Zustimmung des Bundesrates das folgende Gesetz beschlossen:

Artikel 1
Änderung des Handelsgesetzbuchs

Das Handelsgesetzbuch in der im Bundesgesetzblatt Teil III, Gliederungsnummer 4100-1, veröffentlichten bereinigten Fassung, zuletzt geändert durch Artikel 2 des Gesetzes vom 4. Juli 1980 (BGBl. I S. 836), wird wie folgt geändert:

1. Nach § 8 wird folgender § 8a eingefügt:

»§ 8a

(1) Die zum Handelsregister eingereichten Schriftstücke können nach näherer Anordnung der Landesjustizverwaltung zur Ersetzung der Urschrift auch als Wiedergabe auf einem Bildträger oder auf anderen Datenträgern aufbewahrt werden, wenn sichergestellt ist, daß die Wiedergabe oder die Daten innerhalb angemessener Zeit lesbar gemacht werden können. Bei der Herstellung der Bild- oder Datenträger ist ein schriftlicher Nachweis über ihre inhaltliche Übereinstimmung mit der Urschrift anzufertigen.

(2) Das Gericht kann nach näherer Anordnung der Landesjustizverwaltung gestatten, daß die zum Handelsregister einzureichenden Jahresabschlüsse und Konzernabschlüsse und die dazugehörigen Unterlagen in der in Absatz 1 Satz 1 bezeichneten Form eingereicht werden.«

2. § 9 Abs. 2 erhält folgende Fassung:
»(2) Von den Eintragungen und den zum Handelsregister eingereichten Schriftstücken kann eine Abschrift gefordert werden. Werden die Schrifstücke nach § 8a Abs. 1 aufbewahrt, so kann eine Abschrift nur von der Wiedergabe gefordert werden. Die Abschrift ist von der Geschäftsstelle zu beglaubigen, sofern nicht auf die Beglaubigung verzichtet wird.«

3. Die §§ 38 bis 47b werden aufgehoben.

3a. In § 100 Abs. 2 wird die Angabe »§§ 43 und 44« durch die Angabe »§§ 239 und 257« ersetzt.

4. In § 118 Abs. 1 werden nach den Worten »eine Bilanz« die Worte »und einen Jahresabschluß« eingefügt.

5. § 166 wird wie folgt geändert:

   a) In Absatz 1 werden die Worte »der jährlichen Bilanz« durch die Worte »des Jahresabschlusses« und das Wort »ihre« durch das Wort »dessen« ersetzt.

   b) In Absatz 3 werden nach den Worten »einer Bilanz« die Worte »und eines Jahresabschlusses« eingefügt.

6. Im Zweiten Buch werden die Abschnittsüberschriften »Dritter Abschnitt. Aktiengesellschaft«, »Vierter Abschnitt. Kommanditgesellschaft auf Aktien« und »Fünfter Abschnitt. Stille Gesellschaft« gestrichen.

7. Die §§ 335 bis 342 werden §§ 230 bis 237, ihnen wird die Abschnittsüberschrift

   »Dritter Abschnitt

   Stille Gesellschaft«

   vorangestellt. Zudem wird § 233 wie folgt geändert:

   a) In Absatz 1 werden die Worte »der jährlichen Bilanz« durch die Worte »des Jahresabschlusses« und das Wort »ihre« durch das Wort »dessen« ersetzt.

   b) In Absatz 3 werden nach den Worten »einer Bilanz« die Worte »und eines Jahresabschlusses« eingefügt.

8. Nach § 237 wird eingefügt:

   »Drittes Buch
   Handelsbücher
   Erster Abschnitt
   Vorschriften für alle Kaufleute
   Erster Unterabschnitt
   Buchführung. Inventar

§ 238

Buchführungspflicht

(1) Jeder Kaufmann ist verpflichtet, Bücher zu führen und in diesen seine Handelsgeschäfte und die Lage seines Vermögens nach den Grundsätzen ordnungsmäßiger Buchführung ersichtlich zu machen. Die Buchführung muß so beschaffen sein, daß sie einem sachverständigen Dritten innerhalb angemessener Zeit einen Überblick über die Geschäftsvorfälle und über die Lage des Unternehmens vermitteln kann. Die Geschäftsvorfälle müssen sich in ihrer Entstehung und Abwicklung verfolgen lassen.

(2) Der Kaufmann ist verpflichtet, eine mit der Urschrift übereinstimmende Wiedergabe der abgesandten Handelsbriefe (Kopie, Abdruck, Abschrift oder sonstige Wiedergabe des Wortlauts auf einem Schrift-, Bild- oder anderen Datenträger) zurückzubehalten.

§ 239

Führung der Handelsbücher

(1) Bei der Führung der Handelsbücher und bei den sonst erforderlichen Aufzeichnungen hat sich der Kaufmann einer lebenden Sprache zu bedienen. Werden Abkürzungen, Ziffern, Buchstaben oder Symbole verwendet, muß im Einzelfall deren Bedeutung eindeutig festliegen.

(2) Die Eintragungen in Büchern und die sonst erforderlichen Aufzeichnungen müssen vollständig, richtig, zeitgerecht und geordnet vorgenommen werden.

(3) Eine Eintragung oder eine Aufzeichnung darf nicht in einer Weise verändert werden, daß der ursprüngliche Inhalt nicht mehr feststellbar ist. Auch solche Veränderungen dürfen nicht vorgenommen werden, deren Beschaffenheit es ungewiß läßt, ob sie ursprünglich oder erst später gemacht worden sind.

(4) Die Handelsbücher und die sonst erforderlichen Aufzeichnungen können auch in der geordneten Ablage von Belegen bestehen oder auf Datenträgern geführt werden, soweit diese Formen der Buchführung einschließlich des dabei angewandten Verfahrens den Grundsätzen ordnungsmäßiger Buchführung entsprechen. Bei der Führung der Handelsbücher und der sonst erforderlichen Aufzeichnungen auf Datenträgern muß insbesondere sichergestellt sein, daß die Daten während der Dauer der Aufbewahrungsfrist verfügbar sind und jederzeit innerhalb angemessener Frist lesbar gemacht werden können. Absätze 1 bis 3 gelten sinngemäß.

§ 240

Inventar

(1) Jeder Kaufmann hat zu Beginn seines Handelsgewerbes seine Grundstücke, seine Forderungen und Schulden, den Betrag seines baren Geldes sowie seine sonstigen Vermögensgegenstände genau zu verzeichnen und dabei den Wert der einzelnen Vermögensgegenstände und Schulden anzugeben.

(2) Er hat demnächst für den Schluß eines jeden Geschäftsjahrs ein solches Inventar aufzustellen. Die Dauer des Geschäftsjahrs darf zwölf Monate nicht überschreiten. Die Aufstellung des Inventars ist innerhalb der einem ordnungsmäßigen Geschäftsgang entsprechenden Zeit zu bewirken.

(3) Vermögensgegenstände des Sachanlagevermögens sowie Roh-, Hilfs- und Betriebsstoffe können, wenn sie regelmäßig ersetzt werden und ihr Gesamtwert für das Unternehmen von nachrangiger Bedeutung ist, mit einer gleichbleibenden Menge und einem gleichbleibenden Wert angesetzt werden, sofern ihr Bestand in seiner Größe, seinem Wert und seiner Zusammensetzung nur geringen Veränderungen unterliegt. Jedoch ist in der Regel alle drei Jahre eine körperliche Bestandsaufnahme durchzuführen.

(4) Gleichartige Vermögensgegenstände des Vorratsvermögens sowie andere gleichartige oder annähernd gleichwertige bewegliche Vermögensgegenstände können jeweils zu einer Gruppe zusammengefaßt und mit dem gewogenen Durchschnittswert angesetzt werden.

§ 241

Inventurvereinfachungsverfahren

(1) Bei der Aufstellung des Inventars darf der Bestand der Vermögensgegenstände nach Art, Menge und Wert auch mit Hilfe anerkannter mathematisch-statistischer Methoden auf Grund von Stichproben ermittelt werden. Das Verfahren muß den Grundsätzen ordnungsmäßiger Buchführung entsprechen. Der Aussagewert des auf diese Weise aufgestellten Inventars muß dem Aussagewert eines auf Grund einer körperlichen Bestandsaufnahme aufgestellten Inventars gleichkommen.

(2) Bei der Aufstellung des Inventars für den Schluß eines Geschäftsjahrs bedarf es einer körperlichen Bestandsaufnahme der Vermögensgegenstände für diesen Zeitpunkt nicht, soweit durch Anwendung eines den Grundsätzen ordnungsmäßiger Buchführung entsprechenden anderen Verfahrens gesichert ist, daß der Bestand

der Vermögensgegenstände nach Art, Menge und Wert auch ohne die körperliche Bestandsaufnahme für diesen Zeitpunkt festgestellt werden kann.

(3) In dem Inventar für den Schluß eines Geschäftsjahrs brauchen Vermögensgegenstände nicht verzeichnet werden, wenn

1. der Kaufmann ihren Bestand auf Grund einer körperlichen Bestandsaufnahme oder auf Grund eines nach Absatz 2 zulässigen anderen Verfahrens nach Art, Menge und Wert in einem besonderen Inventar verzeichnet hat, das für einen Tag innerhalb der letzten drei Moante vor oder der ersten beiden Monate nach dem Schluß des Geschäftsjahrs aufgestellt ist, und

2. auf Grund des besonderen Inventars durch Anwendung eines den Grundsätzen ordnungsmäßiger Buchführung entsprechenden Fortschreibungs- oder Rückrechnungsverfahrens gesichert ist, daß der am Schluß des Geschäftsjahrs vorhandene Bestand der Vermögensgegenstände für diesen Zeitpunkt ordnungsgemäß bewertet werden kann.

Zweiter Unterabschnitt

Eröffnungsbilanz. Jahresabschluß

Erster Titel

Allgemeine Vorschriften

§ 242

Pflicht zur Aufstellung

(1) Der Kaufmann hat zu Beginn seines Handelsgewerbes und für den Schluß eines jeden Geschäftsjahrs einen das Verhältnis seines Vermögens und seiner Schulden darstellenden Abschluß (Eröffnungsbilanz, Bilanz) aufzustellen. Auf die Eröffnungsbilanz sind die für den Jahresabschluß geltenden Vorschriften entsprechend anzuwenden, soweit sie sich auf die Bilanz beziehen.

(2) Er hat für den Schluß eines jeden Geschäftsjahrs eine Gegenüberstellung der Aufwendungen und Erträge des Geschäftsjahrs (Gewinn- und Verlustrechnung) aufzustellen.

(3) Die Bilanz und die Gewinn- und Verlustrechnung bilden den Jahresabschluß.

§ 243

Aufstellungsgrundsatz

(1) Der Jahresabschluß ist nach den Grund-

sätzen ordnungsmäßiger Buchführung aufzustellen.

(2) Er muß klar und übersichtlich sein.

(3) Der Jahresabschluß ist innerhalb der einem ordnungsmäßigen Geschäftsgang entsprechenden Zeit aufzustellen.

§ 244

Sprache. Währungseinheit

Der Jahresabschluß ist in deutscher Sprache und in Deutscher Mark aufzustellen.

§ 245

Unterzeichnung

Der Jahresabschluß ist vom Kaufmann unter Angabe des Datums zu unterzeichnen. Sind mehrere persönlich haftende Gesellschafter vorhanden, so haben sie alle zu unterzeichnen.

Zweiter Titel

Ansatzvorschriften

§ 246

Vollständigkeit. Verrechnungsverbot

(1) Der Jahresabschluß hat sämtliche Vermögensgegenstände, Schulden, Rechnungsabgrenzungsposten, Aufwendungen und Erträge zu enthalten, soweit gesetzlich nichts anderes bestimmt ist.

(2) Posten der Aktivseite dürfen nicht mit Posten der Passivseite, Aufwendungen nicht mit Erträgen, Grundstücksrechte nicht mit Grundstückslasten verrechnet werden.

§ 247

Inhalt der Bilanz

(1) In der Bilanz sind das Anlage- und das Umlaufvermögen, das Eigenkapital, die Schulden sowie die Rechnungsabgrenzungsposten gesondert auszuweisen und hinreichend aufzugliedern.

(2) Beim Anlagevermögen sind nur die Gegenstände auszuweisen, die bestimmt sind, dauernd dem Geschäftsbetrieb zu dienen.

(3) Passivposten, die für Zwecke der Steuern vom Einkommen und vom Ertrag zulässig sind, dürfen in der Bilanz gebildet werden. Sie sind als Sonderposten mit Rücklageanteil auszuweisen und nach Maßgabe des Steuerrechts aufzulösen. Einer Rückstellung bedarf es insoweit nicht.

§ 248

Bilanzierungsverbote

(1) Aufwendungen für die Gründung des Unternehmens und für die Beschaffung des Eigenkapitals dürfen in die Bilanz nicht als Aktivposten aufgenommen werden.

(2) Für immaterielle Vermögensgegenstände des Anlagevermögens, die nicht entgeltlich erworben wurden, darf ein Aktivposten nicht angesetzt werden.

§ 249

Rückstellungen

(1) Rückstellungen sind für ungewisse Verbindlichkeiten und für drohende Verluste aus schwebenden Geschäften zu bilden. Ferner sind Rückstellungen zu bilden für

1. im Geschäftsjahr unterlassene Aufwendungen für Instandhaltung, die im folgenden Geschäftsjahr innerhalb von drei Monaten, oder für Abraumbeseitigung, die im folgenden Geschäftsjahr nachgeholt werden,

2. Gewährleistungen, die ohne rechtliche Verpflichtung erbracht werden.

Rückstellungen dürfen für unterlassene Aufwendungen für Instandhaltung auch gebildet werden, wenn die Instandhaltung nach Ablauf der Frist nach Satz 2 Nr. 1 innerhalb des Geschäftsjahrs nachgeholt wird.

(2) Rückstellungen dürfen außerdem für ihrer Eigenart nach genau umschriebene, dem Geschäftsjahr oder einem früheren Geschäftsjahr zuzuordnende Aufwendungen gebildet werden, die am Abschlußstichtag wahrscheinlich oder sicher, aber hinsichtlich ihrer Höhe oder des Zeitpunkts ihres Eintritts unbestimmt sind.

(3) Für andere als die in den Absätzen 1 und 2 bezeichneten Zwecke dürfen Rückstellungen nicht gebildet werden. Rückstellungen dürfen nur aufgelöst werden, soweit der Grund hierfür entfallen ist.

§ 250

Rechnungsabgrenzungsposten

(1) Als Rechnungsabgrenzungsposten sind auf der Aktivseite Ausgaben vor dem Abschlußstichtag auszuweisen, soweit sie Aufwand für eine bestimmte Zeit nach diesem Tag darstellen. Ferner dürfen ausgewiesen werden

1. als Aufwand berücksichtigte Zölle und Verbrauchsteuern, soweit sie auf am Abschluß-

stichtag auszuweisende Vermögensgegenstände des Vorratsvermögens entfallen,

2. als Aufwand berücksichtigte Umsatzsteuer auf am Abschlußstichtag auszuweisende oder von den Vorräten offen abgesetzte Anzahlungen.

(2) Auf der Passivseite sind als Rechnungsabgrenzungsposten Einnahmen vor dem Abschlußstichtag auszuweisen, soweit sie Ertrag für eine bestimmte Zeit nach diesem Tag darstellen.

(3) Ist der Rückzahlungsbetrag einer Verbindlichkeit höher als der Ausgabebetrag, so darf der Unterschiedsbetrag in den Rechnungsabgrenzungsposten auf der Aktivseite aufgenommen werden. Der Unterschiedsbetrag ist durch planmäßige jährliche Abschreibungen zu tilgen, die auf die gesamte Laufzeit der Verbindlichkeit verteilt werden können.

§ 251

Haftungsverhältnisse

Unter der Bilanz sind, sofern sie nicht auf der Passivseite auszuweisen sind, Verbindlichkeiten aus der Begebung und Übertragung von Wechseln, aus Bürgschaften, Wechsel- und Scheckbürgschaften und aus Gewährleistungsverträgen sowie Haftungsverhältnisse aus der Bestellung von Sicherheiten für fremde Verbindlichkeiten zu vermerken; sie dürfen in einem Betrag angegeben werden. Haftungsverhältnisse sind auch anzugeben, wenn ihnen gleichwertige Rückgriffsforderungen gegenüberstehen.

Dritter Titel

Bewertungsvorschriften

§ 252

Allgemeine Bewertungsgrundsätze

(1) Bei der Bewertung der im Jahresabschluß ausgewiesenen Vermögensgegenstände und Schulden gilt insbesondere folgendes:

1. Die Wertansätze in der Eröffnungsbilanz des Geschäftsjahrs müssen mit denen der Schlußbilanz des vorhergehenden Geschäftsjahrs übereinstimmen.

2. Bei der Bewertung ist von der Fortführung der Unternehmenstätigkeit auszugehen, sofern dem nicht tatsächliche oder rechtliche Gegebenheiten entgegenstehen.

3. Die Vermögensgegenstände und Schulden sind zum Abschlußstichtag einzeln zu bewerten.

4. Es ist vorsichtig zu bewerten, namentlich sind alle vorhersehbaren Risiken und Verluste, die bis zum Abschlußstichtag entstanden sind, zu berücksichtigen, selbst wenn diese erst zwischen dem Abschlußstichtag und dem Tag der Aufstellung des Jahresabschlusses bekanntgeworden sind; Gewinne sind nur zu berücksichtigen, wenn sie am Abschlußstichtag realisiert sind.

5. Aufwendungen und Erträge des Geschäftsjahrs sind unabhängig von den Zeitpunkten der entsprechenden Zahlungen im Jahresabschluß zu berücksichtigen.

6. Die auf den vorhergehenden Jahresabschluß angewandten Bewertungsmethoden sollen beibehalten werden.

(2) Von den Grundsätzen des Absatzes 1 darf nur in begründeten Ausnahmefällen abgewichen werden.

§ 253

Wertansätze der Vermögensgegenstände und Schulden

(1) Vermögensgegenstände sind höchstens mit den Anschaffungs- oder Herstellungskosten, vermindert um Abschreibungen nach den Absätzen 2 und 3 anzusetzen. Verbindlichkeiten sind zu ihrem Rückzahlungsbetrag, Rentenverpflichtungen, für die eine Gegenleistung nicht mehr zu erwarten ist, zu ihrem Barwert und Rückstellungen nur in Höhe des Betrags anzusetzen, der nach vernünftiger kaufmännischer Beurteilung notwendig ist.

(2) Bei Vermögensgegenständen des Anlagevermögens, deren Nutzung zeitlich begrenzt ist, sind die Anschaffungs- oder Herstellungskosten um planmäßige Abschreibungen zu vermindern. Der Plan muß die Anschaffungs- oder Herstellungskosten auf die Geschäftsjahre verteilen, in denen der Vermögensgegenstand voraussichtlich genutzt werden kann. Ohne Rücksicht darauf, ob ihre Nutzung zeitlich begrenzt ist, können bei Vermögensgegenständen des Anlagevermögens außerplanmäßige Abschreibungen vorgenommen werden, um die Vermögensgegenstände mit dem niedrigeren Wert anzusetzen, der ihnen am Abschlußstichtag beizulegen ist; sie sind vorzunehmen bei einer voraussichtlich dauernden Wertminderung.

(3) Bei Vermögensgegenständen des Umlaufvermögens sind Abschreibungen vorzunehmen, um diese mit einem niedrigeren Wert anzusetzen, der sich aus einem Börsen- oder Marktpreis am Abschlußstichtag ergibt. Ist ein Börsen- oder Marktpreis nicht festzustellen und übersteigen die Anschaffungs- oder Herstellungskosten den Wert, der den Vermögensgegenständen am Abschlußstichtag beizulegen ist, so ist auf diesen Wert abzuschreiben. Außerdem dürfen Abschreibungen vorgenommen werden, soweit diese nach vernünftiger kaufmännischer Beurteilung notwendig sind, um zu verhindern, daß in der nächsten Zukunft der Wertansatz dieser Vermögensgegenstände auf Grund von Wertschwankungen geändert werden muß.

(4) Abschreibungen sind außerdem im Rahmen vernünftiger kaufmännischer Beurteilung zulässig.

(5) Ein niedrigerer Wertansatz nach Absatz 2 Satz 3, Absatz 3 oder 4 darf beibehalten werden, auch wenn die Gründe dafür nicht mehr bestehen.

§ 254

Steuerrechtliche Abschreibungen

Abschreibungen können auch vorgenommen werden, um Vermögensgegenstände des Anlage- oder Umlaufvermögens mit dem niedrigeren Wert anzusetzen, der auf einer nur steuerrechtlich zulässigen Abschreibung beruht. § 253 Abs. 5 ist entsprechend anzuwenden.

§ 255

Anschaffungs- und Herstellungskosten

(1) Anschaffungskosten sind die Aufwendungen, die geleistet werden, um einen Vermögensgegenstand zu erwerben und ihn in einen betriebsbereiten Zustand zu versetzen, soweit sie dem Vermögensgegenstand einzeln zugeordnet werden können. Zu den Anschaffungskosten gehören auch die Nebenkosten sowie die nachträglichen Anschaffungskosten. Anschaffungspreisminderungen sind abzusetzen.

(2) Herstellungskosten sind die Aufwendungen, die durch den Verbrauch von Gütern und die Inanspruchnahme von Diensten für die Herstellung eines Vermögensgegenstands, seine Erweiterung oder für eine über seinen ursprünglichen Zustand hinausgehende wesentliche Verbesserung entstehen. Dazu gehören die Materialkosten, die Fertigungskosten und die Sonderkosten der Fertigung. Bei der Berechnung der Herstellungkosten dürfen auch angemessene Teile der notwendigen Materialgemeinkosten, der notwendigen Fertigungsgemeinkosten und des Wertverzehrs des Anlagevermögens, soweit er

durch die Fertigung veranlaßt ist, eingerechnet werden. Kosten der allgemeinen Verwaltung sowie Aufwendungen für soziale Einrichtungen des Betriebs, für freiwillige soziale Leistungen und für betriebliche Altersversorgung brauchen nicht eingerechnet zu werden. Aufwendungen im Sinne der Sätze 3 und 4 dürfen nur insoweit berücksichtigt werden, als sie auf den Zeitraum der Herstellung entfallen. Vertriebskosten dürfen nicht in die Herstellungskosten einbezogen werden.

(3) Zinsen für Fremdkapital gehören nicht zu den Herstellungskosten. Zinsen für Fremdkapital, das zur Finanzierung der Herstellung eines Vermögensgegenstands verwendet wird, dürfen angesetzt werden, soweit sie auf den Zeitraum der Herstellung entfallen; in diesem Falle gelten sie als Herstellungskosten des Vermögensgegenstands.

(4) Als Geschäfts- oder Firmenwert darf der Unterschiedsbetrag angesetzt werden, um den die für die Übernahme eines Unternehmens bewirkte Gegenleistung den Wert der einzelnen Vermögensgegenstände des Unternehmens abzüglich der Schulden im Zeitpunkt der Übernahme übersteigt. Der Betrag ist in jedem folgenden Geschäftsjahr zu mindestens einem Viertel durch Abschreibungen zu tilgen. Die Abschreibung des Geschäfts- oder Firmenwerts kann aber auch planmäßig auf die Geschäftsjahre verteilt werden, in denen er voraussichtlich genutzt wird.

§ 256

Bewertungsvereinfachungsverfahren

Soweit es den Grundsätzen ordnungsmäßiger Buchführung entspricht, kann für den Wertansatz gleichartiger Vermögensgegenstände des Vorratsvermögens unterstellt werden, daß die zuerst oder daß die zuletzt angeschafften oder hergestellten Vermögensgegenstände zuerst oder in einer sonstigen bestimmten Folge verbraucht oder veräußert worden sind. § 240 Abs. 3 und 4 ist auch auf den Jahresabschluß anwendbar.

Dritter Unterabschnitt

Aufbewahrung und Vorlage

§ 257

Aufbewahrung von Unterlagen Aufbewahrungsfristen

(1) Jeder Kaufmann ist verpflichtet, die folgenden Unterlagen geordnet aufzubewahren:

1. Handelsbücher, Inventare, Eröffnungsbilanzen, Jahresabschlüsse, Lageberichte, Kon-

zernabschlüsse, Konzernlageberichte sowie die zu ihrem Verständnis erforderlichen Arbeitsanweisungen und sonstigen Organisationsunterlagen,

2. die empfangenen Handelsbriefe,

3. Wiedergaben der abgesandten Handelsbriefe,

4. Belege für Buchungen in den von ihm nach § 238 Abs. 1 zu führenden Büchern (Buchungsbelege).

(2) Handelsbriefe sind nur Schriftstücke, die ein Handelsgeschäft betreffen.

(3) Mit Ausnahme der Eröffnungsbilanzen, Jahresabschlüsse und der Konzernabschlüsse können die in Absatz 1 aufgeführten Unterlagen auch als Wiedergabe auf einem Bildträger oder auf anderen Datenträgern aufbewahrt werden, wenn dies den Grundsätzen ordnungsmäßiger Buchführung entspricht und sichergestellt ist, daß die Wiedergabe oder die Daten

1. mit den empfangenen Handelsbriefen und den Buchungsbelegen bildlich und mit den anderen Unterlagen inhaltlich übereinstimmen, wenn sie lesbar gemacht werden,

2. während der Dauer der Aufbewahrungsfrist verfügbar sind und jederzeit innerhalb angemessener Frist lesbar gemacht werden können.

Sind Unterlagen auf Grund des § 239 Abs. 4 Satz 1 auf Datenträgern hergestellt worden, können statt des Datenträgers die Daten auch ausgedruckt aufbewahrt werden; die ausgedruckten Unterlagen können auch nach Satz 1 aufbewahrt werden.

(4) Die in Absatz Nr. 1 aufgeführten Unterlagen sind zehn Jahre und die sonstigen in Absatz 1 aufgeführten Unterlagen sechs Jahre aufzubewahren.

(5) Die Aufbewahrungsfrist beginnt mit dem Schluß des Kalenderjahrs, in dem die letzte Eintragung in das Handelsbuch gemacht, das Inventar aufgestellt, die Eröffnungsbilanz oder der Jahresabschluß festgestellt, der Konzernabschluß aufgestellt, der Handelsbrief empfangen oder abgesandt worden oder der Buchungsbelegt entstanden ist.

§ 258

Vorlegung im Rechtsstreit

(1) Im Laufe eines Rechtsstreits kann das Gericht auf Antrag oder von Amts wegen die Vorlegung der Handelsbücher einer Partei anordnen.

(2) Die Vorschriften der Zivilprozeßordnung über die Verpflichtung des Prozeßgegners zur Vorlegung von Urkunden bleiben unberührt.

§ 259

Auszug bei Vorlegung im Rechtsstreit

Werden in einem Rechtsstreit Handelsbücher vorgelegt, so ist von ihrem Inhalt, soweit er den Streitpunkt betrifft, unter Zuziehung der Parteien Einsicht zu nehmen und geeignetenfalls ein Auszug zu fertigen. Der übrige Inhalt der Bücher ist dem Gericht insoweit offenzulegen, als es zur Prüfung ihrer ordnungsmäßigen Führung notwendig ist.

§ 260

Vorlegung bei Auseinandersetzungen

Bei Vermögensauseinandersetzungen, insbesondere in Erbschafts-, Gütergemeinschafts- und Gesellschaftsteilungssachen, kann das Gericht die Vorlegung der Handelsbücher zur Kenntnisnahme von ihrem ganzen Inhalt anordnen.

§ 261

Vorlegung von Unterlagen auf Bild- oder Datenträgern

Wer aufzubewahrende Unterlagen nur in der Form einer Wiedergabe auf einem Bildträger oder auf anderen Datenträgern vorlegen kann, ist verpflichtet, auf seine Kosten diejenigen Hilfsmittel zur Verfügung zu stellen, die erforderlich sind, um die Unterlagen lesbar zu machen; soweit erforderlich, hat er die Unterlagen auf seine Kosten auszudrucken oder ohne Hilfsmittel lesbare Reproduktionen beizubringen.

Vierter Unterabschnitt

Sollkaufleute. Landesrecht

§ 262

Anwendung auf Sollkaufleute

Für Unternehmer, die nach § 2 verpflichtet sind, die Eintragung ihres Unternehmens in das Handelsregister herbeizuführen, gelten die Vorschriften dieses Abschnitts schon von dem Zeitpunkt an, in dem diese Verpflichtung entstanden ist.

§ 263

Vorbehalt landesrechtlicher Vorschriften

Unberührt bleiben bei Unternehmen ohne eigene Rechtspersönlichkeit einer Gemeinde, eines Gemeindeverbands oder eines Zweckverbands landesrechtliche Vorschriften, die von den Vorschriften dieses Abschnitts abweichen.

Zweiter Abschnitt

Ergänzende Vorschriften für Kapitalgesellschaften (Aktiengesellschaften, Kommanditgesellschaften auf Aktien und Gesellschaften mit beschränkter Haftung)

Erster Unterabschnitt

Jahresabschluß der Kapitalgesellschaft und Lagebericht

Erster Titel

Allgemeine Vorschriften

§ 264

Pflicht zur Aufstellung

(1) Die gesetzlichen Vertreter einer Kapitalgesellschaft haben den Jahresabschluß (§ 242) um einen Anhang zu erweitern, der mit der Bilanz und der Gewinn- und Verlustrechnung eine Einheit bildet, sowie einen Lagebericht aufzustellen. Der Jahresabschluß und der Lagebericht sind von den gesetzlichen Vertretern in den ersten drei Monaten des Geschäftsjahrs für das vergangene Geschäftsjahr aufzustellen. Kleine Kapitalgesellschaften (§ 267 Abs. 1) dürfen den Jahresabschluß und den Lagebericht auch später aufstellen, wenn dies einem ordnungsgemäßen Geschäftsgang entspricht; diese Unterlagen sind jedoch innerhalb der ersten sechs Monate des Geschäftsjahrs aufzustellen.

(2) Der Jahresabschluß der Kapitalgesellschaft hat unter Beachtung der Grundsätze ordnungsmäßiger Buchführung ein den tatsächlichen Verhältnissen entsprechendes Bild der Vermögens-, Finanz- und Ertragslage der Kapitalgesellschaft zu vermitteln. Führen besondere Umstände dazu, daß der Jahresabschluß ein den tatsächlichen Verhältnissen entsprechendes Bild im Sinne des Satzes 1 nicht vermittelt, so sind im Anhang zusätzliche Angaben zu machen.

§ 265

Allgemeine Grundsätze für die Gliederung

(1) Die Form der Darstellung, insbesondere die Gliederung der aufeinanderfolgenden Bilanzen und Gewinn- und Verlustrechnungen, ist beizubehalten, soweit nicht in Ausnahmefällen wegen besonderer Umstände Abweichungen erforderlich sind. Die Abweichungen sind im Anhang anzugeben und zu begründen.

(2) In der Bilanz sowie in der Gewinn- und Verlustrechnung ist zu jedem Posten der entsprechende Betrag des vorhergehenden Geschäftsjahrs anzugeben. Sind die Beträge nicht vergleichbar, so ist dies im Anhang anzugeben und zu erläutern. Wird der Vorjahresbetrag angepaßt, so ist auch dies im Anhang anzugeben und zu erläutern.

(3) Fällt ein Vermögensgegenstand oder eine Schuld unter mehrere Posten der Bilanz, so ist die Mitzugehörigkeit zu anderen Posten bei dem Posten, unter dem der Ausweis erfolgt ist, zu vermerken oder im Anhang anzugeben, wenn dies zur Aufstellung eines klaren und übersichtlichen Jahresabschlusses erforderlich ist. Eigene Anteile dürfen unabhängig von ihrer Zweckbestimmung nur unter dem dafür vorgesehenen Posten im Umlaufvermögen ausgewiesen werden.

(4) Sind mehrere Geschäftszweige vorhanden und bedingt dies die Gliederung des Jahresabschlusses nach verschiedenen Gliederungsvorschriften, so ist der Jahresabschluß nach der für einen Geschäftszweig vorgeschriebenen Gliederung aufzustellen und nach der für die anderen Geschäftszweige vorgeschriebenen Gliederung zu ergänzen. Die Ergänzung ist im Anhang anzugeben und zu begründen.

(5) Eine weitere Untergliederung der Posten ist zulässig; dabei ist jedoch die vorgeschriebene Gliederung zu beachten. Neue Posten dürfen hinzugefügt werden, wenn ihr Inhalt nicht von einem vorgeschriebenen Posten gedeckt wird.

(6) Gliederung und Bezeichnung der mit arabischen Zahlen versehenen Posten der Bilanz und der Gewinn- und Verlustrechnung sind zu ändern, wenn dies wegen Besonderheiten der Kapitalgesellschaft zur Aufstellung eines klaren und übersichtlichen Jahresabschlusses erforderlich ist.

(7) Die mit arabischen Zahlen versehenen Posten der Bilanz und der Gewinn- und Verlustrechnung können, wenn nicht besondere Formblätter vorgeschrieben sind, zusammengefaßt ausgewiesen werden, wenn

1. sie einen Betrag enthalten, der für die Vermittlung eines den tatsächlichen Verhältnissen entsprechenden Bildes im Sinne des § 264 Abs. 2 nicht erheblich ist, oder

2. dadurch die Klarheit der Darstellung vergrößert wird; in diesem Falle müssen die zusammengefaßten Posten jedoch im Anhang gesondert ausgewiesen werden.

(8) Ein Posten der Bilanz oder der Gewinn- und Verlustrechnung, der keinen Betrag ausweist, braucht nicht aufgeführt zu werden, es sei denn, daß im vorhergehenden Geschäftsjahr unter diesem Posten ein Betrag ausgewiesen wurde.

Zweiter Titel

Bilanz

§ 266

Gliederung der Bilanz

(1) Die Bilanz ist in Kontoform aufzustellen. Dabei haben große und mittelgroße Kapitalgesellschaften (§ 267 Abs. 3, 2) auf der Aktivseite die in Absatz 2 und auf der Passivseite die in Absatz 3 bezeichneten Posten gesondert und in der vorgeschriebenen Reihenfolge auszuweisen. Kleine Kapitalgesellschaften (§ 267 Abs. 1) brauchen nur eine verkürzte Bilanz aufzustellen, in die nur die in den Absätzen 2 und 3 mit Buchstaben und römischen Zahlen bezeichneten Posten gesondert und in der vorgeschriebenen Reihenfolge aufgenommen werden.

(2) Aktivseite

A. Anlagevermögen:
  I. Immaterielle Vermögensgegenstände:
    1. Konzessionen, gewerbliche Schutzrechte und ähnliche Rechte und Werte sowie Lizenzen an solchen Rechten und Werten;
    2. Geschäfts- oder Firmenwert;
    3. geleistete Anzahlungen;
  II. Sachanlagen:
    1. Grundstücke, grundstücksgleiche Rechte und Bauten einschließlich der Bauten auf fremden Grundstücken;
    2. technische Anlagen und Maschinen;
    3. andere Anlagen, Betriebs- und Geschäftsausstattung;
    4. geleistete Anzahlungen und Anlagen im Bau;
  III. Finanzanlagen:
    1. Anteile an verbundenen Unternehmen;
    2. Ausleihungen an verbundene Unternehmen;
    3. Beteiligungen;

4. Ausleihungen an Unternehmen, mit denen ein Beteiligungsverhältnis besteht;

5. Wertpapiere des Anlagevermögens;

6. sonstige Ausleihungen.

B. Umlaufvermögen:

I. Vorräte:

1. Roh-, Hilfs- und Betriebsstoffe;

2. unfertige Erzeugnisse, unfertige Leistungen;

3. fertige Erzeugnisse und Waren;

4. geleistete Anzahlungen;

II. Forderungen und sonstige Vermögensgegenstände:

1. Forderungen aus Lieferungen und Leistungen;

2. Forderungen gegen verbundene Unternehmen;

3. Forderungen gegen Unternehmen, mit denen ein Beteiligungsverhältnis besteht;

4. sonstige Vermögensgegenstände;

III. Wertpapiere:

1. Anteile an verbundenen Unternehmen;

2. eigene Anteile;

3. sonstige Wertpapiere;

IV. Schecks, Kassenbestand, Bundesbank- und Postgiroguthaben, Guthaben bei Kreditinstituten.

C. Rechnungsabgrenzungsposten.

(3) Passivseite

A. Eigenkapital:

I. Gezeichnetes Kapital;

II. Kapitalrücklage;

III. Gewinnrücklagen:

1. gesetzliche Rücklage;

2. Rücklage für eigene Anteile;

3. satzungsmäßige Rücklagen;

4. andere Gewinnrücklagen;

IV. Gewinnvortrag/Verlustvortrag;

V. Jahresüberschuß/Jahresfehlbetrag.

B. Rückstellungen:

1. Rückstellungen für Pensionen und ähnliche Verpflichtungen;

2. Steuerrückstellungen;

3. sonstige Rückstellungen.

C. Verbindlichkeiten:

1. Anleihen, davon konvertibel;

2. Verbindlichkeiten gegenüber Kreditinstituten;

3. erhaltene Anzahlungen auf Bestellungen;

4. Verbindlichkeiten aus Lieferungen und Leistungen;

5. Verbindlichkeiten aus der Annahme gezogener Wechsel und der Ausstellung eigener Wechsel;

6. Verbindlichkeiten gegenüber verbundenen Unternehmen;

7. Verbindlichkeiten gegenüber Unternehmen, mit denen ein Beteiligungsverhältnis besteht;

8. sonstige Verbindlichkeiten, davon aus Steuern, davon im Rahmen der sozialen Sicherheit.

D. Rechnungsabgrenzungsposten.

§ 267

Umschreibung der Größenklassen

(1) Kleine Kapitalgesellschaften sind solche, die mindestens zwei der drei nachstehenden Merkmale nicht überschreiten:

1. Drei Millionen neunhunderttausend Deutsche Mark Bilanzsumme nach Abzug eines auf der Aktivseite ausgewiesenen Fehlbetrags (§ 268 Abs. 3).

2. Acht Millionen Deutsche Mark Umsatzerlöse in den zwölf Monaten vor dem Abschlußstichtag.

3. Im Jahresdurchschnitt fünfzig Arbeitnehmer.

(2) Mittelgroße Kapitalgesellschaften sind solche, die mindestens zwei der drei in Absatz 1 bezeichneten Merkmale überschreiten und jeweils mindestens zwei der drei nachstehenden Merkmale nicht überschreiten:

1. Fünfzehn Millionen fünfhunderttausend Deutsche Mark Bilanzsumme nach Abzug

eines auf der Aktivseite ausgewiesenen Fehlbetrags (§ 268 Abs. 3).

2. Zweiunddreißig Millionen Deutsche Mark Umsatzerlöse in den zwölf Monaten vor dem Abschlußstichtag.

3. Im Jahresdurchschnitt zweihundertfünfzig Arbeitnehmer.

(3) Große Kapitalgesellschaften sind solche, die mindestens zwei der drei in Absatz 2 bezeichneten Merkmale überschreiten. Eine Kapitalgesellschaft gilt stets als große, wenn Aktien oder andere von ihr ausgegebene Wertpapiere an einer Börse in einem Mitgliedstaat der Europäischen Wirtschaftsgemeinschaft zum amtlichen Handel zugelassen oder in den geregelten Freiverkehr einbezogen sind oder die Zulassung zum amtlichen Handel beantragt ist.

(4) Die Rechtsfolgen der Merkmale nach den Absätzen 1 bis 3 Satz 1 treten nur ein, wenn sie an den Abschlußstichtagen von zwei aufeinanderfolgenden Geschäftsjahren über- oder unterschritten werden. Im Falle der Verschmelzung, Umwandlung oder Neugründung treten die Rechtsfolgen schon ein, wenn die Voraussetzungen des Absatzes 1, 2 oder 3 am ersten Abschlußstichtag nach der Verschmelzung, Umwandlung oder Neugründung vorliegen.

(5) Als durchschnittliche Zahl der Arbeitnehmer gilt der vierte Teil der Summe aus den Zahlen der jeweils am 31. März, 30. Juni, 30. September und 31. Dezember beschäftigten Arbeitnehmer einschließlich der im Ausland beschäftigten Arbeitnehmer, jedoch ohne die zu ihrer Berufsausbildung Beschäftigten.

(6) Informations- und Auskunftsrechte der Arbeitnehmervertretungen nach anderen Gesetzen bleiben unberührt.

§ 268
Vorschriften zu einzelnen Posten der Bilanz
Bilanzvermerke

(1) Die Bilanz darf auch unter Berücksichtigung der vollständigen oder teilweisen Verwendung des Jahresabschlusses aufgestellt werden. Wird die Bilanz unter Berücksichtigung der teilweisen Verwendung des Jahresergebnisses aufgestellt, so tritt an die Stelle der Posten »Jahresüberschuß/Jahresfehlbetrag« und »Gewinnvortrag/Verlustvortrag« der Posten »Bilanzgewinn/Bilanzverslut«; ein vorhandener Gewinn- oder Verlustvortrag ist in den Posten »Bilanzgewinn/Bilanzverlust« einzubeziehen und in der Bilanz oder im Anhang gesondert anzugeben.

(2) In der Bilanz oder im Anhang ist die Entwicklung der einzelnen Posten des Anlagevermögens und des Postens »Aufwendungen für die Ingangsetzung und Erweiterung des Geschäftsbetriebs« darzustellen. Dabei sind, ausgehend von den gesamten Anschaffungs- und Herstellungskosten, die Zugänge, Abgänge, Umbuchungen und Zuschreibungen des Geschäftsjahrs sowie die Abschreibungen in ihrer gesamten Höhe gesondert aufzuführen. Die Abschreibungen des Geschäftsjahrs sind entweder in der Bilanz bei dem betreffenden Posten zu vermerken oder im Anhang in einer der Gliederung des Anlagevermögens entsprechenden Aufgliederung anzugeben.

(3) Ist das Eigenkapital durch Verluste aufgebraucht und ergibt sich ein Überschuß der Passivposten über die Aktivposten, so ist dieser Betrag am Schluß der Bilanz auf der Aktivseite gesondert unter der Bezeichnung »Nicht durch Eigenkapital gedeckter Fehlbetrag« auszuweisen.

(4) Der Betrag der Forderungen mit einer Restlaufzeit von mehr als einem Jahr ist bei jedem gesondert ausgewiesenen Posten zu vermerken. Werden unter dem Posten »sonstige Vermögensgegenstände« Beträge für Vermögensgegenstände ausgewiesen, die erst nach dem Abschlußstichtag rechtlich entstehen, so müssen Beträge, die einen größeren Umfang haben, im Anhang erläutert werden.

(5) Der Betrag der Verbindlichkeiten mit einer Restlaufzeit bis zu einem Jahr ist bei jedem gesondert ausgewiesenen Posten zu vermerken. Erhaltene Anzahlungen auf Bestellungen sind, soweit Anzahlungen auf Vorräte nicht von dem Posten »Vorräte« offen abgesetzt werden, unter den Verbindlichkeiten gesondert auszuweisen. Sind unter dem Posten »Verbindlichkeiten« Beträge für Verbindlichkeiten ausgewiesen, die erst nach dem Abschlußstichtag rechtlich entstehen, so müssen Beträge, die einen größeren Umfang haben, im Anhang erläutert werden.

(6) Ein nach § 250 Abs. 3 in den Rechnungsabgrenzungsposten auf der Aktivseite aufgenommener Unterschiedsbetrag ist in der Bilanz gesondert auszuweisen oder im Anhang anzugeben.

(7) Die in § 251 bezeichneten Haftungsverhältnisse sind jeweils gesondert unter der Bilanz oder im Anhang unter Angabe der gewährten Pfandrechte und sonstigen Sicherheiten anzugeben; bestehen solche Verpflichtungen gegenüber verbundenen Unternehmen, so sind sie gesondert anzugeben.

§ 269

Aufwendungen für die Ingangsetzung und Erweiterung des Geschäftsbetriebs

Die Aufwendungen für die Ingangsetzung des Geschäftsbetriebs und dessen Erweiterung dürfen, soweit sie nicht bilanzierungsfähig sind, als Bilanzierungshilfe aktiviert werden; der Posten ist in der Bilanz unter der Bezeichnung »Aufwendungen für die Ingangsetzung und Erweiterung des Geschäftsbetriebs« vor dem Anlagevermögen auszuweisen und im Anhang zu erläutern. Werden solche Aufwendungen in der Bilanz ausgewiesen, so dürfen Gewinne nur ausgeschüttet werden, wenn die nach der Ausschüttung verbleibenden jederzeit auflösbaren Gewinnrücklagen zuzüglich eines Gewinnvortrags und abzüglich eines Verlustvortrags dem angesetzten Betrag mindestens entsprechen.

§ 270

Bildung bestimmter Posten

(1) Einstellungen in die Kapitalrücklage und deren Auflösung sind bereits bei der Aufstellung der Bilanz vorzunehmen. Satz 1 ist auf Einstellungen in den Sonderposten mit Rücklageanteil und dessen Auflösung anzuwenden.

(2) Wird die Bilanz unter Berücksichtigung der vollständigen oder teilweisen Verwendung des Jahresergebnisses aufgestellt, so sind Entnahmen aus Gewinnrücklagen sowie Einstellungen in Gewinnrücklagen, die nach Gesetz, Gesellschaftsvertrag oder Satzung vorzunehmen sind oder auf Grund solcher Vorschriften beschlossen worden sind, bereits bei der Aufstellung der Bilanz zu berücksichtigen.

§ 271

Beteiligungen. Verbundene Unternehmen

(1) Beteiligungen sind Anteile an anderen Unternehmen, die bestimmt sind, dem eigenen Geschäftsbetrieb durch Herstellung einer dauernden Verbindung zu jenen Unternehmen zu dienen. Dabei ist es unerheblich, ob die Anteile in Wertpapieren verbrieft sind oder nicht. Als Beteiligung gelten im Zweifel Anteile an einer Kapitalgesellschaft, deren Nennbeträge insgesamt den fünften Teil des Nennkapitals dieser Gesellschaft überschreiten. Auf die Berechnung ist § 16 Abs. 2 und 4 des Aktiengesetzes entsprechend anzuwenden. Die Mitgliedschaft in einer eingetragenen Genossenschaft gilt nicht als Beteiligung im Sinne dieses Buches.

(2) Verbundene Unternehmen im Sinne dieses Buches sind solche Unternehmen, die als Mutter- oder Tochterunternehmen (§ 290) in den Konzernabschluß eines Mutterunternehmens nach den Vorschriften über die Vollkonsolidierung einzubeziehen sind, das als oberstes Mutterunternehmen den am weitestgehenden Konzernabschluß nach dem Zweiten Unterabschnitt aufzustellen hat, auch wenn die Aufstellung unterbleibt, oder das einen befreienden Konzernabschluß nach § 291 oder nach einer nach § 292 erlassenen Rechtsverordnung aufstellt oder aufstellen könnte; Tochterunternehmen, die nach § 295 oder § 296 nicht einbezogen werden, sind ebenfalls verbundene Unternehmen.

§ 272

Eigenkapital

(1) Gezeichnetes Kapital ist das Kapital, auf das die Haftung der Gesellschafter für die Verbindlichkeiten der Kapitalgesellschaft gegenüber den Gläubigern beschränkt ist. Die ausstehenden Einlagen auf das gezeichnete Kapital sind auf der Aktivseite vor dem Anlagevermögen gesondert auszuweisen und entsprechend zu bezeichnen; die davon eingeforderten Einlagen sind zu vermerken. Die nicht eingeforderten ausstehenden Einlagen dürfen auch von dem Posten »Gezeichnetes Kapital« offen abgesetzt werden; in diesem Falle ist der verbleibende Betrag als Posten »Eingefordertes Kapital« in der Hauptspalte der Passivseite auszuweisen und ist außerdem der eingeforderte, aber noch nicht eingezahlte Betrag unter den Forderungen gesondert auszuweisen und entsprechend zu bezeichnen.

(2) Als Kapitalrücklage sind auszuweisen

1. der Betrag, der bei der Ausgabe von Anteilen einschließlich von Bezugsanteilen über den Nennbetrag hinaus erzielt wird;

2. der Betrag, der bei der Ausgabe von Schuldverschreibungen für Wandlungsrechte und Optionsrechte zum Erwerb von Anteilen erzielt wird;

3. der Betrag von Zuzahlungen, die Gesellschafter gegen Gewährung eines Vorzugs für ihre Anteile leisten;

4. der Betrag von anderen Zuzahlungen, die Gesellschafter in das Eigenkapital leisten.

(3) Als Gewinnrücklagen dürfen nur Beträge ausgewiesen werden, die im Geschäftsjahr oder in einem früheren Geschäftsjahr aus dem Ergebnis gebildet worden sind. Dazu gehören aus dem Ergebnis zu bildende gesetzliche oder auf Gesell-

schaftsvertrag oder Satzung beruhende Rücklagen und andere Gewinnrücklagen.

(4) In eine Rücklage für eigene Anteile ist ein Betrag einzustellen, der dem auf der Aktivseite der Bilanz für die eigenen Anteile anzusetzenden Betrag entspricht. Die Rücklage darf nur aufgelöst werden, soweit die eigenen Anteile ausgegeben, veräußert oder eingezogen werden oder soweit nach § 253 Abs. 3 auf der Aktivseite ein niedrigerer Betrag angesetzt wird. Die Rücklage, die bereits bei der Aufstellung der Bilanz vorzunehmen ist, darf aus vorhandenen Gewinnrücklagen gebildet werden, soweit diese frei verfügbar sind. Die Rücklage nach Satz 1 ist auch für Anteile eines herrschenden oder eines mit Mehrheit beteiligten Unternehmens zu bilden.

§ 273

Sonderposten mit Rücklageanteil

Der Sonderposten mit Rücklageanteil (§ 247 Abs. 3) darf nur insoweit gebildet werden, als das Steuerrecht die Anerkennung des Wertansatzes bei der steuerrechtlichen Gewinnermittlung davon abhängig macht, daß der Sonderposten in der Bilanz gebildet wird. Er ist auf der Passivseite vor den Rückstellungen auszuweisen; die Vorschriften, nach denen er gebildet worden ist, sind in der Bilanz oder im Anhang anzugeben.

§ 274

Steuerabgrenzung

(1) Ist der dem Geschäftsjahr und früheren Geschäftsjahren zuzurechnende Steueraufwand zu niedrig, weil der nach den steuerrechtlichen Vorschriften zu versteuernde Gewinn niedriger als das handelsrechtliche Ergebnis ist, und gleicht sich der zu niedrige Steueraufwand des Geschäftsjahrs und früherer Geschäftsjahre in späteren Geschäftsjahren voraussichtlich aus, so ist in Höhe der voraussichtlichen Steuerbelastung nachfolgender Geschäftsjahre eine Rückstellung nach § 249 Abs. 1 Satz 1 zu bilden und in der Bilanz oder im Anhang gesondert anzugeben. Die Rückstellung ist aufzulösen, sobald die höhere Steuerbelastung eintritt oder mit ihr voraussichtlich nicht mehr zu rechnen ist.

(2) Ist der dem Geschäftsjahr und früheren Geschäftsjahren zuzurechnende Steueraufwand zu hoch, weil der nach den steuerrechtlichen Vorschriften zu versteuernde Gewinn höher als das handelsrechtliche Ergebnis ist, und gleicht sich der zu hohe Steueraufwand des Geschäftsjahrs und früherer Geschäftsjahre in späteren Geschäftsjahren voraussichtlich aus, so darf in Höhe

der voraussichtlichen Steuerentlastung nachfolgender Geschäftsjahre ein Abgrenzungsposten als Bilanzierungshilfe auf der Aktivseite der Bilanz gebildet werden. Dieser Posten ist unter entsprechender Bezeichnung gesondert auszuweisen und im Anhang zu erläutern. Wird ein solcher Posten ausgewiesen, so dürfen Gewinne nur ausgeschüttet werden, wenn die nach der Ausschüttung verbleibenden jederzeit auflösbaren Gewinnrücklagen zuzüglich eines Gewinnvortrags und abzüglich eines Verlustvortrags dem angesetzten Betrag mindestens entsprechen. Der Betrag ist aufzulösen, sobald die Steuerentlastung eintritt oder mit ihr voraussichtlich nicht mehr zu rechnen ist.

Dritter Titel

Gewinn- und Verlustrechnung

§ 275

Gliederung

(1) Die Gewinn- und Verlustrechnung ist in Staffelform nach dem Gesamtkostenverfahren oder dem Umsatzkostenverfahren aufzustellen. Dabei sind die in Absatz 2 oder 3 bezeichneten Posten in der angegebenen Reihenfolge gesondert auszuweisen.

(2) Bei Anwendung des Gesamtkostenverfahrens sind auszuweisen:

1. Umsatzerlöse

2. Erhöhung oder Verminderung des Bestands an fertigen und unfertigen Erzeugnissen

3. andere aktivierte Eigenleistungen

4. sonstige betriebliche Erträge

5. Materialaufwand:

   a) Aufwendungen für Roh-, Hilfs- und Betriebsstoffe und für bezogene Waren

   b) Aufwendungen für bezogene Leistungen

6. Personalaufwand:

   a) Löhne und Gehälter

   b) soziale Abgaben und Aufwendungen für Altersversorgung und für Unterstützung, davon für Altersversorgung

7. Abschreibungen:

   a) auf immaterielle Vermögensgegenstände des Anlagevermögens und Sachanlagen sowie auf aktivierte Aufwendungen für die Ingangsetzung und Erweiterung des Geschäftsbetriebs

b) auf Vermögensgegenstände des Umlaufvermögens, soweit diese die in der Kapitalgesellschaft üblichen Abschreibungen überschreiten

8. sonstige betriebliche Aufwendungen

9. Erträge aus Beteiligungen,
davon aus verbundenen Unternehmen

10. Erträge aus anderen Wertpapieren und Ausleihungen des Finanzanlagevermögens,
davon aus verbundenen Unternehmen

11. sonstige Zinsen und ähnliche Erträge,
davon aus verbundenen Unternehmen

12. Abschreibungen auf Finanzanlagen und auf Wertpapiere des Umlaufvermögens

13. Zinsen und ähnliche Aufwendungen,
davon an verbundenen Unternehmen

14. Ergebnis der gewöhnlichen Geschäftätigkeit

15. außerordentliche Erträge

16. außerordentliche Aufwendungen

17. außerordentliches Ergebnis

18. Steuern vom Einkommen und vom Ertrag

19. sonstige Steuern

20. Jahresüberschuß/Jahresfehlbetrag.

(3) Bei Anwendung des Umsatzkostenverfahrens sind auszuweisen:

1. Umsatzerlöse

2. Herstellungskosten der zur Erzielung der Umsatzerlöse erbrachten Leistungen

3. Bruttoergebnis vom Umsatz

4. Vertriebskosten

5. allgemeine Verwaltungskosten

6. sonstige betriebliche Erträge

7. sonstige betriebliche Aufwendungen

8. Erträge aus Beteiligungen,
davon aus verbundenen Unternehmen

9. Erträge aus anderen Wertpapieren und Ausleihungen des Finanzanlagevermögens,
davon aus verbundenen Unternehmen

10. sonstige Zinsen und ähnliche Erträge,
davon aus verbundenen Unternehmen

11. Abschreibungen auf Finanzanlagen und auf Wertpapiere des Umlaufvermögens

12. Zinsen und ähnliche Aufwendungen,
davon an verbundene Unternehmen

13. Ergebnis der gewöhnlichen Geschäftätigkeit

14. außerordentliche Erträge

15. außerordentliche Aufwendungen

16. außerordentliches Ergebnis

17. Stuern vom Einkommen und vom Ertrag

18. sonstige Steuern

19. Jahresüberschuß/Jahresfehlbetrag.

(4) Veränderungen der Kapital- und Gewinnrücklagen dürfen in der Gewinn- und Verlustrechnung erst nach dem Posten »Jahresüberschuß/Jahresfehlbetrag« ausgewiesen werden.

§ 276

Größenabhängige Erleichterungen

Kleine und mittelgroße Kapitalgesellschaften (§ 267 Abs. 1, 2) dürfen die Posten § 275 Abs. 2 Nr. 1 bis 5 oder Abs. 3 Nr. 1 bis 3 und 6 zu einem Posten unter der Bezeichnung »Rohergebnis« zusammenfassen.

§ 277

Vorschriften zu einzelnen Posten der Gewinn- und Verlustrechnung

(1) Als Umsatzerlöse sind die Erlöse aus dem Verkauf und der Vermietung oder Verpachtung von für die gewöhnliche Geschäftätigkeit der Kapitalgesellschaft typischen Erzeugnissen und Waren sowie aus von für die gewöhnliche Geschäftätigkeit der Kapitalgesellschaft tpyischen Dienstleistungen nach Abzug von Erlösschmälerungen und der Umsatzsteuer auszuweisen.

(2) Als Bestandsveränderungen sind sowohl Änderungen der Menge als auch solche des Wertes zu berücsichtigen; Abschreibungen jedoch nur, soweit diese die in der Kapitalgesellschaft sonst üblichen Abschreibungen nicht überschreiten.

(3) Außerplanmäßige Abschreibungen nach § 253 Abs. 2 Satz 3 sowie Abschreibungen nach § 253 Abs. 3 Satz 3 sind jeweils gesondert auszuweisen oder im Anhang anzugeben. Erträge und Aufwendungen aus Verlustübernahme und auf Grund einer Gewinngemeinschaft, eines Gewinnabführungs- oder eines Teilgewinnabführungsvertrags erhaltene oder abgeführte Gewinne sind jeweils gesondert unter entsprechender Bezeichnung auszuweisen.

(4) Unter den Posten »außerordentliche Erträge« und »außerordentliche Aufwendungen« sind Erträge und Aufwendungen auszuweisen, die au

ßerhalb der gewöhnlichen Geschäftstätigkeit der Kapitalgesellschaft anfallen. Die Posten sind hinsichtlich ihres Betrags und ihrer Art im Anhang zu erläutern, soweit die ausgewiesenen Beträge für die Beurteilung der Ertragslage nicht von untergeordneter Bedeutung sind. Satz 2 gilt auch für Erträge und Aufwendungen, die einem anderen Geschäftsjahr zuzurechnen sind.

§ 278

Steuern

Die Steuern vom Einkommen und vom Ertrag sind auf der Grundlage des Beschlusses über die Verwendung des Ergebnisses zu berechnen; liegt ein solcher Beschluß im Zeitpunkt der Feststellung des Jahresabschlusses nicht vor, so ist vom Vorschlag über die Verwendung des Ergebnisses auszugehen. Weicht der Beschluß über die Verwendung des Ergebnisses vom Vorschlag ab, so braucht der Jahresabschluß nicht geändert zu werden.

Vierter Titel

Bewertungsvorschriften

§ 279

Nichtanwendung von Vorschriften
Abschreibungen

(1) § 253 Abs. 4 ist nicht anzuwenden. § 253 Abs. 2 Satz 3 darf, wenn es sich nicht um eine voraussichtlich dauernde Wertminderung handelt, nur auf Vermögensgegenstände, die Finanzanlagen sind, angewendet werden.

(2) Abschreibungen nach § 254 dürfen nur insoweit vorgenommen werden, als das Steuerrecht ihre Anerkennung bei der steuerrechtlichen Gewinnermittlung davon abhängig macht, daß sie sich aus der Bilanz ergeben.

§ 280

Wertaufholungsgebot

(1) Wird bei einem Vermögensgegenstand eine Abschreibung nach § 253 Abs. 2 Satz 3 oder Abs. 3 oder § 254 Satz 1 vorgenommen und stellt sich in einem späteren Geschäftsjahr heraus, daß die Gründe dafür nicht mehr bestehen, so ist der Betrag dieser Abschreibung im Umfang der Werterhöhung unter Berücksichtigung der Abschreibungen, die inzwischen vorzunehmen gewesen wären, zuzuschreiben. § 253 Abs. 5, § 254 Satz 2 sind insoweit nicht anzuwenden.

(2) Von der Zuschreibung nach Absatz 1 kann abgesehen werden, wenn der niedrigere Wertansatz bei der steuerrechtlichen Gewinnermittlung beibehalten werden kann und wenn Voraussetzung für die Beibehaltung ist, daß der niedrigere Wertansatz auch in der Bilanz beibehalten wird.

(3) Im Anhang ist der Betrag der im Geschäftsjahr aus steuerrechtlichen Gründen unterlassenen Zuschreibungen anzugeben und hinreichend zu begründen.

§ 281

Berücksichtigung
steuerrechtlicher Vorschriften

(1) Die nach § 254 zulässigen Abschreibungen dürfen auch in der Weise vorgenommen werden, daß der Unterschiedsbetrag zwischen der nach § 253 in Verbindung mit § 279 und der nach § 254 zulässigen Bewertung in den Sonderposten mit Rücklageanteil eingestellt wird. In der Bilanz oder im Anhang sind die Vorschriften anzugeben, nach denen die Wertberichtigung gebildet worden ist. Unbeschadet steuerrechtlicher Vorschriften über die Auflösung ist die Wertberichtigung insoweit aufzulösen, als die Vermögensgegenstände, für die sie gebildet worden ist, aus dem Vermögen ausscheiden oder die steuerrechtliche Wertberichtigung durch handelsrechtliche Abschreibungen ersetzt wird.

(2) Im Anhang ist der Betrag der im Geschäftsjahr allein nach steuerrechtlichen Vorschriften vorgenommenen Abschreibungen, getrennt nach Anlage- und Umlaufvermögen, anzugeben, soweit er sich nicht aus der Bilanz oder der Gewinn- und Verlustrechnung ergibt, und hinreichend zu begründen. Erträge aus der Auflösung des Sonderpostens mit Rücklageanteil in dem Posten »sonstige betriebliche Erträge«, Einstellungen in den Sonderposten mit Rücklageanteil sind in dem Posten »sonstige betriebliche Aufwendungen« der Gewinn- und Verlustrechnung gesondert auszuweisen oder im Anhang anzugeben.

§ 282

Abschreibung der Aufwendungen
für die Ingangsetzung und Erweiterung
des Geschäftsbetriebs

Für die Ingangsetzung und Erweiterung des Geschäftsbetriebs ausgewiesene Beträge sind in jedem folgenden Geschäftsjahr zu mindestens einem Viertel durch Abschreibungen zu tilgen.

§ 283

Wertansatz des Eigenkapitals

Das gezeichnete Kapital ist zum Nennbetrag anzusetzen.

Fünfter Titel

Anhang

§ 284

Erläuterung der Bilanz und der Gewinn- und Verlustrechnung

(1) In den Anhang sind diejenigen Angaben aufzunehmen, die zu den einzelnen Posten der Bilanz oder der Gewinn- und Verlustrechnung vorgeschrieben oder die im Anhang zu machen sind, weil sie in Ausübung eines Wahlrechts nicht in die Bilanz oder in die Gewinn- und Verlustrechnung aufgenommen wurden.

(2) Im Anhang müssen

1. die auf die Posten der Bilanz und der Gewinn- und Verlustrechnung angewandten Bilanzierungs- und Bewertungsmethoden angegeben werden;

2. die Grundlagen für die Umrechnung in Deutsche Mark angegeben werden, soweit der Jahresabschluß Posten enthält, denen Beträge zugrunde liegen, die auf fremde Währung lauten oder ursprünglich auf fremde Währung lauteten;

3. Abweichungen von Bilanzierungs- und Bewertungsmethoden angegeben und begründet werden; deren Einfluß auf die Vermögens-, Finanz- und Ertragslage ist gesondert darzustellen;

4. bei Anwendung einer Bewertungsmethode nach § 240 Abs. 4, § 256 Satz 1 die Unterschiedsbeträge pauschal für die jeweilige Gruppe ausgewiesen werden, wenn die Bewertung im Vergleich zu einer Bewertung auf der Grundlage des letzten vor dem Abschlußstichtag bekannten Börsenkurses oder Marktpreises einen erheblichen Unterschied aufweist;

5. Angaben über die Einbeziehung von Zinsen für Fremdkapital in die Herstellungskosten gemacht werden.

§ 285

Sonstige Pflichtangaben

Ferner sind im Anhang anzugeben:

1. zu den in der Bilanz ausgewiesenen Verbindlichkeiten

   a) der Gesamtbetrag der Verbindlichkeiten mit einer Restlaufzeit von mehr als fünf Jahren,

   b) der Gesamtbetrag der Verbindlichkeiten, die durch Pfandrechte oder ähnliche Rechte gesichert sind, unter Angabe von Art und Form der Sicherheiten;

2. die Aufgliederung der in Nummer 1 verlangten Angaben für jeden Posten der Verbindlichkeiten nach dem vorgeschriebenen Gliederungsschema, sofern sich diese Angaben nicht aus der Bilanz ergeben;

3. der Gesamtbetrag der sonstigen finanziellen Verpflichtungen, die nicht in der Bilanz erscheinen und auch nicht nach § 251 anzugeben sind, sofern diese Angabe für die Beurteilung der Finanzlage von Bedeutung ist; davon sind Verpflichtungen gegenüber verbundenen Unternehmen gesondert anzugeben;

4. die Aufgliederung der Umsatzerlöse nach Tätigkeitsbereichen sowie nach geographisch bestimmten Märkten, soweit sich, unter Berücksichtigung der Organisation des Verkaufs von für die gewöhnliche Geschäftstätigkeit der Kapitalgesellschaft typischen Erzeugnissen und der für die gewöhnliche Geschäftstätigkeit der Kapitalgesellschaft typischen Dienstleistungen, die Tätigkeitsbereiche und geographisch bestimmten Märkte untereinander erheblich unterscheiden;

5. das Ausmaß, in dem das Jahresergebnis dadurch beeinfluß wurde, daß bei Vermögensgegenständen im Geschäftsjahr oder in früheren Geschäftsjahren Abschreibungen nach §§ 254, 280 Abs. 2 auf Grund steuerrechtlicher Vorschriften vorgenommen oder beibehalten wurden oder ein Sonderposten nach § 273 gebildet wurde; ferner das Ausmaß erheblicher künftiger Belastungen, die sich aus einer solchen Bewertung ergeben;

6. in welchem Umfang die Steuern vom Einkommen und vom Ertrag das Ergebnis der gewöhnlichen Geschäftstätigkeit und das außerordentliche Ergebnis belasten;

7. die durchschnittliche Zahl der während des Geschäftsjahrs beschäftigten Arbeitnehmer getrennt nach Gruppen;

8. bei Anwendung des Umsatzkostenverfahrens (§ 275 Abs. 3)

   a) der Materialaufwand des Geschäftsjahrs, gegliedert nach § 275 Abs. 2 Nr. 5,

   b) der Personalaufwand des Geschäftsjahrs, gegliedert nach § 275 Abs. 2 Nr. 6;

9. für die Mitglieder des Geschäftsführungsorgans, eines Aufsichtsrats, eines Beirats oder

einer ähnlichen Einrichtung jeweils für jede Personengruppe

a) die für die Tätigkeit im Geschäftsjahr gewährten Gesamtbezüge (Gehälter, Gewinnbeteiligungen, Aufwandsentschädigungen, Versicherungsentgelte, Provisionen und Nebenleistungen jeder Art). In die Gesamtbezüge sind auch Bezüge einzurechnen, die nicht ausgezahlt, sondern in Ansprüche anderer Art umgewandelt oder zur Erhöhung anderer Ansprüche verwendet werden. Außer den Bezügen für das Geschäftsjahr sind die weiteren Bezüge anzugeben, die im Geschäftsjahr gewährt, bisher aber in keinem Jahresabschluß angegeben worden sind;

b) die Gesamtbezüge (Abfindungen, Ruhegehälter, Hinterbliebenenbezüge und Leistungen verwandter Art) der früheren Mitglieder der bezeichneten Organe und ihrer Hinterbliebenen. Buchstabe a Satz 2 und 3 ist entsprechend anzuwenden. Ferner ist der Betrag der für diese Personengruppe gebildeten Rückstellungen für laufende Pensionen und Anwartschaften auf Pensionen und der Betrag der für diese Verpflichtungen nicht gebildeten Rückstellungen anzugeben;

c) die gewährten Vorschüsse und Kredite unter Angabe der Zinssätze, der wesentlichen Bedingungen und der gegebenenfalls im Geschäftsjahr zurückgezahlten Beträge sowie die zugunsten dieser Personen eingegangenen Haftungsverhältnisse;

10. alle Mitglieder des Geschäftsführungsorgans und eines Aufsichtsrats, auch wenn sie im Geschäftsjahr oder später ausgeschieden sind, mit dem Familiennamen und mindestens einem ausgeschriebenen Vornamen. Der Vorsitzende eines Aufsichtsrats, seine Stellvertreter und ein etwaiger Vorsitzender des Geschäftsführungsorgans sind als solche zu bezeichnen;

11. Name und Sitz anderer Unternehmen, von denen die Kapitalgesellschaft oder eine für Rechnung der Kapitalgesellschaft handelnde Person mindestens den fünften Teil der Anteile besitzt; außerdem sind die Höhe des Anteils am Kapital, das Eigenkapital und das Ergebnis des letzten Geschäftsjahrs dieser Unternehmen anzugeben, für das ein Jahresabschluß vorliegt; auf die Berechnung der Anteile ist § 16 Abs. 2 und 4 des Aktiengesetzes entsprechend anzuwenden;

12. Rückstellungen, die in der Bilanz unter dem Posten »sonstige Rückstellungen« nicht gesondert ausgewiesen werden, sind zu erläutern, wenn sie einen nicht unerheblichen Umfang haben;

13. bei Anwendung des § 255 Abs. 4 Satz 3 die Gründe für die planmäßige Abschreibung des Geschäfts- oder Firmenwerts;

14. Name und Sitz des Mutterunternehmens der Kapitalgesellschaft, das den Konzernabschluß für den größten Kreis von Unternehmen aufstellt, und ihres Mutterunternehmens, das den Konzernabschluß für den kleinsten Kreis von Unternehmen aufstellt, sowie im Falle der Offenlegung der von diesen Mutterunternehmen aufgestellten Konzernabschlüsse der Ort, wo diese erhältlich sind.

§ 286

Unterlassen von Angaben

(1) Die Berichterstattung hat insoweit zu unterbleiben, als es für das Wohl der Bundesrepublik Deutschland oder eines ihrer Länder erforderlich ist.

(2) Die Aufgliederung der Umsatzerlöse nach § 285 Nr. 4 kann unterbleiben, soweit die Aufgliederung nach vernünftiger kaufmännischer Beurteilung geeignet ist, der Kapitalgesellschaft oder einem Unternehmen, von dem die Kapitalgesellschaft mindestens den fünften Teil der Anteile besitzt, einen erheblichen Nachteil zuzufügen.

(3) Die Angaben nach § 285 Nr. 11 können unterbleiben, soweit sie

1. für die Darstellung der Vermögens-, Finanz- und Ertragslage der Kapitalgesellschaft nach § 264 Abs. 2 von untergeordneter Bedeutung sind oder

2. nach vernünftiger kaufmännischer Beurteilung geeignet sind, der Kapitalgesellschaft oder dem anderen Unternehmen einen erheblichen Nachteil zuzufügen.

Die Angabe des Eigenkapitals und des Jahresergebnisse kann unterbleiben, wenn das Unternehmen, über das zu berichten ist, seinen Jahresabschluß nicht offenzulegen hat und die berichtende Kapitalgesellschaft weniger als die Hälfte der Anteile besitzt. Die Anwendung der Ausnahmeregelung nach Satz 1 Nr. 2 ist im Anhang anzugeben.

§ 287

Aufstellung des Anteilsbesitzes

Die in § 285 Nr. 11 verlangten Angaben dürfen statt im Anhang auch in einer Aufstellung des Anteilsbesitzes gesondert gemacht werden. Die Aufstellung ist Bestandteil des Anhangs. Auf die besondere Aufstellung des Anteilsbesitzes und den Ort ihrer Hinterlegung ist im Anhang hinzuweisen.

§ 288

Größenabhängige Erleichterungen

Kleine Kapitalgesellschaften im Sinne des § 267 Abs. 1 brauchen die Angaben nach § 285 Nr. 2 bis 5, 7, 8 Buchstabe a, Nr. 9 Buchstabe a und b und Nr. 12 nicht zu machen. Mittelgroße Kapitalgesellschaften im Sinne des § 267 Abs. 2 brauchen die Angaben nach § 285 Nr. 4 nicht zu machen.

Sechster Titel

Lagebericht

§ 289

(1) Im Lagebericht sind zumindest der Geschäftsverlauf und die Lage der Kapitalgesellschaft so darzustellen, daß ein den tatsächlichen Verhältnissen entsprechendes Bild vermittelt wird.

(2) Der Lagebericht soll auch eingehen auf:

1. Vorgänge von besonderer Bedeutung, die nach dem Schluß des Geschäftsjahrs eingetreten sind;

2. die voraussichtliche Entwicklung der Kapitalgesellschaft;

3. den Bereich Forschung und Entwicklung.

Zweiter Unterabschnitt

Konzernabschluß und Konzernlagebericht

Erster Titel

Anwendungsbereich

§ 290

Pflicht zur Aufstellung

(1) Stehen in einem Konzern die Unternehmen unter der einheitlichen Leitung einer Kapitalgesellschaft (Mutterunternehmen) mit Sitz im Inland und gehört dem Mutterunternehmen eine Beteiligung nach § 271 Abs. 1 an dem oder den anderen unter der einheitlichen Leitung stehenden Unternehmen (Tochterunternehmen), so haben die gesetzlichen Vertreter des Mutterunternehmens in den ersten fünf Monaten des Konzerngeschäftsjahrs für das vergangene Konzerngeschäftsjahr einen Konzernabschluß und einen Konzernlagebericht aufzustellen.

(2) Eine Kapitalgesellschaft mit Sitz im Inland ist stets zur Aufstellung eines Konzernabschlusses und eines Konzernlageberichts verpflichtet (Mutterunternehmen), wenn ihr bei einem Unternehmen (Tochterunternehmen)

1. die Mehrheit der Stimmrechte der Gesellschaft zusteht,

2. das Recht zusteht, die Mehrheit der Mitglieder des Verwaltungs-, Leitungs- oder Aufsichtsorgans zu bestellen oder abzuberufen, und sie gleichzeitig Gesellschafter ist oder

3. das Recht zusteht, einen beherrschenden Einfluß auf Grund eines mit diesem Unternehmen geschlossenen Beherrschungsvertrags oder auf Grund einer Satzungsbestimmung dieses Unternehmens auszuüben.

(3) Als Rechte, die einem Mutterunternehmen nach Absatz 2 zustehen, gelten auch die einem Tochterunternehmen zustehenden Rechte und die den für Rechnung des Mutterunternehmens oder von Tochterunternehmen handelnden Personen zustehenden Rechte. Den einem Mutterunternehmen an einem anderen Unternehmen zustehenden Rechte werden die Rechte hinzugerechnet, über die es oder ein Tochterunternehmen auf Grund einer Vereinbarung mit anderen Gesellschaftern dieses Unternehmens verfügen kann. Abzuziehen sind Rechte, die

1. mit Anteilen verbunden sind, die von dem Mutterunternehmen oder von Tochterunternehmen für Rechnung einer anderen Person gehalten werden, oder

2. mit Anteilen verbunden sind, die als Sicherheit gehalten werden, sofern diese Rechte nach Weisung des Sicherungsgebers oder, wenn ein Kreditinstitut die Anteile als Sicherheit für ein Darlehen hält, im Interesse des Sicherungsgebers ausgeübt werden.

(4) Welcher Teil der Stimmrechte einem Unternehmen zusteht, bestimmt sich für die Berechnung der Mehrheit nach Absatz 2 Nr. 1 nach dem Verhältnis der Zahl der Stimmrechte, die es aus den ihm gehörenden Anteilen ausüben kann, zur Gesamtzahl aller Stimmrechte. Von der Gesamtzahl aller Stimmrechte sind die Stimmrechte aus eigenen Anteilen abzuziehen, die dem Tochterunternehmen selbst, einem seiner Tochterunternehmen oder einer anderen Person für Rechnung dieser Unternehmen gehören.

§ 291

Befreiende Konzernabschlüsse und Konzernlageberichte

(1) Ein Mutterunternehmen, das zugleich Tochterunternehmen eines Mutterunternehmens mit Sitz in einem Mitgliedstaat der Europäischen Wirtschaftsgemeinschaft ist, braucht einen Konzernabschluß und einen Konzernlagebericht nicht aufzustellen, wenn ein den Anforderungen des Absatzes 2 entsprechender Konzernabschluß und Konzernlagebericht seines Mutterunternehmens einschließlich des Bestätigungsvermerks oder des Vermerks über dessen versagung nach den für den entfallenden Konzernabschluß und Konzernlagebericht maßgeblichen Vorschriften in deutscher Sprache offengelegt wird. Ein befreiender Konzernabschluß und ein befreiender Konzernlagebericht können von jedem Unternehmen unabhängig von seiner Rechtsform und Größe aufgestellt werden, wenn das Unternehmen als Kapitalgesellschaft mit Sitz in einem Mitgliedstaat der Europäischen Wirtschaftsgemeinschaft zur Aufstellung eines Konzernabschlusses unter Einbeziehung des zu befreienden Mutterunternehmens und seiner Tochterunternehmen verpflichtet wäre.

(2) Der Konzernabschluß und Konzernlagebericht eines Mutterunternehmens mit Sitz in einem Mitgliedstaat der Europäischen Wirtschaftsgemeinschaft haben befreiende Wirkung, wenn

1. das zu befreiende Mutterunternehmen und seine Tochterunternehmen in den befreienden Konzernabschluß unbeschadet der §§ 295, 296 einbezogen worden sind,

2. der befreiende Konzernabschluß und der befreiende Konzernlagebericht dem für das den befreienden Konzernabschluß aufstellende Mutterunternehmen maßgeblichen und mit den Anforderungen der Richtlinie 83/349/EWG des Rates vom 13. Juni 1983 über den konsolidierten Abschluß (ABl. EG Nr. L 193 S. 1) übereinstimmenden Recht entsprechen und nach diesem Recht von einem in Übereinstimmung mit den Vorschriften der Richtlinie 84/253/EWG des Rates vom 10. April 1984 über die Zulassung der mit der Pflichtprüfung der Rechnungslegungsunterlagen beauftragten Personen (ABl. EG Nr. L 126 S. 20) zugelassenen Abschlußprüfer geprüft worden sind und

3. der Anhang des Jahresabschlusses des zu befreienden Unternehmens folgende Angaben enthält:

a) Name und Sitz des Mutterunternehmens, das den befreienden Konzernabschluß und Konzernlagebericht aufstellt, und

b) einen Hinweis auf die Befreiung von der Verpflichtung, einen Konzernabschluß und einen Konzernlagebericht aufzustellen.

(3) Die Befreiung nach Absatz 1 kann trotz Vorliegens der Voraussetzungen nach Absatz 2 von einem Mutterunternehmen nicht in Anspruch genommen werden, wenn Gesellschafter, denen bei Aktiengesellschaften und Kommanditgesellschaften auf Aktien mindestens zehn vom Hundert und bei Gesellschaften mit beschränkter Haftung mindestens zwanzig vom Hundert der Anteile an dem zu befreienden Mutterunternehmen gehören, spätestens sechs Monate vor dem Ablauf des Konzerngeschäftsjahrs die Aufstellung eines Konzernabschlusses und eine Konzernlageberichts beantragt haben. Gehören dem Mutterunternehmen mindestens neunzig vom Hundert der Anteile an dem zu befreienden Mutterunternehmen, so kann Absatz 1 nur angewendet werden, wenn die anderen Gesellschafter der Befreiung zugestimmt haben.

§ 292

Rechtsverordnungsermächtigung für befreiende Konzernabschlüsse und Konzernlageberichte

(1) Der Bundesminister der Justiz wird ermächtigt, im Einvernehmen mit dem Bundesminister der Finanzen und dem Bundesminister für Wirtschaft durch Rechtsverordnung, die nicht der Zustimmung des Bundesrates bedarf, zu bestimmen, daß § 291 auf Konzernabschlüsse und Konzernlageberichte von Mutterunternehmen mit Sitz in einem Staat, der nicht Mitglied der Europäischen Wirtschaftsgemeinschaft ist, mit der Maßgabe angewendet werden darf, daß der befreiende Konzernabschluß und der befreiende Konzernlagebericht nach dem mit den Anforderungen der Richtlinie 83/349/EWG übereinstimmenden Recht eines Mitgliedstaates der Europäischen Wirtschaftsgemeinschaft aufgestellt worden oder einem nach diesem Recht eines Mitgliedstaates der Europäischen Wirtschaftsgemeinschaft aufgestellten Konzernabschluß und Konzernlagebericht gleichwertig sein müssen. Das Recht eines anderen Mitgliedstaates der Europäischen Wirtschaftsgemeinschaft kann einem befreienden Konzernabschluß und einem befreienden Konzernlagebericht jedoch nur zugrunde gelegt oder für die Herstellung der Gleichwertigkeit herangezogen werden, wenn diese Unterla-

gen in dem anderen Mitgliedstaat anstelle eines sonst nach dem Recht dieses Mitgliedstaates vorgeschriebenen Konzernabschlusses und Konzernlageberichts offengelegt werden. Die Anwendung dieser Vorschrift kann in der Rechtsverordnung nach Satz 1 davon abhängig gemacht werden, daß die nach diesem Unterabschnitt aufgestellten Konzernabschlüsse und Konzernlageberichte in dem Staat, in dem das Mutterunternehmen seinen Sitz hat, als gleichwertig mit den dort für Unternehmen mit entsprechender Rechtsform und entsprechendem Geschäftszweig vorgeschriebenen Konzernabschlüssen und Konzernlageberichten angesehen werden.

(2) Ist ein nach Absatz 1 zugelassener Konzernabschluß nicht von einem in Übereinstimmung mit den Vorschriften der Richtlinie 84/253/EWG zugelassenen Abschlußprüfer geprüft worden, so kommt ihm befreiende Wirkung nur zu, wenn der Abschlußprüfer eine den Anforderungen dieser Richtlinie gleichwertige Befähigung hat und der Konzernabschluß in einer den Anforderungen des Dritten Unterabschnitts entsprechenden Weise geprüft worden ist.

(3) In einer Rechtsverordnung nach Absatz 1 kann außerdem bestimmt werden, welche Voraussetzungen Konzernabschlüsse und Konzernlageberichte von Mutterunternehmen mit Sitz in einem Staat, der nicht Mitglied der Europäischen Wirtschaftsgemeinschaft ist, im einzelnen erfüllen müssen, um nach Absatz 1 gleichwertig zu sein, und wie die Befähigung von Abschlußprüfern beschaffen sein muß, um nach Absatz 2 gleichwertig zu sein. In der Rechtsverordnung können zusätzliche Angaben und Erläuterungen zum Konzernabschluß vorgeschrieben werden, soweit diese erforderlich sind, um die Gleichwertigkeit dieser Konzernabschlüsse und Konzernlageberichte mit solchen nach diesem Unterabschnitt oder dem Recht eines anderen Mitgliedstaates der Europäischen Wirtschaftsgemeinschaft herzustellen.

(4) Die Rechtsverordnung ist vor Verkündung dem Bundestag zuzuleiten. Sie kann durch Beschluß des Bundestages geändert oder abgelehnt werden. Der Beschluß des Bundestages wird dem Bundesminister der Justiz zugeleitet. Der Bundesminister der Justiz ist bei der Verkündung der Rechtsverordnung an den Beschluß gebunden. Hat sich der Bundestag nach Ablauf von drei Sitzungswochen seit Eingang einer Rechtsverordnung nicht mit ihr befaßt, so wird die unveränderte Rechtsverordnung dem Bundesminister der Justiz zur Verkündung zugeleitet. Der Bundestag befaßt sich mit der Rechtsverordnung auf Antrag von so vielen Mitgliedern des Bundestages, wie zur Bildung einer Fraktion erforderlich sind.

§ 293

Größenabhängige Befreiungen

(1) Ein Mutterunternehmen ist von der Pflicht, einen Konzernabschluß und einen Konzernlagebericht aufzustellen, befreit, wenn

1. am Abschlußstichtag seines Jahresabschlusses und am vorhergehenden Abschlußstichtag mindestens zwei der drei nachstehenden Merkmale zutreffen:

   a) Die Bilanzsummen in den Bilanzen des Mutterunternehmens und der Tochterunternehmen, die in den Konzernabschluß einzubeziehen wären, übersteigen insgesamt nach Abzug von in den Bilanzen auf der Aktivseite ausgewiesenen Fehlbeträgen nicht sechsundvierzig Millionen achthunderttausend Deutsche Mark.

   b) Die Umsatzerlöse des Mutterunternehmens und der Tochterunternehmen, die in den Konzernabschluß einzubeziehen wären, übersteigen in den zwölf Monaten vor dem Abschlußstichtag insgesamt nicht sechsundneunzig Millionen Deutsche Mark.

   c) Das Mutterunternehmen und die Tochterunternehmen, die in den Konzernabschluß einzubeziehen wären, haben in den zwölf Monaten vor dem Abschlußstichtag im Jahresdurchschnitt nicht mehr als fünfhundert Arbeitnehmer beschäftigt;

   oder

2. am Abschlußstichtag eines von ihm aufzustellenden Konzernabschlusses und am vorhergehenden Abschlußstichtag mindestens zwei der drei nachstehenden Merkmale zutreffen:

   a) Die Bilanzsumme übersteigt nach Abzug eines auf der Aktivseite ausgewiesenen Fehlbetrags nicht neununddreißig Millionen Deutsche Mark.

   b) Die Umsatzerlöse in den zwölf Monaten vor dem Abschlußstichtag übersteigen nicht achtzig Millionen Deutsche Mark.

   c) Das Mutterunternehmen und die in den Konzernabschluß einbezogenen Tochterunternehmen haben in den zwölf Monaten vor dem Abschlußstichtag im Jahresdurchschnitt nicht mehr als fünfhundert Arbeitnehmer beschäftigt.

Auf die Ermittlung der durchschnittlichen Zahl der Arbeitnehmer ist § 267 Abs. 5 anzuwenden.

(2) Ein Kreditinstitut ist abweichend von Absatz 1 von der Pflicht, einen Konzernabschluß und einen Konzernlagebericht aufzustellen, befreit, wenn

1. am Abschlußstichtag seines Jahresabschlusses und am vorhergehenden Abschlußstichtag die Bilanzsummen in seiner Bilanz und in den Bilanzen der Tochterunternehmen, die in den Konzernabschluß einzubeziehen wären, zuzüglich der den Kreditnehmern abgerechneten eigenen Ziehungen im Umlauf, der Indossamentsverbindlichkeiten aus weitergegebenen Wechseln und der Verbindlichkeiten aus Bürgschaften, Wechsel- und Scheckbürgschaften sowie aus Gewährleistungsverträgen aller Unternehmen insgesamt nicht einhundertzweiunddreißig Millionen Deutsche Mark übersteigen oder

2. am Abschlußstichtag eines von ihm aufzustellenden Konzernabschlusses und am vorhergehenden Abschlußstichtag die Konzernbilanzsumme zuzüglich der den Kreditnehmern abgerechneten eigenen Ziehungen im Umlauf, der Indossamentsverbindlichkeiten aus weitergegebenen Wechseln und der Verbindlichkeiten aus Bürgschaften, Wechsel- und Scheckbürgschaften sowie aus Gewährleistungsverträgen nicht einhundertzehn Millionen Deutsche Mark übersteigt.

(3) Ein Versicherungsunternehmen ist abweichend von Absatz 1 von der Pflicht, einen Konzernabschluß und einen Konzernlagebericht aufzustellen, befreit, wenn

1. die Bruttobeiträge aus seinem gesamten Versicherungsgeschäft und dem der Tochterunternehmen, die in den Konzernabschluß einzubeziehen wären, jeweils in den zwölf Monaten vor dem Abschlußstichtag und dem vorhergehenden Abschlußstichtag nicht dreiundvierzig Millionen zweihunderttausend Deutsche Mark übersteigen oder

2. die Bruttobeiträge aus dem gesamten Versicherungsgeschäft in einem von ihm aufzustellenden Konzernabschluß jeweils in den zwölf Monaten vor dem Abschlußstichtag und dem vorhergehenden Abschlußstichtag nicht sechsunddreißig Millionen Deutsche Mark übersteigen.

Bruttobeiträge aus dem gesamten Versicherungsgeschäft sind die Beiträge aus dem Erst- und Rückversicherungsgeschäft einschließlich der in Rückdeckung gegebenen Anteile.

(4) Außer in den Fällen der Absätze 1 bis 3 ist ein Mutterunternehmen von der Pflicht zur Aufstellung des Konzernabschlusses und des Konzernlageberichts befreit, wenn die Voraussetzungen der Absätze 1, 2 oder 3 nur am Abschlußstichtag oder nur am vorhergehenden Abschlußstichtag erfüllt sind und das Mutterunternehmen am vorhergehenden Abschlußstichtag von der Pflicht zur Aufstellung des Konzernabschlusses und des Konzernlageberichts befreit war.

(5) Die Absätze 1 bis 4 sind nicht anzuwenden, wenn am Abschlußstichtag Aktien oder andere von dem Mutterunternehmen oder einem in den Konzernabschluß des Mutterunternehmens einbezogenen Tochterunternehmen ausgegebene Wertpapiere an einer Börse in einem Mitgliedstaat der Europäischen Wirtschaftsgemeinschaft zum amtlichen Handel zugelassen oder in den geregelten Freiverkehr einbezogen sind oder die Zulassung zum amtlichen Handel beantragt ist.

Zweiter Titel

Konsolidierungskreis

§ 294

Einzubeziehende Unternehmen
Vorlage- und Auskunftspflichten

(1) In den Konzernabschluß sind das Mutterunternehmen und alle Tochterunternehmen ohne Rücksicht auf den Sitz der Tochterunternehmen einzubeziehen, sofern die Einbeziehung nicht nach den §§ 295, 296 unterbleibt.

(2) Hat sich die Zusammensetzung der in den Konzernabschluß einbezogenen Unternehmen im Laufe des Geschäftsjahrs wesentlich geändert, so sind in den Konzernabschluß Angaben aufzunehmen, die es ermöglichen, die aufeinanderfolgenden Konzernabschlüsse sinnvoll zu vergleichen. Dieser Verpflichtung kann auch dadurch entsprochen werden, daß die entsprechenden Beträge des vorhergehenden Konzernabschlusses an die Änderung angepaßt werden.

(3) Die Tochterunternehmen haben dem Mutterunternehmen ihre Jahresabschlüsse, Lageberichte, Konzernabschlüsse, Konzernlageberichte und, wenn eine Prüfung des Jahresabschlusses oder des Konzernabschlusses stattgefunden hat, die Prüfungsberichte sowie, wenn ein Zwischenabschluß aufzustellen ist, einen auf den Stichtag des Konzernabschlusses aufgestellten Abschluß unverzüglich einzureichen. Das Mutterunternehmen kann von jedem Tochterunternehmen alle Aufklärungen und Nachweise verlangen, welche die Aufstellung des Konzernabschlusses und des Konzernlageberichts erfordert.

§ 295

Verbot der Einbeziehung

(1) Ein Tochterunternehmen darf in den Konzernabschluß nicht einbezogen werden, wenn sich seine Tätigkeit von der Tätigkeit der anderen einbezogenen Unternehmen derart unterscheidet, daß die Einbeziehung in den Konzernabschluß mit der Verpflichtung, ein den tatsächlichen Verhältnissen entsprechendes Bild der Vermögens-, Finanz- und Ertragslage des Konzerns zu vermitteln, unvereinbar ist; § 311 über die Einbeziehung von assoziierten Unternehmen bleibt unberührt.

(2) Absatz 1 ist nicht allein deshalb anzuwenden, weil die in den Konzernabschluß einbezogenen Unternehmen teils Industrie-, teils Handels- und teils Dienstleistungsunternehmen sind oder weil diese Unternehmen unterschiedliche Erzeugnisse herstellen, mit unterschiedlichen Erzeugnissen Handel treiben oder Dienstleistungen unterschiedlicher Art erbringen.

(3) Die Anwendung des Absatzes 1 ist im Konzernanhang anzugeben und zu begründen. Wird der Jahresabschluß oder der Konzernabschluß eines nach Absatz 1 nicht einbezogenen Unternehmens im Geltungsbereich dieses Gesetzes nicht offengelegt, so ist er gemeinsam mit dem Konzernabschluß zum Handelsregister einzureichen.

§ 296

Verzicht auf die Einbeziehung

(1) Ein Tochterunternehmen braucht in den Konzernabschluß nicht einbezogen zu werden, wenn

1. erhebliche und andauernde Beschränkungen die Ausübung der Rechte des Mutterunternehmens in bezug auf das Vermögen oder die Geschäftsführung dieses Unternehmens nachhaltig beeinträchtigen,

2. die für die Aufstellung des Konzernabschlusses erforderlichen Angaben nicht ohne unverhältnismäßig hohe Kosten oder Verzögerungen zu erhalten sind oder

3. die Anteile des Tochterunternehmens ausschließlich zum Zwecke ihrer Weiterveräußerung gehalten werden.

(2) Ein Tochterunternehmen braucht in den Konzernabschluß nicht einbezogen zu werden, wenn es für die Verpflichtung, ein den tatsächlichen Verhältnissen entsprechendes Bild der Vermögens-, Finanz- und Ertragslage des Konzerns zu vermitteln, von untergeordneter Bedeutung ist. Entsprechen mehrere Tochterunternehmen der Voraussetzung des Satzes 1, so sind diese Unternehmen in den Konzernabschluß einzubeziehen, wenn sie zusammen nicht von untergeordneter Bedeutung sind.

(3) Die Anwendung der Absätze 1 und 2 ist im Konzernanhang zu begründen.

Dritter Titel

Inhalt und Form des Konzernabschlusses

§ 297

Inhalt

(1) Der Konzernabschluß besteht aus der Konzernbilanz, der Konzern-Gewinn- und Verlustrechnung und dem Konzernanhang, die eine Einheit bilden.

(2) Der Konzernabschluß ist klar und übersichtlich aufzustellen. Er hat unter Beachtung der Grundsätze ordnungsmäßiger Buchführung ein den tatsächlichen Verhältnissen entsprechendes Bild der Vermögens-, Finanz- und Ertragslage des Konzerns zu vermitteln. Führen besondere Umstände dazu, daß der Konzernabschluß ein den tatsächlichen Verhältnissen entsprechendes Bild im Sinne des Satzes 2 nicht vermittelt, so sind im Konzernanhang zusätzliche Angaben zu machen.

(3) Im Konzernanhang ist die Vermögens-, Finanz- und Ertragslage der einbezogenen Unternehmen so darzustellen, als ob diese Unternehmen insgesamt ein einziges Unternehmen wären. Die auf den vorhergehenden Konzernabschluß angewandten Konsolidierungsmethoden sollen beibehalten werden. Abweichungen von Satz 2 sind in Ausnahmefällen zulässig. Sie sind im Konzernanhang anzugeben und zu begründen. Ihr Einfluß auf die Vermögens-, Finanz- und Ertragslage des Konzerns ist anzugeben.

§ 298

Anzuwendende Vorschriften
Erleichterungen

(1) Auf den Konzernabschluß sind, soweit seine Eigenart keine Abweichung bedingt oder in den folgenden Vorschriften nichts anderes bestimmt ist, die §§ 244 bis 256, §§ 265, 266, 268 bis 275, §§ 277 bis 283 über den Jahresabschluß und die für die Rechtsform und den Geschäftszweig der in den Konzernabschluß einbezogenen Unternehmen mit Sitz im Geltungsbereich dieses Gesetzes geltenden Vorschriften, soweit sie für

große Kapitalgesellschaften gelten, entsprechend anzuwenden.

(2) In der Gliederung der Konzernbilanz dürfen die Vorräte in einem Posten zusammengefaßt werden, wenn deren Aufgliederung wegen besonderer Umstände mit einem unverhältnismäßigen Aufwand verbunden wäre.

(3) Der Konzernanhang und der Anhang des Jahresabschlusses des Mutterunternehmens dürfen zusammengefaßt werden. In diesem Falle müssen der Konzernabschluß und der Jahresabschluß des Mutterunternehmens gemeinsam offengelegt werden. Bei Anwendung des Satzes 1 dürfen auch die Prüfungsberichte und die Bestätigungsvermerke jeweils zusammengefaßt werden.

§ 299

Stichtag für die Aufstellung

(1) Der Konzernabschluß ist auf den Stichtag des Jahresabschlusses des Mutterunternehmens oder auf den hiervon abweichenden Stichtag der Jahresabschlüsse der bedeutendsten oder der Mehrzahl der in den Konzernabschluß einbezogenen Unternehmen aufzustellen; die Abweichung vom Abschlußstichtag des Mutterunternehmens ist im Konzernanhang anzugeben und zu begründen.

(2) Die Jahresabschlüsse der in den Konzernanhang einbezogenen Unternehmen sollen auf den Stichtag des Konzernabschlusses aufgestellt werden. Liegt der Abschlußstichtag eines Unternehmens um mehr als drei Monate vor dem Stichtag des Konzernabschlusses, so ist dieses Unternehmen auf Grund eines auf den Stichtag und den Zeitraum des Konzernabschlusses aufgestellten Zwischenabschlusses in den Konzernabschluß einzubeziehen.

(3) Wird bei abweichenden Abschlußstichtagen ein Unternehmen nicht auf der Grundlage eines auf den Stichtag und den Zeitraum des Konzernabschlusses aufgestellten Zwischenabschlusses in den Konzernabschluß einbezogen, so sind Vorgänge von besonderer Bedeutung für die Vermögens-, Finanz- und Ertragslage eines in den Konzernabschluß einbezogenen Unternehmens, die zwischen dem Abschlußstichtag dieses Unternehmens und dem Abschlußstichtag des Konzernabschlusses eingetreten sind, in der Konzernbilanz und der Konzern-Gewinn- und Verlustrechnung zu berücksichtigen oder im Konzernanhang anzugeben.

Vierter Titel

Vollkonsolidierung

§ 300

Konsolidierungsgrundsätze
Vollständigkeitsgebot

(1) In dem Konzernabschluß ist der Jahresabschluß des Mutterunternehmens mit den Jahresabschlüssen der Tochterunternehmen zusammenzufassen. An die Stelle der dem Mutterunternehmen gehörenden Anteile an den einbezogenen Tochterunternehmen treten die Vermögensgegenstände, Schulden, Rechnungsabgrenzungsposten, Bilanzierungshilfen und Sonderposten der Tochterunternehmen, soweit sie nach dem Recht des Mutterunternehmens bilanzierungsfähig sind und die Eigenart des Konzernabschlusses keine Abweichungen bedingt oder in den folgenden Vorschriften nichts anderes bestimmt ist.

(2) Die Vermögensgegenstände, Schulden und Rechnungsabgrenzungsposten sowie die Erträge und Aufwendungen der in den Konzernabschluß einbezogenen Unternehmen sind unabhängig von ihrer Berücksichtigung in den Jahresabschlüssen dieser Unternehmen vollständig aufzunehmen, soweit nach dem Recht des Mutterunternehmens nicht ein Bilanzierungsverbot oder ein Bilanzierungswahlrecht besteht. Nach dem Recht des Mutterunternehmens zulässige Bilanzierungswahlrechte dürfen im Konzernabschluß unabhängig von ihrer Ausübung in den Jahresabschlüssen der in den Konzernabschluß einbezogenen Unternhmen ausgeübt werden.

§ 301

Kapitalkonsolidierung

(1) Der Wertansatz der dem Mutterunternehmen gehörenden Anteile an einem in den Konzernabschluß einbezogenen Tochterunternehmen wird mit dem auf diese Anteile entfallenden Betrag des Eigenkapitals des Tochterunternehmens verrechnet. Das Eigenkapital ist anzusetzen

1. entweder mit dem Betrag, der dem Buchwert der in den Konzernabschluß aufzunehmenden Vermögensgegenstände, Schulden, Rechnungsabgrenzungsposten, Bilanzierungshilfen und Sonderposten, gegebenenfalls nach Anpassung der Wertansätze nach § 308 Abs. 2, entspricht, oder

2. mit dem Betrag, der dem Wert der in den Konzernabschluß aufzunehmenden Vermögensgegenstände, Schulden, Rechnungsabgrenzungsposten, Bilanzierungshilfen und

Sonderposten entspricht, der diesen an dem für die Verrechnung nach Absatz 2 gewählten Zeitpunkt beizulegen ist.

Bei Ansatz mit dem Buchwert nach Satz 2 Nr. 1 ist ein sich ergebender Unterschiedsbetrag den Wertansätzen von in der Konzernbilanz anzusetzenden Vermögensgegenständen und Schulden des jeweiligen Tochterunternehmens insoweit zuzuschreiben oder mit diesen zu verrechnen, als deren Wert höher oder niedriger ist als der bisherige Wertansatz. Bei Ansatz mit den Werten nach Satz 2 Nr. 2 darf das anteilige Eigenkapital nicht mit einem Betrag angesetzt werden, der die Anschaffungskosten des Mutterunternehmens für die Anteile an dem einbezogenen Tochterunternehmen überschreitet. Die angewandte Methode ist im Konzernanhang anzugeben.

(2) Die Verrechnung nach Absatz 1 wird auf der Grundlage der Wertansätze zum Zeitpunkt des Erwerbs der Anteile oder der erstmaligen Einbeziehung des Tochterunternehmens in den Konzernabschluß oder, beim Erwerb der Anteile zu verschiedenen Zeitpunkten, zu dem Zeitpunkt, zu dem das Unternehmen Tochterunternehmen geworden ist, durchgeführt. Der gewählte Zeitpunkt ist im Konzernanhang anzugeben.

(3) Ein bei der Verrechnung nach Absatz 1 Satz 2 Nr. 2 entstehender oder ein nach Zuschreibung oder Verrechnung nach Absatz 1 Satz 3 verbleibender Unterschiedsbetrag ist in der Konzernbilanz, wenn er auf der Aktivseite entsteht, als Geschäfts- oder Firmenwert und, wenn er auf der Passivseite entsteht, als Unterschiedsbetrag aus der Kapitalkonsolidierung auszuweisen. Der Posten und wesentliche Änderungen gegenüber dem Vorjahr sind im Anhang zu erläutern. Werden Unterschiedsbeträge der Aktivseite mit solchen der Passivseite verrechnet, so sind die verrechneten Beträge im Anhang anzugeben.

(4) Absatz 1 ist nicht auf Anteile an dem Mutterunternehmen anzuwenden, die dem Mutterunternehmen oder einem in den Konzernabschluß einbezogenen Tochterunternehmen gehören. Solche Anteile sind in der Konzernbilanz als eigene Anteile im Umlaufvermögen gesondert auszuweisen.

§ 302
Kapitalkonsolidierung bei Interessenzusammenführung

(1) Ein Mutterunternehmen darf die in § 301 Abs. 1 vorgeschriebene Verrechnung der Anteile unter den folgenden Voraussetzungen auf das gezeichnete Kapital des Tochterunternehmens beschränken:

1. die zu verrechnenden Anteile betragen mindestens neunzig vom Hundert des Nennbetrags oder, falls ein Nennbetrag nicht vorhanden ist, des rechnerischen Wertes der Anteile des Tochterunternehmens, die nicht eigene Anteile sind,

2. die Anteile sind auf Grund einer Vereinbarung erworben worden, die die Ausgabe von Anteilen eines in den Konzernabschluß einbezogenen Unternehmens vorsieht, und

3. eine in der Vereinbarung vorgesehene Barzahlung übersteigt nicht zehn vom Hundert des Nennbetrags oder, falls ein Nennbetrag nicht vorhanden ist, des rechnerischen Wertes der ausgegebenen Anteile.

(2) Ein sich nach Absatz 1 ergebender Unterschiedsbetrag ist, wenn er auf der Aktivseite entsteht, mit den Rücklagen zu verrechnen oder, wenn er auf der Passivseite entsteht, den Rücklagen hinzuzurechnen.

(3) Die Anwendung der Methode nach Absatz 1 und die sich daraus ergebenden Veränderungen der Rücklagen sowie Name und Sitz des Unternehmens sind im Konzernanhang anzugeben.

§ 303
Schuldenkonsolidierung

(1) Ausleihungen und andere Forderungen, Rückstellungen und Verbindlichkeiten zwischen den in den Konzernabschluß einbezogenen Unternehmen sowie entsprechende Rechnungsabgrenzungsposten sind wegzulassen.

(2) Absatz 1 braucht nicht angewendet zu werden, wenn die wegzulassenden Beträge für die Vermittlung eines den tatsächlichen Verhältnissen entsprechenden Bildes der Vermögens-, Finanz- und Ertragslage des Konzerns nur von untergeordneter Bedeutung sind.

§ 304
Behandlung der Zwischenergebnisse

(1) In den Konzernabschluß zu übernehmende Vermögensgegenstände, die ganz oder teilweise auf Lieferungen oder Leistungen zwischen in den Konzernabschluß einbezogenen Unternehmen beruhen, sind in der Konzernbilanz mit einem Betrag anzusetzen, zu dem sie in der auf den Stichtag des Konzernabschlusses aufgestellten Jahresbilanz dieses Unternehmens angesetzt werden könnten, wenn die in den Konzernabschluß

einbezogenen Unternehmen auch rechtlich ein einziges Unternehmen bilden würden.

(2) Absatz 1 braucht nicht angewendet zu werden, wenn die Lieferung oder Leistung zu üblichen Marktbedingungen vorgenommen worden ist und die Ermittlung des nach Absatz 1 vorgeschriebenen Wertansatzes einen unverhältnismäßig hohen Aufwand erfordern würde. Die Anwendung des Satzes 1 ist im Konzernanhang anzugeben und, wenn der Einfluß auf die Vermögens-, Finanz- und Ertragslage des Konzerns wesentlich ist, zu erläutern.

(3) Absatz 1 braucht außerdem nicht angewendet zu werden, wenn die Behandlung der Zwischenergebnisse nach Absatz 1 für die Vermittlung eines den tatsächlichen Verhältnissen entsprechenden Bildes der Vermögens-, Finanz- und Ertragslage des Konzerns nur von untergeordneter Bedeutung ist.

§ 305

Aufwands- und Ertragskonsolidierung

(1) In der Konzern-Gewinn- und Verlustrechnung sind

1. bei den Umsatzerlösen die Erlöse aus Lieferungen und Leistungen zwischen den in den Konzernabschluß einbezogenen Unternehmen mit den auf sie entfallenden Aufwendungen zu verrechnen, soweit sie nicht als Erhöhung des Bestands an fertigen und unfertigen Erzeugnissen oder als andere aktivierte Eigenleistungen auszuweisen sind,

2. andere Erträge aus Lieferungen und Leistungen zwischen den in den Konzernabschluß einbezogenen Unternehmen mit den auf sie entfallenden Aufwendungen zu verrechnen, soweit sie nicht als andere aktivierte Eigenleistungen auszuweisen sind.

(2) Aufwendungen und Erträge brauchen nach Absatz 1 nicht weggelassen zu werden, wenn die wegzulassenden Beträge für die Vermittlung eines den tatsächlichen Verhältnissen entsprechenden Bildes der Vermögens-, Finanz- und Ertragslage des Konzerns nur von untergeordneter Bedeutung sind.

§ 306

Steuerabgrenzung

Ist das im Konzernabschluß ausgewiesene Jahresergebnis auf Grund von Maßnahmen, die nach den Vorschriften dieses Titels durchgeführt worden sind, niedriger oder höher als die Summe der Einzelergebnisse der in den Konzernabschluß einbezogenen Unternehmen, so ist der sich für das Geschäftsjahr und frühere Geschäftsjahre ergebende Steueraufwand, wenn er im Verhältnis zum Jahresergebnis zu hoch ist, durch Bildung eines Abgrenzungspostens auf der Aktivseite oder, wenn er im Verhältnis zum Jahresergebnis zu niedrig ist, durch Bildung einer Rückstellung nach § 249 Abs. 1 Satz 1 anzupassen, soweit sich der zu hohe oder der zu niedrige Steueraufwand in späteren Geschäftsjahren voraussichtlich ausgleicht. Der Posten ist in der Konzernbilanz oder im Konzernanhang gesondert anzugeben. Er darf mit den Posten nach § 274 zusammengefaßt werden.

§ 307

Anteile anderer Gesellschafter

(1) In der Konzernbilanz ist für nicht dem Mutterunternehmen gehörende Anteile an in den Konzernabschluß einbezogenen Tochterunternehmen ein Ausgleichsposten für die Anteile der anderen Gesellschafter in Höhe ihres Anteils am Eigenkapital unter entsprechender Bezeichnung innerhalb des Eigenkapitals gesondert auszuweisen. In den Ausgleichsposten sind auch die Beträge einzubeziehen, die bei Anwendung der Kapitalkonsolidierungsmethode nach § 301 Abs. 1 Satz 2 Nr. 2 dem Anteil der anderen Gesellschafter am Eigenkapital entsprechen.

(2) In der Konzern-Gewinn- und Verlustrechnung ist der im Jahresergebnis enthaltene, anderen Gesellschaftern zustehende Gewinn und der auf sie entfallende Verlust nach dem Posten »Jahresüberschuß/Jahresfehlbetrag« unter entsprechender Bezeichnung gesondert auszuweisen.

Fünfter Titel

Bewertungsvorschriften

§ 308

Einheitliche Bewertung

(1) Die in den Konzernabschluß nach § 300 Abs. 2 übernommenen Vermögensgegenstände und Schulden der in den Konzernabschluß einbezogenen Unternehmen sind nach den auf den Jahresabschluß des Mutterunternehmens anwendbaren Bewertungsmethoden einheitlich zu bewerten. Nach dem Recht des Mutterunternehmens zulässige Bewertungswahlrechte können im Konzernabschluß unabhängig von ihrer Ausübung in den Jahresabschlüssen der in den Konzernabschluß einbezogenen Unternehmen ausgeübt werden. Abweichungen von den auf den Jah-

resabschluß des Mutterunternehmens angewandten Bewertungsmethoden sind im Konzernanhang anzugeben und zu begründen.

(2) Sind in den Konzernabschluß aufzunehmende Vermögensgegenstände oder Schulden des Mutterunternehmens oder der Tochterunternehmen in den Jahresabschlüssen dieser Unternehmen nach Methoden bewertet worden, die sich von denen unterscheiden, die auf den Konzernabschluß anzuwenden sind oder die von den gesetzlichen Vertretern des Mutterunternehmens in Ausübung von Bewertungswahlrechten auf den Konzernabschluß angewendet werden, so sind die abweichend bewerteten Vermögensgegenstände oder Schulden nach den auf den Konzernabschluß angewandten Bewertungsmethoden neu zu bewerten und mit den neuen Wertansätzen in den Konzernabschluß zu übernehmen. Wertansätze, die auf der Anwendung von für Kreditinstitute oder Versicherungsunternehmen wegen der Besonderheiten des Geschäftszweigs geltenden Vorschriften beruhen, dürfen beibehalten werden; auf die Anwendung dieser Ausnahme ist im Konzernanhang hinzuweisen. Eine einheitliche Bewertung nach Satz 1 braucht nicht vorgenommen zu werden, wenn ihre Auswirkungen für die Vermittlung eines den tatsächlichen Verhältnissen entsprechenden Bildes der Vermögens-, Finanz- und Ertragslage des Konzerns nur von untergeordneter Bedeutung sind. Darüber hinaus sind Abweichungen in Ausnahmefällen zulässig; sie sind im Konzernanhang anzugeben und zu begründen.

(3) Wurden in den Konzernabschluß zu übernehmende Vermögensgegenstände oder Schulden im Jahresabschluß eines in den Konzernabschluß einbezogenen Unternehmens mit einem nur nach Steuerrecht zulässigen Wert angesetzt, weil dieser Wertansatz sonst nicht bei der steuerrechtlichen Gewinnermittlung berücksichtigt werden würde, oder ist aus diesem Grunde auf der Passivseite ein Sonderposten gebildet worden, so dürfen diese Wertansätze unverändert in den Konzernabschluß übernommen werden. Der Betrag der im Geschäftsjahr nach Satz 1 in den Jahresabschlüssen vorgenommenen Abschreibungen, Wertberichtigungen und Einstellungen in Sonderposten sowie der Betrag der unterlassenen Zuschreibungen sind im Konzernanhang anzugeben; die Maßnahmen sind zu begründen.

§ 309

Behandlung des Unterschiedsbetrags

(1) Ein nach § 301 Abs. 3 auszuweisender Geschäfts- oder Firmenwert ist in jedem folgenden Geschäftsjahr zu mindestens einem Viertel durch Abschreibungen zu tilgen. Die Abschreibungen des Geschäfts- oder Firmenwerts kann aber auch planmäßig auf die Geschäftsjahre verteilt werden, in denen er voraussichtlich genutzt werden kann. Der Geschäfts- oder Firmenwert darf auch offen mit den Rücklagen verrechnet werden.

(2) Ein nach § 301 Abs. 3 auf der Passivseite auszuweisender Unterschiedsbetrag darf ergebniswirksam nur aufgelöst werden, soweit

1. eine zum Zeitpunkt des Erwerbs der Anteile oder der erstmaligen Konsolidierung erwartete ungünstige Entwicklung der künftigen Ertragslage des Unternehmens eingetreten ist oder zu diesem Zeitpunkt erwartete Aufwendungen zu berücksichtigen sind oder

2. am Abschlußstichtag feststeht, daß er einem realisierten Gewinn entspricht.

Sechster Titel

Anteilmäßige Konsolidierung

§ 310

(1) Führt ein in einem Konzernabschluß einbezogenes Mutter- oder Tochterunternehmen ein anderes Unternehmen gemeinsam mit einem oder mehreren nicht in den Konzernabschluß einbezogenen Unternehmen, so darf das andere Unternehmen in den Konzernabschluß entsprechend den Anteilen am Kapital einbezogen werden, die dem Mutterunternehmen gehören.

(2) Auf die anteilmäßige Konsolidierung sind die §§ 297 bis 301, §§ 303 bis 306, 308, 309 entsprechend anzuwenden.

Siebenter Titel

Assoziierte Unternehmen

§ 311

Definition. Befreiung

(1) Wird von einem in den Konzernabschluß einbezogenen Unternehmen ein maßgeblicher Einfluß auf die Geschäfts- und Finanzpolitik eines nicht einbezogenen Unternehmens, an dem das Unternehmen nach § 271 Abs. 1 beteiligt ist, ausgeübt (assoziierte Unternehmen), so ist diese Beteiligung in der Konzernbilanz unter einem besonderen Posten mit entsprechender Bezeichnung auszuweisen. Ein maßgeblicher Einfluß wird vermutet, wenn ein Unternehmen bei einem anderen Unternehmen mindestens den fünften Teil der Stimmrechte der Gesellschafter innehat.

(2) Auf eine Beteiligung an einem assoziierten

Unternehmen brauchen Absatz 1 und § 312 nicht angewendet zu werden, wenn die Beteiligung für die Vermittlung eines den tatsächlichen Verhältnissen entsprechenden Bildes der Vermögens-, Finanz- und Ertragslage des Konzerns von untergeordneter Bedeutung ist.

§ 312
Wertansatz der Beteiligung und Behandlung des Unterschiedsbetrags

(1) Eine Beteiligung an einem assoziierten Unternehmen ist in der Konzernbilanz

1. entweder mit dem Buchwert oder

2. mit dem Betrag, der dem anteiligen Eigenkapital des assoziierten Unternehmens entspricht,

anzusetzen. Bei Ansatz mit dem Buchwert nach Satz 1 Nr. 1 ist der Unterschiedsbetrag zwischen diesem Wert und dem anteiligen Eigenkapital des assoziierten Unternehmens bei erstmaliger Anwendung in der Konzernbilanz zu vermerken oder im Konzernanhang anzugeben. Bei Ansatz mit dem anteiligen Eigenkapital nach Satz 1 Nr. 2 ist das Eigenkapital mit dem Betrag anzusetzen, der sich ergibt, wenn die Vermögensgegenstände, Schulden, Rechnungsabgrenzungsposten, Bilanzierungshilfen und Sonderposten des assoziierten Unternehmens mit dem Wert angesetzt werden, der ihnen an dem nach Absatz 3 gewählten Zeitpunkt beizulegen ist, jedoch darf dieser Betrag die Anschaffungskosten für die Anteile an dem assoziierten Unternehmen nicht überschreiten; der Unterschiedsbetrag zwischen diesem Wertansatz und dem Buchwert der Beteiligung ist bei erstmaliger Anwendung in der Konzernbilanz gesondert auszuweisen oder im Konzernanhang anzugeben. Die angewandte Methode ist im Konzernanhang anzugeben.

(2) Der Unterschiedsbetrag nach Absatz 1 Satz 2 ist den Wertansätzen von Vermögensgegenständen und Schulden des assoziierten Unternehmens insoweit zuzuordnen, als deren Wert höher oder niedriger ist als der bisherige Wertansatz. Der nach Satz 1 zugeordnete oder der sich nach Absatz 1 Satz 1 Nr. 2 ergebende Betrag ist entsprechend der Behandlung der Wertansätze dieser Vermögensgegenstände und Schulden im Jahresabschluß des assoziierten Unternehmens im Konzernabschluß fortzuführen, abzuschreiben oder aufzulösen. Auf einen nach Zuordnung nach Satz 1 verbleibenden Unterschiedsbetrag und einen Unterschiedsbetrag nach Absatz 1 Satz 3 zweiter Halbsatz ist § 309 entsprechend anzuwenden.

(3) Der Wertansatz der Beteiligung und die Unterschiedsbeträge werden auf der Grundlage der Wertansätze zum Zeitpunkt des Erwerbs der Anteile oder der erstmaligen Einbeziehung des assoziierten Unternehmens in den Konzernabschluß oder beim Erwerb der Anteile zu verschiedenen Zeitpunkten zu dem Zeitpunkt, zu dem das Unternehmen assoziiertes Unternehmen geworden ist, ermittelt. Der gewählte Zeitpunkt ist im Konzernanhang anzugeben.

(4) Der nach Absatz 1 ermittelte Wertansatz einer Beteiligung ist in den Folgejahren um den Betrag der Eigenkapitalveränderungen, die den dem Mutterunternehmen gehörenden Anteilen am Kapital des assoziierten Unternehmens entsprechen, zu erhöhen oder zu vermindern; auf die Beteiligung entfallende Gewinnausschüttungen sind abzusetzen. In der Konzern-Gewinn- und Verlustrechnung ist das auf assoziierte Beteiligungen entfallende Ergebnis unter einem gesonderten Posten auszuweisen.

(5) Wendet das assoziierte Unternehmen in seinem Jahresabschluß vom Konzernabschluß abweichende Bewertungsmethoden an, so können abweichend bewertete Vermögensgegenstände oder Schulden für die Zwecke der Absätze 1 bis 4 nach den auf den Konzernabschluß angewandten Bewertungsmethoden bewertet werden. Wird die Bewertung nicht angepaßt, so ist dies im Konzernanhang anzugeben. § 304 über die Behandlung der Zwischenergebnisse ist entsprechend anzuwenden, soweit die für die Beurteilung maßgeblichen Sachverhalte bekannt oder zugänglich sind. Die Zwischenergebnisse dürfen auch anteilig entsprechend den dem Mutterunternehmen gehörenden Anteilen am Kapital des assoziierten Unternehmens weggelassen werden.

(6) Es ist jeweils der letzte Jahresabschluß des assoziierten Unternehmens zugrunde zu legen. Stellt das assoziierte Unternehmen einen Konzernabschluß auf, so ist von diesem und nicht vom Jahresabschluß des assoziierten Unternehmens auszugehen.

Achter Titel
Konzernanhang
§ 313
Erläuterung der Konzernbilanz und der Konzern-Gewinn- und Verlustrechnung. Angaben zum Beteiligungsbesitz.

(1) In den Konzernanhang sind diejenigen Angaben aufzunehmen, die zu einzelnen Posten der Konzernbilanz oder der Konzern-Gewinn- und

Verlustrechnung vorgeschrieben oder die im Konzernanhang zu machen sind, weil sie in Ausübung eines Wahlrechts nicht in die Konzernbilanz oder in die Konzern-Gewinn- und Verlustrechnung aufgenommen wurden. Im Konzernanhang müssen

1. die auf die Posten der Konzernbilanz und der Konzern-Gewinn- und Verlustrechnung angewandten Bilanzierungs- und Bewertungsmethoden angegeben werden;

2. die Grundlagen für die Umrechnung in Deutsche Mark angegeben werden, sofern der Konzernabschluß Posten enthält, denen Beträge zugrunde liegen, die auf fremde Währung lauten oder ursprünglich auf fremde Währung lauteten;

3. Abweichungen von Bilanzierungs-, Bewertungs- und Konsolidierungsmethoden angegeben und begründet werden; deren Einfluß auf die Vermögens-, Finanz- und Ertragslage des Konzerns ist gesondert darzustellen.

(2) Im Konzernanhang sind außerdem anzugeben:

1. Name und Sitz der in den Konzernabschluß einbezogenen Unternehmen, der Anteil am Kapital der Tochterunternehmen, der dem Mutterunternehmen und den in den Konzernabschluß einbezogenen Tochterunternehmen gehört oder von einer für Rechnung dieser Unternehmen handelnden Person gehalten wird, sowie der zur Einbeziehung in den Konzernabschluß verpflichtende Sachverhalt, sofern die Einbeziehung nicht auf einer der Kapitalbeteiligung entsprechenden Mehrheit der Stimmrechte beruht. Diese Angaben sind auch für Tochterunternehmen zu machen, die nach den §§ 295, 296 nicht einbezogen worden sind;

2. Name und Sitz der assoziierten Unternehmen, der Anteil am Kapital der assoziierten Unternehmen, der dem Mutterunternehmen und den in den Konzernabschluß einbezogenen Tochterunternehmen gehört oder von einer für Rechnung dieser Unternehmen handelnden Person gehalten wird. Die Anwendung des § 311 Abs. 2 ist jeweils anzugeben und zu begründen;

3. Name und Sitz der Unternehmen, die nach § 310 nur anteilmäßig in den Konzernabschluß einbezogen worden sind, der Tatbestand, aus dem sich die Anwendung dieser Vorschrift ergibt, sowie der Anteil am Kapital dieser Unternehmen, der dem Mutterunter-

nehmen und den in den Konzernabschluß einbezogenen Tochterunternehmen gehört oder von einer für Rechnung dieser Unternehmen handelnden Person gehalten wird;

4. Name und Sitz anderer als der unter den Nummern 1 bis 3 bezeichneten Unternehmen, bei denen das Mutterunternehmen, ein Tochterunternehmen oder eine für Rechnung eines dieser Unternehmen handelnde Person mindestens den fünften Teil der Anteile besitzt, unter Angabe des Anteils am Kapital sowie der Höhe des Eigenkapitals und des Ergebnisses des letzten Geschäftsjahrs, für das ein Abschluß aufgestellt worden ist. Diese Angaben brauchen nicht gemacht zu werden, wenn sie für die Vermittlung eines den tatsächlichen Verhältnissen entsprechenden Bildes der Vermögens-, Finanz- und Ertragslage des Konzerns von untergeordneter Bedeutung sind. Das Eigenkapital und das Ergebnis brauchen nicht angegeben zu werden, wenn das in Anteilsbesitz stehende Unternehmen seinen Jahresabschluß nicht offenzulegen hat und das Mutterunternehmen, das Tochterunternehmen oder die Person weniger als die Hälfte der Anteile an diesem Unternehmen besitzt.

(3) Die in Absatz 2 verlangten Angaben brauchen insoweit nicht gemacht zu werden, als nach vernünftiger kaufmännischer Beurteilung damit gerechnet werden muß, daß durch die Angaben dem Mutterunternehmen, einem Tochterunternehmen oder einem anderen in Absatz 2 bezeichneten Unternehmen erhebliche Nachteile entstehen können. Die Anwendung der Ausnahmeregelung ist im Konzernanhang anzugeben.

(4) Die in Absatz 2 verlangten Angaben dürfen statt im Anhang auch in einer Aufstellung des Anteilsbesitzes gesondert gemacht werden. Die Aufstellung ist Bestandteil des Anhangs. Auf die besondere Aufstellung des Anteilsbesitzes und den Ort ihrer Hinterlegung ist im Anhang hinzuweisen.

§ 314

Sonstige Pflichtangaben

(1) Im Konzernanhang sind ferner anzugeben:

1. der Gesamtbetrag der in der Konzernbilanz ausgewiesenen Verbindlichkeiten mit einer Restlaufzeit von mehr als fünf Jahren sowie der Gesamtbetrag der in der Konzernbilanz ausgewiesenen Verbindlichkeiten, die von den in den Konzernabschluß einbezogenen Unternehmen durch Pfandrechte oder ähnliche

Rechte gesichert sind, unter Angabe von Art und Form der Sicherheiten;

2. der Gesamtbetrag der sonstigen finanziellen Verpflichtungen, die nicht in der Konzernbilanz erscheinen oder nicht nach § 298 Abs. 1 in Verbindung mit § 251 anzugeben sind, sofern diese Angabe für die Beurteilung der Finanzlage des Konzerns von Bedeutung ist; davon und von den Haftungsverhältnissen nach § 251 sind Verpflichtungen gegenüber Tochterunternehmen, die nicht in den Konzernabschluß einbezogen werden, jeweils gesondert anzugeben;

3. die Aufgliederung der Umsatzerlöse nach Tätigkeitsbereichen sowie nach geographisch bestimmten Märkten, soweit sich, unter Berücksichtigung der Organisation des Verkaufs von für die gewöhnliche Geschäftstätigkeit des Konzerns typischen Erzeugnissen und der für die gewöhnliche Geschäftstätigkeit des Konzerns typischen Dienstleistungen, die Tätigkeitsbereiche und geographisch bestimmten Märkten untereinander erheblich unterscheiden;

4. die durchschnittliche Zahl der Arbeitnehmer der in den Konzernabschluß einbezogenen Unternehmen während des Geschäftsjahrs, getrennt nach Gruppen, sowie der in dem Geschäftsjahr verursachte Personalaufwand, sofern er nicht gesondert in der Konzern-Gewinn- und Verlustrechnung ausgewiesen ist; die durchschnittliche Zahl der Arbeitnehmer von nach § 310 nur anteilmäßig einbezogenen Unternehmen ist gesondert anzugeben;

5. das Ausmaß, in dem das Jahresergebnis des Konzerns dadurch beeinflußt wurde, daß bei Vermögensgegenständen im Geschäftsjahr oder in früheren Geschäftsjahren Abschreibungen nach den §§ 254, 280 Abs. 2 oder in entsprechender Anwendung auf Grund steuerrechtlicher Vorschriften vorgenommen oder beibehalten wurden oder ein Sonderposten nach § 273 oder in entsprechender Anwendung gebildet wurde; ferner das Ausmaß erheblicher künftiger Belastungen, die sich für den Konzern aus einer solchen Bewertung ergeben;

6. für die Mitglieder des Geschäftsführungsorgans, eines Aufsichtsrats, eines Beirats oder einer ähnlichen Einrichtung des Mutterunternehmens, jeweils für jede Personengruppe:

a) die für die Wahrnehmung ihrer Aufgaben im Mutterunternehmen und den Tochterunternehmen im Geschäftsjahr gewährten Gesamtbezüge (Gehälter, Gewinnbeteiligungen, Aufwandsentschädigungen, Versicherungsentgelte, Provisionen und Nebenleistungen jeder Art). In die Gesamtbezüge sind auch Bezüge einzurechnen, die nicht ausgezahlt, sondern in Ansprüche anderer Art umgewandelt oder zur Erhöhung anderer Ansprüche verwendet werden. Außer den Bezügen für das Geschäftsjahr sind die weiteren Bezüge anzugeben, die im Geschäftsjahr gewährt, bisher aber in keinem Konzernabschluß angegeben worden sind;

b) die für die Wahrnehmung ihrer Aufgaben im Mutterunternehmen und den Tochterunternehmen gewährten Gesamtbezüge (Abfindungen, Ruhegehälter, Hinterbliebenenbezüge und Leistungen verwandter Art) der früheren Mitglieder der bezeichneten Organe und ihrer Hinterbliebenen; Buchstabe a Satz 2 und 3 ist entsprechend anzuwenden. Ferner ist der Betrag der für diese Personengruppe gebildeten Rückstellungen für laufende Pensionen und Anwartschaften auf Pensionen und der Betrag der für diese Verpflichtungen nicht gebildeten Rückstellungen anzugeben;

c) die vom Mutterunternehmen und den Tochterunternehmen gewährten Vorschüsse und Kredite unter Angabe der Zinssätze, der wesentlichen Bedingungen und der gegebenenfalls im Geschäftsjahr zurückgezahlten Beträge sowie die zugunsten dieser Personengruppen eingegangenen Haftungsverhältnisse;

7. der Bestand an Anteilen an dem Mutterunternehmen, die das Mutterunternehmen oder ein Tochterunternehmen oder ein anderer für Rechnung eines in den Konzernabschluß einbezogenen Unternehmens erworben oder als Pfand genommen hat; dabei sind die Zahl und der Nennbetrag dieser Anteile sowie deren Anteil am Kapital anzugeben.

(2) Die Umsatzerlöse brauchen nicht nach Absatz 1 Nr. 3 aufgegliedert zu werden, soweit nach vernünftiger kaufmännischer Beurteilung damit gerechnet werden muß, daß durch die Aufgliederung einem in den Konzernabschluß einbezogenen Unternehmen erhebliche Nachteile entstehen. Die Anwendung der Ausnahme ist im Konzernanhang anzugeben.

Neunter Titel

Konzernlagebericht

§ 315

(1) Im Konzernlagebericht sind zumindest der Geschäftsverlauf und die Lage des Konzerns so darzustellen, daß ein den tatsächlichen Verhältnissen entsprechendes Bild vermittelt wird.

(2) Der Konzernlagebericht soll auch eingehen auf:

1. Vorgänge von besonderer Bedeutung, die nach dem Schluß des Konzerngeschäftsjahrs eingetreten sind;

2. die voraussichtliche Entwicklung des Konzerns;

3. den Bereich Forschung und Entwicklung des Konzerns.

(3) § 298 Abs. 3 über die Zusammenfassung von Konzernanhang und Anhang ist entsprechend anzuwenden.

Dritter Unterabschnitt

Prüfung

§ 316

Pflicht zur Prüfung

(1) Der Jahresabschluß und der Lagebericht von Kapitalgesellschaften, die nicht kleine im Sinne des § 267 Abs. 1 sind, sind durch einen Abschlußprüfer zu prüfen. Hat keine Prüfung stattgefunden, so kann der Jahresabschluß nicht festgestellt werden.

(2) Der Konzernabschluß und der Konzernlagebericht von Kapitalgesellschaften sind durch einen Abschlußprüfer zu prüfen.

(3) Werden der Jahresabschluß, der Konzernabschluß, der Lagebericht oder der Konzernlagebericht nach Vorlage des Prüfungsberichts geändert, so hat der Abschlußprüfer diese Unterlagen erneut zu prüfen, soweit es die Änderung erfordert. Über das Ergebnis der Prüfung ist zu berichten; der Bestätigungsvermerk ist entsprechend zu ergänzen.

§ 317

Gegenstand und Umfang der Prüfung

(1) In die Prüfung des Jahresabschlusses ist die Buchführung einzubeziehen. Die Prüfung des Jahresabschlusses und des Konzernabschlusses hat sich darauf zu erstrecken, ob die gesetzlichen Vorschriften und sie ergänzende Bestimmungen des Gesellschaftsvertrags oder der Satzung beachtet sind. Der Lagebericht und der Konzernlagebericht sind darauf zu prüfen, ob der Lagebericht mit dem Jahresabschluß und der Konzernlagebericht mit dem Konzernabschluß in Einklang stehen und ob die sonstigen Angaben im Lagebericht nicht eine falsche Vorstellung von der Lage des Unternehmens und im Konzernlagebericht von der Lage des Konzerns erwecken.

(2) Der Abschlußprüfer des Konzernabschlusses hat auch die im Konzernabschluß zusammengefaßten Jahresabschlüsse darauf zu prüfen, ob sie den Grundsätzen ordnungsmäßiger Buchführung entsprechen und ob die für die Übernahme in den Konzernabschluß maßgeblichen Vorschriften beachtet sind. Dies gilt nicht für Jahresabschlüsse, die auf Grund gesetzlicher Vorschriften nach diesem Unterabschnitt oder die ohne gesetzliche Verpflichtung nach den Grundsätzen dieses Unterabschnitts geprüft worden sind. Satz 2 ist entsprechend auf die Jahresabschlüsse von in den Konzernabschluß einbezogenen Tochterunternehmen mit Sitz im Ausland anzuwenden; sind diese Jahresabschlüsse nicht von einem in Übereinstimmung mit den Vorschriften der Richtlinie 84/253/EWG zugelassenen Abschlußprüfer geprüft worden, so gilt dies jedoch nur, wenn der Abschlußprüfer eine den Anforderungen dieser Richtlinie gleichwertige Befähigung hat und der Jahresabschluß in einer den Anforderungen dieses Unterabschnitts entsprechenden Weise geprüft worden ist.

§ 318

Bestellung und Abberufung des Abschlußprüfers

(1) Der Abschlußprüfer des Jahresabschlusses wird von den Gesellschaftern gewählt; den Abschlußprüfer des Konzernabschlusses wählen die Gesellschafter des Mutterunternehmens. Bei Gesellschaften mit beschränkter Haftung kann der Gesellschaftsvertrag etwas anderes bestimmen. Der Abschlußprüfer soll jeweils vor Ablauf des Geschäftsjahrs gewählt werden, auf das sich seine Prüfungstätigkeit erstreckt. Die gesetzlichen Vertreter haben unverzüglich nach der Wahl den Prüfungsauftrag zu erteilen. Der Prüfungsauftrag kann nur widerrufen werden, wenn nach Absatz 3 ein anderer Prüfer bestellt worden ist.

(2) Als Abschlußprüfer des Konzernabschlusses gilt, wenn kein anderer Prüfer bestellt wird, der Prüfer als bestellt, der für die Prüfung des in den Konzernabschluß einbezogenen Jahresabschlusses des Mutterunternehmens bestellt worden ist. Erfolgt die Einbeziehung auf Grund eines

Zwischenabschlusses, so gilt, wenn kein anderer Prüfer bestellt wird, der Prüfer als bestellt, der für die Prüfung des letzten vor dem Konzernabschlußstichtag aufgestellten Jahresabschlusses des Mutterunternehmens bestellt worden ist.

(3) Auf Antrag der gesetzlichen Vertreter, des Aufsichtsrats oder von Gesellschaftern, bei Aktiengesellschaften und Kommanditgesellschaften auf Aktien jedoch nur, wenn die Anteile dieser Gesellschafter zusammen den zehnten Teil des Grundkapitals oder den Nennbetrag von zwei Millionen Deutsche Mark erreichen, hat das Gericht nach Anhörung der Beteiligten und des gewählten Prüfers einen anderen Abschlußprüfer zu bestellen, wenn dies aus einem in der Person des gewählten Prüfers liegenden Grund geboten erscheint, insbesondere wenn Besorgnis der Befangenheit besteht. Der Antrag ist binnen zwei Wochen seit dem Tage der Wahl des Abschlußprüfers zu stellen; Aktionäre können den Antrag nur stellen, wenn sie gegen die Wahl des Abschlußprüfers bei der Beschlußfassung Widerspruch erklärt haben. Stellen Aktionäre den Antrag, so haben sie glaubhaft zu machen, daß sie seit mindestens drei Monaten vor dem Tage der Hauptversammlung Inhaber der Aktien sind. Zur Glaubhaftmachung genügt eine eidesstattliche Versicherung vor einem Notar. Unterliegt die Gesellschaft einer staatlichen Aufsicht, so kann auch die Aufsichtsbehörde den Antrag stellen. Gegen die Entscheidung ist die sofortige Beschwerde zulässig.

(4) Ist der Abschlußprüfer bis zum Ablauf des Geschäftsjahrs nicht gewählt worden, so hat das Gericht auf Antrag der gesetzlichen Vertreter, des Aufsichtsrats oder eines Gesellschafters den Abschlußprüfer zu bestellen. Gleiches gilt, wenn ein gewählter Abschlußprüfer die Annahme des Prüfungsauftrags abgelehnt hat, weggefallen ist oder am rechtzeitigen Abschluß der Prüfung verhindert ist und ein anderer Abschlußprüfer nicht gewählt worden ist. Die gesetzlichen Vertreter sind verpflichtet, den Antrag zu stellen. Gegen die Entscheidung des Gerichts findet die sofortige Beschwerde statt; die Bestellung des Abschlußprüfers ist unanfechtbar.

(5) Der vom Gericht bestellte Abschlußprüfer hat Anspruch auf Ersatz angemessener barer Auslagen und auf Vergütung für seine Tätigkeit. Die Auslagen und die Vergütung setzt das Gericht fest. Gegen die Entscheidung ist die sofortige Beschwerde zulässig. Die weitere Beschwerde ist ausgeschlossen. Aus der rechtskräftigen Entscheidung findet die Zwangsvollstreckung nach der Zivilprozeßordnung statt.

(6) Ein von dem Abschlußprüfer angenommener Prüfungsauftrag kann von dem Abschlußprüfer nur aus wichtigem Grund gekündigt werden. Als wichtiger Grund ist es nicht anzusehen, wenn Meinungsverschiedenheiten über den Inhalt des Bestätigungsvermerks, seine Einschränkung oder Versagung bestehen. Die Kündigung ist schriftlich zu begründen. Der Abschlußprüfer hat über das Ergebnis seiner bisherigen Prüfung zu berichten; § 321 ist entsprechend anzuwenden.

(7) Kündigt der Abschlußprüfer den Prüfungsauftrag nach Absatz 6, so haben die gesetzlichen Vertreter die Kündigung dem Aufsichtsrat, der nächsten Hauptversammlung oder bei Gesellschaften mit beschränkter Haftung den Gesellschaftern mitzuteilen. Den Bericht des bisherigen Abschlußprüfers haben die gesetzlichen Vertreter unverzüglich dem Aufsichtsrat vorzulegen. Jedes Aufsichtsratsmitglied hat das Recht, von dem Bericht Kenntnis zu nehmen. Der Bericht ist auch jedem Aufsichtsratsmitglied auf Verlangen auszuhändigen, soweit der Aufsichtsrat nichts anderes beschlossen hat.

§ 319
Auswahl der Abschlußprüfer

(1) Abschlußprüfer können Wirtschaftsprüfer und Wirtschaftsprüfungsgesellschaften sein. Abschlußprüfer von Jahresabschlüssen und Lageberichten mittelgroßer Gesellschaften mit beschränkter Haftung (§ 267 Abs. 2) können auch vereidigte Buchprüfer und Buchprüfungsgesellschaften sein.

(2) Ein Wirtschaftsprüfer oder vereidigter Buchprüfer darf nicht Abschlußprüfer sein, wenn er oder eine Person, mit der er seinen Beruf gemeinsam ausübt,

1. Anteile an der zu prüfenden Kapitalgesellschaften besitzt;

2. gesetzlicher Vertreter oder Mitglied des Aufsichtsrats oder Arbeitnehmer der zu prüfenden Kapitalgesellschaft ist oder in den letzten drei Jahren vor seiner Bestellung war;

3. gesetzlicher Vertreter oder Mitglied des Aufsichtsrats einer juristischen Person, Gesellschafter einer Personengesellschaft oder Inhaber eines Unternehmens ist, sofern die juristische Person, die Personengesellschaft oder das Einzelunternehmen mit der zu prüfenden Kapitalgesellschaft verbunden ist oder von dieser mehr als zwanzig vom Hundert der Anteile besitzt;

4. Arbeitnehmer eines Unternehmens ist, das

mit der zu prüfenden Kapitalgesellschaft verbunden ist oder an dieser mehr als zwanzig vom Hundert der Anteile besitzt, oder Arbeitnehmer einer natürlichen Person ist, die an der zu prüfenden Kapitalgesellschaft mehr als zwanzig vom Hundert der Anteile besitzt;

5. bei der Führung der Bücher oder der Aufstellung des zu prüfenden Jahresabschlusses der Kapitalgesellschaft über die Prüfungstätigkeit hinaus mitgewirkt hat;

6. gesetzlicher Vertreter, Arbeitnehmer, Mitglied des Aufsichtsrats oder Gesellschafter einer juristischen oder natürlichen Person oder einer Personengesellschaft oder Inhaber eines Unternehmens ist, sofern die juristische oder natürliche Person, die Personengesellschaft oder einer ihrer Gesellschafter oder das Einzelunternehmen nach Nummer 5 nicht Abschlußprüfer der zu prüfenden Kapitalgesellschaft sein darf;

7. bei der Prüfung eine Person beschäftigt, die nach den Nummern 1 bis 6 nicht Abschlußprüfer sein darf;

8. in den letzten fünf Jahren jeweils mehr als die Hälfte der Gesamteinnahmen aus seiner beruflichen Tätigkeit aus der Prüfung und Beratung der zu prüfenden Kapitalgesellschaft und von Unternehmen, an denen die zu prüfende Kapitalgesellschaft mehr als zwanzig vom Hundert der Anteile besitzt, bezogen hat und dies auch im laufenden Geschäftsjahr zu erwarten ist; zur Vermeidung von Härtefällen kann die Wirtschaftsprüferkammer befristete Ausnahmegenehmigungen erteilen.

(3) Eine Wirtschaftsprüfungsgesellschaft oder Buchprüfungsgesellschaft darf nicht Abschlußprüfer sein, wenn

1. sie Anteile an der zu prüfenden Kapitalgesellschaft besitzt oder mit dieser verbunden ist oder wenn ein mit ihr verbundenes Unternehmen an der zu prüfenden Kapitalgesellschaft mehr als zwanzig vom Hundert der Anteile besitzt oder mit dieser verbunden ist;

2. sie nach Absatz 2 Nr. 6 als Gesellschafter einer juristischen Person oder einer Personengeselllschaft oder nach Absatz 2 Nr. 5, 7 oder 8 nicht Abschlußprüfer sein darf;

3. bei einer Wirtschaftsprüfungsgesellschaft oder Buchprüfungsgesellschaft, die juristische Person ist, ein gesetzlicher Vertreter oder ein Gesellschafter, der fünfzig vom Hundert oder mehr der den Gesellschaftern zustehenden Stimmrechte besitzt, oder bei anderen Wirt-

schaftsprüfungsgesellschaften oder Buchprüfungsgesellschaften ein Gesellschafter nach Absatz 2 Nr. 1 bis 4 nicht Abschlußprüfer sein darf;

4. einer ihrer gesetzlichen Vertreter oder einer ihrer Gesellschafter nach Absatz 2 Nr. 5 oder 6 nicht Abschlußprüfer sein darf oder

5. eines ihrer Aufsichtsratsmitglieder nach Absatz 2 Nr. 2 oder 5 nicht Abschlußprüfer sein darf.

(4) Die Absätze 2 und 3 sind auf den Abschlußprüfer des Konzernabschlusses entsprechend anzuwenden.

§ 320

Vorlagepflicht. Auskunftsrecht

(1) Die gesetzlichen Vertreter der Kapitalgesellschaft haben dem Abschlußprüfer den Jahresabschluß und den Lagebericht unverzüglich nach der Aufstellung vorzulegen. Sie haben ihm zu gestatten, die Bücher und Schriften der Kapitalgesellschaft sowie die Vermögensgegenstände und Schulden, namentlich die Kasse und die Bestände an Wertpapieren und Waren, zu prüfen.

(2) Der Abschlußprüfer kann von den gesetzlichen Vertretern alle Aufklärungen und Nachweise verlangen, die für eine sorgfältige Prüfung notwendig sind. Soweit es die Vorbereitung der Abschlußprüfung erfordert, hat der Abschlußprüfer die Rechte nach Absatz 1 Satz 2 und nach Satz 1 auch schon vor Aufstellung des Jahresabschlusses. Soweit es für eine sorgfältige Prüfung notwendig ist, hat der Abschlußprüfer die Rechte nach den Sätzen 1 und 2 auch gegenüber Mutter- und Tochterunternehmen.

(3) Die gesetzlichen Vertreter einer Kapitalgesellschaft, die einen Konzernabschluß aufzustellen hat, haben dem Abschlußprüfer des Konzernabschlusses den Konzernabschluß, den Konzernlagebericht, die Jahresabschlüsse, Lageberichte und, wenn eine Prüfung stattgefunden hat, die Prüfungsberichte des Mutterunternehmens und der Tochterunternehmen vorzulegen. Der Abschlußprüfer hat die Rechte nach Absatz 1 Satz 2 und nach Absatz 2 bei dem Mutterunternehmen und den Tochterunternehmen, die Rechte nach Absatz 2 auch gegenüber den Abschlußprüfern des Mutterunternehmens und der Tochterunternehmen.

§ 321

Prüfungsbericht

(1) Der Abschlußprüfer hat über das Ergebnis

der Prüfung schriftlich zu berichten. Im Bericht ist besonders festzustellen, ob die Buchführung, der Jahresabschluß, der Lagebericht, der Konzernabschluß und der Konzernlagebericht den gesetzlichen Vorschriften entsprechen und die gesetzlichen Vertreter die verlangten Aufklärungen und Nachweise erbracht haben. Die Posten des Jahresabschlusses sind aufzugliedern und ausreichend zu erläutern. Nachteilige Veränderungen der Vermögens-, Finanz- und Ertragslage gegenüber dem Vorjahr und Verluste, die das Jahresergebnis nicht unwesentlich beeinflußt haben, sind aufzuführen und ausreichend zu erläutern.

(2) Stellt der Abschlußprüfer bei Wahrnehmung seiner Aufgaben Tatsachen fest, die den Bestand eines geprüften Unternehmens gefährden oder seine Entwicklung wesentlich beeinträchtigen können oder die schwerwiegende Verstöße der gesetzlichen Vertreter gegen Gesetz, Gesellschaftsvertrag oder Satzung erkennen lassen, so hat er auch darüber zu berichten.

(3) Der Abschlußprüfer hat den Bericht zu unterzeichnen und den gesetzlichen Vertretern vorzulegen.

§ 322

Bestätigungsvermerk

(1) Sind nach dem abschließenden Ergebnis der Prüfung keine Einwendungen zu erheben, so hat der Abschlußprüfer dies durch folgenden Vermerk zum Jahresabschluß und zum Konzernabschluß zu bestätigen:

»Die Buchführung und der Jahresabschluß entsprechen/Der Konzernabschluß entspricht nach meiner/unserer pflichtgemäßen Prüfung den gesetzlichen Vorschriften. Der Jahresabschluß/Konzernabschluß vermittelt unter Beachtung der Grundsätze ordnungsmäßiger Buchführung ein den tatsächlichen Verhältnissen entsprechendes Bild der Vermögens-, Finanz- und Ertragslage der Kapitalgesellschaft/des Konzerns. Der Lagebericht/Konzernlagebericht steht im Einklang mit dem Jahresabschluß/Konzernabschluß.«

(2) Der Bestätigungsvermerk ist in geeigneter Weise zu ergänzen, wenn zusätzliche Bemerkungen erforderlich erscheinen, um einen falschen Eindruck über den Inhalt der Prüfung und die Tragweite des Bestätigungsvermerks zu vermeiden. Auf die Übereinstimmung mit dem Gesellschaftsvertrag oder der Satzung ist hinzuweisen, wenn diese in zulässiger Weise ergänzende Vorschriften über den Jahresabschluß oder den Konzernabschluß enthalten.

(3) Sind Einwendungen zu erheben, so hat der Abschlußprüfer den Bestätigungsvermerk einzuschränken oder zu versagen. Die Versagung ist durch einen Vermerk zum Jahresabschluß oder zum Konzernabschluß zu erklären. Die Einschränkung und die Versagung sind zu begründen. Einschränkungen sind so darzustellen, daß deren Tragweite deutlich erkennbar wird. Ergänzungen des Bestätigungsvermerks nach Absatz 2 sind nicht als Einschränkungen anzusehen.

(4) Der Abschlußprüfer hat den Bestätigungsvermerk oder den Vermerk über seine Versagung unter Angabe von Ort und Tag zu unterzeichnen. Der Bestätigungsvermerk oder der Vermerk über seine Versagung ist auch in den Prüfungsbericht aufzunehmen.

§ 323

Verantwortlichkeit des Abschlußprüfers

(1) Der Abschlußprüfer, seine Gehilfen und die bei der Prüfung mitwirkenden gesetzlichen Vertreter einer Prüfungsgesellschaft sind zur gewissenhaften und unparteiischen Prüfung und zur Verschwiegenheit verpflichtet. Sie dürfen nicht unbefugt Geschäfts- und Betriebsgeheimnisse verwerten, die sie bei ihrer Tätigkeit erfahren haben. Wer vorsätzlich oder fahrlässig seine Pflichten verletzt, ist der Kapitalgesellschaft und, wenn ein verbundenes Unternehmen geschädigt worden ist, auch diesem zum Ersatz des daraus entstehenden Schadens verpflichtet. Mehrere Personen haften als Gesamtschuldner.

(2) Die Ersatzpflicht von Personen, die fahrlässig gehandelt haben, beschränkt sich auf fünfhunderttausend Deutsche Mark für eine Prüfung. Dies gilt auch, wenn an der Prüfung mehrere Personen beteiligt gewesen oder mehrere zum Ersatz verpflichtende Handlungen begangen worden sind, und ohne Rücksicht darauf, ob andere Beteiligte vorsätzlich gehandelt haben.

(3) Die Verpflichtung zur Verschwiegenheit besteht, wenn eine Prüfungsgesellschaft Abschlußprüfer ist, auch gegenüber dem Aufsichtsrat und den Mitgliedern des Aufsichtsrats der Prüfungsgesellschaft.

(4) Die Ersatzpflicht nach diesen Vorschriften kann durch Vertrag weder ausgeschlossen noch beschränkt werden.

(5) Die Ansprüche aus diesen Vorschriften verjähren in fünf Jahren.

§ 324

Meinungsverschiedenheiten zwischen Kapitalgesellschaft und Abschlußprüfer

(1) Bei Meinungsverschiedenheiten zwischen dem Abschlußprüfer und der Kapitalgesellschaft über die Auslegung und Anwendung der gesetzlichen Vorschriften sowie von Bestimmungen des Gesellschaftsvertrags oder der Satzung über den Jahresabschluß, Lagebericht, Konzernabschluß oder Konzernlagebericht entscheidet auf Antrag des Abschlußprüfers oder der gesetzlichen Vertreter der Kapitalgesellschaft ausschließlich das Landgericht.

(2) Auf das Verfahren ist das Gesetz über die Angelegenheiten der freiwilligen Gerichtsbarkeit anzuwenden. Das Landgericht entscheidet durch einen mit Gründen versehenen Beschluß. Die Entscheidung wird erst mit der Rechtskraft wirksam. Gegne die Entscheidung findet die sofortige Beschwerde statt, wenn das Landgericht sie in der Entscheidung zugelassen hat. Es soll sie nur zulassen, wenn dadurch die Klärung einer Rechtsfrage von grundsätzlicher Bedeutung zu erwarten ist. Die Beschwerde kann nur durch Einreichung einer von einem Rechtsanwalt unterzeichneten Beschwerdeschrift eingelegt werden. Über sie entscheidet das Oberlandesgericht; § 28 Abs. 2 und 3 des Gesetzes über die Angelegenheiten der freiwilligen Gerichtsbarkeit ist entsprechend anzuwenden. Die weitere Beschwerde ist ausgeschlossen. Die Landesregierung kann durch Rechtsverordnung die Entscheidung über die Beschwerde für die Bezirke mehrerer Oberlandesgerichte einem der Oberlandesgerichte oder dem Obersten Landesgericht übertragen, wenn dies der Sicherung einer einheitlichen Rechtsprechung dient. Die Landesregierung kann die Ermächtigung durch Rechtsverordnung auf die Landesjustizverwaltung übertragen.

(3) Für die Kosten des Verfahrens gilt die Kostenordnung. Für das Verfahren des ersten Rechtszugs wird das Doppelte der vollen Gebühr erhoben. Für den zweiten Rechtszug wird die gleiche Gebühr erhoben; dies gilt auch dann, wenn die Beschwerde Erfolg hat. Wird der Antrag oder die Beschwerde zurückgenommen, bevor es zu einer Entscheidung kommt, so ermäßigt sich die Gebühr auf die Hälfte. Der Geschäftswert ist von Amts wegen festzustellen. Er bestimmt sich nach § 30 Abs. 2 der Kostenordnung. Der Abschlußprüfer ist zur Leistung eines Kostenvorschusses nicht verpflichtet. Schuldner der Kosten ist die Kapitalgesellschaft. Die Kosten können jedoch ganz oder zum Teil dem Abschlußprüfer auferlegt werden, wenn dies der Billigkeit entspricht.

Vierter Unterabschnitt

Offenlegung (Einreichung zu einem Register, Bekanntmachung im Bundesanzeiger). Veröffentlichung und Vervielfältigung. Prüfung durch das Registergericht

§ 325

Offenlegung

(1) Die gesetzlichen Vertreter von Kapitalgesellschaften haben den Jahresabschluß unverzüglich nach seiner Vorlage an die Gesellschafter, jedoch spätestens vor Ablauf des neunten Monats des dem Abschlußstichtag nachfolgenden Geschäftsjahrs, mit dem Bestätigungsvermerk oder dem Vermerk über dessen Versagung zum Handelsregister des Sitzes der Kapitalgesellschaft einzureichen; gleichzeitig sind der Lagebericht, der Bericht des Aufsichtsrats und, soweit sich der Vorschlag für die Verwendung des Ergebnisses und der Beschluß über seine Verwendung aus dem eingereichten Jahresabschluß nicht ergeben, der Vorschlag für die Verwendung des Ergebnisses und der Beschluß über seine Verwendung unter Angabe des Jahresüberschusses oder Jahresfehlbetrags einzureichen. Die gesetzlichen Vertreter haben unverzüglich nach der Einreichung der in Satz 1 bezeichneten Unterlagen im Bundesanzeiger bekanntzumachen, bei welchem Handelsregister und unter welcher Nummer diese Unterlagen eingereicht worden sind. Werden zur Wahrung der Frist nach Satz 1 der Jahresabschluß und der Lagebericht ohne die anderen Unterlagen eingereicht, so sind der Bericht und der Vorschlag nach ihrem Vorliegen, die Beschlüsse nach der Beschlußfassung und der Vermerk nach der Erteilung unverzüglich einzureichen; wird der Jahresabschluß bei nachträglicher Prüfung oder Feststellung geändert, so ist auch die Änderung nach Satz 1 einzureichen.

(2) Absatz 1 ist auf große Kapitalgesellschaften (§ 267 Abs. 3) mit der Maßgabe anzuwenden, daß die in Absatz 1 bezeichneten Unterlagen zunächst im Bundesanzeiger bekanntzumachen sind und die Bekanntmachung unter Beifügung der bezeichneten Unterlagen zum Handelsregister des Sitzes der Kapitalgesellschaft einzureichen ist; die Bekanntmachung nach Absatz 1 Satz 2 entfällt. Die Aufstellung des Anteilsbesitzes (§ 287) braucht nicht im Bundesanzeiger bekannt gemacht zu werden.

(3) Die gesetzlichen Vertreter einer Kapitalgesellschaft, die einen Konzernabschluß aufzustel-

len hat, haben den Konzernabschluß unverzüglich nach seiner Vorlage an die Gesellschafter, jedoch spätestens vor Ablauf des neunten Monats des dem Konzernabschlußstichtag nachfolgenden Geschäftsjahrs, mit dem Bestätigungsvermerk oder dem Vermerk über dessen Versagung und den Konzernlagebericht im Bundesanzeiger bekanntzumachen und die Bekanntmachung unter Beifügung der bezeichneten Unterlagen zum Handelsregister des Sitzes der Kapitalgesellschaft einzureichen. Die Aufstellung des Anteilsbesitzes (§ 313 Abs. 4) braucht nicht im Bundesanzeiger bekannt gemacht zu werden. Absatz 1 Satz 3 ist entsprechend anzuwenden.

(4) Bei Anwendung der Absätze 2 und 3 ist für die Wahrung der Fristen nach Absatz 1 Satz 1 und Absatz 3 Satz 1 der Zeitpunkt der Einreichung der Unterlagen beim Bundesanzeiger maßgebend.

(5) Auf Gesetz, Gesellschaftsvertrag oder Satzung beruhende Pflichten der Gesellschaft, den Jahresabschluß, Lagebericht, Konzernabschluß oder Konzernlagebericht in anderer Weise bekanntzumachen, einzureichen oder Personen zugänglich zu machen, bleiben unberührt.

§ 326
Größenabhängige Erleichterungen für kleine Kapitalgesellschaften bei der Offenlegung

Auf kleine Kapitalgesellschaften (§ 267 Abs. 1) ist § 325 Abs. 1 mit der Maßgabe anzuwenden, daß die gesetzlichen Vertreter nur die Bilanz und den Anhang spätestens vor Ablauf des zwölften Monats des dem Bilanzstichtag nachfolgenden Geschäftsjahrs einzureichen haben. Soweit sich das Jahresergebnis, der Vorschlag für die Verwendung des Ergebnisses, der Beschluß über seine Verwendung aus der eingereichten Bilanz oder dem eingereichten Anhang nicht ergeben, sind auch der Vorschlag für die Verwendung des Ergebnisses und der Beschluß über seine Verwendung unter Angabe des Jahresergebnisses einzureichen. Der Anhang braucht die die Gewinn- und Verlustrechnung betreffenden Angaben nicht zu enthalten.

§ 327
Größenabhängige Erleichterungen für mittelgroße Kapitalgesellschaften bei der Offenlegung

Auf mittelgroße Kapitalgesellschaften (§ 267 Abs. 2) ist § 325 Abs. 1 mit der Maßgabe anzuwenden, daß die gesetzlichen Vertreter

1. die Bilanz nur in der für kleine Kapitalgesellschaften nach § 266 Abs. 1 Satz 3 vorgeschriebenen Form zum Handelsregister einreichen müssen. In der Bilanz oder im Anhang sind jedoch die folgenden Posten des § 266 Abs. 2 und 3 zusätzlich gesondert anzugeben:

Auf der Aktivseite

A I 2   Geschäfts- oder Firmenwert;

A II 1   Grundstücke, grundstücksgleiche Rechte und Bauten einschließlich der Bauten auf fremden Grundstücken;

A II 2   technische Anlagen und Maschinen;

A II 3   andere Anlagen, Betriebs- und Geschäftsausstattung;

A II 4   geleistete Anzahlungen und Anlagen im Bau;

A III 1 Anteile an verbundenen Unternehmen;

A III 2 Ausleihungen an verbundene Unternehmen;

A III 3 Beteiligungen;

A III 4 Ausleihungen an Unternehmen, mit denen ein Beteiligungsverhältnis besteht;

B II 2   Forderungen gegen verbundene Unternehmen;

B II 3   Forderungen gegen Unternehmen, mit denen ein Beteiligungsverhältnis besteht;

B III 1 Anteile an verbundenen Unternehmen;

B III 2 eigene Anteile.

Auf der Passivseite

C 1   Anleihen, davon konvertibel;

C 2   Verbindlichkeiten gegenüber Kreditinstituten;

C 6   Verbindlichkeiten gegenüber verbundenen Unternehmen;

C 7   Verbindlichkeiten gegenüber Unternehmen, mit denen ein Beteiligungsverhältnis besteht;

2. den Anhang ohne die Angaben nach § 285 Nr. 2, 5 und 8 Buchstabe a, Nr. 12 zum Handelsregister einreichen dürfen.

§ 328

Form und Inhalt der Unterlagen
bei der Offenlegung, Veröffentlichung
und Vervielfältigung

(1) Bei der vollständigen oder teilweisen Offenlegung des Jahresabschlusses und des Konzernabschlusses und bei der Veröffentlichung oder Vervielfältigung in anderer Form auf Grund des Gesellschaftsvertrags oder der Satzung sind die folgenden Vorschriften einzuhalten:

1. Der Jahresabschluß und der Konzernabschluß sind so wiederzugeben, daß sie den für ihre Aufstellung maßgeblichen Vorschriften entsprechen, soweit nicht Erleichterungen nach §§ 326, 327 in Anspruch genommen werden; sie haben in diesem Rahmen vollständig und richtig zu sein. Das Datum der Feststellung ist anzugeben, sofern der Jahresabschluß festgestellt worden ist. Wurde der Jahresabschluß oder der Konzernabschluß auf Grund gesetzlicher Vorschriften durch einen Abschlußprüfer geprüft, so ist jeweils der vollständige Wortlaut des Bestätigungsvermerks oder des Vermerks über dessen Versagung wiederzugeben; wird der Jahresabschluß wegen der Inanspruchnahme von Erleichterungen nur teilweise offengelegt und bezieht sich der Bestätigungsvermerk auf den vollständigen Jahresabschluß, so ist hierauf hinzuweisen.

2. Werden der Jahresabschluß oder der Konzernabschluß zur Wahrung der gesetzlich vorgeschriebenen Fristen über die Offenlegung vor der Prüfung oder Feststellung, sofern diese gesetzlich vorgeschrieben sind, oder nicht gleichzeitig mit beizufügenden Unterlagen offengelegt, so ist hierauf bei der Offenlegung hinzuweisen.

(2) Werden der Jahresabschluß oder der Konzernabschluß in Veröffentlichungen und Vervielfältigungen, die nicht durch Gesetz, Gesellschaftsvertrag oder Satzung vorgeschrieben sind, nicht in der nach Absatz 1 vorgeschriebenen Form wiedergegeben, so ist jeweils in einer Überschrift darauf hinzuweisen, daß es sich nicht um eine der gesetzlichen Form entsprechende Veröffentlichung handelt. Ein Bestätigungsvermerk darf nicht beigefügt werden. Ist jedoch auf Grund gesetzlicher Vorschriften eine Prüfung durch einen Abschlußprüfer erfolgt, so ist anzugeben, ob der Abschlußprüfer den in gesetzlicher Form erstellten Jahreabschluß oder den Konzernabschluß bestätigt hat oder ob er die Bestätigung eingeschränkt oder versagt hat. Ferner ist anzuge-

ben, bei welchem Handelsregister und in welcher Nummer des Bundesanzeigers die Offenlegung erfolgt ist oder daß die Offenlegung noch nicht erfolgt ist.

(3) Absatz 1 Nr. 1 ist auf den Lagebericht, den Konzernlagebericht, den Vorschlag für die Verwendung des Ergebnisses und den Beschluß über seine Verwendung sowie auf die Aufstellung des Anteilsbesitzes entsprechend anzuwenden. Werden die in Satz 1 bezeichneten Unterlagen nicht gleichzeitig mit dem Jahresabschluß oder dem Konzernabschluß offengelegt, so ist bei ihrer nachträglichen Offenlegung jeweils anzugeben, auf welchen Abschluß sie sich beziehen und wo dieser offengelegt worden ist; dies gilt auch für die nachträgliche Offenlegung des Bestätigungsvermerks oder des Vermerks über seine Versagung.

§ 329

Prüfungspflicht des Registergerichts

(1) Das Gericht prüft, ob die vollständig oder teilweise zum Handelsregister einzureichenden Unterlagen vollzälig sind und, sofern vorgeschrieben, bekanntgemacht worden sind.

(2) Gibt die Prüfung nach Absatz 1 Anlaß zu der Annahme, daß von der Größe der Kapitalgesellschaft abhängige Erleichterungen nicht hätten in Anspruch genommen werden dürfen, so kann das Gericht zu seiner Unterrichtung von der Kapitalgesellschaft innerhalb einer angemessenen Frist die Mitteilung der Umsatzerlöse (§ 277 Abs. 1) und der durchschnittlichen Zahl der Arbeitnehmer (§ 267 Abs. 5) verlangen. Unterläßt die Kapitalgesellschaft die fristgemäße Mitteilung, so gelten die Erleichterungen als zu Unrecht in Anspruch genommen.

Fünfter Unterabschnitt

Verordnungsermächtigung für Formblätter und andere Vorschriften

§ 330

Der Bundesminister der Justiz wird ermächtigt, im Einvernehmen mit dem Bundesminister der Finanzen und dem Bundesminister für Wirtschaft durch Rechtsverordnung, die nicht der Zustimmung des Bundesrates bedarf, für Kapitalgesellschaften Formblätter vorzuschreiben oder andere Vorschriften für die Gliederung des Jahresabschlusses oder des Konzernabschlusses oder den Inhalt des Anhangs, des Konzernanhangs, des Lageberichts oder des Konzernlageberichts zu erlassen, wenn der Geschäftszweig eine von den

§§ 266, 275 abweichende Gliederung des Jahresabschlusses oder des Konzernabschlusses oder von den Vorschriften des Ersten Abschnitts und des Ersten und Zweiten Unterabschnitts des Zweiten Abschnits anweichende Regelungen erfordert. Die sich aus den abweichenden Vorschriften ergebenden Anforderungen an die in Satz 1 bezeichneten Unterlagen sollen den Anforderungen gleichwertig sein, die sich für große Kapitalgesellschaften (§ 267 Abs.3) aus den Vorschriften des Ersten Abschnitts und des Ersten und Zweiten Unterabschnitts des Zweiten Abschnitts sowie den für den Geschäftszweig geltenden Vorschriften ergebnen. Über das geltende Recht hinausgehende Anforderungen dürfen nur gestellt werden, soweit sie auf Rechtsakten des Rates der Europäischen Gemeinschaften beruhen.

Sechster Unterabschnitt
Straf- und Bußgeldvorschriften
Zwangsgelder

§ 331

Unrichtige Darstellung

Mit Freiheitsstrafe bis zu drei Jahren oder mit Geldstrafe wird bestraft, wer

1. als Mitglied des vertretungsberechtigten Organs oder des Aufsichtsrats einer Kapitalgesellschaft die Verhältnisse der Kapitalgesellschaft in der Eröffnungsbilanz, im Jahresabschluß oder im Lagebericht unrichtig wiedergibt oder verschleiert,

2. als Mitglied des vertretungsberechtigten Organs oder des Aufsichtsrats einer Kapitalgesellschaft die Verhältnisse des Konzerns im Konzernabschluß oder im Konzernlagebericht unrichtig wiedergibt oder verschleiert,

3. als Mitglied des vertretungsberechtigten Organs einer Kapitalgesellschaft zum Zwecke der Befreiung nach § 291 oder einer nach § 292 erlassenen Rechtsverordnung einen Konzernabschluß oder Konzernlagebericht, in dem die Verhältnisse des Konzern unrichtig wiedergegeben oder verschleiert worden sind, vorsätzlich oder leichtfertig offengelegt oder

4. als Mitglied des vertretungsberechtigten Organs einer Kapitalgesellschaft oder als Mitglied des vertretungsberechtigten Organs oder als vertretungsberechtigter Gesellschafter eines ihrer Tochterunternehmen (§ 290 Abs. 1, 2) in Aufklärungen oder Nachweisen, die nach § 320 einem Abschlußprüfer der Kapitalgesellschaft, eines verbundenen Unter

nehmens oder des Konzerns zu geben sind, unrichtige Angaben macht oder die Verhältnisse der Kapitalgesellschaft, eines Tochterunternehmens oder des Konzerns unrichtig wiedergibt oder verschleiert.

§ 332

Verletzung der Berichtspflicht

(1) Mit Freiheitsstrafe bis zu drei Jahren oder mit Geldstrafe wird bestraft, wer als Abschlußprüfer oder Gehilfe eines Abschlußprüfers über das Ergebnis der Prüfung eines Jahresabschlusses, eines Lageberichts, eines Konzernabschlusses oder eine Konzernlagebericht einer Kapitalgesellschaft unrichtig berichtet, im Prüfungsbericht (§ 321) erhebliche Umstände verschweigt oder einen inhaltlich unrichtigen Bestätigungsvermerk (§ 322) erteilt.

(2) Handelt der Täter gegen Entgelt oder in der Absicht, sich oder einen anderen zu bereichern oder einen anderen zu schädigen, so ist die Strafe Freiheitsstrafe bis zu fünf Jahren oder Geldstrafe.

§ 333

Verletzung der Geheimhaltungspflicht

(1) Mit Freiheitsstrafe bis zu einem Jahr oder mit Geldstrafe wird bestraft, wer ein Geheimnis der Kapitalgesellschaft, eines Tochterunternehmens (§ 290 Abs. 1, 2), eines gemeinsam geführten Unternehmens (§ 310) oder eines assoziierten Unternehmens (§ 311), namentlich ein Betriebs oder Geschäftsgeheimnis, das ihm in seiner Eigenschaft als Abschlußprüfer oder Gehilfe eines Abschlußprüfers bei Prüfung des Jahresschlusses oder des Konzernabschlusses bekannt geworden ist, unbefugt offenbart.

(2) Handelt der Täter gegen Entgelt oder in der Absicht, sich oder einen anderen zu bereichern oder einen anderen zu schädigen, so ist die Strafe Freiheitsstrafe bis zu zwei Jahren oder Geldstrafe. Ebenso wird bestraft, wer ein Geheimnis der in Absatz 1 bezeichneten Art, namentlich ein Betriebs- oder Geschäftsgeheimnis, das ihm unter den Voraussetzungen des Absatzes 1 bekannt geworden ist, unbefugt verwertet.

(3) Die Tat wird nur auf Antrag der Kapitalgesellschaft verfolgt.

§ 334

Bußgeldvorschriften

(1) Ordnungswidrig handelt, wer als Mitglied des vertretungsberechtigten Organs oder des Aufsichtsrats einer Kapitalgesellschaft

1. bei der Aufstellung oder Feststellung des Jahresabschlusses einer Vorschrift

   a) des § 243 Abs. 1 oder 2, der §§ 244, 245, 246, 247, 248, 249 Abs. 1 Satz 1 oder Abs. 3 des § 250 Abs. 1 Satz 1 oder Abs. 2, des § 251 oder des § 264 Abs. 2 über Form oder Inhalt,

   b) des § 253 Abs. 1 Satz 1 in Verbindung mit § 255 Abs. 1 oder 2 Satz 1, 2 oder 6, des § 253 Abs. 1 Satz 2 oder Abs. 2 Satz 1, 2 oder 3, dieser in Verbindung mit § 279 Abs. 1 Satz 2, des § 253 Abs. 3 Satz 1 oder 2, des § 280 Abs. 1, des § 282 oder des § 283 über die Bewertung,

   c) des § 265 Abs. 2, 3, 4 oder 6, der §§ 266, 268 Abs. 2, 3, 4, 5, 6 oder 7, der §§ 272, 273, 274 Abs. 1, des § 275 oder des § 277 über die Gliederung oder

   d) des § 280 Abs. 3, des § 281 Abs. 1 Satz 2 oder 3 oder Abs. 2 Satz 1, des § 284 oder des § 285 über die in der Bilanz oder im Anhang zu machenden Angaben,

2. bei der Aufstellung des Konzernabschlusses einer Vorschrift

   a) des § 294 Abs. 1 über den Konsolidierungskreis,

   b) des § 297 Abs. 2 oder 3 oder des § 298 Abs. 1 in Verbindung mit den §§ 244, 245, 246, 247, 248, 249 Abs. 1 Satz 1 oder Abs. 3, dem § 250 Abs. 1 Satz 1 oder Abs. 2 oder dem § 251 über Inhalt oder Form,

   c) des § 300 über die Konsolidierungsgrundsätze oder das Vollständigkeitsgebot,

   d) des § 308 Abs. 1 Satz 1 in Verbindung mit den in Nummer 1 Buchstabe b bezeichneten Vorschriften oder des § 308 Abs. 2 über die Bewertung,

   e) des § 311 Abs. 1 Satz 1 in Verbindung mit § 312 über die Behandlung assoziierter Unternehmen oder

   f) des § 308 Abs. 1 Satz 3, des § 313 oder des § 314 über die im Anhang zu machenden Angaben,

3. bei der Aufstellung des Lageberichts einer Vorschrift des § 289 Abs. 1 über den Inhalt des Lageberichts,

4. bei der Aufstellung des Konzernlageberichts einer Vorschrift des § 315 Abs. 1 über den Inhalt des Konzernlageberichts,

5. bei der Offenlegung, Veröffentlichung oder Vervielfältigung einer Vorschrift des § 328 über Form oder Inhalt oder

6. einer auf Grund des § 330 Satz 1 erlassenen Rechtsverordnung, soweit sie für einen bestimmten Tatbestand auf diese Bußgeldvorschrift verweist,

zuwiderhandelt.

(2) Ordnungswidrig handelt auch, wer zu einem Jahresabschluß oder einem Konzernabschluß, der auf Grund gesetzlicher Vorschriften zu prüfen ist, einen Vermerk nach § 322 erteilt, obwohl nach § 319 Abs. 2 er oder nach § 319 Abs. 3 die Wirtschaftsprüfungsgesellschaft oder Buchprüfungsgesellschaft, für die er tätig wird, nicht Abschlußprüfer sein darf.

(3) Die Ordnungswidrigkeit kann mit einer Geldbuße bis zu fünfzigtausend Deutsche Mark geahndet werden.

§ 335

Festsetzung von Zwangsgeld

Mitglieder des vertretungsberechtigten Organs einer Kapitalgesellschaft, die

1. § 242 Abs. 1 und 2, § 264 Abs. 1 über die Pflicht zur Aufstellung eines Jahresabschlusses und eines Lageberichts,

2. § 290 Abs. 1 und 2 über die Pflicht zur Aufstellung eines Konzernabschlusses und eines Konzernlageberichts,

3. § 318 Abs. 1 Satz 4 über die Pflicht zur unverzüglichen Erteilung des Prüfungsauftrags,

4. § 318 Abs. 4 Satz 3 über die Pflicht, den Antrag auf gerichtliche Bestellung des Abschlußprüfers zu stellen,

5. § 320 über die Pflichten gegenüber dem Abschlußprüfer oder

6. § 325 über die Pflicht zur Offenlegung des Jahresabschlusses, des Lageberichts, des Konzernabschlusses, des Konzernlageberichts und anderer Unterlagen der Rechnungslegung

nicht befolgen, sind hierzu vom Registergericht durch Festsetzung von Zwangsgeld nach § 132 Abs. 1 des Gesetzes über die Angelegenheiten der freiwilligen Gerichtsbarkeit anzuhalten. Das Registergericht schreitet jedoch nur ein, wenn ein Gesellschafter, Gläubiger oder der Gesamtbetriebsrat oder, wenn ein solcher nicht besteht, der Betriebsrat der Kapitalgesellschaft dies beantragt; § 14 ist insoweit nicht anzuwenden. Bestehen die Pflichten hinsichtlich eines Konzernabschlusses und eines Konzernlageberichts, so können den Antrag nach Satz 2 auch die Gesellschafter und Gläubiger eines Tochterunternehmens sowie der Konzernbetriebsrat stellen. Die Antragsberechtigung ist glaubhaft zu machen. Ein späterer Wegfall der Antragsberechtigung ist unschädlich. Der Antrag kann nicht zurückgenommen werden. Das Gericht kann von der wiederholten Androhung und Festsetzung eines Zwangsgeldes absehen. Das einzelne Zwangsgeld darf den Betrag von zehntausend Deutsche Mark nicht übersteigen.

Artikel 3
Änderung des Gesetzes betreffend die Gesellschaften mit beschränkter Haftung

Das Gesetz betreffend die Gesellschaften mit beschränkter Haftung in der im Bundesgesetzblatt Teil III, Gliederungsnummer 4123-1, veröffentlichten bereinigten Fassung, zuletzt geändert durch Artikel 7 des Gesetzes vom 25. Oktober 1982 (BGBl. I S. 1425), wird wie folgt geändert:

1. § 29 wird wie folgt geändert:

   a) Absatz 1 wird durch folgende Absätze 1 und 2 ersetzt:

   »(1) Die Gesellschafter haben Anspruch auf den Jahresüberschuß zuzüglich eines Gewinnvortrags und abzüglich eines Verlustvortrags, soweit der sich ergebende Betrag nicht nach Gesetz oder Gesellschaftsvertrag, durch Beschluß nach Absatz 2 oder als zusätzlicher Aufwand auf Grund des Beschlusses über die Verwendung des Ergebnisses von der Verteilung unter die Gesellschafter ausgeschlossen ist. Wird die Bilanz unter Berücksichtigung der teilweisen Ergebnisverwendung aufgestellt oder werden Rücklagen aufgelöst, so haben die Gesellschaften abweichend von Satz 1 Anspruch auf den Bilanzgewinn.

   (2) Im Beschluß über die Verwendung des Ergebnisses können die Gesellschafter, wenn der Gesellschaftsvertrag nichts anderes bestimmt, Beträge in Gewinnrücklagen einstellen oder als Gewinn vortragen.«

   b) Der bisherige Absatz 2 wird Absatz 3.

   c) Es wird folgender Absatz 4 angefügt:

   »(4) Unbeschadet der Absätze 1 und 2 und abweichender Gewinnverteilungsabreden nach Absatz 3 Satz 1 können die Ge-

schäftsführer mit Zustimmung des Aufsichtsrats oder der Gesellschafter den Eigenkapitalanteil von Wertaufholungen bei Vermögensgegenständen des Anlage- und Umlaufvermögens und von bei der steuerrechtlichen Gewinnermittlung gebildeten Passivposten, die nicht im Sonderposten mit Rücklageanteil ausgewiesen werden dürfen, in andere Gewinnrücklagen einstellen. Der Betrag dieser Rücklagen ist entweder in der Bilanz gesondert auszuweisen oder im Anhang anzugeben.«

2. In § 33 Abs. 2 Satz 1 wird das Wort »kann« gestrichen und nach dem Wort »geschehen« eingefügt:

   »und die Gesellschaft die nach § 272 Abs. 4 des Handelsgesetzbuchs vorgeschriebene Rücklage für eigene Anteile bilden kann, ohne das Stammkapital oder eine nach dem Gesellschaftsvertrag zu bildende Rücklage zu mindern, die nicht zu Zahlungen an die Gesellschaft verwandt werden darf.«

3. In § 40 Satz 1 werden die Worte »Alljährlich im Monat Januar haben die Geschäftsführer« durch die Worte »Die Geschäftsführer haben jährlich im gleichen Zeitpunkt, in dem der Jahresabschluß zum Handelsregister einzureichen ist«, ersetzt.

4. In § 41 werden die Absätze 2 und 3 aufgehoben.

5. Die §§ 42 und 42a erhalten folgende Fassung:

   »§ 42

   (1) In der Bilanz des nach den §§ 242, 264 des Handelsgesetzbuchs aufzustellenden Jahresabschlusses ist das Stammkapital als gezeichnetes Kapital auszuweisen.

   (2) Das Recht der Gesellschaft zur Einziehung von Nachschüssen der Gesellschafter ist in der Bilanz insoweit zu aktivieren, als die Einziehung bereits beschlossen ist und den Gesellschaftern ein Recht, durch Verweisung auf den Geschäftsanteil sich von der Zahlung der Nachschüsse zu befreien, nicht zusteht. Der nachzuschießende Betrag ist auf der Aktivseite unter den Forderungen gesondert unter der Bezeichnung »Eingeforderte Nachschüsse« auszuweisen, soweit mit der Zahlung gerechnet werden kann. Ein dem Aktivposten entsprechender Betrag ist auf der Passivseite in dem Posten »Kapitalrücklage« gesondert auszuweisen.

   (3) Ausleihungen, Forderungen und Verbindlichkeiten gegenüber Gesellschaftern sind in der

Regel als solche jeweils gesondert auszuweisen oder im Anhang anzugeben; werden sie unter anderen Posten ausgewiesen, so muß diese Eigenschaft vermerkt werden.

§ 42a

(1) Die Geschäftsführer haben den Jahresabschluß und den Lagebericht unverzüglich nach der Aufstellung den Gesellschaftern zum Zwecke der Feststellung des Jahresabschlusses vorzulegen. Ist der Jahresabschluß durch einen Abschlußprüfer zu prüfen, so haben die Geschäftsführer ihn zusammen mit dem Lagebericht und dem Prüfungsbericht des Abschlußprüfers unverzüglich nach Eingang des Prüfungsberichts vorzulegen. Hat die Gesellschaft einen Aufsichtsrat, so ist dessen Bericht über das Ergebnis seiner Prüfung ebenfalls unverzüglich vorzulegen.

(2) Die Gesellschafter haben spätestens bis zum Ablauf der ersten acht Monate oder, wenn es sich um eine kleine Gesellschaft handelt (§ 267 Abs. 1 des Handelsgesetzbuchs), bis zum Ablauf der ersten elf Monate des Geschäftsjahrs über die Feststellung des Jahresabschlusses und über die Ergebnisverwendung zu beschließen. Der Gesellschaftsvertrag kann die Frist nicht verlängern. Auf den Jahresabschluß sind bei der Feststellung die für seine Aufstellung geltenden Vorschriften anzuwenden.

(3) Hat ein Abschlußprüfer den Jahresabschluß geprüft, so hat er auf Verlangen eines Gesellschafters an den Verhandlungen über die Feststellung des Jahresabschlusses teilzunehmen.

(4) Ist die Gesellschaft zur Aufstellung eines Konzernabschlusses und eines Konzernlageberichts verpflichtet, so ist Absatz 1 mit der Maßgabe anzuwenden, daß es der Feststellung des Konzernabschlusses nicht bedarf.«

6. In § 46 Nr. 1 werden die Worte »der Jahresbilanz« durch die Worte »des Jahresabschlusses« und die Worte »Verteilung des aus derselben sich ergebenden Reingewinns« durch die Worte »Verwendung des Ergebnisses« ersetzt.

7. In § 52 Abs. 1 wird vor dem Wort »entsprechend« die Angabe », §§ 170, 171, 337 des Aktiengesetzes« eingefügt.

8. § 71 wird wie folgt geändert:

a) Absatz 1 wird durch folgende Absätze 1 bis 3 ersetzt:

»(1) Die Liquidatoren haben für den Beginn der Liquidation eine Bilanz (Eröffnungsbilanz) und einen die Eröffnungsbilanz erläuternden Bericht sowie für den Schluß eines jeden Jahres einen Jahresabschluß und einen Lagebericht aufzustellen.

(2) Die Gesellschafter beschließen über die Feststellung der Eröffnungsbilanz und des Jahresabschlusses sowie über die Entlastung der Liquidatoren. Auf die Eröffnungsbilanz und den erläuternden Bericht sind die Vorschriften über den Jahresabschluß entsprechend anzuwenden. Vermögensgegenstände des Anlagevermögens sind jedoch wie Umlaufvermögen zu bewerten, soweit ihre Veräußerung innerhalb eines übersehbaren Zeitraums beabsichtigt ist oder diese Vermögensgegenstände nicht mehr dem Geschäftsbetrieb dienen; dies gilt auch für den Jahresabschluß.

(3) Das Gericht kann von der Prüfung des Jahresabschlusses und des Lageberichts durch einen Abschlußprüfer befreien, wenn die Verhältnisse der Gesellschaft so überschaubar sind, daß eine Prüfung im Interesse der Gläubiger und der Gesellschafter nicht geboten erscheint. Gegen die Entscheidung ist die sofortige Beschwerde zulässig.«

b) Absätze 2 und 3 werden Absätze 4 und 5.

9. In § 79 Abs. 1 wird die Angabe »71 Abs. 3« durch die Angabe »71 Abs. 5« ersetzt.

10. § 82 Abs. 2 Nr. 2 erhält folgende Fassung:

»2. als Geschäftsführer, Liquidator, Mitglied eines Aufsichtsrats oder ähnlichen Organs in einer öffentlichen Mitteilung die Vermögenslage der Gesellschaft unwahr darstellt oder verschleiert, wenn die Tat nicht in § 331 Nr. 1 des Handelsgesetzbuchs mit Strafe bedroht ist.«

Artikel 11

Übergangsvorschriften

(1) Das Einführungsgesetz zum Handelsgesetzbuch in der im Bundesgesetzblatt Teil III, Gliederungsnummer 4101-1, veröffentlichten bereinigten Fassung, geändert durch Artikel 2 Nr. 1 des Gesetzes vom 21. Juni 1972 (BGBl. I S. 966; 1973 I S. 266), wird wie folgt geändert:

1. Vor Artikel 1 wird eingefügt:

»Erster Abschnitt

Einführung des Handelsgesetzbuchs«

2. Nach Artikel 22 wird eingefügt:

»Zweiter Abschnitt

Übergangsvorschriften zum Bilanzrichtlinien-Gesetz«

3. Die Artikel 23 bis 28 erhalten folgende Fassung:

»Artikel 23

(1) Die vom Inkrafttreten der Artikel 1 bis 10 des Bilanzrichtlinien-Gesetzes vom 19. Dezember 1985 (BGBl. I S. 2355) an geltende Fassung der Vorschriften über den Jahresabschluß und den Lagebericht sowie über die Pflicht zur Offenlegung dieser und der dazu gehörenden Unterlagen ist erstmals auf das nach dem 31. Dezember 1986 beginnende Geschäftsjahr anzuwenden. Die neuen Vorschriften können auf ein früheres Geschäftsjahr angewendet werden, jedoch nur insgesamt.

(2) Die vom Inkrafttreten der Artikel 1 bis 10 des Bilanzrichtlinien-Gesetzes an geltende Fassung der Vorschriften über den Konzernabschluß und den Konzernlagebericht sowie über die Pflicht zur Offenlegung dieser und der dazu gehörenden Unterlagen ist erstmals auf das nach dem 31. Dezember 1989 beginnende Geschäftsjahr anzuwenden. Die neuen Vorschriften können auf ein früheres Geschäftsjahr angewendet werden, jedoch nur insgesamt. Mutterunternehmen, die bereits bei Inkrafttreten des Bilanzrichtlinien-Gesetzes zur Konzernrechnungslegung verpflichtet sind, brauchen bei früherer Anwendung der neuen Vorschriften Tochterunternehmen mit Sitz im Ausland nicht einzubeziehen und einheitliche Bewertungsmethoden im Sinne des § 308 sowie die §§ 311, 312 des Handelsgesetzbuchs über assoziierte Unternehmen nicht anzuwenden.

(3) Die vom Inkrafttreten der Artikel 1 bis 10 des Bilanzrichtlinien-Gesetzes an geltende Fassung der Vorschriften über die Pflicht zur Prüfung des Jahresabschlusses und des Lageberichts ist auf Unternehmen, die bei Inkrafttreten des Bilanzrichtlinien-Gesetzes ihren Jahresabschluß nicht auf Grund bundesgesetzlicher Vorschriften prüfen lassen müssen, erstmals für das nach dem 31. Dezember 1986 beginnende Geschäftsjahr anzuwenden. Die vom Inkrafttreten der Artikel 1 bis 10 des Bilanzrichtlinien-Gesetzes an geltende Fassung der Vorschriften über die Pflicht zur Prüfung des Konzernabschlusses und des Konzernla-

geberichts ist auf Unternehmen, die bei Inkrafttreten des Bilanzrichtlinien-Gesetzes nicht zur Konzernrechnungslegung verpflichtet sind, erstmals für das nach dem 31. Dezember 1989 beginnende Geschäftsjahr anzuwenden. Der Bestätigungsvermerk nach § 322 Abs. 1 des Handelsgesetzbuchs ist erstmals auf Jahresabschlüsse, Konzernabschlüsse und Teilkonzernabschlüsse sowie auf Lageberichte, Konzernlageberichte und Teilkonzernlageberichte anzuwenden, die nach den am 1. Januar 1986 in Kraft tretenden Vorschriften aufgestellt worden sind.

(4) § 319 Abs. 2 Nr. 8 des Handelsgesetzbuchs ist erstmals auf das sechste nach dem Inkrafttreten des Bilanzrichtlinien-Gesetzes beginnende Geschäftsjahr anzuwenden.

(5) Sind die neuen Vorschriften nach den Absätzen 1 bis 3 auf ein früheres Geschäftsjahr nicht anzuwenden und werden sie nicht freiwillig angewendet, so ist für das Geschäftsjahr die am 31. Dezember 1985 geltende Fassung der geänderten oder aufgehobenen Vorschriften anzuwenden. Satz 1 ist auf Gesellschaften mit beschränkter Haftung hinsichtlich der Anwendung des Gesetzes über die Rechnungslegung von bestimmten Unternehmen und Konzernen entsprechend anzuwenden.

Artikel 24

(1) Waren Vermögensgegenstände des Anlagevermögens im Jahresabschluß für das am 31. Dezember 1986 endende oder laufende Geschäftsjahr mit einem niedrigeren Wert angesetzt, als er nach § 240 Abs. 3 und 4, §§ 252, 253 Abs. 1, 2 und 4, §§ 254, 255, 279 und 280 Abs. 1 und 2 des Handelsgesetzbuchs zulässig ist, so darf der niedrigere Wert beibehalten werden. § 253 Abs. 2 des Handelsgesetzbuchs ist in diesem Falle mit der Maßgabe anzuwenden, daß der niedrigere Wertansatz um planmäßige Abschreibungen entsprechend der voraussichtlichen Restnutzungsdauer zu vermindern ist.

(2) Waren Vermögensgegenstände des Umlaufvermögens im Jahresabschluß für das am 31. Dezember 1986 endende oder laufende Geschäftsjahr mit einem niedrigeren Wert angesetzt als er nach §§ 252, 253 Abs. 1, 3 und 4, §§ 254, 255 Abs. 1 und 2, §§ 256, 279 Abs. 1 Satz 1, Abs. 2, § 280 Abs. 1 und 2 des Handelsgesetzbuchs zulässig ist, so darf der niedrigere Wertansatz insoweit beibehalten werden, als

1. er aus den Gründen des § 253 Abs. 3, §§ 254, 279 Abs. 2, § 280 Abs. 2 des Handelsgesetzbuchs angesetzt worden ist oder

2. es sich um einen niedrigeren Wertansatz im Sinne des § 253 Abs. 4 des Handelsgesetzbuchs handelt.

(3) Soweit ein niedrigerer Wertansatz nach den Absätzen 1 und 2 nicht beibehalten werden darf oder nicht beibehalten wird, so kann bei der Aufstellung des Jahresabschlusses für das nach dem 31. Dezember 1986 beginnende Geschäftsjahr oder bei Anwendung auf ein früheres Geschäftsjahr nach Artikel 23 in dem früheren Jahresabschluß der Unterschiedsbetrag zwischen dem im letzten vorausgehenden Jahresabschluß angesetzten Wert und dem nach den Vorschriften des Dritten Buchs des Handelsgesetzbuchs anzusetzenden Wert in Gewinnrücklagen eingestellt oder für die Nachholung von Rückstellungen verwendet werden; dieser Betrag ist nicht Bestandteil des Ergebnisses. Satz 1 ist entsprechend auf Beträge anzuwenden, die sich ergeben, wenn Rückstellungen oder Sonderposten mit Rücklageanteil wegen Unvereinbarkeit mit § 247 Abs. 3, §§ 249, 253 Abs. 1 Satz 2, § 273 des Handelsgesetzbuchs aufgelöst werden.

(4) Waren Schulden im Jahresabschluß für das am 31. Dezember 1986 endende oder laufende Geschäftsjahr mit einem niedrigeren Wert angesetzt, als er nach §§ 249, 253 Abs. 1 Satz 2 des Handelsgesetzbuchs vorgeschrieben oder zulässig ist, so kann bei der Aufstellung des Jahresabschlusses für das nach dem 31. Dezember 1986 beginnende Geschäftsjahr oder bei Anwendung auf ein früheres Geschäftsjahr nach Artikel 23 in dem früheren Geschäftsjahr der für die Nachholung erforderliche Betrag den Rücklagen entnommen werden, soweit diese nicht durch Gesetz, Gesellschaftsvertrag oder Satzung für andere Zwecke gebunden sind; dieser Betrag ist nicht Bestandteil des Ergebnisses oder des Bilanzgewinns.

(5) Ändern sich bei der erstmaligen Anwendung der durch die Artikel 1 bis 10 des Bilanzrichtlinien-Gesetzes geänderten Vorschriften die bisherige Form der Darstellung oder die bisher angewandten Bewertungsmethoden, so sind § 252 Abs. 1 Nr. 6, § 265 Abs. 1, § 284 Abs. 2 Nr. 3 des Handelsgesetzbuchs bei der erstmaligen Aufstellung eines Jahresabschlusses nach den geänderten Vorschriften nicht anzuwenden. Außerdem brauchen die Vor-

jahreszahlen bei der erstmaligen Anwendung nicht angegeben zu werden.

(6) Sind bei der erstmaligen Anwendung des § 268 Abs. 2 des Handelsgesetzbuchs über die Darstellung der Entwicklung des Anlagevermögens die Anschaffungs- oder Herstellungskosten eines Vermögensgegenstands des Anlagevermögens nicht ohne unverhältnismäßige Kosten oder Verzögerungen feststellbar, so dürfen die Buchwerte dieser Vermögensgegenstände aus dem Jahresabschluß des vorhergehenden Geschäftsjahrs als ursprüngliche Anschaffungs- oder Herstellungskosten übernommen und fortgeführt werden. Satz 1 darf entsprechend auf die Darstellung des Postens »Aufwendungen für die Ingangsetzung und Erweiterung des Geschäftsbetriebs« angewendet werden. Kapitalgesellschaften müssen die Anwendung der Sätze 1 und 2 im Anhang angeben.

Artikel 25

(1) Auf die Prüfung des Jahresabschlusses von gemeinnützigen Wohnungsunternehmen (§ 1 des Wohnungsgemeinnützigkeitsgesetzes) sind die Vorschriften des Dritten Unterabschnitts des Zweiten Abschnitts des Dritten Buches des Handelsgesetzbuchs über die Prüfung bis zum 31. Dezember 1989 nicht anzuwenden. Nach diesem Zeitpunkt sind die in Satz 1 bezeichneten Vorschriften nur dann nicht anzuwenden, wenn mehr als die Hälfte der Mitglieder des Vorstands des in § 23 des Wohnungsgemeinnützigkeitsgesetzes bezeichneten Prüfungsverbands Wirtschaftsprüfer sind. Hat der Prüfungsverband nur zwei Vorstandsmitglieder, so muß einer von ihnen Wirtschaftsprüfer sein.

(2) Ist ein als gemeinnützig anerkanntes Wohnungsunternehmen oder ein als Organ der staatlichen Wohnungspolitik anerkanntes Unternehmen als Aktiengesellschaft, Kommanditgesellschaft auf Aktien oder als Gesellschaft mit beschränkter Haftung zur Aufstellung eines Konzernabschlusses und eines Konzernlageberichts nach dem Zweiten Unterabschnitt des Zweiten Abschnitts des Dritten Buches des Handelsgesetzbuchs verpflichtet, so ist der Prüfungsverband, dem das Unternehmen angehört, auch Abschlußprüfer des Konzernabschlusses. Ab 1. Januar 1990 gilt dies jedoch nur, wenn mehr als die Hälfte der Mitglieder des Vorstands des in § 23 des Wohnungsgemeinnützigkeitsgesetzes bezeichneten Prüfungsverbands Wirtschaftsprüfer sind. Hat der Prüfungsverband nur

zwei Vorstandsmitglieder, so muß einer von ihnen Wirtschaftsprüfer sein.

(3) Auf die Prüfung des Jahresabschlusses von Aktiengesellschaften und Gesellschaften mit beschränkter Haftung, bei denen die Mehrheit der Anteile und die Mehrheit der Stimmrechte Genossenschaften, gemeinnützigen Wohnungsunternehmen oder zur Prüfung von Genossenschaften zugelassenen Prüfungsverbänden zusteht, ist § 319 Abs. 1 des Handelsgesetzbuchs mit der Maßgabe anzuwenden, daß diese Gesellschaften sich auch von dem Prüfungsverband prüfen lassen dürfen, dem sie als Mitglied angehören, sofern wenigstens die Hälfte und ab 1. Januar 1990 mehr als die Hälfte der Mitglieder des Vorstands dieses Prüfungsverbands Wirtschaftsprüfer ist. Hat der Prüfungsverband nur zwei Vorstandsmitglieder, so muß einer von ihnen Wirtschaftsprüfer sein. § 319 Abs. 2 und 3 des Handelsgesetzbuchs ist entsprechend anzuwenden.

(4) Bei der Prüfung des Jahresabschlusses der in Absatz 3 bezeichneten Gesellschaften durch einen Prüfungsverband darf der gesetzlich vorgeschriebene Bestätigungsvermerk nur von Wirtschaftsprüfern unterzeichnet werden. Die im Prüfungsverband tätigen Wirtschaftsprüfer haben ihre Prüfungstätigkeit unabhängig, gewissenhaft, verschwiegen und eigenverantwortlich auszuüben. Sie haben sich, insbesondere bei der Erstattung von Prüfungsberichten, unparteiisch zu verhalten. Weisungen dürfen ihnen hinsichtlich ihrer Prüfungstätigkeit von Personen, die nicht Wirtschaftsprüfer sind, nicht erteilt werden. Die Zahl der im Verband tätigen Wirtschaftsprüfer muß so bemessen sein, daß die den Bestätigungsvermerk unterschreibenden Wirtschaftsprüfer die Prüfung verantwortlich durchführen können.

Artikel 26

(1) Abschlußprüfer nach § 319 Abs. 1 Satz 1 des Handelsgesetzbuchs kann auch eine nach § 131 f Abs. 2 der Wirtschaftsprüferordnung bestellte Person sein. Abschlußprüfer nach § 319 Abs. 1 Satz 2 des Handelsgesetzbuchs kann auch eine nach § 131b Abs. 2 der Wirtschaftsprüferordnung bestellte Person sein. Für die Durchführung der Prüfung von Jahresabschlüssen und Lageberichten haben diese Personen die Rechte und Pflichten von Abschlußprüfern.

(2) Für die Anwendung des § 319 Abs. 2 und 3 des Handelsgesetzbuchs bleibt eine Mitgliedschaft im Aufsichtsrat des zu prüfenden Unternehmens außer Betracht, wenn sie spätestens mit der Beendigung der ersten Versammlung der Aktionäre oder Gesellschafter der zu prüfenden Gesellschaft, die nach Inkrafttreten des Bilanzrichtlinien-Gesetzes stattfindet, endet.

Artikel 27

(1) Hat ein Mutterunternehmen ein Tochterunternehmen schon vor der erstmaligen Anwendung des § 301 des Handelsgesetzbuchs in seinen Konzernabschluß auf Grund gesetzlicher Verpflichtung oder freiwillig nach einer den Grundsätzen ordnungsmäßiger Buchführung entsprechenden Methode einbezogen, so braucht es diese Vorschrift auf dieses Tochterunternehmen nicht anzuwenden. Auf einen noch vorhandenen Unterschiedsbetrag aus der früheren Kapitalkonsolidierung ist § 309 des Handelsgesetzbuchs anzuwenden, soweit das Mutterunternehmen den Unterschiedsbetrag nicht in entsprechender Anwendung des § 301 Abs. 1 Satz 3 des Handelsgesetzbuchs den in den Konzernabschluß übernommenen Vermögensgegenständen und Schulden des Tochterunternehmens zuschreibt oder mit diesen verrechnet.

(2) Ist ein Mutterunternehmen verpflichtet, § 301 des Handelsgesetzbuchs auf ein schon bisher in seinen Konzernabschluß einbezogenes Tochterunternehmen anzuwenden oder wendet es diese Vorschrift freiwillig an, so kann als Zeitpunkt für die Verrechnung auch der Zeitpunkt der erstmaligen Anwendung dieser Vorschrift gewählt werden.

(3) Die Absätze 1 und 2 sind entsprechend auf die Behandlung von Beteiligungen an assoziierten Unternehmen nach §§ 311, 312 des Handelsgesetzbuchs anzuwenden.

(4) Ergibt sich bei der erstmaligen Anwendung der §§ 303, 304, 306 oder 308 des Handelsgesetzbuchs eine Erhöhung oder Verminderung des Ergebnisses, so kann der Unterschiedsbetrag in die Gewinnrücklagen eingestellt oder mit diesen offen verrechnet werden; dieser Betrag ist nicht Bestandteil des Jahresergebnisses.

Artikel 28

(1) Für eine laufende Pension oder eine Anwartschaft auf eine Pension auf Grund einer unmittelbaren Zusage braucht eine Rückstellung nach § 249 Abs. 1 Satz 1 des Handelsge-

setzbuchs nicht gebildet zu werden, wenn der Pensionsberechtigte seinen Rechtsanspruch vor dem 1. Januar 1987 erworben hat oder sich ein vor diesem Zeitpunkt erworbener Rechtsanspruch nach dem 31. Dezember 1986 erhöht. Für eine mittelbare Verpflichtung aus einer Zusage für eine laufende Pension oder eine Anwartschaft auf eine Pension sowie für eine ähnliche unmittelbare oder mittelbare Verpflichtung braucht eine Rückstellung in keinem Fall gebildet zu werden.

(2) Bei Anwendung des Absatzes 1 müssen Kapitalgesellschaften die in der Bilanz nicht ausgewiesenen Rückstellungen für laufende Pensionen, Anwartschaften auf Pensionen und ähnliche Verpflichtungen jeweils im Anhang und im Konzernanhang in einem Betrag angeben.«

(2) In Artikel 12 des Gesetzes zur Änderung des Gesetzes betreffend die Gesellschaften mit beschränkter Haftung und anderer handelsrechtlicher Vorschriften vom 4. Juli 1980 (BGBl. I S. 836) wird folgender § 7 eingefügt:

»§ 7

Gewinnverwendung

(1) Bei einer Gesellschaft mit beschränkter Haftung, die bei Inkrafttreten des Bilanzrichtlinien-Gesetzes vom 19. Dezember 1985 (BGBl. I S. 2355) in das Handelsregister eingetragen ist, haben die Gesellschafter Anspruch auf den Jahresüberschuß zuzüglich eines Gewinnvortrags und abzüglich eines Verlustvortrags, soweit dieser Betrag nicht nach Gesetz oder Gesellschaftsvertrag von der Verteilung unter die Gesellschafter ausgeschlossen ist. Wird die Bilanz unter Berücksichtigung der teilweisen Ergebnisverwendung aufgestellt oder werden Rücklagen aufgelöst, so haben die Gesellschafter abweichend von Satz 1 Anspruch auf den Bilanzgewinn.

(2) Haben die Gesellschafter nach Absatz 1 ganz oder teilweise Anspruch auf den Jahresüberschuß oder den Bilanzgewinn, so sind Änderungen des Gesellschaftsvertrags nur in das Handelsregister einzutragen, wenn zugleich eine Änderung des Gesellschaftsvertrags eingetragen wird, durch die dieser Anspruch, die gesetzliche Regelung des § 29 Abs. 2 des Gesetzes betreffend die Gesellschaften mit beschränkter Haftung oder eine davon abweichende Bestimmung in den Gesellschaftsvertrag aufgenommen wird. Die Aufnahme einer solchen Bestimmung in den Gesellschaftsvertrag kann bei der erstmaligen Änderung des Gesellschaftsvertrags nach dem Inkrafttreten des Bilanzrichtlinien-Gesetzes mit einfacher Mehrheit beschlossen werden.

(3) § 29 Abs. 1 und 2 des Gesetzes betreffend die Gesellschaften mit beschränkter Haftung ist für diese Gesellschaften erst anzuwenden, wenn die Änderung des Gesellschaftsvertrags nach Absatz 2 in das Handelsregister eingetragen worden ist.«

Artikel 12

Berlin-Klausel

Dieses Gesetz gilt nach Maßgabe des § 12 Abs. 1 und des § 13 Abs. 1 des Dritten Überleitungsgesetzes auch im Land Berlin. Rechtsverordnungen, die auf Grund des Handelsgesetzbuchs erlassen werden, gelten im Land Berlin nach § 14 des Dritten Überleitungsgesetzes.

Artikel 13

Inkrafttreten

Dieses Gesetz tritt am 1. Januar 1986 in Kraft. Abweichend von Satz 1 treten Artikel 6 Nr. 8 und 9 am 1. Januar 1987, Artikel 6 Nr. 2 Buchstabe a, Nr. 3 Buchstabe b, Nr. 6 Buchstabe a, Nr. 7 Buchstabe a und in Nummer 20 § 134a Abs. 1 und 3 der Wirtschaftsprüferordnung am 1. Januar 1990 in Kraft.

Stichwortverzeichnis

370

387

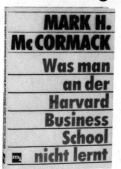

1985/86 erschienen